U0485473

文物保护研究

（一）

成都文物考古研究院
———— 编著 ————

科学出版社

北 京

内 容 简 介

文物是人类共有的不可再生的宝贵遗产。成都文物考古研究院收集了多年来正式发表的代表性文物保护科研成果，编著《文物保护研究（一）》。全书共六部分：第一部分，竹木漆器类文物保护；第二部分，象牙、骨角质文物保护；第三部分，金属文物保护；第四部分，砖石质文物保护；第五部分，考古发掘现场保护；第六部分，其他。内容涉及文物科技分析、文物保护修复、考古发掘现场保护等，充分展现了文物保护工作者在文物保护研究过程中的思考和实践成果。

本书可供文物保护工作者、科研人员、高等院校相关专业师生参考、阅读。

图书在版编目（CIP）数据

文物保护研究. 一 / 成都文物考古研究院编著. —北京：科学出版社，2024.3
ISBN 978-7-03-078181-9

Ⅰ. ①文⋯ Ⅱ. ①成⋯ Ⅲ. ①文物保护—研究—中国 Ⅳ. ①K87

中国国家版本馆CIP数据核字（2024）第053977号

责任编辑：王光明 / 责任校对：邹慧卿
责任印制：肖 兴 / 书籍设计：金舵手世纪

科学出版社 出版
北京东黄城根北街16号
邮政编码：100717
http://www.sciencep.com

北京中科印刷有限公司印刷
科学出版社发行 各地新华书店经销

*

2024 年 3 月第 一 版　开本：889×1194　1/16
2024 年 3 月第一次印刷　印张：24 1/4
字数：821 000
定价：268.00 元
（如有印装质量问题，我社负责调换）

编 委 会

主 任 颜劲松

副主任 蒋 成 周志清 谢 林 孔楷权

主 编 肖 嶙

副主编 孙 杰 白玉龙

编 委 肖 嶙 孙 杰 白玉龙 王 宁
童蕾旭 蒋璐蔓 陈俊橙 杨颖东
杨 弢 杨 盛 闫 琰

序 一

王丹华

文物是人类共有的不可再生的宝贵遗产。伴随着岁月的流逝，自然环境和人类生产生活不断挑战文物安全，为此，文物保护工作者总是以极大的热忱去延缓文物劣化，努力使中华五千年文明留下的珍贵文化遗产得以永远留存，这是一项崇高而艰难的历史使命。

文物保护研究是一个涉及多学科的综合交叉领域，依赖于多学科的基础理论和技术方法。成都文物考古研究院通过努力组建了一支具有多学科背景的研究队伍，数十载默默从事成都及周边地区文化遗产的保护，其朴实、任劳任怨、敢打敢拼的工作作风受到同行好评，为成都乃至四川文物保护事业的发展做出了贡献。

《文物保护研究（一）》收集了成都市文物考古工作队文物保护中心成立以来正式发表、有代表性的科研成果，大多数文章是作者多年从事相关工作所积累经验的总结和心得，可供国内外相关研究人员参考、借鉴。在国内文物保护专业期刊较少的情况下，成都文物考古研究院定期出版论文集，不仅为科研人员文物保护研究成果的发布提供了一个平台，还将极大地促进研究成果转化。

当前，文物保护仍然面临重大挑战，由于文物时间长、数量大、类型多、分布地域广、储存环境差异大，文物保护的基础研究仍然不足，给文物的科学认知和有效保护带来了困难。随着我国科学技术整体水平的不断提高，文物保护科学技术不断进步，学术研究成果及时发布和推广，可以推动珍贵文物保护工作得以更好开展。希望成都市文物考古工作队文物保护中心依托"文物保护研究"这一学术平台，为文物保护工作做出更多贡献。

序 二

王 毅

成都是我国首批公布的国家历史文化名城，保存了从新石器时代到近现代大量珍贵的历史文化遗产。近年来，配合城市建设，成都文物考古研究院对数以千计的各类古文化遗存进行了考古发掘，如成都平原史前古城址群、水井街酒坊遗址、古蜀国大型船棺独木棺墓葬遗址、金沙遗址、江南馆街唐宋街坊遗址、老官山西汉木椁墓等。众多成果在国内外产生了影响，文物保护工作者在这些重要遗存的保护工作中发挥了关键作用。尽管成都文物考古研究院文物保护机构设置较晚，从20世纪90年代才组建专业队伍，面临资金和科研人员缺乏的严重困难，但在国内众多专家和文保机构的支持和帮助下，文物保护工作者投身考古一线，对成都商业街、出土棺木及竹木漆器进行保护，对金沙遗址出土大批象牙采用有机硅封存保护，对成都天回镇老官山汉墓出土的简牍、织机模型、经穴髹漆人像等珍贵文物进行保护，可谓历尽艰难，终成正果。一大批文物遗存的有效保护受到业内专家的高度评价，成都文保人的贡献令世人瞩目，这既是文物保护工作者辛勤努力的结果，也是国内众多专家支持取得的成果。因此，要向对这支队伍成长倾注大量心血的王丹华等众多先生以及荆州文物保护中心等单位特别致敬。由成都市文物考古工作队文物保护中心科研人员成果结集出版的《文物保护研究（一）》尽管稚嫩，却是一个时代、一段经历、一番追求、不懈努力的印痕，祝愿"文物保护研究"这一学术新平台为成都文物的保护与研究做出新的贡献。

目 录

序一
序二

一 竹木漆器类文物保护

成都商业街大型船棺葬棺木及枕木的保护工作初报 …………………………………… 3
成都商业街船棺、独木棺遗址微生物研究 …………………………………………………… 8
金沙遗址出土木耜的保护修复 ………………………………………………………………… 21
成都商业街船棺葬出土棺木保护概述 ………………………………………………………… 27
成都商业街船棺葬出土棺木的红外光谱研究 ………………………………………………… 34
战国秦汉时期巴蜀漆器制作工艺研究初探 …………………………………………………… 41
出土竹笥饱水保存期间微生物病害的初步研究 ……………………………………………… 44
成都商业街船棺葬出土棺木的研究与保护 …………………………………………………… 50

二 象牙、骨角质文物保护

金沙遗址出土象牙、骨角质文物现场临时保护研究 ………………………………………… 61
金沙遗址出土古象牙的现场清理加固保护 …………………………………………………… 66
成都金沙出土古象牙赋存环境研究 …………………………………………………………… 72
三星堆及金沙出土古象牙的物相及其结晶特征 ……………………………………………… 78
金属配合物溶胶对金沙遗址出土潮湿古象牙加固的研究 …………………………………… 84
金沙遗址出土卜甲的修复 ……………………………………………………………………… 89

三 金属文物保护

四川彭州出土窖藏银器的锈蚀物分析和保护方法研究 ……………………………………… 99
成都金沙遗址出土金属器的实验分析与研究 ………………………………………………… 115
巴蜀带斑纹兵器的锈蚀产物分析及机理探讨 ………………………………………………… 127
模拟青铜器样品在典型电解质溶液中的电化学行为研究 …………………………………… 139
模拟蒲津渡遗址文物铸铁的腐蚀研究 ………………………………………………………… 146
西汉五铢钱银灰亮的形成机理初探 …………………………………………………………… 155
成都商业街船棺葬遗址出土青铜器的初步检测分析 ………………………………………… 160

四川邛崃一批出土银元的分析与除锈保护 165
茂县羌族博物馆藏青铜器文物病害调查研究 174
宝鸡眉县杨家村出土青铜器的腐蚀状况与埋藏环境分析 185
成都博物院几件院藏青铜兵器的分析研究 192
巴蜀青铜兵器表面"虎斑纹"的考察、分析与研究 202
战国巴蜀兵器表面斑纹工艺研究 211
青铜文物光电子能谱分析 220
茂县牟托一号墓出土青铜器的成分分析与金相考察研究 225

四　砖石质文物保护

永陵地宫石刻风化原因研究及治理初报 247
成都琉璃厂明墓出土石供桌彩绘的抢救加固 251
安岳圆觉洞石刻区防风化加固保护研究 257
断裂残缺石质文物的粘接与补全 265
三维激光扫描技术在安岳圆觉洞10号龛保护中的应用 288
洛阳龙门双窑窟开凿技术初探 296

五　考古发掘现场保护

古墓中的有害物质及其防护措施 313
成都市琉璃乡明蜀定王次妃墓内空气质量及汞的测试防护 316
考古遗址现场中多种有机材料的保护问题 319
考古发掘现场的保护棚 341

六　其　他

略述环境与文物保护 353
皮影博物馆的照明设计建议 357
有机硅材料用于金沙遗址出土象牙器的封存保护 363
扫描电子显微镜用于文物研究 365
新型材料复制金沙遗址博物馆考古剖面研究 369

一、竹木漆器类文物保护

成都商业街大型船棺葬棺木及枕木的保护工作初报*

王　毅　肖　嶙　白玉龙

> **摘　要**　本文用多种分析方法，包括木材树种鉴定、探针测定及裂缝监测等研究手段，针对商业街船棺葬遗址出土棺木及枕木制定系列喷淋保湿和防腐防霉措施，并在现场予以实施。经过一年多监测评估，保护效果卓有成效，同时作者拟对大型棺木的脱水保护提出下一步解决思路。
>
> **关键词**　商业街船棺葬遗址　饱水木质文物　聚乙二醇　喷淋保湿　防腐防霉　硼化物

引言

2000年8月，成都市考古队在成都市商业街基建工地上经过考古发掘，使一座古蜀国大型船棺墓葬重见天日。这个墓葬距今2500年左右，其中出土17具大型木棺和大量的漆木器，葬具下面铺垫枕木。这种用整木刳凿成的木棺葬具，体量之大为国内罕见，从而为研究古蜀国历史、文化及丧葬制度提供了极其重要的资料，被评为当年全国十大考古新发现之一，并被确定为国家重点文物保护单位，实施原址保护。

1　棺木、枕木概况

商业街船棺葬遗址内出土了17具独木棺和船棺，其中最大的一具木棺长18.8 m、直径1.18～1.5 m。此外还有大量枕木、木桩以及漆木器、陶器等文物。棺木均用完整的树干刳凿而成，个别棺木外表有明显的树皮和树根部位的特征。

棺木出土后，我们立即对其表面进行清洗，经四川省林科院做木材树种鉴定证实，出土棺木均为桢楠木，枕木、木桩为楠木和其他种属。用探针等方法测定各部位的腐朽情况后发现，多数枕木、木桩的质地较差，几乎糟朽至木材的心部，棺木表面的疏松腐朽层达20～30 cm，表面疏松腐朽层以内的木质结构较好，质地较为坚硬。在棺木表面稍用力挤压就会有水渗出。经含水率测试，这些木质文物在出土时含水率高达400%以上，属于浸饱水木材。

---

* 原文发表于《成都考古发现（2000）》，北京：科学出版社，2002年。

从埋藏环境看，墓坑底部距现地表约6 m，低于成都市常年地下水位线，四周土壤的酸碱度属弱酸性，pH值为6。棺木等木质文物在出土时是饱水状态。这个墓葬在历史上曾被盗掘，部分木质文物尤其是棺木盗洞口周围裂纹较为密集。

2　商业街船棺发掘现场的初步保护

商业街船棺的发掘时期为2000年7月底至10月底，整个发掘阶段木质文物受到夏季、秋季温度、湿度变化大的严重影响，当时由于场地狭窄、工期紧等诸多客观因素的制约，木质文物受野外环境变化的直接威胁较大。尽管当时成都文物考古研究所对这批木质文物不遗余力地采取一系列保护措施，如用吸饱水的海绵或发湿的草垫包裹，在其上再盖上塑料薄膜布密封，工地搭建临时工棚等，但种种保湿措施远不及夏天温度、湿度变化之巨大。由于木质文物的水分必然与空气中的水分寻求平衡，含水率高的棺木、枕木等一俟出土，就会打破埋藏环境固有的平衡，它的水分总在趋于与外界空气中的水分达到平衡。另外，出土后有氧的作用引发微生物再次繁殖的过程。尽管采取一系列保湿措施，但也不敌自然的威力，出土木材还是不可避免地失水干裂，首先是糟朽严重的枕木，继而是一些棺木表面逐渐出现横向、纵向裂纹。这就要求我们必须尽快拿出一个方案，以解决木质文物在自然环境中失水过快的问题。

3　棺木、枕木的化学保护

3.1　保护依据及方案制定

木材种属的不同，出土环境的差异，以及被腐朽程度的不同，给脱水保护工作带来很大难度。这些问题的主要方面：一是木质细胞壁已受损；二是吸附在受损木质细胞壁上的水表面张力的作用。当木材细胞腔在脱水过程中形成真空时，细胞壁在大气压力下就会产生收缩塌陷，从而引起木头干裂、收缩和崩溃扭曲。为克服饱水木质文物在脱水过程中和干燥后出现的收缩、开裂，目前国内外曾有许多很好的处理方法，如醇醚法、高分子材料填充法、真空干燥法等。但是，对商业街工地如此体量大的饱水整木处理，目前国内外还无成熟方法可行。根据我们测试出的出土木材糟朽现状，在脱水过程中若不及时用其他填充物置换木材细胞腔中原有的水分，出土木材一旦失水，细胞壁在大气压下产生塌缩，那么出土木材自然就会产生开裂变形现象。经过大量调研工作，结合工地实际，我们借鉴瑞典华萨船的保护经验[1]，在时间紧、棺木大、没有现成的设备做浸泡处理的情况下，我们决定采用聚乙二醇喷淋保湿加固处理。

聚乙二醇（PEG）的分子式为$HO(CH_2CH_2O)_nH$，平均相对分子质量为200～6000，由乙二醇缩合而制得。相对分子质量在600以下的，常温下为黏稠的液体；相对分子质量在1000以上呈蜡状固体。它溶于水、乙醇和其他有机溶剂。机械强度随相对分子质量的递增而加大。它无色无臭，蒸气压低，与较多的化学试剂不起反应，不易腐烂，是一种比较稳定的水溶性高分子材料。

在用PEG处理饱水木材过程中，当溶质接触木材界面时，由于膨胀作用，PEG分子即向该木材的细胞腔渗透，同时，随着温度升高，分子渗透会更加容易，其活性相应增强。当溶液浓度较稀时，渗透现象更加明显，PEG对木材渗透速度也因此加快。在所有渗透过程中，饱水木材细胞腔的水分子能沿着细胞边缘向木材表面膜层渗透，由此进入PEG渗透液。然后PEG与木材内渗出的水分子相混溶，该混合溶液再沿业已被穿透的膜层孔隙深入木材细胞腔。如此进进出出、循环反复，到一定程度时，进出的水分子就达到平衡。另外，在处理上适时递增PEG浸透液的浓度和相对分子质量。这样一来，木材细胞腔里面的水分被通过混合液浸入进去的PEG置换，从而维持原细胞结构，PEG起到支撑细胞壁的作用，使得木材不会因细胞腔的塌陷而致收缩变形。[2]对糟朽的饱水木材脱水，我们可以利用PEG的渗透加固，适当控制PEG的相对分子质量及浓度，置换出木材内部结构的水分。

3.2 保护情况及效果

如前所述，鉴于商业街棺木在发掘后，尽管采取了系列保湿措施，但木材还是不可避免地出现失水干裂的情况。于是我们从2000年11月底开始用PEG对棺木、枕木进行喷淋，并利用船棺的凹槽部位做PEG浸泡处理，浸泡所用的溶液浓度与喷淋药液一致。每次喷淋后即用塑料布覆盖包裹。喷淋过程及效果见表1。

表1 喷淋PEG用量和保护效果说明

药品	浓度/%	次数	时间/月	保护效果
PEG600	2	75	1	有效控制木材表面的失水速度，表面强度有所增加
PEG600	4	75	1	
PEG600	6	160	3	棺木表面强度继续增加，木材开裂受到抑制，表面裂缝有所减小，外形尺寸稳定
PEG1000	6	500	4	

从2000年到2001年，随着气候的变化，我们逐步调整PEG溶液的浓度和喷淋周期。比如在夏季，每天喷淋PEG 6次以上，一方面利用夏天的高温加强药物渗透效果，另一方面对抗高温天气下木材失水过快的影响。

自2000年11月底至2001年，为了科学地监测棺木脱水保护过程中外形有无变化，我们对所有棺木的外观情况制定了一套监测方案，每号棺选择3条裂缝进行定期监测，表2为喷淋PEG前后各条裂缝宽度和深度的对照。从表2可以看出，喷淋PEG后，由于前期低浓度、低相对分子质量PEG的保湿溶胀作用，多数裂缝已有所减少，裂缝情况得到有效抑制。现在看来，前期制定的棺木保护方案是行之有效的。

3.3 木材防腐情况

木材的结构和化学成分的改变受多种因素影响，有氧的作用，有微生物和细菌的作用以及在酸或碱的水中发生水解，比如细菌经常作用于木材表面膜层，使孔膜丧失殆尽，这样不仅会使菌丝渗入内部，而且会使氧气或酸性水分更容易地进入木质内部，从而为更多的细菌作用于木材内部创造条件。一般情况下，棺木在埋入地下初期有一个降解严重的过程，待适应地下环境后，降解由于环境的平衡而渐缓。但是，木材出土后，固有的环境平衡一旦打破，降解的速率就会加大，空气中的氧以及新的细菌、微生物侵入，就会加剧降解的发生。出土木材降解曲线示意图见图1。[3]

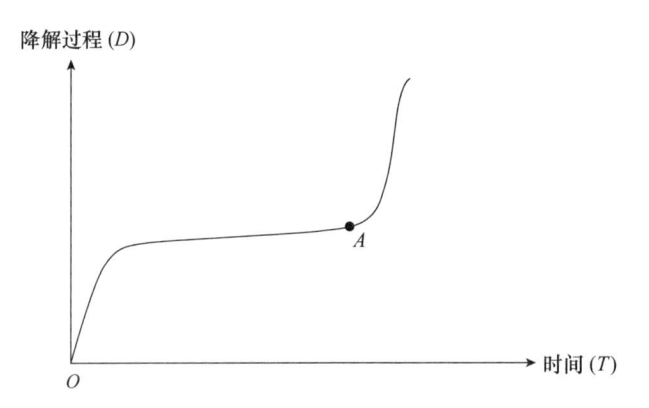

图1 出土木材降解曲线

O点为初入地下环境时降解程度，A点为出土时的降解程度

表2 裂缝监测数据　　　　　　　　　　　　　　　　　　　　　　　　单位：cm

器物名称	监测裂缝甲 2000年11月 宽度	监测裂缝甲 2000年11月 深度	监测裂缝甲 2001年8月 宽度	监测裂缝甲 2001年8月 深度	监测裂缝乙 2000年11月 宽度	监测裂缝乙 2000年11月 深度	监测裂缝乙 2001年8月 宽度	监测裂缝乙 2001年8月 深度	监测裂缝丙 2000年11月 宽度	监测裂缝丙 2000年11月 深度	监测裂缝丙 2001年8月 宽度	监测裂缝丙 2001年8月 深度
1号棺盖	1.9	3.1	1.4	2.1	1.2	3.8	0.8	3.5	0.4	2.8	0.4	2.8
1号棺身	1.7	7.1	0.5	3.1	0.8	1.0	0.8	1.5	0.7	3.0	0.2	3.5
2号棺盖	2.3	5.1	0.2	1.3	1.1	2.1	0.8	1.5	0.3	1.1	0.4	2.6
2号棺身	0.9	3.0	0.7	3.2	0.8	2.4	1.2	2.7	0.3	1.2	0.2	2.8
8号棺盖	1.8	5.7	1.5	6.0	0.8	4.3	0.5	5.0	0.4	2.5	0.5	4.2
8号棺身	1.2	2.3	1.0	2.7	1.2	2.3	0.7	2.0	0.3	1.1	0.4	4.0
9号棺盖	1.5	6.7	0.3	1.8	0.7	2.7	0.7	3.1	0.2	2.6	0.2	0.8
9号棺身	1.1	4.7	1.1	2.2	0.9	2.7	0.5	2.5	0.2	2.4	0.4	3.5
10号棺盖	1.8	3.4	1.8	2.8	0.6	0.8	0.5	1.2	0.2	0.4	0.2	0.5
10号棺身	1.2	1.2	0.2	1.2	0.3	0.7	0.2	1.2	0.3	4.1	0.3	0.4
11号棺盖	1.5	3.3	1.5	1.5	0.7	1.2	0.6	1.0	0.3	0.6	0.2	1.2
11号棺身	0.9	1.5	0.6	1.5	0.7	2.3	1.1	2.5	0.3	2.1	0.4	3.2
12号棺身	1.2	5.0	0.2	2.0	1.5	1.8	1.4	3.0	0.5	1.7	0.2	1.5
13号棺身前段	2.1	5.5	1.4	5.1	1.1	1.5	0.8	1.9	0.2	2.9	0.2	2.7
13号棺身后段	1.1	2.3	1.0	2.5	1.7	2.1	0.9	1.8				
14号棺身	1.6	5.5	1.5	3.4	1.3	1.6	0.8	1.4	0.6	6.0	0.7	穿透
5号棺	1.5	2.6	0.8	1.5	1.4	2.5	1.4	2.5				
隔木	2.2	3.4	0.9	2.1	1.3	2.5	1.0	2.0	0.3	2.5	0.3	1.7

从降解曲线可以看出，木材一经出土，它埋葬于地下固有的平衡一旦被打破，与空气接触后，降解就会加剧。若不及时采取保护措施，其损害程度难以想象。因此，我们无论选用喷淋或浸泡脱水方法，都必须考虑选用一种适合的木材防腐剂做木材防腐。所谓防腐剂，是指那些能保护木材免受菌、

虫等生物损害的化学药剂，一般都有杀菌或杀虫成分。防腐剂分无机和有机两大类。无机药剂主要是一些水溶性盐类。现多采用几种不同成分配制的复合型药剂，以改善性能，提高药效。[4]针对商业街船棺保护，主要采用喷淋及借助船棺凹槽浸泡PEG的办法。经实验确定，我们首选硼化物作为防腐剂，具体方法是定期在喷淋和浸泡PEG溶液中加入复配硼化物防腐剂进行防腐保护。

用硼化物作为防腐剂最早见于1913年沃尔曼发明的铬-硼防腐剂。1933年，硼化物作为木材防腐剂和阻燃剂获得专利。硼化物对人畜无毒，具有杀菌、杀虫（特别是木材蠹虫）的性能。硼化物还有一个特殊优势是与PEG一起做湿材的保护剂，它的尺寸稳定性胜于五氯酚钠（五氯酚钠对木腐菌、霉菌有较好的毒效，但对人体黏膜和皮肤有刺激性，会引起强烈的喷嚏，近年来已被禁止使用）。硼化物的缺点是木材透入性差，易流失，易风化结霜，对白蚁毒效较差。针对硼化物对白蚁毒效较差的因素，我们在墓葬四周开沟挖槽，灌注广谱性杀虫剂"乐斯本"，以防多种地下害虫及白蚁对船棺的侵害。经过一年多的监测，目前船棺及枕木状况良好，未见明显的木腐菌及白蚁等侵蚀的现象。

4 商业街船棺保护取得的进展和当前应尽快解决的问题

商业街船棺自发掘保护一年多来，由于我们采取多种保护措施，如保湿、PEG加固处理、防腐防霉处理等，有效地解决了糟朽高含水率木质文物在自然环境中的变形变质问题，特别是木质文物表面糟朽部分强度明显增加，已裂缝部分通过PEG的渗透加固溶胀作用，裂缝得到一定收缩，在一定程度上控制了木质表面裂缝的现象。木质文物未发现木腐菌等微生物的侵蚀，保护效果是突出的。但是我们也清醒地认识到，如此大体量的木质文物脱水保护一定不能操之过急，不宜采取任何加速处理办法。由于多种客观因素，目前船棺仍半置于地下，造成棺木上下失水速率不同，含水率不同，时间一长，弱酸性地下水会降解木质及滋生微生物。这种腐蚀的发生我们是无法控制的，亦难以观察。所以，我们正向有关部门提出制定疏干、排水、隔水的工程方案，让待脱水的木质文物完全隔离地下水，以便进行下一步更有效的脱水保护。

参 考 文 献

[1] 陆寿麟. 瑞典华萨船的打捞与保护. 文物保护技术，1987.

[2] 周健林. 用聚乙二醇来控制木质文物尺寸的变化. 文物保护技术，1987.

[3] 张岚. 浸饱水漆木器脱水保存的原理及方法//马承源. 上海博物馆文物保护科学论文集. 上海：上海科学技术文献出版社，1996.

[4] 陈允适，李武. 木结构防腐及化学加固. 北京：中国林业出版社，1995.

成都商业街船棺、独木棺遗址微生物研究[*]

赵振镳　肖　嶙　孙　杰

> **摘　要**　成都商业街船棺、独木棺遗址出土的大型饱水木质文物，一直在遗址现场原址保存。由于木材易腐、易蛀和易燃的特点，加之现场常年潮湿，饱水的木材便成为微生物滋生的温床。本文通过大量的实验数据，对船棺遗址现场的微生物进行分离鉴定，并针对该遗址木质文物的种类和特点，选择合适的杀菌剂配方，对遗址现场的微生物进行抑制、杀灭试验，取得了一定的效果。
>
> **关键词**　木质文物　微生物　杀菌剂

引言

菌害问题，一直以来都是困扰大型木构件文物保存的一个难题。

木材以其在自然界中大量存在、易加工等特点，在我国古代得到广泛应用。但作为一种生物材料，木材存在着天然的弱点，主要是易腐、易蛀和易燃。[1]尤其是考古发掘出土的木质文物，由于在长期的地下埋藏过程中，被地下水及土壤中的有害物质侵蚀，纤维降解，有机质流失，强度下降。其一经发掘出土，饱水的木材便成为微生物滋生的温床。大量的微生物在木材上的生长，加剧木材的降解，给木质文物的保存带来极大不便。

成都商业街船棺、独木棺遗址现场的木质文物，与同类型遗址相比，有其自身的特点：

（1）形体大、数量多，易地搬迁保护难度大。墓葬出土葬具共17具，均为整木凿成，体量大。最大的1具长18.8 m，直径1.18～1.5 m，高1.12 m；最小的长2.20 m，宽0.78 m，高0.19 m。

（2）文物经多年水泡、侵蚀，已经腐软，尤其是表层0～6 cm的范围。在文物表面取样时，取样器在表面0～6 cm深度范围内极易打进去，6 cm以下木质坚硬，很难取样。

1　树种鉴定

在商业街船棺遗址现场分别采集1号、2号、10号、11号、13号棺木及一垫木样品，委托四川省

---

[*] 原文发表于《中国文物保护技术协会第四次学术年会论文集》，北京：科学出版社，2007年。

技术监督局林产品及家具质量监督检验站，对样品进行树种鉴定，检验结果如表1所示。所有样品均为桢楠，拉丁学名 *Phoebe zhennan* S. Lee et F. N. Wei，樟科 Lauraceae。

随后，在船棺遗址现场8号棺棺盖、3号桩木以及地栿木上取样，委托南京林业大学木材科学研究所（中心），对这一部分样品进行树种鉴定。鉴定以宏观构造特征为基础，以包埋法处理的显微切片显微构造特征为补充和验证。

观察结果，3号桩木样木的木材构造特征与8号棺盖样木同为桢楠（图1），栿木样木为梓木（图2），紫葳科 Bignoniaceae 梓树属 *Catalpa* spp.。

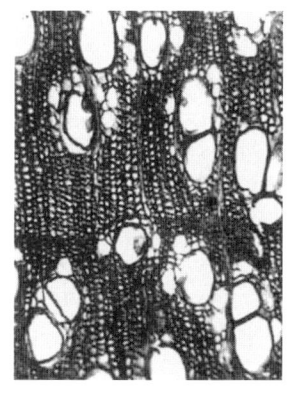

（a）横切面　　（b）径切面　　（c）弦切面

图1　8号棺盖样木显微照片

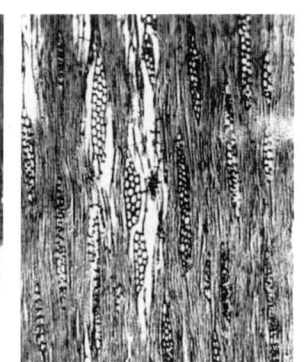

（a）横切面　　（b）径切面　　（c）弦切面

图2　栿木样木显微照片

表1　商业街遗址树种鉴定结果

编号	名称	鉴定结果
1号	棺木	桢楠（拉丁学名 *Phoebe zhennan* S. Lee，樟科 Lauraceae）
2号	棺木	桢楠（拉丁学名 *Phoebe zhennan* S. Lee，樟科 Lauraceae）
10号	棺木	桢楠（拉丁学名 *Phoebe zhennan* S. Lee，樟科 Lauraceae）
11号	棺木	桢楠（拉丁学名 *Phoebe zhennan* S. Lee，樟科 Lauraceae）
13号	棺木	桢楠（拉丁学名 *Phoebe zhennan* S. Lee，樟科 Lauraceae）
	垫木	桢楠（拉丁学名 *Phoebe zhennan* S. Lee，樟科 Lauraceae）
	栿木	梓树（拉丁学名 *Catalpa* spp.，紫葳科 Bignoniaceae）

2　微生物培养、分离、鉴定

在腐朽脆弱的木质文物上取样，不同于现代木材研究中在新鲜木材上取样。首先，要保证采样后文物的强度不受影响，因而不能采取破坏性取样的方法；其次，要确保文物的外观不受影响；再次，要确保取得的样品不会受到污染。基于以上几点的考虑，我们对取样的工具进行认真准备。最初使用锋利的刀片在文物的背面、边缘等不显眼的地方切取少量的样品，由于船棺体量大，切取的样品深度不够；后来改用小型打孔器取样，仍不能达到理想的深度；最后，经过反复研究摸索，我们自制多种专用于在木质文物上取样的工具，既可以取到合乎标准的样品，又不会破坏文物的强度，也不会给文物的外观造成太大影响。

采样条件：采样分多次进行，持续时间为2003年5～10月。这一时期，成都市的气候湿润，雨水多，气温高，适合微生物的繁殖生长。

样品特征：根据现场长期监测结果，选择曾经有微生物生长的棺木、枕木、垫木、遗址现场土壤进行多次取样。

样品处理方法：取样深度一般为6～10 cm，样品取回后，从外到内4 mm一层，分多层接种、培养，用PDA培养基（表2）。

表2　采样培养结果

采样点	木材种类	分层	培养结果	备注
土壤			3种	
垫木	梓树	外↓8层内	第1层：2种，乳黄色、灰色菌落 第2层：4种，白色、铁锈红色、乳黄色、洋红色菌落 第3层：2种，乳黄色、灰色菌落 第4层：4种，白色、铁锈红色、乳黄色、洋红色菌落 第5层：5种，白色、铁锈红色、乳黄色、洋红色、灰绿色菌落 第6层：4种，白色、铁锈红色、乳黄色、洋红色菌落 第7层：2种，乳黄色、灰色菌落 第8层：3种，乳黄色、灰色、铁锈红色菌落	
枕木*		外↓6层内	第1层：1种，乳黄色菌落 第2层：4种，灰白色、灰色、乳黄色、洋红色菌落 第3层：3种，灰白色、乳黄色、洋红色菌落 第4层：3种，灰白色、乳黄色、洋红色菌落 第5层：3种，灰白色、乳黄色、洋红色菌落 第6层：2种，灰绿色、乳黄色菌落	乳白、乳黄、洋红菌表面光滑，有光泽；铁锈红色菌落溶解培养基，流淌；其余菌落有长短不一的绒毛状菌丝
1号棺木	桢楠	外↓9层内	第1层：4种，绿色、白色、乳黄色、洋红色菌落 第2层：2种，绿色、乳黄色菌落 第3层：2种，绿色、洋红色菌落 第4层：2种，绿色、乳黄色菌落 第5层：2种，绿色、乳黄色菌落 第6层：2种，乳黄色、洋红色菌落 第7层：3种，绿色、乳黄色、洋红色菌落 第8层：4种，灰色、绿色、乳黄色、洋红色菌落 第9层：2种，绿色、乳黄色菌落	

续表

采样点	木材种类	分层	培养结果	备注
2号棺木	桢楠	外↓7层内	第1层：2种，乳黄色、铁锈红色菌落 第2层：2种，乳黄色、洋红色菌落 第3层：2种，乳黄色、洋红色菌落 第4层：2种，乳黄色、洋红色菌落 第5层：2种，乳黄色、洋红色菌落 第6层：3种，乳黄色、洋红色、绿色菌落 第7层：4种，乳黄色、洋红色、绿色、铁锈红色菌落	乳白、乳黄、洋红菌表面光滑，有光泽；铁锈红色菌落溶解培养基，流淌；其余菌落有长短不一的绒毛状菌丝
8号棺木	桢楠	外↓8层内	第1层：3种，乳白色、洋红色、灰色菌落 第2层：3种，乳白色、洋红色、灰色菌落 第3层：2种，灰绿色、乳黄色菌落 第4层：2种，乳白色、洋红色菌落 第5层：1种，乳白色菌落 第6层：2种，乳白色、灰色菌落 第7层：1种，乳白色菌落 第8层：2种，乳白色、洋红色菌落	

注：带*表示试样未使用保护剂处理过。

结论：在商业街船棺、独木棺遗址现场木质文物上滋生的微生物种类很多。从菌落特征初步判断有真菌[2]、细菌[3]、放线菌[4]。其中对考古发掘出土的木质文物而言，危害最大的为真菌，细菌对木材的腐朽有促进作用。商业街船棺、独木棺遗址现场木质文物的微生物侵蚀主要集中在木材的表面浅层。从菌落特征初步判断，木质文物表面滋生的微生物种类与遗址现场土壤中的微生物大致相同。[5]

将初期培养的混合菌种进行分离、纯化，待得到单一菌种后染色、鉴定，鉴定结果见表3。

表3　商业街船棺遗址微生物鉴定结果 [6-8]

	属名		染色	分离地点
真菌	镰刀菌属 Fusarium	串珠镰刀菌 F. moniliforme	苯胺蓝染色	枕木*
		禾谷镰刀菌 F. graminearum	苯胺蓝染色	
	丛梗孢属		苯胺蓝染色	
	曲霉属 Aspergillus	棕曲霉 A. ochraceus	苯胺蓝染色	枕木*
		黑曲霉 A. niger		
	青霉属 Penicillium	桔青霉 P. Citrinum Thom	苯胺蓝染色	土壤
		常见青霉 P. Frequentans		土壤
	头孢霉属 Cephalosporium		苯胺蓝染色	土壤*、枕木*
	单端孢霉属 Trichothecium		苯胺蓝染色	土壤*
	地霉属 Geotrichum		苯胺蓝染色	棺木

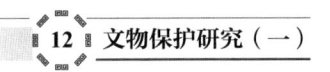

续表

	属名		染色	分离地点
真菌	根霉属 Rhizopus		苯胺蓝染色	
	木霉属 Trichoderma	绿色木霉 T. viride	苯胺蓝染色	土壤*、椁木、枕木
	毛霉属 Mucor		苯胺蓝染色	
	葡萄状穗霉属 Stachybotrys		苯胺蓝染色	
	交链孢属 Alternaria		苯胺蓝染色	
	球束孢属		苯胺蓝染色	土壤*
	鬼伞属 Coprinus		苯胺蓝染色	土壤
细菌	假单胞菌属 Pseudomonas		革兰氏阴性	
	黄杆菌属 Flavobaterium		革兰氏阴性	
	变形杆菌属 Proteur		革兰氏阴性	
	纤维单胞菌 Cellulomonas		革兰氏阴性	
放线菌	诺卡氏菌属 Nocardia			椁木、枕木、垫木
	小单孢菌属 Micromonospora			

注：表中 * 表示未使用木材保护处理剂。

3 微生物的杀灭

3.1 抑菌剂筛选

依据我国文物保护工作惯例，对文物本体施加的任何措施都必须是无害或最小伤害，经资料筛选，选用市场销售常用杀菌、抑菌剂做对比实验（表4）。

表4 备选抑菌剂

药品名	来源	主要成分	推荐使用浓度[9]	实际使用浓度
农用链霉素	石家庄通泰生物总厂	链霉素	30×10^{-6}	水溶液0.125%
BIR	浙江省博物馆	不详	1%	水溶液0.5%
BRO	浙江省博物馆	不详	1%	水溶液0.5%
特普唑	沈阳丰收农药有限公司	（E）-（RS）-1-(2,4二氧苯基)-4,4-2（1-H-1,2,4三唑）烯-3醇	$(400\sim600)\times10^{-6}$	水溶液0.5%
百菌清	利氏化工有限公司	四氯间二腈	1500×10^{-6}	水溶液0.5%
RNL	浙江省博物馆	不详	1%	水溶液0.5%
腈菌唑	美国陶氏益农公司	2-(4-氯苯基)-2-（1-H-1,2,4三唑-1-氯甲基）乙腈	$(400\sim500)\times10^{-6}$	水溶液0.5%
普德金	保加利亚农业贸易公司	二乙基二硫代氨基甲酸锌	$(800\sim1000)\times10^{-6}$	水溶液0.5%
WP-1	中国林业科学研究院	不详	4%	水溶液0.5%
WP-2	中国林业科学研究院	不详	4%	水溶液0.5%

续表

药品名	来源	主要成分	推荐使用浓度	实际使用浓度
霉敌	西北大学	不详	无	水溶液0.5%
LAg 002[10]	西安杨森供秦俑使用	三唑类杀菌剂A+杂环类杀菌剂B+少量表面活性剂	无	水溶液0.5%
LAg 003[10]	西安杨森供秦俑使用	三唑类杀菌剂A+杂环类杀菌剂B+咪唑类杀菌剂C+少量表面活性剂	无	乙醇溶液0.5%
多效唑	江苏盐城市开普化工有限公司	(2RS, 3RS)-1-(4-氯基苯)-4,4-二甲基-2-(1-H-1,2,4-三唑-1-基)戊醇-3	无	水溶液0.2%
烯效唑	江苏盐城市开普化工有限公司	(E)-1-对氯苯基-2-(1,2,4-三唑-1-基)-4,4-二甲基-1-戊烯-3-醇	无	水溶液0.2%
烯唑醇	江苏盐城市开普化工有限公司	(E)-1-(2,4,-二氯苯基)-4,4-二甲基-2-(1,2,4-三唑-1-基)1-戊烯-3-醇	无	水溶液0.1%
戊唑醇	江苏盐城市开普化工有限公司	1-(4-氯苯基)-3-(1-H-1,2,4-三唑)-1-苯甲基-4,4-二甲基-3-醇	无	水溶液0.2%

实验供试菌种为成都商业街船棺、独木棺遗址现场分离培养出的菌种，少量为成都金沙汉桥遗址分离培养出的菌种，共25种。在以下所有抑菌实验中使用到的菌种均在这25种范围之内（表5）。

表5　实验供试菌种

编号	原编号	来源	初步定名
No. 1	M12b	商业街船棺土壤	
No. 2	B8a	商业街船棺	毛霉
No. 3	M9b	商业街船棺	镰刀菌
No. 4	B8a	商业街船棺	毛霉
No. 5	M4b	商业街船棺	头孢霉
No. 6	M2-b-2	商业街船棺	镰刀菌
No. 7	B7（b）	商业街船棺	
No. 8	M9a	商业街船棺	葡萄穗霉
No. 9	M8（b）-2	商业街船棺	
No. 10	y-I-1-1	商业街船棺	棕曲霉
No. 11	M6（b）	商业街船棺	
No. 12	I-2-1	汉桥	交链孢霉
No. 13	M11a-1	商业街船棺	
No. 14	g-III-2-2	汉桥	曲霉
No. 15	9-yIII-2-3	汉桥	曲霉
No. 16	M8（b）-1	商业街船棺	毛霉
No. 17	M4-b-1	商业街船棺	地霉
No. 18	B2-b-3	商业街船棺	木霉
No. 19		商业街船棺	培养过程中出现果蝇，最终未选取该样品
No. 20	M8-b	商业街船棺	
No. 21	9-yIII-2-1	汉桥	

续表

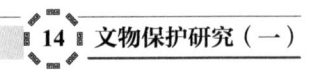

编号	原编号	来源	初步定名
No. 22	M5a-2-1	商业街船棺	
No. 23	M1b-3	商业街船棺	木霉
No. 24	M2-b	商业街船棺	木霉
No. 25	一号棺PEG浸泡液		杆菌

采用抑菌圈法，反复多次试验观察各种抑菌剂的抑菌效果。

结论：经过多次试验，特普唑、百菌清对真菌有效，混有链霉素的混合配方可杀死细菌。供试药品中，比利时杨森公司提供秦俑博物馆试验的LAg002、LAg003、烯唑醇、戊唑醇抑菌效果最佳，其中LAg002、LAg003抑菌剂主剂都是三唑类与杂环类的混合试剂。这也证明三唑类抑菌剂有着良好的抑菌效果，但LAg002、LAg003为试验品。因此，选用与之类似的戊唑醇作为商业街船棺、独木棺遗址现场木质文物杀菌、抑菌剂。

3.2 戊唑醇防治木材霉菌毒性试验

选择适当的木材防霉剂的目的是防治船棺上霉菌的生长，从而抑制微生物对船棺的破坏。所选的防霉剂是否能达到此目的，尚需实验证实。依照《防霉剂防治木材霉菌及蓝变菌的试验方法》（GB/T 18261—2000）进行试验。

本实验用桢楠 Phoebe zhennan S. Lee et F. N. Wei 实验样品采自四川大学校园。

本实验所用梓树 Catalpa ovata G. Don 实验样品采自成都文物考古研究所院落内。

按《防霉剂防治木材霉菌及蓝变菌的试验方法》（GB/T 18261—2000），试验所用菌种为桔青霉、绿色木霉、黑曲霉三个属种。本试验选用自成都商业街船棺、独木棺遗址及成都金沙汉桥分离出的桔青霉、绿色木霉、黑曲霉。

按照《防霉剂防治木材霉菌及蓝变菌的试验方法》（GB/T 18261—2000）之规定，验证抑菌剂筛选试验筛选出的几种抑菌剂的抑菌效果。

供试木材包括已经鉴定出的桢楠（表6）、梓树（表7）及遗址现场未鉴定的隔木木材样品（表8）。

将试验木材按照国标规定的方法切片、测量、称重，浸入6%PEG＋0.2%戊唑醇，浸泡不同时间称重，计算吸药量。[11]

表6 桢楠接种试验吸药量

编号	长/cm	宽/cm	厚/cm	质量/g	体积/cm³	密度/（g/cm³）	脱水后重/g	吸水量/%	吸药量/（g/m²）
1	4.5	2	0.8	3.75	7.2	0.52	4	0.25	0.176
2	3.8	1.5	0.8	2.32	4.56	0.51	2.32	0	0
3	5.2	1.7	0.8	3.85	7.1	0.54	5.4	1.55	1.171
4	4.9	1.5	0.7	3.45	5.145	0.67	4.9	1.45	1.226
5	4.7	1.5	0.7	2.65	4.935	0.54	3.9	1.25	1.097
6	4.5	1.5	0.7	2.9	4.7	0.62	4.3	1.4	1.279
7	4.0	1.5	0.8	2.75	4.8	0.57	3.7	0.95	0.913

续表

编号	长/cm	宽/cm	厚/cm	质量/g	体积/cm³	密度/(g/cm³)	脱水后重/g	吸水量/%	吸药量/(g/m²)
8	3.7	1.6	0.7	2.65	4.1	0.65	3.6	0.95	0.987
9	3.8	1.5	0.7	2.65	4.0	0.66	4.2	1.55	1.647
10	4.3	1.5	0.7	2.75	4.5	0.61	4.6	1.85	1.760
11	4.1	1.4	0.7	2.45	4.0	0.54	3.7	1.25	1.303
12	4.7	1.6	0.8	3.25	6.0	0.54	5.1	1.85	1.473

表7　梓树接种试验吸药量

编号	长/cm	宽/cm	厚/cm	质量/g	体积/cm³	密度/(g/cm³)	脱水后重/g	吸水量/%	吸药量/(g/m²)
1	5.6	1.4	0.7	4.45	5.49	0.81	5.4	0.95	0.746
2	5.9	1.6	0.7	4.82	6.60	0.73	6.6	1.78	1.212
3	5.7	1.6	0.7	4.18	6.38	0.66	5.3	1.12	0.787
4	6.2	1.5	0.6	4.50	5.58	0.81	5.8	1.3	0.934
5	5.9	1.5	0.7	5.1	6.20	0.82	6.2	1.1	0.784
6	5.5	1.5	0.9	4.58	7.43	0.62	5.8	1.22	0.838
7	6.2	1.4	0.7	4.97	6.08	0.82	5.45	0.48	0.343
8	6.3	1.4	0.7	3.26	6.174	0.53	5.0	1.74	1.224
9	6.2	1.2	0.8	5.03	5.95	0.85	5.7	0.67	0.501
10	5.6	1.6	0.8	4.45	7.17	0.62	5.7	1.25	0.849
11	5.1	1.3	0.8	2.38	5.30	0.44			
12	5.2	1.5	0.75	3.85	5.85	0.66			

表8　隔木接种试验吸药量

编号	长/cm	宽/cm	厚/cm	质量/g	体积/cm³	密度/(g/cm³)	烘干恒重/g	吸水后重/g	吸水量/%	吸药量/(g/m²)
1	5.7	1.2	1.1	5.6	7.52	0.74	1.3	2.9	1.6	1.109
2	5.7	1.5	1.0	6.9	8.55	0.81	1.6	2.9	1.3	0.825
3	5.7	1.1	1.2	5.5	7.52	0.73	1.8	4.1	2.3	1.594
4	5.7	1.4	1.2	7.5	9.58	0.78	2.1	3.7	1.6	0.970
5	5.7	1.5	1.0	6.7	8.55	0.78	2.4	4.7	2.3	1.460
6	5.6	1.5	1.1	6.2	9.24	0.67	2.1	4.3	2.2	1.357
7	5.9	1.3	1.1	6.1	8.44	0.72	2.5	5.0	2.5	1.604
8	5.5	1.3	1.1	5.9	7.87	0.75	1.3	2.6	1.3	0.889
9	5.9	1.5	0.9	6.3	7.97	0.79	1.6	3.0	1.4	0.903
10	5.5	1.5	1.0	4.5	8.25	0.55	1.3	3.4	2.1	1.377

　　将用不同抑菌剂浸泡过的木材样品进行接种，培养4周后观察，并计算试样被害值。试样被害值按照试样表面菌丝生长情况可分为5级，表9是试样被害值分级标准。

表9　试样被害值分级标准

被害值	试菌感染面积及蓝变程度
0	试样表面无菌丝，内部及外部颜色均正常
1	试样表面感染面积<1/4，内部颜色正常
2	试样表面感染面积1/4～1/2，内部颜色正常
3	试样表面感染面积1/2～3/4，或内部蓝变面积<1/10
4	试样表面感染面积>3/4，或内部蓝变面积>1/10

按照被害值分级，培养4周后试样平均被害值0～1的药液浓度为抑菌剂对相应试验菌的极限浓度。对不同树种的样品的被害值计算结果如表10、表11所示。

表10　桢楠试样被害值

编号	菌种	吸药量/(g/m^2)	抑菌效果	是否有效
1	绿色木霉	0.176	>1/4	有效
2	绿色木霉	1.171	1/2～3/4	无效
3	绿色木霉	1.226	<1/4	有效
4	绿色木霉	1.097	0	有效
5	绿色木霉	1.297	0	有效
6	棕曲霉	0.95	<1/4	有效
7	桔青霉	0.95	<1/4	有效
8	串珠镰刀菌	1.55	<1/4	有效
9	绿色木霉	1.85	1/4～3/4	无效
10	棕曲霉	1.25	<1/4	有效
11	黄曲霉	1.85	<1/4	有效
12	ck	0	>3/4	无效

表11　梓树试样被害值

编号	菌种	吸药量/(g/m^2)	抑菌效果	是否有效
1	串珠镰刀菌	0.746	0	有效
2	黄曲霉	1.212	0	有效
3	棕曲霉	0.787	<1/4	有效
4	桔青霉	0.934	<1/4	有效
5	绿色木霉	0.784	<1/4	有效
6	绿色木霉	0.838	<1/4	有效
7	绿色木霉	0.343	<1/4	有效
8	绿色木霉	1.224	<1/4	有效
9	绿色木霉	0.501	<1/4	无效

续表

编号	菌种	吸药量/（g/m²）	抑菌效果	是否有效
10	绿色木霉	0.849	<1/4	有效
11	桔青霉	0	1	无效
12	桔青霉	0	1	无效

根据以上试验数据，可以计算戊唑醇对多种木材有害菌的防治效力（表12）。

表12 戊唑醇对多种木材有害菌的防治效力

菌种	树种	药液浓度%	被害值D 1	2	3	4	5	6	防治效力/%
绿色木霉	桢楠	0.2	1/4	1/2~3/4	<1/4	0	0	1/4~3/4	66.7
	梓树	0.2	<1/4	<1/4	<1/4	<1/4	<1/4	<1/4	100
曲霉	桢楠	0.2	<1/4	<1/4	<1/4				100
	梓树	0.2	0	<1/4					100
桔青霉	桢楠	0.2	<1/4						100
	梓树	0.2	<1/4	1	1				33.3
串珠镰刀菌	桢楠	0.2	<1/4						100
	梓树	0.2	0						100

结论：戊唑醇有明显之杀灭真菌的作用，显微观察表明，经处理之后，真菌细胞内的原生质体结构发生明显变化，内容物可至消失。桢楠接种绿色木霉，使用戊唑醇1.2 g/m²以上有效，棕曲霉使用戊唑醇0.95 g/m²有效，黄曲霉使用戊唑醇1.85 g/m²有效，桔青霉0.95 g/m²有效，串珠镰刀菌1.55 g/m²有效。梓树使用戊唑醇为0.746~1.224 g/m²，对接种的所有菌种有效。

3.3 戊唑醇抗流失试验

参考中华人民共和国林业行业标准LY/T 1283—1998《木材防腐剂对腐朽菌毒性实验室试验方法》，探索水溶性防腐剂在水中的流失量，为制订现场使用方案提供依据。

试材：选用商业街船棺、独木棺遗址现场出土的桩木，树种鉴定为桢楠。

将试样用不同浓度药物浸泡并称重；再将经过防腐剂处理过的试样充分气干，然后用等量（150 mL）清水浸泡，24 h重复一次，总共连续试验14天后取出木块，称湿重，计算重量差，即为药物流失量（表13、表14）。

表13 流失试验 单位：10^{-6}

试验编号	1~6	7~12	13~18	19~24	25~30	31~36
试验浓度	25000	2500	250	25	2.5	清水

结论：根据资料报告，戊唑醇常温下在水中溶解度为32 mg/L，此次试验供试木材为已腐朽的棺木，其空白样品在水中平均流失量为0.04743 g/cm³。考虑到这一因素，试验结果表明，戊唑醇水浸泡

流失不十分明显。

3.4 船棺发掘现场抑菌试验

利用戊唑醇粉剂加6% PEG1500制备的杀菌剂能有效抑制或杀灭丝状真菌生长。但在实验中发现，上述液体杀菌剂存放时间稍长（约1周），戊唑醇会形成絮状沉淀，杀菌剂有效浓度可能降低，并且使用6%PEG作为悬浮剂配制过程较长。因而从2004年3月，购得戊唑醇乳油，有效含量25%，分别配制成200×10^{-6}（0.2%）、100×10^{-6}（0.1%）、20×10^{-6}、5×10^{-6}浓度用作杀菌试验。

实验目的是探讨在现场高湿条件下，喷施杀菌剂，用于大型棺木处理的抑菌剂和施工方法。

实验选择在成都市商业街船棺、独木棺发掘现场的隔木上进行，这些隔木在以前一直未进行过任何杀菌处理。

因遗址中的棺木及垫木已用PEG处理过，取样困难，因而选择遗址现场未经任何处理的3根隔木，分别用1%苯甲酸钠、200×10^{-6}戊唑醇、1%山梨酸钾喷施，8周后分别观察记录，现场继续喷药处理。

喷施抑菌剂1周后取样在PDA培养基培养，观察有无菌丝生长。取样分层，每层约5 mm（表15）。

表14 流失实验结果

编号	长/mm	宽/mm	厚/mm	质量/g	体积/mm³	密度/(g/cm³)	烘干后恒重/g	吸药后重/g	吸药量/(g/m³)	第二次清水浸泡后重/g	药物流失量/(g/cm³)
1	27.1	19.8	9.9	4.441	5312.142	0.836	0.941	1.767	3887.321	1.610	0.02955
2	30.6	23.3	11.6	7.029	8270.568	0.850	1.656	2.954	3923.552	2.473	0.05816
3	28.4	21.3	9.6	5.417	5807.232	0.933	0.872	2.604	7456.220	2.403	0.03461
4	26.1	22.3	12.1	5.817	7042.563	0.826	1.250	2.458	4288.212	2.100	0.05083
5	23.2	19.8	14.3	5.936	6568.848	0.904	1.404	2.615	4608.875	2.230	0.05861
6	24.5	21.6	12.5	5.745	6615.000	0.868	1.323	2.117	3000.756	1.808	0.04671
7	25.6	21.7	12.4	5.494	6888.448	0.798	1.200	2.339	413.373	1.895	0.06446
8	32.1	23.9	12.2	9.361	9359.718	1.000	2.526	4.722	586.556	4.371	0.03750
9	22.3	22.0	13.3	5.439	6524.980	0.834	1.507	3.065	596.937	2.520	0.08353
10	27.1	20.0	11.8	6.751	6395.600	1.056	1.454	2.681	479.627	2.252	0.06746
11	25.6	23.6	11.5	5.587	6947.840	0.804	1.226	2.281	379.614	1.917	0.05239
12	27.9	25.4	16.5	7.956	11692.890	0.680	1.718	3.950	477.213	3.694	0.02190
13	24.7	20.8	18.8	5.963	9658.688	0.617	1.278	2.460	30.594	1.941	0.05373
14	25.3	24.1	14.5	6.679	8841.085	0.755	1.481	2.846	38.598	2.177	0.07805
15	29.4	20.6	10.2	4.126	6177.528	0.668	0.906	1.706	32.375	1.285	0.06815
16	25.1	21.6	10.4	4.597	5638.464	0.815	0.970	1.757	34.894	1.466	0.05161
17	28.8	21.7	18.8	5.911	11749.248	0.503	1.625	2.674	22.321	2.106	0.04834
18	28.9	25.3	12.7	6.642	9285.859	0.715	1.715	2.988	34.273	2.506	0.05191
19	23.7	19.0	12.0	4.325	5403.600	0.800	1.114	1.992	4.062	1.644	0.06440
20	22.1	20.9	11.8	5.492	5450.302	1.008	1.389	2.269	4.036	2.119	0.02752

续表

编号	长/mm	宽/mm	厚/mm	质量/g	体积/mm³	密度/(g/cm³)	烘干后恒重/g	吸药后重/g	吸药量/(g/m³)	第二次清水浸泡后重/g	药物流失量/(g/cm³)
21	22.6	19.7	9.9	3.451	4407.678	0.783	0.734	1.500	4.345	1.256	0.05536
22	27.9	23.5	14.3	8.944	9375.795	0.954	2.774	3.725	2.536	3.074	0.06943
23	22.7	18.7	12.0	4.025	5093.880	0.790	1.230	2.252	5.016	1.762	0.09619
24	25.3	23.3	13.4	5.978	7899.166	0.757	1.271	2.401	3.576	2.045	0.04507
25	23.3	20.5	12.9	5.004	6161.685	0.812	1.334	2.296	0.390	1.757	0.08748
26	23.0	19.2	11.5	4.107	5078.400	0.809	1.136	1.945	0.398	1.725	0.04332
27	31.4	23.4	12.9	6.638	9478.404	0.700	1.457	2.639	0.312	2.302	0.03556
28	28.3	23.0	13.2	7.068	8591.880	0.823	1.708	3.024	0.383	2.512	0.05959
29	29.2	24.8	11.7	5.879	8472.672	0.694	1.607	2.732	0.332	2.291	0.05205
30	30.0	22.9	11.1	5.199	7625.700	0.682	1.102	1.962	0.282	1.736	0.02964
31	23.5	21.5	9.9	3.726	5001.975	0.745	0.887	1.651	0	1.333	0.06358
32	23.8	21.3	11.3	4.742	5728.422	0.828	1.054	2.060	0	1.765	0.05150
33	26.6	22.0	11.2	5.355	6554.240	0.817	1.157	2.086	0	1.773	0.04776
34	24.6	22.9	11.2	4.909	6309.408	0.778	1.260	2.414	0	2.078	0.05325
35	25.3	21.9	17.2	5.084	9530.004	0.533	1.134	2.139	0	1.902	0.02487
36	24.6	22.8	11.4	5.134	6394.032	0.803	1.115	2.035	0	1.756	0.04363

表15 现场试验结果

取样时间	苯甲酸钠处理结果 1	2	3	戊唑醇处理结果 1	2	3	山梨酸钾处理结果 1	2	3
2004.3.4	+			+				+	
2004.3.9	−	−	+	−	−	+	+	+	+
2004.5.12	−			−				+	
2004.6.4	−	−	−	−	−	−	+	+	

注：表中"+"表示有微生物生长；"−"表示没有微生物生长。

结论

根据实验初步确认，戊唑醇与山梨酸钾均有较好的杀菌效果，但山梨酸钾是一种有效的霉菌抑制剂，且用量仅为苯甲酸钠的1/3。食品工业多用于食品防霉。山梨酸钾的作用机理明确，能抑制霉菌脱氧酶系的活动，从而达到抑制霉菌生长的目的。但当霉菌污染严重或生长旺盛时，却能利用山梨酸作为能源而使山梨酸失去抑制霉菌的作用，因此发掘现场不宜使用山梨酸钾作为杀真菌剂。

参 考 文 献

[1] 陈允适，李武. 古建筑与木质文物维护指南——木结构防腐及化学加固. 北京：中国林业出版社，1995.

[2] 周与良，刑来君. 真菌学. 北京：高等教育出版社，1986.

[3] 阮继生. 放线菌分类基础. 北京：科学出版社，1977.

[4] 王大耜. 细菌分类基础. 北京：科学出版社，1977.

[5] ［美］亚历山大 M. 土壤微生物学导论. 广西农学院农业微生物教研组译. 北京：科学出版社，1983.

[6] 裘维蕃. 菌物学大全. 北京：科学出版社，1998.

[7] 王家珍. 环境微生物学. 北京：高等教育出版社，1988.

[8] 俞大绂，李季伦. 微生物学. 北京：科学出版社，1985.

[9] 农业部农药检定所主编. 新编农药手册. 北京：中国农业出版社，1998.

[10] 严淑梅，李华，周铁. 秦俑三号坑地衣的初步治理与探讨. 文博，2002（3）：59-63.

[11] GB/T 18261—2000：防霉剂防治木材霉菌及蓝变菌的试验方法.

金沙遗址出土木耜的保护修复*

肖 嶙　白玉龙　孙 杰　冈田文男　吉田秀男　刘爱民

摘　要　金沙遗址出土的木耜，保存状况差，木材降解严重，含水率高。中国成都文物考古研究所通过与日本文物保护机构合作，使用高级醇渗透加固的方法，解决了该件文物脱水保护的问题，可以在控制较好的展览环境中展出，对于考古研究和博物馆展览都具有十分重要的意义。

关键词　金沙遗址　木耜　高级醇　置换　脱水　渗透加固

1　木耜简介

金沙遗址出土的农具木耜，是商代末期先民的遗物，在中国考古出土的古代农具中罕见，对研究金沙遗址古代居民的生产、生活具有重要意义。

1.1　出土状况

此件木耜于2003年2月在金沙遗址交通局工地商代晚期地层淤泥内发掘出土，埋藏的位置较深（处于地下水位线之下），木耜在出土之前处于饱水状态。

出土时，木耜的颜色为深褐色，木材强度差，为饱水状态。经测量，木耜长1.42 m，其头部有局部缺损。该器物在埋藏过程中发生破坏，多处断裂，已破碎为10块，局部残损（图1）。

图1　木耜在遗址现场

1.2　提取方法

饱水的木质文物对环境十分敏感，在现场置放时间不能过长。木耜出土后，立刻开始清理提取，

---

* 原文发表于《成都文物》，2006年第3期。
中方项目参与人员：成都文物考古研究所肖嶙、白玉龙、孙杰。日方项目参与人员：京都造型艺术大学冈田文男、吉田生物研究所（株）吉田秀男、刘爱民。

同时做好保湿防变形工作。由于木耜强度很差，且多处断裂并有残损，因此采用套箱方法整体提取（图2）。

图2　套箱提取木耜

2　木耜保护修复

2.1　清理

装有木耜的套箱运回修复室内，清理工作的难度不大。在清理前后，都进行摄影记录，尤其是断裂、脱落等部位的细节，作为以后处理的参考。

将木耜清理出来后，仔细拼对并记录。随后将其放入浸渍容器内，开始进行下一步处理。

2.2　置换脱水

构成木耜的木材化学降解严重，含水率很高。针对这种情况，采用甲醇溶液浸泡木耜；利用甲醇与水可相互溶解的特性，用甲醇置换木材中的水分。为保证脱水时文物外形尺寸的稳定，先用甲醇水溶液浸渍置换，待稳定之后更换甲醇溶液。如此反复，逐步提高甲醇溶液的浓度，直至用纯甲醇浸渍置换。浸渍的时间根据效果来调整，确保稳妥。

甲醇常温下为液体，沸点64.5℃，与水任意比例混溶，具化学稳定性。使用中应注意，整个场地禁止吸烟和使用明火，电器使用严格遵守安全规范。

浸渍木耜的甲醇的含水率可以用甲醇密度计来测量，也可以用二甲苯来检测。

置换完全后，木耜存放于纯甲醇中，直至下一步处理开始，不得敞露在空气中。

2.2.1　置换脱水工艺

甲醇浸渍脱水在常温常压下进行，浸渍容器要求密封，防止空气中的水分溶解进入甲醇。浸渍过程中要定期检测甲醇溶液含水状况，待稳定之后更换甲醇。按此法操作，直至木材中的水分完全被甲醇替代。根据保护对象的尺寸，置换脱水所需的时间不同。

2.2.2　脱水效果

木耜完全脱水后，不需要干燥，就直接进行渗透加固，避免了甲醇挥发引起的木材变形；木耜颜色比刚出土时变浅；器物的外形尺寸在浸渍过程中基本没有变化，木耜的置换脱水顺利完成。

2.3　渗透加固

选择一种性能稳定且性质与木材相容的高分子材料，使之渗透到木材内部，取代甲醇的位置，起到填充和加固木材的作用。加固材料和渗透工艺是影响效果的决定因素，因此选用十八烷基高级醇加固木耜。

十八烷基高级醇常温下为蜡状固体，熔点为56℃，不溶于水，具化学稳定性。加固工艺采用热液态高级醇浸渍法，即在加热浸渍槽中，升温熔化高级醇，在恒温状态下浸渍木耜，使高级醇逐渐渗透到木材内部。要根据木材的情况和渗透工作的进展调节温度，以保证加固效果，稳定文物尺寸。

加热使十八烷基高级醇熔化成为液体，对木材进行渗透加固。由于木耜的尺寸、体量不大，渗透较为容易，我们将加固剂加热熔化，直接浸渍木材，保持62℃的恒温。整个渗透加固过程持续1个月。

2.4 后期处理

木耜经过加固之后，稳定性增强，可以满足一般保存条件。此时可以进行修复。修复的目的是恢复木耜完整外观，使之具有历史、文化信息的直观表现力，以供研究和陈列。修复的主要内容是拼合木耜碎块并将其连接成为一个整体，适当修补残损部位，恢复木耜表面的质感和色泽。修复时对比出土时的资料，尊重文物原貌。

2.4.1 清洗

加固完毕后，将木耜取出，用天那水和甲醇清洗表面。

清洗完成后，用热风枪加热木耜表面，用毛巾吸取熔化的加固剂。

经过以上处理之后，木耜表面现出木材原本的色泽。

2.4.2 修复

1）拼对

根据出土清理时的照片记录，准确复原各碎片的位置和相对关系。

2）黏结

黏结木耜头部及柄部的小碎块。先用毛笔蘸液体A润湿笔尖，然后蘸取粉体B，直接涂刷在黏结面上，黏结面仅涂刷一面即可，然后马上接合，5 min后黏结剂固化。修复材料见表1。固化过程中需施加一定压力，并防止移动（图3）。

表1 修复材料

分类		产品名	厂家	性状	规格
修复试剂	黏结剂	MB-80A	日本积水化成制	无色透明液体	
		MB-80B	日本积水化成制	白色粉末	

续表

分类		产品名	厂家	性状	规格
修复试剂	处理剂	香蕉水			分析纯
		甲醇			分析纯
	颜料	丙烯颜料调和剂	飞鸿牌 天津市美术颜料厂	乳白色	100 mL装
		树脂绘具颜料系列 A301、A302、A303、A304、 A305、A306、A321、A262	日本		40 mL装
修复工具	修复笔	软毛笔			
		软排笔			
	气动手钻钻头	气动手钻	日本		
		Φ2 mm钻头日本	日本		
		Φ3 mm钻头日本	日本		
	加热工具	热风枪			

黏结断裂的柄部碎块，需在黏结面钻孔，深度2 cm，用毛笔清除孔内木屑，然后用蘸有液体A的毛笔蘸取粉体B填充孔内，稍等固化后将二者黏结（图4、图5）。

图3　黏结 　　　　　　　图4　钻孔 　　　　　　　图5　黏结

黏结完成后，在黏结缝隙处仔细填充黏结剂，使之固化后略高于木材面，为下一步加工做好准备。

3）补全

木耙柄部有一处长7 cm的缺损部分，需要进行修补才能完整连接整件器物。

首先，分别在两段木柄相对的断面上钻孔，用液体A调和粉体B填充钻孔。然后，对照出土时的照片，仔细调整两段木柄的位置和距离（图6）。

用液体A调和粉体B做成树脂条，待固化后小心搭接在两段木柄之间，调整好位置后，用粉体B调和的胶黏结在两断面上（图7）。

用较硬的纸包围修补处，形成填充空间，逐步填充树脂，直至修补处填充满。

木耙头部的凹坑也用粉体B调和的树脂进行适当填充修补。

填充修补完毕之后，用牙钻顺着木头纹理打磨黏结修补处的树脂，直至与木面相平（图8）。

图6 灌胶 　　　　　　　　　　　　　图7 补全

4）作旧

用水稀释丙烯颜料调和液，涂刷木耜，热风烘干。经过处理，木耜表面基本恢复木材的质感和色泽，木质的纹理也清楚可见（图9）。

图8 修整 　　　　　　　　　　　　　图9 作旧

5）保护修复效果

经过历时8个月的保护修复，木耜得到很好的加固，本体强度增加，在放置环境中的稳定性得到很大加强。

修复后的木耜恢复成完整的器形，其表面木材原有的质感、色泽和纹理得到还原再现。

修复完毕至今，已过去15个月，放置于展厅之中的这件古代农具，与刚修复后的状况一样，其外形尺寸、表面色泽均无异常，黏结和修补处也没有什么变化。可见，修复的效果是持久的、稳定的（图10）。

图10 木耜修复前后对比

3　讨论

3.1　关于文物保护修复原则的讨论

（1）现场保护是整个保护工作的重要环节。木耜的保护修复是从考古发掘现场开始的。正是由于

现场保护及时、得当，木耜保护修复的效果才最忠实于原貌。

（2）对木耜的保护、修复，坚持最小干预和有效干预这两项原则。例如，修复阶段的黏结是在能保护强度的地方直接进行黏结，对大的碎块才采取钻孔填胶法黏结。另外，木耜表面的色泽和纹理是清洗后显出来的，不需要人工着色，只有修补的地方才进行着色处理。

（3）协调性与可辨识性。对黏结的缝隙和残缺处的适当修补和着色，可以使木耜在视觉上具有连贯、统一和完整的形象，是文物形象的部分恢复，不增加额外的视觉信息。

对残缺部位的修补，以增强文物物理稳定性和视觉连续性为目的和尺度，外观要求协调，不刻意追求一致与完美，近距离应该可以分辨。

木耜头部从出土到刚加固完毕，再到修复完成，见图11～图13。

图11　出土时的木耜头部　　　　　图12　刚加固完毕时的木耜头部　　　　　图13　修复完成的木耜头部

3.2　关于木耜保护修复结果的讨论

（1）保护修复的效果需要时间的检验，也需要精心的维护。15个月以来，木耜的情况是稳定的，但不等于万事无忧，在以后的时间里需要长期仔细观察和精心维护，才能保护文物的健康。

（2）木耜保护修复的材料可以应用到其他木制文物上，但需要根据文物的具体情况先进行试验。木耜保护修复的试验数据不具有普遍性，不能直接应用于其他文物。文物的保护修复，要坚持具体情况区别对待。

成都商业街船棺葬出土棺木保护概述*

肖 嶙　白玉龙

> **摘　要**　成都商业街船棺葬是2000年全国十大考古新发现之一。该墓葬出土的17具棺木均由完整的树干刳凿而成，其体量之大，为国内罕见。棺木出土十余年来，保护人员采取诸多行之有效的保护措施，取得良好的保护效果。本文对棺木的考古发掘现场保护、原址保护、回填保护和异地搬迁保护等工作进行概述，以期为同类大型木质文物的保护提供借鉴。
>
> **关键词**　商业街船棺葬　棺木　保护

2000年7月至2001年1月，成都市文物考古工作队在位于成都市青羊区商业街58号的四川省委机关食堂建筑工地，抢救性发掘了一座大型船棺、独木棺多棺合葬墓。据考古专家推测，这是一处罕见的古蜀国开明王朝中晚期王族甚或蜀王本人的家族墓地，年代为战国早期，距今约2500年。[1]商业街船棺葬的发掘为古蜀文化研究提供了宝贵的实物资料，因而被评为2000年全国十大考古新发现之一，并于2001年7月经国务院批准公布为第五批全国重点文物保护单位。

墓葬发掘伊始，保护人员即进入考古发掘现场，对出土棺木进行了保湿、加固等现场保护工作；墓葬被公布为全国重点文物保护单位后，成都博物院文物保护与修复中心开展了长达10年的生物病害防治、地下水渗流场模拟等原址养护工作。2009年，随着出土木漆器保护国家文物局重点科研基地成都工作站的建立，在荆州文物保护中心强有力的技术支撑下，工作站将部分保存较为完整的棺木搬迁至室内，开展异地脱水保护，同时对墓葬进行回填保护。项目实施以来，墓葬内的枕木等木质文物保存状况稳定，4件搬迁至室内的棺木已完成脱水加固保护，取得了良好的效果。现将十余年来的保护工作进行概述，以期为同类大型木质文物的科学、有效保护提供借鉴。

1　考古发掘现场保护

商业街船棺葬是一座大型多棺合葬的长方形竖穴土坑墓，墓坑长约30.5 m，宽约20.3 m，面积约620 m²。墓坑中共发现船棺、独木棺等葬具17具（编号1～17号棺），所有葬具均由棺盖和棺身两部分组成，平行排列放置于墓坑之中，棺木下有约15排整齐排列的枕木（图1）。在现存的17具棺木中，

---

* 原文发表于《首届出土木漆器保护国际学术研讨会论文集》，武汉：《江汉考古》编辑部，2014年。

第1号、第2号、第8号、第9号、第10号、第11号6具棺木有棺盖和棺身，保存相对较完整。其余棺木中，除了第3号、第4号、第5号棺残存有棺盖外，其他都被严重破坏，只剩下棺身甚至部分棺身，没有棺盖。出土的棺木均由整根楠木刳凿而成，个别棺木上还保存有明显的树皮和树根特征。

图1 墓葬鸟瞰图与出土棺木

经测定，商业街船棺葬周围土壤呈弱酸性（pH值在6左右），墓坑底部距现代地表约6 m，低于成都市常年地下水位线，因而棺木出土时为水浸状态，部分棺木和枕木的含水率高达400%，属于饱水木质文物。考古发掘打破了埋藏环境业已形成的平衡状态，呈饱水状态的棺木不可避免地出现水分散失，进而发生干缩变形。因此，对于出土饱水木质文物而言，首要工作是保湿。在考古发掘过程中，保护人员用吸饱水的海绵对棺木进行包裹，在其上盖上塑料薄膜，并搭建临时工棚，以营造降温保湿的小环境，但由于考古发掘经历夏、秋、冬三季，种种保湿措施并未能完全抵御环境温湿度的变化，一些棺木上仍出现裂纹。

棺木在埋藏过程中，长期受到地下水、微生物等环境因素的侵蚀，木材内纤维素、木质素等物质逐渐降解流失，导致其细胞壁的强度严重下降。细胞壁依靠自身强度已经无法保持原有形状，只能依靠其中所含的水分来维持。随着水分的散失，木材细胞壁发生收缩塌陷，水分蒸发形成的表面张力加重细胞壁的变形。因此，仅仅依靠保湿措施无法最终解决棺木的保护问题。经过调研，结合现场实际条件，保护人员借鉴瑞典华萨船的保护经验，采用聚乙二醇喷淋的方式，对棺木进行保湿和加固。

聚乙二醇因相对分子质量的不同而表现出不同的性质，平均相对分子质量在200~600的聚乙二醇在常温下是液体，平均相对分子质量在600~1000的聚乙二醇逐渐变为半固体状，平均相对分子质量在1000及以上的聚乙二醇为浅白色蜡状固体。聚乙二醇具有良好的水溶性，随着平均相对分子质量的增大，其吸湿能力逐渐降低。所以，一定相对分子质量的聚乙二醇可以起到良好的保湿效果，且对木材细胞壁也有一定的加固作用。通过控制聚乙二醇的平均相对分子质量及溶液浓度，能够逐步置换出棺木内部的水分。聚乙二醇喷淋后，棺木的开裂情况得到有效抑制。现场保护工作详见已经发表的《成都商业街大型船棺葬棺木及枕木的保护工作初报》一文。[2]

2 原址保护

商业街船棺葬考古发掘工作基本结束后，墓葬经国务院批准公布为第五批全国重点文物保护单位，即进入原址保护阶段。除继续对棺木进行聚乙二醇喷淋保湿加固以外，这一阶段还需对棺木、枕木等进行防腐处理，避免棺木发生微生物病害。墓葬常年处在潮湿环境中，饱水的棺木容易成为微生物滋生的"温床"，保护人员通过大量的实验对墓葬现场的微生物进行分离鉴定，并针对棺木的种类和特点，筛选出合适的杀菌剂配方，对现场微生物进行抑制、杀灭试验，取得一定的效果，生物病害防治工作详见已经发表的《成都商业街船棺、独木棺遗址微生物研究》一文。[3]

墓葬的原址保护工作得到各级领导的高度重视和业内的广泛关注，在科技部"十五"国家科技攻关计划"遗址大型饱水木构件原址保护技术研究"课题的资助下，通过水文地质的研究方法查明墓葬所处的水文地质条件，在此基础上，分析影响墓葬及其木构件原址保存的地下水侵蚀作用。[4]采用渗流场模拟技术进一步查明墓葬周围地下水渗流场的分布细节，以及大气降水和生产生活用水对墓葬区的入渗补给；同时利用地下水渗流场模拟技术模拟计算出墓葬开挖和布置疏干排水工程后地下水位变化情况，计算排水工程实施后墓葬边坡稳定性，分析疏干排水引起的黏性土渗流固结而导致的地面沉降问题。[5]此项工作主要由中国地质大学完成，详见《成都市船棺遗址渗流场模拟及"水害"防治对策》一文。[6]

墓葬在开挖前深埋于地表以下，长期经受地下水的侵蚀作用、大气降水和生产生活用水入渗补给，使得墓葬区地下水与外界发生物质和能量交换，导致墓葬中的木质文物滋生细菌，进而引起木质文物的霉变、腐烂。地下水的循环交替作用和季节性波动，会使木质文物的含水量发生相应的波动，含水量经常波动会破坏木质文物原来的内部结构，加速木质文物的腐烂。[7]通过研究，分析了墓葬开挖前、开挖后和布置排水暗沟三种不同情况下的地下水侵蚀问题[8]：①开挖前墓葬点在地下水位以下，潜水位的波动是主要问题；②墓葬开挖后地下水位降到墓葬点以下，墓葬中木质文物的含水量受潜水毛细水的影响；③布置排水沟以后，墓葬点地板在地下水毛细上升高度以上，能够解决地下水侵蚀的问题。

墓葬采用大坡脚开挖，大气降水和周围生产生活用水的入渗使得边坡内的水位上升，又使孔隙水压力提高，降低抗滑力，造成边坡失稳。[9]布置排水暗沟以后，地下水由边坡土体中排出时，由于有一定的水力梯度，形成动水压力，增加了沿地下水渗流方向的滑动力，增加了边坡变形失稳的可能性。[10]在采用排水暗沟来疏干墓葬区一定范围内岩土体中的地下水，地下水位的区域性下降引起含水层的压密以及其顶部一定范围内饱水黏性土层中的孔隙水向含水层运移。[11-12]在渗流作用下，黏性土发生固结，从而综合影响导致地面沉降。由于墓葬区地下水位降深较小，而且土体的黏粒含量不是太大，在有控制的疏干排水措施下，引起的地面沉降量较小，不会影响墓葬周围房屋和地下管线的正常使用。[13-14]

由于墓葬未做专门的水文工程地质勘查工作，所以难以准确确定墓葬区的水文地质模型、论证疏干排水方案。墓葬作为不可再生资源，其原址保护的地质工程研究不同于一般工程建筑，它不能以使用年限来要求，任何一点失误都可能会造成不可挽回的损失。同时，在对墓葬周边进行考古勘探时，考古人员在墓葬东边发现立柱和柱础等遗迹。综合各种考古线索推测，船棺葬墓葬的东边和西边有同类的大型墓葬，所以周边的泥土不能轻易动。因此，研究形成的方案并未贸然付诸实施。

3 回填保护

原址保护期间，曾对墓坑四壁做过喷锚和预应力加固处理，并长期监测。但墓坑地势低洼，地下水常年渗流不止（图2）。尽管利用集水坑将地下水抽排，但也同时带走坑内的泥土，使墓葬受到一定程度的破坏。原址保护过程中，并未解决棺木保护遇到的难题。无奈之下，经国家文物局批准，保护人员对商业街船棺葬墓葬进行回填保护（图3）。

回填保护是国际上比较成熟的做法，墓葬回填后，可使船棺处于更低温度、极少氧气和良好

图2　原址保护阶段的棺木

图3　回填保护

保湿的环境，能为墓葬保护提供比较长的缓冲时间。[15-16]回填前，保护人员在荆州文物保护中心的指导下，进行多次前期试验。与传统的回填不同，船棺葬墓葬回填采取更为科学的方式，首先对棺木进行消毒杀菌，再用木质素材料包裹覆盖，最后撒上细沙和纯净泥土。为监测回填后墓葬内部环境的变化，还特别留了监测井。同时，保护人员还采取棺木、枕木样本，在北湖考古整理基地挖同样深度的坑，制造同样的环境再埋入，每半年监测一次，以判断回填墓葬内的船棺变化。通过持续检测，回填后的棺木、枕木等木质文物状态基本稳定。

4 异地搬迁保护

随着出土木漆器保护国家文物局重点科研基地成都工作站的成立，在船棺葬墓葬回填保护过程中，保护人员挑选7具棺木搬迁至北湖考古整理基地，探索异地脱水保护（图4）。

饱水木质文物的脱水保护有自然干燥、冷冻干燥、超临界干燥等多种方法，其中冷冻干燥、超

临界干燥等方法是通过降低水分蒸发时的表面张力来减少文物在脱水过程中发生形变。[17-18]船棺葬出土棺木的体量巨大，难以实现冷冻干燥和超临界干燥，现有技术条件只能选择基于加固处理的自然干燥方式对棺木进行脱水。

通过对木材细胞壁进行加固处理，提高其机械强度，可以有效避免在干燥过程中发生形变。乙二醛法是目前公认最为成熟的饱水竹木漆器加固脱水方法，乙二醛在水溶液中以水合物存在，易起聚合作用。[19]采用乙二醛作为替换水分子的填充物，是由于乙二醛本身是水溶液，能渗透到木材细胞中，并随着脱水的进程逐渐在木材中聚合。聚合物在木材内部生成时，木材细胞在失去水分时所产生的拉拢力（即收缩力）即被聚合物的黏合力（即交联作用）阻止或抵抗，从而在脱水过程中使木材达到和保持相对的平衡状态。[20]聚合物的产生还使得木材强度得以增加，起到加固定型的作用。其中，经荆州文物保护中心吴顺清研究员改进的乙二醛复合液加固脱水法成为商业街船棺葬墓葬出土棺木脱水保护的最佳选择。[21]

图4 棺木吊装搬迁

图5 浸渍阶段的棺木

乙二醛复合液加固脱水法首先将棺木浸泡在含有催化剂的乙二醛溶液中（图5），在一定温度、压力下，棺木中的水分被混合液取代，待浸泡液比重恒定时取出棺木，在特定条件下对棺木中的混合液进行聚合反应。[22]反应中止后，在设定温度下对棺木进行干燥处理（图6）。棺木在干燥过程中，乙二醛发生聚合反应，从而对棺木进行加固定型。

目前，采用乙二醛复合液加固脱水法，已经完成4件棺木的脱水定型。乙二醛复合液脱水后的棺木，其保存条件要求低，脱水定型后的棺木可以满足原址展示和博物馆展示的需求（图7）。

通过十多年的保护实践，我们认为类似商业街船棺葬墓葬出土棺木的大型饱水木质文物，在考古发掘现场及时进行保湿处理

图6 干燥中的棺木

是首要任务。一旦文物发生干缩变形，便难以完全复原。后续保护中，如需要原址展示，应尽可能将文物搬迁至室内进行乙二醛复合液加固脱水，同时对墓葬进行疏干排水、边坡加固等处理。条件不许可的情况下，回填保护可以为技术研发赢得比较长的缓冲时间。以上是我们通过对商业街船棺葬墓葬出土棺木进行保护积累的经验和认识，不足之处，还请批评指正。

图 7　脱水定型后的棺木

参 考 文 献

[1]　成都市文物考古研究所. 成都市商业街船棺、独木棺墓葬发掘报告//成都市文物考古研究所. 成都考古发现（2000）. 北京：科学出版社，2002.

[2]　王毅，肖嶙，白玉龙. 成都商业街大型船棺葬棺木及枕木的保护工作初报//成都市文物考古研究所. 成都考古发现（2000）. 北京：科学出版社，2002.

[3]　赵振镶，肖嶙，孙杰. 成都商业街船棺、独木棺遗址微生物研究//中国文物保护技术协会. 中国文物保护技术协会第四次学术年会论文集. 北京：科学出版社，2007.

[4]　周丽珍，刘佑荣，谢其勇. 遗址大型饱水木构件原址保护技术初探. 江汉考古，2004（2）.

[5]　周丽珍，刘建军，刘佑荣. 地下水渗流场数值模拟技术在文物遗址保护中的应用//中国力学学会办公室. 中国力学学会学术大会2005论文摘要集. 2005.

[6]　周丽珍. 成都市船棺遗址渗流场模拟及"水害"防治对策. 中国地质大学，2005.

[7]　李澜，程丽臻，陈中行. 遗址中饱水木构件原址保护脱水技术研究. 中国文物科学研究，2010（1）.

[8]　刘佑荣，陈中行，周丽珍. 大型平原土体遗址主要地质病害及其保护治水工程技术研究. 文物保护与考古科学，2007（3）.

[9]　刘佑荣，杨裕云，方云. 湖北随州市曾侯乙墓地质环境及木椁原地保护研究//中国地质学会工程地质专业委员会. 第六届全国工程地质大会论文集. 2000.

[10]　卜俊贤，朱少荣，刘佑荣，等. 曾侯乙墓墓区地下水渗流场模拟研究. 西部探矿工程，2004（10）.

[11]　周丽珍，刘佑荣，陈刚，等. 跨湖桥独木舟遗址区地下水渗流场模拟研究. 安全与环境工程，2005（1）.

[12]　陈中行，程丽臻，李澜，等. 杭州萧山垮湖桥遗址①独木舟原址脱水加固定型保护//东亚文化遗产保护学会，内蒙古博物院，中国文物保护技术协会. 东亚文化遗产保护学会第二次学术研讨会论文集. 北京：科学出版社，2013.

[13]　刘佑荣，陈中行，周丽珍. 中国南方大型古遗址主要环境地质病害及其防治对策研究. 岩石力学与工程学报，2009（S2）.

---

①　应为杭州萧山跨湖桥遗址。

[14] 周丽珍，刘佑荣，谢其勇. 遗址大型饱水木构件原址保护技术初探. 西部探矿工程，2004（8）.

[15] 田玉娥. 洛阳东周王城遗址保护方式探讨. 丝绸之路，2011（20）.

[16] 丁海祥，高绍萍，赵福凤，等. 城村汉城遗址考古与保护概述. 福建文博，2011（1）.

[17] 胡继高. 应用冷冻真空升华技术对出土漆器脱水的研究. 文物，1998（11）.

[18] 梁永煌，满瑞林，王宜飞，等. 饱水竹木漆器的超临界CO_2脱水干燥研究. 应用化工，2011（5）.

[19] 陈中行，程丽臻，李澜. 乙二醛脱水加固定型曾侯乙墓和包山楚墓彩漆主棺. 中国文物科学研究，2009（4）.

[20] 罗曦芸. 乙二醛用于加固饱水漆木器的研究. 化学世界，2001（3）.

[21] 吴顺清. 浅谈漆木器在脱水过程中的某些影响因素//中国文物保护技术协会. 文物保护技术（1981～1991）. 北京：科学出版社，2010.

[22] 陈中行，程丽臻，李澜. 乙二醛脱水加固定型曾侯乙墓和包山楚墓彩漆主棺. 文博，2009（6）.

成都商业街船棺葬出土棺木的红外光谱研究[*]

肖 嶙

> **摘 要** 成都商业街船棺葬，是迄今为止发现规模最大的船棺合葬墓。为了有效地保护遗址中出土的船棺、独木棺等大型木质文物，需要对棺木所存在的各种病害进行科学的认知。本研究利用傅里叶变换红外光谱仪，从化学成分角度对出土棺木的糟朽病害情况进行剖析。结果表明，出土棺木中半纤维素几乎完全流失、纤维素含量降低、木质素的含量相对上升，纤维素大分子链发生降解。因此，需要对船棺、独木棺等进行必要的加固处理，才能避免棺木在干燥过程中发生皱缩、开裂等形变。
>
> **关键词** 商业街船棺葬　棺木　红外光谱　化学成分

2000年7月至2001年1月，成都文物考古研究所在位于成都市青羊区商业街58号的四川省委机关食堂建筑工地，抢救性发掘一座大型多棺合葬的船棺、独木棺墓葬。据考古专家推测，这是一处罕见的古蜀国开明王朝王族甚或蜀王本人的家族墓地，年代为古蜀开明王朝中晚期（相当于战国早期，距今约2500年）。[1]商业街船棺葬遗址的发掘为古蜀文化研究提供了宝贵的实物资料，因而被评为2000年的全国十大考古新发现，并在2001年7月经国务院批准公布为第五批全国重点文物保护单位。

船棺由整根木料凿成独木船形作为葬具，死者与随葬品一同装殓其中，是川渝地区古代巴人和蜀人的一种特有葬俗，一般为竖穴土坑葬。[2]商业街船棺葬遗址出土船棺、独木棺等各式葬具共17具，其中4具为大型船棺，最大的1具长达18.8 m、直径1.18～1.5 m，葬具数量之多、体量之大，堪称全国之最。经树种鉴定，出土17具棺木的用材均为桢楠（*Phoebe zhennan*）。[3]楠木是软性木料（指结构用木，对应的硬性木料指装饰用木）中耐腐性最好的一种，福建武夷山风景区的崇安县太庙村莲花峰1具大约是秦汉时期的古柩，就是用整根楠木凿制而成的，至今依然基本保存完整。[4]但是在长期的埋藏环境中，受地下水和微生物的侵蚀，出土的船棺、独木棺等木质文物大多糟朽严重。经检测，棺木出土时，其表面的腐朽层达20～30 cm。[3]

出土竹木漆器类文物的"糟朽"病害，是指在长期的保存过程中，构成竹木漆器胎体的纤维素、木质素等大分子物质的化学结构发生严重降解，导致其结构疏松、力学强度大幅降低的现象。[5]木材

---

[*] 原文发表于《首届出土木漆器保护国际学术研讨会论文集》，武汉：《江汉考古》编辑部，2014年。

中纤维素、木质素等天然高聚物的化学结构变化是导致出土竹木漆器出现糟朽病害的根本原因，所以通过对木材化学成分和结构的分析，可以科学地认知出土竹木漆器的糟朽病害情况。本研究通过元素分析仪和傅里叶变换红外光谱仪，对商业街船棺葬遗址出土棺木的元素组成以及半纤维素、纤维素和木质素等主要成分的含量进行测定，从而科学地认知其糟朽病害情况，为船棺等大型木质文物的保护技术选择与研发提供理论指导和科学依据。

1 材料和方法

1.1 材料

试验样品取自成都商业街船棺葬遗址出土的9号棺木，刮去样品表层，用去离子水充分清洗后气干。现代楠木样品采自四川大学校园，选取无腐朽、变色等缺陷的气干木料。气干的棺木样品和现代楠木样品均磨成小于200目的木粉，将木粉置于105℃鼓风干燥箱内烘至恒重，放入装有变色硅胶的干燥器，冷却至室温。测试设备选用美国热电仪器公司（Thermo Scientific Instrument Co.）Nicolet 8700型傅里叶变换红外光谱仪。

1.2 试验方法

用电子天平称取约2 mg干燥木粉，将木粉与溴化钾按1∶100的比例放入玛瑙研钵中，混合均匀后研磨5 min，放入压片磨具内压制成透明或者半透明的锭片，放入傅里叶变换红外光谱仪中进行测试，所选红外光谱范围为中红外区4000～400 cm^{-1}，扫描64次，光谱分辨率为4 cm^{-1}，数据采用Omnic 8.0软件进行处理。

2 结果与分析

2.1 现代楠木的化学组成

木材是一种天然生长的有机高分子材料，主要由纤维素、半纤维素、木质素和木材抽提物等组成，其化学组成和结构极为复杂。[6]纤维素是由β-D-吡喃葡萄糖残基通过1-4-β-甙键相互连接而成的线型高分子，两个葡萄糖残基组成的纤维二糖是其基本结构单元，羟基是其主要的红外敏感基团；半纤维素是由木糖、甘露糖、半乳糖、阿拉伯糖等几种不同类型单糖构成的异质多聚体，具有多而短的支链，主要分为木聚糖、聚葡萄甘露糖和聚半乳糖葡萄甘露糖三类。阔叶材半纤维素主要是木聚糖类，乙酰基、羧基等是其红外敏感基团；木质素的组成和结构比纤维素、半纤维素复杂得多，目前普遍认为木质素是由愈疮木基型、紫丁香基型和对羟苯基型结构单元聚合而成的高聚物，共同特点是都含有苯基丙烷的基本结构，各个单元基环之间通过C—O键和C—C键相互连接，其中阔叶材木质素主要含紫丁香基丙烷、愈疮木基丙烷和少量的对羟苯基丙烷结构单元，甲氧基、羟基、羰基、双键和苯环等是其红外敏感基团。[7]

FT-IR技术在木材研究中的应用，是基于木材中的官能团或基团的生成、消失或者相对数量的变化，进而对其化学成分的变化进行评估。[8-9]红外光谱在4000～1500 cm^{-1}的吸收峰比较稀疏，官能团在这一区域内的振动频率较高，受分子其余部分的影响较小，因而具有明显的特征性，是官能团定性的主要依据；在1500～400 cm^{-1}的区域称为指纹区，各种官能团的特征频率不具有鲜明的特征性，分子结构上的微小变化，都会引起指纹区的明显变化，对于同一官能团，在不同的化学结构或者化学环境中，会表现出不同位置的红外吸收峰。图1是现代楠木样品的红外光谱图。

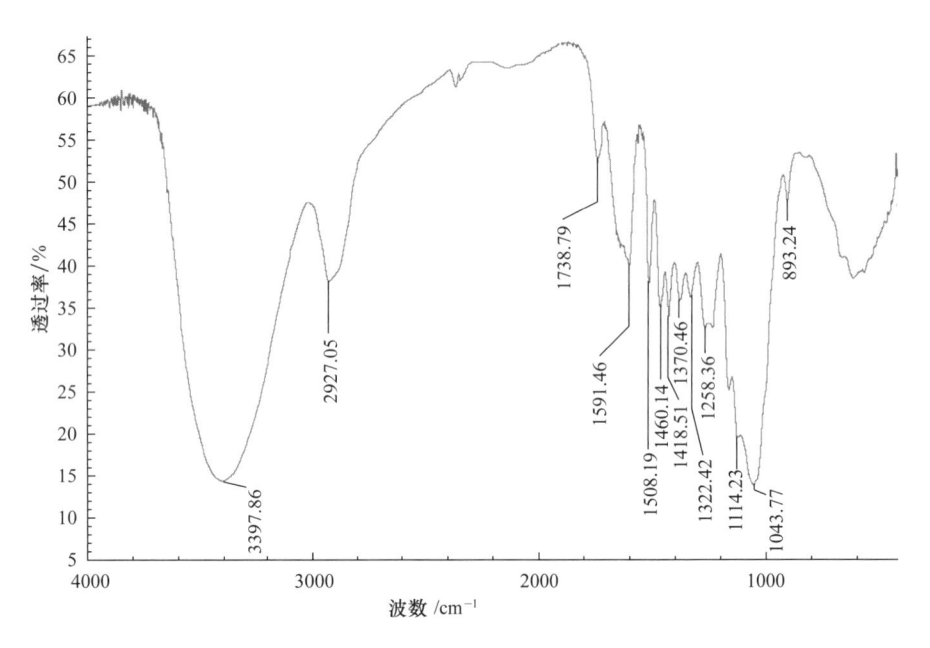

图1 现代楠木样品的红外光谱图

新鲜楠木在3400 cm^{-1}、2900 cm^{-1}附近的特征吸收峰表示羟基（—OH）、甲基和亚甲基（—CH$_3$、CH$_2$）的伸缩振动，O—H是纤维素与半纤维素具有的官能团，而C—H则是纤维素、半纤维素和木质素均存在的官能团。1730 cm^{-1}附近是木聚糖乙酰基（CH$_3$C═O）伸缩振动的吸收峰，这是半纤维素区别其他组分的特征。1600 cm^{-1}、1500 cm^{-1}的吸收峰是木质素苯环碳骨架（芳香核）伸缩振动的特征，1370 cm^{-1}附近的吸收峰是纤维素与半纤维素中C—H弯曲振动所贡献的，是综纤维素（又称总纤维素，即半纤维素和纤维素的总称）存在的特征。895 cm^{-1}附近的吸收峰是纤维素的特征峰。结合图1所示的现代楠木红外光谱图，可以总结出其主要谱带及其归属，如表1所示。

表1 楠木红外光谱的主要谱带及其归属[8-9]

谱峰波数/cm^{-1}	主要吸收谱带归属
3330	O—H伸缩振动
2900	C—H伸缩振动
1730	C═O伸缩振动（木聚糖乙酰基CH$_3$C═O）
1650	C═O伸缩振动（木质素中的共轭羰基）
1600	苯环的碳骨架振动（木质素）
1500	苯环碳骨架振动（木质素）
1450	C—H弯曲振动（木质素和聚糖CH$_2$）

续表

谱峰波数/cm^{-1}	主要吸收谱带归属
1425	CH$_2$剪式振动（纤维素）、CH$_2$弯曲振动（木质素）
1370	C—H弯曲振动（纤维素和半纤维素）
1325	O—H面内弯曲
1235	酰氧基CO—OR伸缩振动（半纤维素乙酰基）
1225	C—OH伸缩振动（木质素酚羟基C—O）
1205	O—H面内弯曲振动（纤维素和半纤维素）
1160	C—O—C伸缩振动（纤维素和半纤维素）
1100	O—H缔合吸收带
1050	C—O伸缩振动（纤维素和半纤维素、乙酰基中的烷氧振动）
1030	C—O伸缩振动（木质素）
895	多糖C1振动
835	C—H面外弯曲；G环的2、6位（阔叶材紫丁香木质素结构）

研究表明，木材腐朽引起的强度下降与半纤维素、纤维素的降解密切相关，一般半纤维素中阿拉伯糖和半乳糖的降解预示着木材腐朽的开始，所以可以通过半纤维素、纤维素的含量变化来确定木材所处的腐朽阶段。[9-10]木材中纤维素和半纤维素化学成分的变化，可以通过纤维素和半纤维素的特征峰1730 cm^{-1}、1370 cm^{-1}和1160 cm^{-1}、1100 cm^{-1}、1050 cm^{-1}吸收强度的变化进行分析；木材中木质素化学成分的变化，主要通过1600 cm^{-1}、1500 cm^{-1}、1225 cm^{-1}特征峰吸收强度的变化进行分析。

2.2 出土棺木的化学组成变化

纤维素、半纤维素和木质素是构成木材细胞壁的物质基础，纤维素形成的微纤丝在其中起着骨架作用，半纤维素和木质素则是骨架中的黏结和填充材料。[7]出土木质文物在长期的埋藏环境下，受到地下水和微生物的侵蚀，其化学成分发生变化，从而导致其物理、力学性能随之发生改变。图2是出土棺木样品的红外光谱图，与现代楠木的红外光谱图进行比较，可以发现其红外谱图的形状发生了变化，出现了新的吸收峰，一些吸收峰的强度和位置也发生了变化，说明出土棺木中的化学成分及其结构有所变化。

现代楠木在1730 cm^{-1}附近的乙酰基和羧基上的C=O伸缩振动吸收峰非常明显，而出土棺木在1730 cm^{-1}附近无峰，说明出土棺木中半纤维素含量很低，在红外光谱的分辨率下显示不出它的存在。半纤维素由于其结构中支链较多，长期在地下水和微生物的作用下，易被水解成低分子糖类。半纤维素在木材中起填充和支撑的作用，失去半纤维素的木材极易收缩而变形。因此，出土棺木出土后需要进行保湿处理，否则容易出现变形。

895 cm^{-1}附近的吸收峰为纤维素的特征吸收峰，附近没有其他强的吸收峰，受木质素影响较小。出土棺木红外光谱图中该吸收峰的强度很弱，几乎完全消失，说明出土棺木中的纤维素几乎完全降解，变成易溶于水的低分子糖类。但3400 cm^{-1}附近吸收峰的强度变化不明显，说明大的纤维素分子链发生降解，形成短的纤维素分子链，短的纤维素分子链两端增加的一些羟基弥补了因半纤维素的流失而产生的—OH官能团的损失。

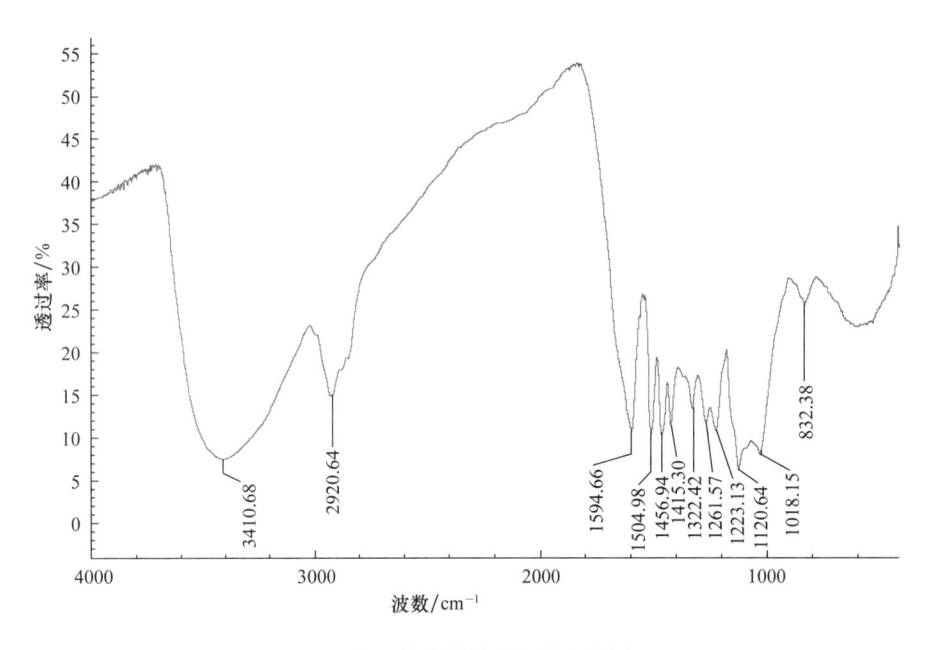

图2 出土棺木样品的红外光谱图

在1600 cm^{-1}和1500 cm^{-1}附近的吸收峰是苯环碳骨架伸缩振动吸收峰，现代楠木与出土棺木中苯环碳骨架伸缩振动吸收峰出现的位置基本没有变化，但在该处吸收峰的强度有所增加。这说明，出土棺木中木质素所占的比例有所增加。这是因为出土棺木中纤维素和半纤维素发生降解，而木质素没有发生降解或者降解的程度远远低于纤维素和半纤维素，所以使木质素的相对含量增加，吸收峰强度增强。1325 cm^{-1}附近的吸收峰是愈疮木基与紫丁香基缩合及紫丁香基上C—O、CH$_2$弯曲振动的结果，现代楠木与出土棺木在该处都有较强的吸收峰，说明无论是新鲜楠木木材还是出土棺木里都含有较多的紫丁香基和愈疮木基。在出土棺木中，1265 cm^{-1}与1100 cm^{-1}处出现较为明显的吸收峰，而在现代楠木木材中并未出现或者并不明显。这是因为愈疮木基的存在会使1265 cm^{-1}和1230 cm^{-1}附近出现强的吸收峰，紫丁香基的存在只会在1230 cm^{-1}附近出现强的吸收峰，但1230 cm^{-1}处的吸收峰不仅是紫丁香基的贡献，也是木聚糖中官能团C—O振动的贡献，由于木聚糖的降解，愈疮木基和紫丁香基降解很少，1230 cm^{-1}处吸收峰的强度降低，而1265 cm^{-1}处的吸收峰强度相对增强，所以在出土棺木中，1265 cm^{-1}处的吸收峰显现出来。

通过红外光谱进行定量分析的理论依据是朗伯-比尔定律，即红外光谱的谱带强度与基团的浓度相关。因此，可以采用谱带比值法对基团浓度的相对变化进行定量。一般认为，木质素的苯环结构很稳定，所以将苯环在1500 cm^{-1}附近的碳骨架振动吸收峰强度作为参比谱带（内标谱带）。[11-12]根据朗伯-比尔定律，参照Pandey的定量分析方法[9]，以留存率（$C\%$）来表示样品中某一官能团或化学成分i相对于新鲜木材的百分含量，其计算公式为：$C\% = (A_w/A_{w1500})/(A_n/A_{n1500}) \times 100\%$。其中，$A_{w_i}$代表样品中官能团$i$的吸光度，$A_{w1500}$代表样品中苯环碳骨架振动在1500 cm^{-1}附近的吸光度，A_{n_i}代表新鲜木材官能团i的吸光度，A_{n1500}代表新鲜木材苯环碳骨架振动在1500 cm^{-1}附近的吸光度。将图1、图2中的红外光谱图转换为吸光度，进行对比，如图3所示。

1730 cm^{-1}附近的乙酰基和羧基上的C═O伸缩振动吸收峰是半纤维素区别于其他组分的特征，895 cm^{-1}附近为纤维素的特征吸收峰，1370 cm^{-1}附近的吸收峰是综纤维素的特征，1600 cm^{-1}附近的

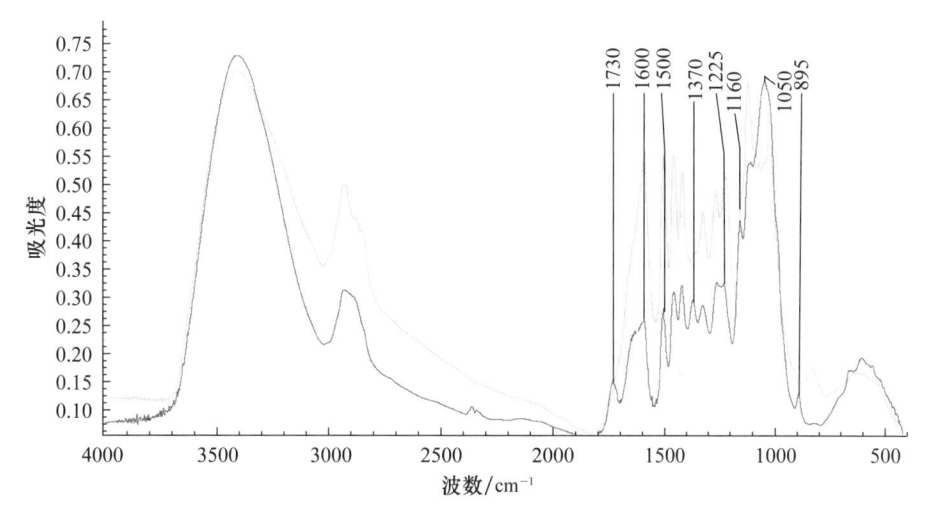

图3 现代楠木（红色）与出土棺木红外光谱的比较

吸收峰也是木质素中苯环碳骨架的伸缩振动吸收峰。[13]将这几处的吸光度与内标谱带进行对比，可以计算出棺木中半纤维素、纤维素和木质素三种主要成分的留存率，如表2所示。

表2 棺木中半纤维素、纤维素和木质素的留存率

	吸光度	波数/cm^{-1}	官能团归属	留存率/%
现代楠木	0.279	1500	苯环碳骨架振动（木质素、内标谱带）	
出土棺木	0.784			
现代楠木	0.152	1730	C＝O伸缩振动（半纤维素）	0
出土棺木	0			
现代楠木	0.122	895	C—H弯曲振动（纤维素）	0
出土棺木	0			
现代楠木	0.292	1370	C—H弯曲振动（综纤维素）	67
出土棺木	0.550			
现代楠木	0.259	1600	苯环碳骨架振动（木质素）	108
出土棺木	0.788			

通过红外光谱的半定量分析，可以发现出土棺木中木质素的含量相对上升，而半纤维素和纤维素的含量大幅降低，以至于在红外谱图上无法检测出。不过，表征纤维素和半纤维素的综纤维素仍存留约67%，由此可见半纤维素、纤维素降解为小分子的糖类化合物。

结论

红外光谱定性分析了出土棺木化学成分的变化特点，出土棺木长期埋于水浸环境中，半纤维素几乎完全降解，纤维素也发生严重降解，而其中的木质素几乎没有降解或仅有部分降解，但存留量远远高于碳水化合物的存留量。

研究从木材化学组成角度，对出土棺木的糟朽病害进行认知，为出土棺木脱水保护技术的选择与研发提供理论指导和科学依据，即出土棺木原有的细胞壁结构已经十分脆弱，难以支撑其自身结构。

因此，在脱水之前，需要对其细胞壁进行加固处理，才能避免在干燥过程中发生收缩变形。

参 考 文 献

[1] 颜劲松. 成都市商业街船棺、独木棺墓葬初析. 四川文物，2002（3）：25-33.

[2] 黄尚明. 关于川渝地区船棺葬的族属问题. 江汉考古，2005（2）：70-73.

[3] 王毅，肖嶙，白玉龙. 成都商业街大型船棺葬棺木及枕木的保护工作初报//成都市文物考古研究所. 成都考古发现（2000）. 北京：科学出版社，2002：137-141.

[4] 赵冀. 楠木古今浅谈. 四川林业科技，1980（3）：87-88.

[5] 荆州文物保护中心. WW/T 0003—2007 馆藏出土竹木漆器类文物病害分类与图示//中华人民共和国文物保护标准汇编（一）. 北京：文物出版社，2010.

[6] 刘自强，王廷魁，梁永信，等. 腐朽材和健全材的碳氧含量及结晶度变化研究. 东北林业大学学报，1989（1）：65-71.

[7] 徐有明. 木材学. 北京：中国林业出版社，2006：96-119.

[8] 邸明伟，高振华. 生物质材料现代分析技术. 北京：化学工业出版社，2010：39-42.

[9] Pandey K K. A study of chemical structure of soft and hardwood and wood polymers by FTIR Spectroscopy. Journal of Applied Polymer Science, 1999, 71(12): 1969-1975.

[10] Pandey K K, Pitman A J. FTIR studies of the changes in wood chemistry following decay by brown-rot and white-rot fungi. International Biodeterioration & Biodegradation, 2003, 52(3): 151-160.

[11] Winandy J E, Morrell J J. Relationship between incipient decay strength and chemical composition of *Douglas fir* heart wood. Wood and Fiber Science, 1993, 25(3): 278-288.

[12] 蔡力平，邓卫平，刘志群，等. 用红外光谱分析刨花蒸汽处理后成分的变化. 木材工业，1993，7（1）：11-14.

[13] 池玉杰. 6种白腐菌腐朽后的山杨木材和木质素官能团变化的红外光谱分析. 林业科学，2005，41（2）：136-140.

战国秦汉时期巴蜀漆器制作工艺研究初探[*]

肖嶙 杨弢

> **摘 要** 战国秦汉时期巴蜀地区漆器制作工艺十分发达，本文着眼于本地区出土的考古实物资料，对该地区漆器出土情况、制作工艺进行概述，从工艺角度探讨巴蜀文化中的楚文化因素，从而提出若干可供深入研究的课题。
> **关键词** 战国秦汉 巴蜀漆器 制作工艺

引言

以漆髹涂于各种胎骨制成的器物上，即称之为漆器。[1-8]在古代，以漆涂物，称为"髹"，用漆绘制图案纹样，称为"饰"，"髹饰"二字最早见于《周礼·春官·巾书》中。我国髹漆工艺有悠久而辉煌的历史，据文献记载，远在虞舜之时已有漆制的用具。[1]这说明，早在新石器时代，我们的祖先就知道用漆涂抹食器和装饰器皿，所以漆的使用至今已有7000余年历史。[2]

巴蜀地区（主要包括今四川省和重庆市）不仅是我国重要的产漆地，也是早期的漆器生产中心之一。该地区的漆器制作有十分悠久的历史，是汉代官营漆器制作的主要基地。考古发掘证实，巴蜀产的漆器流传范围十分广泛，东到朝鲜半岛，北到蒙古高原，都曾出土有明确标明为蜀郡工官的漆器文物。[6]本文着眼于本地区出土的考古实物资料，对该地区漆器出土情况、制作工艺进行概述，希望能够为理清巴蜀漆器工艺源流提供资料。

1 战国时期的巴蜀漆器

巴蜀漆艺是我国最早的漆艺之一，巴蜀文化的中心——成都素有"中国漆艺之都"的美誉。成都漆器又称卤漆，历史悠久，以精美华丽、光泽细润、图彩绚丽而著称。[8]从现有的考古资料中可以窥见巴蜀漆器绝佳的工艺和当时的辉煌。虽然巴蜀漆器的生产究竟始于何时尚无法确定，但从目前已有的考古资料来看，至少在3000多年前的殷商时期，成都平原的髹漆工艺就已经十分成熟。

三星堆祭祀坑出土的雕花木漆器残片是巴蜀地区发现的距今最早的漆器实物，其胎骨为厚木胎，

---

[*] 原文发表于《首届出土木漆器保护国际学术研讨会论文集》，武汉：《江汉考古》编辑部，2014年。

漆皮上绘有图案。对三星堆金面罩与铜头像（出土前，二者原是黏合在一起的）之间的"一层极薄的呈枣红色硬壳"进行红外线光谱分析，认为金面罩与铜头像之间是使用"中国漆"（又名土漆）等树脂作为黏合剂。殷商时期的髹漆技术是巴蜀漆器制作工艺的先导，三星堆遗址出土的雕花漆木器以木为胎，外施土漆，木胎上镂孔，器表雕有花纹，说明这时期的漆器已经脱离单纯地在器物上髹涂生漆的原始阶段，而是已经熟练地掌握割漆、生漆加工、制胎、上漆等工艺。[4]商末周初，随着古蜀国政治经济文化中心移向郫县、成都，这两处的髹漆业也随之发生起来，以致进入战国以后，形成成都—郫县—雒县（广汉）鼎足而立的巴蜀髹漆业中心。[2]

据《华阳国志·蜀志》记载："九世有开明帝，始立宗庙，以酒曰'醴'，乐曰'荆'。"蜀地古代的重要首领开明氏，可能本来就是荆楚之人。约春秋早期开明氏由楚入蜀，带来荆楚的礼乐文化。考古资料也印证了古蜀国与华夏以及荆楚之间的密切联系。蜀地多处遗址出土的青铜器，器型显然受到商周作风的影响，并明显带有礼制的因素。从成都商业街船棺、荥经曾家沟、青川以及成都羊子山等地墓葬出土的漆器，都可以看到楚文化的影响。在华夏及荆楚礼文化的浸染下，蜀地的漆器也难免被打上"礼"的烙印，用漆制器主要目的在于"增敬盛礼"，因此其生产与使用状况与礼制有着密切的关系。

商业街船棺葬遗址是战国早期或中期墓葬，出土的漆器数量较大，主要器型有几、案、俎、豆、盒、簋、梳、篦等生活用器，鼓、竽、木槌、编钟架等乐器类器物。[5]这批漆器属于随葬的明器，制作工艺水平较低，器物的胎体一般为整木斫制，比较厚重，器物表面的图案简单，线条较粗。色彩有朱、褐、黑三色，以黑漆为底，朱色和褐色为彩。技法主要是线描和单线勾勒，再加平涂纹饰。[1]在巴蜀墓葬中首次出土如此多漆器，而这些漆器又为楚地风格。蜀地大量出土的漆器是在战国晚期到秦，由此可以推测巴蜀漆器制作工艺可能是由移民带入。商业街漆器的发现表明最迟在战国早期，蜀人就有较为成熟的漆器制作工艺，这一发现将成都漆器工艺的历史提早二三百年。

青川和荥经古城坪出土的战国中晚期至秦的漆器保存较好，器型有耳杯、壶、卮、圆盒、仓、双耳长盒、碗、匕等，漆器上有彩绘，纹饰为龙、凤、鸟、兽、鱼、云纹、人面纹、花草纹及各种几何形纹等。[2]这时的漆器种类比战国早期增多了，髹漆工艺也更加成熟。这些漆器上多次出现"成亭"的烙印戳记，其制地应是古代的成都。此外，还有"王×""×君""王邦"等姓氏和刻划符号。这说明"成亭"漆器应为地方经营，并未受官府严格控制。[1]

2　秦汉时期的巴蜀漆器

秦至两汉时期，巴蜀地区的漆器制作达到一个崭新的高度，出现闻名全国的蜀郡工官和广汉郡工官。《汉书·地理志》记载，西汉有八个郡设工官，其中的蜀郡、广汉郡最为出名，是制作供宫廷使用的"乘舆"器的官营作坊。[3]这一时期漆器的胎体主要有木胎、夹纻胎、布胎、竹胎、陶胎、金属胎及皮革胎等。其中以木胎最多，不同的器型往往采用不同的制作方法：一是斫制，利用一木块或木板斫削出器形（包括刨、削、剜、凿等做法），一般比较厚重；二是旋制，取一大小适当的木块，旋出外壁和底部，而腹腔则可能是凿出来的；三是卷制，用于直壁器形，用薄木片卷成圆筒状器身，接口处用木钉钉接，底部是一块刨制的圆形平板和器壁接合。夹纻胎一般是在薄木胎上加裱麻布，然后上漆，这种漆器器壁薄而轻巧。竹胎以竹为胎，这种漆器发现很少，只在马王堆汉墓和邗江胡场五号汉墓有发现。布胎制作方法是先以木或泥做成器形，作为内胎，然后以麻布或缯帛若干层，附于内胎上，等麻布或缯帛干实后去掉内胎，这种制法也就是"脱胎"，其所存麻布或缯帛与原来器形的轮廓一样，仅稍大一些而已。

髹漆是对各种胎骨的漆器进行表饰的第一步，正因为有了髹漆这一步骤，器物才具备漆器的特性，有了光滑、耐酸、抗潮、防腐的优越性。髹漆分为器底漆和面漆两种，一般不加彩绘的器物只表底漆，彩绘漆器一般要加髹面漆。髹漆过程中需要阴干，这样就需要"荫室"。[1]战国秦汉漆器一般外涂黑漆，内涂朱漆。有的还要根据纹饰的需要来决定涂漆的颜色及具体部位，如一般在盘、杯等器物的内底也涂黑漆，以便在其上面朱绘花纹。

这一时期漆器纹样的绘制方法主要有雕刻、漆绘、油彩、锥画。雕刻是在胎体上雕刻花纹，然后再髹漆、彩绘。漆绘是用生漆制成的半透明漆，加入某种颜料，描绘于已涂漆的器物上，可以是单色漆绘，也可以是多色彩绘，适用于深色花纹。一般是在黑漆底上以红、赭、灰绿等色漆绘，也有少量在红漆底上以黑色漆绘。油彩是用朱砂或石绿等颜料调油，可能是桐油，绘画于已经涂漆的器物上，油彩适用于浅色花纹的描绘。锥画即在已涂漆的器物上用针、锥等工具加以刻画，因此多称之为针刻。[6]

各类漆器可以用不同的彩色绘出图案，常见的有流云纹、各种几何形纹、动物纹、植物纹、人物纹等。[7]薄板胎和夹纻胎因胎骨比较薄，为了加强器物的牢固程度，往往在这些漆器的口沿、底部边缘、耳杯的耳缘等部位加上金属的箍，这就是汉代名贵的扣器。金属箍有金、银、铜等，分别称为金扣、银扣、铜扣，也有铜扣鎏金者。[2]本身就很华丽的漆器再加上闪光发亮的金属扣，更显得绚丽多彩，这种技术始于战国而成熟于汉代。在汉代还有一种金、银平脱漆器，这种漆器是在器物的表面贴上金、银箔片所组成的纹饰，再次髹漆，经过多次打磨，直到显露出金、银饰片为止，这样的漆器显得格外富丽堂皇，光彩夺目。

3 值得注意的问题

对比战国和秦汉时期的巴蜀漆器可以发现，在秦并巴蜀以后，巴蜀地区的漆器制作工艺有巨大进步。但是秦人本身漆器制作工艺并不发达，而楚人在战国时期则已经具有相当成熟的漆器制作水平。所以，一般推测巴蜀漆器是由楚地传入的，但始终是推测，缺乏直观的证据来加以验证。近些年来，巴蜀地区出土一大批保存较好的战国秦汉时期漆器，如能够通过对漆器制作工艺的科学分析，与同一时期楚地漆器的制作工艺进行对比研究，或许能获得更多有价值的信息。

参 考 文 献

[1] 李昭和. 战国秦汉时期的巴蜀髹漆工艺. 四川文物, 2004（4）: 31-40.

[2] 聂菲. 巴蜀地域出土漆器及相关问题探讨. 四川文物, 2004（4）: 41-52.

[3] 金普军, 赵树中, 唐光孝. 绵阳双包山出土汉代漆器概谈. 四川文物, 2004（2）: 55-59.

[4] 子房. 三星堆时期的髹漆业. 文史杂志, 2010（1）: 32-34.

[5] 江章华, 颜劲松. 成都商业街船棺出土漆器及相关问题探讨. 四川文物, 2003（6）: 31-34.

[6] 洪石. 战国秦汉漆器研究. 中国社会科学院研究生院, 2002.

[7] 明文秀. 战国秦汉时期四川漆器的分期. 四川大学, 2004.

[8] 刘小路. 成都传统漆艺现状研究. 中国生漆, 2012（2）: 27-31.

出土竹笥饱水保存期间微生物病害的初步研究*

肖嶙 唐欢 杨弢 王春

> **摘要** 竹笥是考古发掘中常见的一类有机质文物，出土时大多呈水浸状态，在进行脱水保护前需要经历一段时间的饱水保存，这一阶段尤其要注意对微生物病害的科学防治。为避免文物在饱水保存期间因微生物病害而损毁，采用分子生物学方法对成都老官山汉墓出土竹笥上的微生物进行分离、鉴定，共获得7株优势菌株，属于4个不同的属，研究为后续的微生物病害防治提供了有力的科学依据。
>
> **关键词** 出土竹笥　饱水保存　微生物病害

引言

竹笥是由竹篾编织而成的箱子，一般长48～50 cm，宽28～30 cm，高15～16 cm，也有规格稍大一些的。[1-2] 出土的竹笥主要用来盛放衣物、食物和书籍等随葬物品，外边拴着竹简或木牍，一一说明竹笥内所装为何物。[3] 竹笥是我国考古发掘中常见的一类有机质文物，它充分反映了我国古代的编织技术水平，是研究古代手工艺和古代经济的重要实物资料。

由于长期埋在地下，出土竹笥大多呈饱水状态，出土后如不及时进行处理，水分一旦蒸发，篾条即会出现干缩变形，造成竹笥的损毁。[4] 考古发掘现场一般都不具备对竹笥进行脱水处理的条件，竹笥出土后，通常在其四周衬垫吸饱水的海绵，密封后妥善运回实验室。运回室内后，拆去包装，选择规格合适的器皿，将竹笥浸入水中，以保持原有湿度。

实践表明，饱水保存作为一项临时性的保护方案，对竹笥进行短期保存是行之有效的。此后，需要对竹笥内盛放的物品进行实验室考古清理，同时根据竹笥的保存状况，选择相应的脱水方法进行处理。这一期间，竹笥极易滋生霉菌等病害微生物，尤其需要注意对微生物病害的防治。[5]

2012年7月至2013年8月，成都文物考古研究所与荆州文物保护中心组成的联合考古队，在成都市金牛区天回镇抢救性发掘4座西汉时期的土坑竖穴木椁墓，出土数百件珍贵的竹木漆器类文物，其中包括多个保存较为完整的竹笥。为避免竹笥在饱水保存期间因微生物病害而损毁，成都文物考古研究所与重庆中国三峡博物馆组成的研究团队采集出土竹笥上的微生物样品，通过分离纯化、DNA-ITS

---

* 原文发表于《文物世界》，2014年第3期。

等生物学方法对其中的真菌进行鉴定，研究为后续的微生物病害防治提供了有力的科学依据。

1 材料与方法

1.1 实验材料

1.1.1 培养基

真菌分离纯化培养基为沙氏葡萄糖培养基[6]：葡萄糖40 g，蛋白胨10 g，琼脂20 g，蒸馏水1000 mL，最终pH 5.6±0.2。液体培养基与固体培养基成分和配制方法相同，不加琼脂。培养基购自青岛海博生物技术有限公司，经高压灭菌后使用或保存。

1.1.2 DNA提取试剂盒及引物、dNTPs和Taq DNA聚合酶

E.Z.N.A.® Fungal DNA Kit基因组DNA提取试剂盒购自美国Omega公司，引物采用真菌通用引物ITS1、ITS4扩增rDNA-ITS基因片段，引物序列为ITS1（5′-TCC GTA GGT GAA CCT GCG G-3′）和ITS4（5′-TCC TCC GCT TAT TGA TAT GC-3′），Taq DNA聚合酶、缓冲液体系、引物均由Invitrogen公司提供。

1.1.3 仪器

PCR仪为ABI公司9700型，凝胶成像系统为Bio-Rad公司Gel Doc2000型，测序仪为ABI公司Applied Biosystems 3730 XL。

1.2 实验方法

1.2.1 样品采集

用一次性采样拭子在出土竹简表面反复擦拭进行取样，标明编号、采样位置、采样时间等。[7]采样过程中尽可能减少污染，采回样品4℃保藏，保存时间不宜过长，以防污染。

1.2.2 真菌的分离、纯化

在无菌条件下，将采样拭子头用无菌剪刀剪断，放入盛有液体培养基和少量灭菌玻璃珠的锥形瓶中，置于转速为100 r/min的摇床上，25℃富集培养7天。

用无菌水对富集培养液进行10倍倍比稀释，取不同浓度梯度的稀释液200 μL均匀涂布于沙氏葡萄糖琼脂上，25℃、70%RH的条件下静置培养7天。

挑取优势生长的单菌落进行反复纯化，5~6次后获得纯菌落。

1.2.3 真菌DNA的提取

对纯化得到的真菌在25℃、70%RH的条件下单独进行纯培养。

根据真菌DNA提取试剂盒提供的protocol，取菌丝200 mg，置于2 mL离心管中，冻融3~4次，加入20 μL溶菌酶，37℃培养箱内放置1 h；加入20 μL蛋白酶K，漩涡振荡混匀，再加入20 μL RNase漩涡振荡，并室温静置2 min。加入200 μL的PureLink™ Genomic Lysis/Binding Buffer，漩涡振荡至均一溶液。将离心管置于55℃水浴锅裂解10 min后，加入100%乙醇，漩涡振荡5 s。从试剂盒中取吸附柱与收集管，并将吸附柱置于收集管上，将均一溶液转移至吸附柱中，室温，10000 r/min离心1 min。丢掉收集管，将吸附柱置于一个新的收集管中，加入500 μL洗脱液1至吸附柱上，室温10000 r/min离心1 min。丢掉收集管，将吸附柱置于一个新的收集管中，加入500 μL洗脱液2，室温最大转速离心3 min。将纯化柱转移至1.5 mL离心管中，加入100 μL Purelink™ Genomic Elution Buffer至纯化柱中，室温静置5 min，12000 r/min离心1 min，得到的DNA洗脱液。

在0.8%琼脂糖凝胶电泳上检测提取到的DNA的纯度。

1.2.4 PCR扩增[8]

PCR反应体系为25 μL，其中模板量为1 μL（20 ng/μL），10× PCR buffer 2.5 μL，10 mM dNTP Mixture 0.5 μL，50 mM MgCl$_2$ 0.8 μL，引物ITS1、ITS4（12.5 pm/L）各1 μL，Platinum® Taq DNA 聚合酶0.2 μL，无菌双蒸水18 μL。

PCR反应条件为94℃预变性5 min；94℃ 30 s，53℃ 30 s，72℃ 45 s，35个循环；最后72℃延伸5 min。PCR扩增完毕，产物用1.5%的琼脂糖凝胶电泳检测，PCR产物送Invitrogen公司进行测序。

1.2.5 序列比对

测得序列在NCBI（http://www.ncbi.nlm.nih.com）网站上进行比对，比对后的序列经BankIt sequence submission工具向Genbank提交序列具体信息，申请获得Genbank的Accession Number。

2 结果与讨论

2.1 分离纯化结果

通过分离、纯化，从出土竹笥表面获得7株优势菌株。1号菌落在沙氏葡萄糖琼脂上25℃培养7天直径约20 mm，菌落颜色灰蓝，边缘白色，有少数辐射状沟纹；2号菌落生长缓慢，7天后直径约12 mm，颜色白色，绒毛状；3号菌落25℃培养7天直径约20 mm，灰绿色，中心絮状，呈淡黄色，边缘为白色；4号菌落培养7天直径约15 mm，灰蓝绿色，中心有脐状突起，其余部分扁平，边缘白色；5号菌落生长较为迅速，25℃培养3天后即见大量白色菌丝，密布整个平板，后白色产孢堆中心逐渐变成绿色；6号菌落培养7天菌落直径约25 mm，呈灰绿色，中心有絮状突起，边缘白色；7号菌落培养7天后，菌落直径约34 mm，黄色，中心较厚，有环纹，边缘白色。对获得的7株优势菌株进行进一步分子生物学鉴定。

2.2 分子生物学鉴定结果

用ITS1和ITS4为测序引物，PCR产物直接送公司进行双向测序并将得到的单向序列进行拼接，获得500~600 bp的ITS序列。将得到的ITS序列分别提交至NCBI上进行对比，7株真菌的ITS序列与Genbank数据库中已知的ITS序列进行同源性比对的结果如表1所示。

表1 真菌序列同源性比对结果

编号	长度/bp	最相似序列	序列号	相似度/%
1	522	Aspergillus sydowii	KJ001164	98
2	555	Acremonium polychromum	KJ001165	99
3	617	Penicillium sp.	KJ001166	99
4	561	Penicillium sp.	KJ001167	95
5	564	Hypocrea atroviridis	KJ001168	99
6	549	Penicillium sp.	KJ001169	99
7	533	Penicillium sp.	KJ001170	100

结合培养性状，确定分离出的7个菌株分别属于4个不同的属，具体如下：1号为曲霉属的聚多曲霉，2号为枝孢属的Acremonium polychromum，3号、4号、6号、7号均为青霉属，5号为木霉属的绿色木霉。

2.3 讨论

青霉、曲霉等微生物是空气中常见的微生物，对纸质文物和纺织品文物的病害微生物调查都曾发现[9-10]，枝孢属微生物在敦煌壁画颜料变色过程中起了一定的作用。[11-13]由此可见，竹简上的微生物是空气中常见的微生物，可能主要来源于保存环境。空气中微生物多以气溶胶的形式存在，气溶胶是固态或液态微粒悬浮在气体介质中的分散体系，其中真菌孢子广泛存在于生物气溶胶中。真菌能否产生危害，主要取决于温湿度等环境条件。因此，在饱水保存期间，注意对工作室环境的控制，是微生物病害防治的重要手段。

温度是影响饱水竹木漆器保存的重要环境因素之一，通过化学反应动力学中的阿伦尼乌斯方程可知，温度升高，化学反应的速率增大。因为分子在高温时热能及振动能增大，与其他反应物碰撞的频率也会随此增多。由于阿伦尼乌斯方程是指数函数，所以温度的微小变化会使化学反应速率常数发生很大的变化。同时，真菌在温度为22~36℃时，最适宜繁殖，较高的环境温度会引起微生物的大量滋生。因此，饱水竹木漆器保存的适宜温度为4~18℃，若条件允许，应通过安装空调来调节环境温度；

若条件有限，最好将文物保存在建筑物的背阴面中，并控制环境温度的骤变幅度。

分离所得的5号菌株可能是木霉属的绿色木霉，该微生物常腐生于木材、种子及植物残体上，是产纤维素酶活性最高的菌株之一。笔者所在研究团队对成都商业街船棺葬遗址出土大型饱水木质文物的原址保护过程中，对遗址现场的微生物进行分离鉴定，也曾发现有绿色木霉。[14]因此，不能排除出土竹笥在考古发掘现场被微生物侵染的可能性。所以在饱水保存过程中，需要及时对竹笥进行微生物病害防治，避免文物受到损害。

对于出土竹质文物在饱水保存过程中的微生物病害，长沙走马楼吴简中曾经出现过"竹简蚀斑菌"病症，研究人员通过菌种分离培养、病原菌反接实验，建议考虑使用巴氏灭菌法进行处理。[15]如果将竹简先用巴氏灭菌法热力灭菌之后，使表面带菌量达到最小，然后再将饱水竹简连同保护药液一起装入塑料袋，在密闭环境中长期存放，受微生物病害侵染的可能性将大为降低。真菌不耐热，100℃时大部分真菌会在短时间内死亡，所以巴氏灭菌法理论上对真菌类病害微生物有一定的杀灭效果。巴氏灭菌法包括"低温长时间"（62～65℃，保持30 min）和"高温短时间"（75～90℃，保持15～16 s）两种处理工艺。从文物安全角度出发，或许"低温长时间"的巴氏灭菌法更为适用。

出土竹木漆器的饱水保存，不仅仅是一项临时性的保护方案，同时可以对文物起到脱盐的作用，因而通常采用去离子水浸泡出土饱水竹木漆器。目前，去离子水主要采用离子交换树脂进行处理，离子交换树脂去除了水中的阴离子和阳离子，但水中仍然存在可溶性的有机物，存放后容易引起微生物的繁殖。因此，建议在去离子水的制备过程中增加蒸馏环节，以起到防治微生物病害的作用。

除了降低环境温度、巴氏灭菌等防治措施外，在浸泡液中适当添加防霉灭菌剂，也是出土饱水竹木漆器饱水保存过程防治微生物病害的有效手段。研究人员对菌毒清、霉敌、新洁尔灭和异噻唑啉酮四种防霉灭菌剂进行筛选试验，几种防霉灭菌剂杀灭、抑制霉菌的生长繁殖效果显著，有效期长，对文物安全，用量少，对水中的霉菌和细菌有很好的抑制和杀灭作用，均可作为饱水竹简和竹木漆器的杀菌、防霉用剂。[16]同时，研究人员进一步开展竹简蚀斑病致病机理的相关深入研究工作，根据实验结果确认引发的病因，从而提出防治措施[17]，为抑制病菌蔓延提供了有效的理论依据。因此，可以考虑效仿走马楼吴简，在出土竹笥的浸泡液中添加复方新洁尔灭溶液，进行防腐处理。

结论

出土竹木漆器在饱水保存期间，尤其需要注意对微生物病害的防治。治病先知因，为了使病害防治工作更具有针对性，需要对病害微生物的种类进行科学的认知，借助分子生物学技术，对病害微生物进行鉴定，可以提高鉴定结果的准确度，在此基础上进行防治药剂的筛选，将使微生物病害防治工作更具科学性。

进一步工作中，除了继续对出土竹木漆器饱水保存期间的真菌病害进行深入研究外，还要将细菌病害纳入研究视野，饱水竹木漆器类文物细菌性病害的病原体有侵蚀细菌、钻管细菌和空化细菌[18-19]，在饱水保存期间，可能会造成肉眼无法发现的破坏，需要通过使用光镜技术、电镜技术、细菌培养技术以及多种分子生物学技术，对饱水竹木漆器类文物的细菌性病害进行诊断。[20]

参 考 文 献

[1] 张显成. "笥"器所指新解. 文史杂志, 1994（1）: 39.

[2] 周贻谋. 从马王堆汉墓食品竹笥谈起. 东方食疗与保健, 2004（7）: 21.

[3] 周蓓, 耿相新. 箧笥考——简帛书籍的收纳与盛具. 中原文物, 2011（1）: 61-64.

[4] 胡继高. 出土竹器脱水方法的探索. 考古, 1980（4）: 369-371.

[5] 何爱平, 张立明. 巢湖放王岗汉墓出土漆木器脱水前期的保护//中国文物保护技术协会, 故宫博物院文保科技部. 中国文物保护技术协会第五次学术年会论文集. 北京: 科学出版社, 2008: 163-166.

[6] 周庭银, 倪语星. 临床微生物检验标准化操作指导. 上海: 上海科学技术出版社, 2010: 193.

[7] 石鹤. 微生物学实验. 武汉: 华中科技大学出版社, 2010: 15-16.

[8] 曹国君, 赵缜, 彭奕冰, 等. 真菌基因组DNA的提取和通用PCR检测方法的建立. 检验医学, 2011（11）: 773-776.

[9] 闫丽, 高雅, 贾汀. 古代书画文物上污染霉菌的分离与鉴定研究. 中国文物科学研究, 2011（1）: 78-82.

[10] 严淑梅. 古代丝织品霉菌的微生物类群调查及其与保存现状的关系//中国化学会应用化学委员会, 广东美术馆. 文物保护与修复纪实——第八届全国考古与文物保护（化学）学术会议论文集. 广州: 岭南美术出版社, 2004: 255-264.

[11] 冯清平, 马晓军, 张晓君, 等. 敦煌壁画色变中微生物因素的研究 I. 色变壁画的微生物类群及优势菌的检测. 微生物学报, 1998（1）: 52-56.

[12] 冯清平, 张晓君, 马晓军, 等. 敦煌壁画色变中微生物因素的研究 III. 枝孢霉在石窟壁画铅丹变色中的作用. 微生物学报, 1998（5）: 365-370.

[13] 张晓君, 冯清平, 杨玲, 等. 枝孢霉在敦煌壁画颜料变色过程中的作用. 应用与环境生物学报, 1998（3）: 277-280.

[14] 赵振镳, 肖嶙, 孙杰. 成都商业街船棺、独木棺遗址微生物研究//中国文物保护技术协会. 中国文物保护技术协会第四次学术年会论文集. 北京: 科学出版社, 2007: 381-393.

[15] 张竹青, 张平. 长沙走马楼三国竹简蚀斑病研究//中国文物研究所. 文物科技研究（第二辑）. 北京: 科学出版社, 2004: 146-153.

[16] 胡东波, 宋少华, 肖静华. 长沙走马楼出土饱水竹简的防腐保存. 文物保护与考古科学, 2003（2）: 14-19.

[17] 曾维政, 陈锐, 宋少华, 等. 长沙走马楼东吴竹简蚀斑微生物的研究. 微生物学杂志, 2007（5）: 50-56.

[18] Clausen C A. Bacterial associations with decaying wood: a review. International Biodeterioration & Biodegradation, 1996, 37(1-2): 101-107.

[19] Nilsson T, Björdal C. Culturing wood-degrading erosion bacteria. International Biodeterioration & Biodegradation, 2008, 61(1): 3-10.

[20] 徐润林. 饱水木质文物的细菌病害及其诊断技术的进展. 文物保护与考古科学, 2013（3）: 104-110.

成都商业街船棺葬出土棺木的研究与保护*

肖 嶙

> **摘 要** 成都商业街船棺葬出土17具整木凿成的船棺、独木棺葬具，最大的1具长达18.8 m，直径1.18～1.5 m，是迄今为止单体最大的出土饱水木质文物。梳理巴蜀船棺葬相关文献，结合金沙遗址墓葬区发掘获得的新资料，对船棺葬的族属进行了初步探讨。通过对木材含水率、干缩性、密度的分析，选用新型复合乙二醛法对出土棺木进行加固、定型和脱水保护，目前已经完成4件棺木的脱水保护，取得了良好的保护效果。
>
> **关键词** 商业街船棺葬 族属 棺木脱水保护

引言

2000年发现的成都商业街船棺葬[1]，经推测是战国早期古蜀国开明王朝王族甚或蜀王本人的家族墓地，其独特的墓葬形制、布局规整的地面建筑遗迹、精美的随葬木漆器等，为进一步研究古代巴蜀的历史文化、丧葬制度等提供了极其重要的实物资料，因而入选当年的全国十大考古新发现，随后经国务院批准公布为第五批全国重点文物保护单位，进行原址保护。

中国考古学会原副理事长俞伟超先生在为《成都商业街船棺葬》[2]所撰的序言中说，"商业街船棺葬其本身的遗迹现象是难以遇到的观赏性极强的古迹，应当尽力做好保护工作，供后代子孙长期凭吊和观赏"。从商业街船棺葬发掘伊始，笔者所带领的文物保护团队即参与相关工作，现将十余年来在对棺木本体保护过程中所获得的一些认识略述管见，以求证于方家。

1 船棺葬的族属

船棺葬因其以船形棺作为葬具而得名，是战国至秦汉时期巴蜀地区盛行的一种丧葬习俗，也是我国古代一些傍水而居、长于舟楫的民族特有的葬俗。《蜀王本纪》《华阳国志》《水经注》等古文献中记载了以"荆人"鳖灵为首的开明氏，因治水有功，取代了蜀国君主杜宇而王蜀。因此，有观点认为古蜀开明氏族是一个习水的民族，所以死后以"船"为棺，将船棺葬看作开明氏族特有的丧葬习俗。关

---

* 原文发表于《博物馆学刊（第四辑）》，北京：科学出版社，2015年。

于鳖灵接替杜宇政权，文献记载中多有"鳖灵相蜀、杜宇禅位"的神话传说。其实这是一次政权易姓的重大变故，有学者根据川西地区考古发掘出土的巴文化遗存，提出可能是巴人的开明氏部落灭蜀，变蜀地为巴人之国。[3]巴文化与荆楚文化关系密切，所以不排除属于巴文化的开明氏部落在古文献中被记载成"荆人"的可能性。

考古学研究认为，蜀文化和巴文化是两支不同的考古学文化，有各自的分布地区。[4]蜀文化分布在以成都平原为中心的川西地区，从本质上说是一种内陆农业文化；巴文化则主要分布以重庆为中心的川东地区，有典型的水居渔猎文化特征。船棺葬是水居民族的特有葬俗，所以认为巴蜀地区的船棺葬源于巴文化也不无道理。但是，有学者根据成都平原等地和重庆地区船棺类葬具的发展线索，认为船棺葬是蜀人的固有葬俗，巴人本来无船棺葬的习俗。[5]如此说来，船棺葬究竟是巴文化的葬俗，还是蜀文化的葬俗，则需要进一步讨论。紧随商业街船棺葬之后，金沙遗址墓葬区的发现为解答这一问题提供了新的材料。

在金沙遗址的墓葬区，发现一些船形的葬具遗迹，这些墓葬的年代要早于商业街船棺葬，可达到春秋早期甚至西周晚期，这一时间段恰好落在开明氏部落入蜀的时间范围。金沙遗址中的船棺葬，集中出现于金沙遗址的衰落期，且在墓地中往往与其他形式的土坑墓共存。因此，笔者推测巴蜀地区的船棺葬或许是属于巴文化的开明氏部落入蜀后形成的葬俗，所以船棺葬主要出现在巴人统治蜀地的开明王朝时期，而不见于早期巴文化和早期蜀文化的墓葬中。开明王朝时期，作为独立方国的蜀国和巴国之间仍然存在文化交流，因而战国时期的巴文化墓葬中也逐渐出现船棺葬这一独特的葬俗。

2　出土棺木的保存状况

商业街船棺葬历史上曾多次遭到严重的盗掘和破坏，推测整个墓坑若不遭破坏，葬具总量应超过32具。现存的17具葬具中，第1号、第2号、第8号、第9号、第10号、第11号棺木保存有棺身和棺盖，相对较完整；其余棺木中除第3号、第4号、第5号棺还残存有部分棺盖外，其他的只剩下棺身甚至部分棺身，没有棺盖。[1]即便遭到如此严重的盗掘和破坏，残存的棺木仍是迄今为止单体最大的出土饱水木质文物，依然十分震撼（图1）。棺木经树种鉴定，均为整根楠木凿成。[6]属于阔叶材的楠木，微观构造比较复杂，主要由导管、木纤维、轴向薄壁组织和木射线等多种细胞组成。[7]与针叶材相比，

图1　考古发掘现场的棺木

组成阔叶材的细胞种类多，其导管在细胞成熟发育阶段的横向扩展使其微观构造特征较针叶材复杂，且细胞排列不规则，不整齐。在进行保护处理前，需要对出土棺木进行科学的分析，在此基础上筛选相应的保护技术和实施工艺，确保文物保护工作的万无一失。

参照《木材物理力学试材采集方法》（GB/T 1927—2009）、《木材物理力学试验方法总则》（GB/T 1928—2009）和《木材物理力学试材锯解及试样截取方法》（GB/T 1929—2009）等国家标准，从成都商业街船棺葬出土的9号棺木上选取试验样品，结合出土饱水木质文物的自身特点，制作相应的分析试样，对棺木含水率、干缩性、密度等物理性质进行测试分析。

2.1 含水率测定

木材的含水率[8]是指木材中水分的质量和木材自身质量的百分比，包括绝对含水率和相对含水率两种，其区别主要在于对木材自身质量的认定。以全干木材的质量为基准计算出的含水率称为绝对含水率；以湿木材的质量为基准计算出的含水率称为相对含水率。由于增加或减少相同质量水分时木材含水率的变化并不相等，计算出的结果也不确定，因此一般以绝对含水率来表示木材含水率。

由于《出土竹木漆器类文物含水率测定 失重法》行业标准正在由荆州文物保护中心（出土木漆器保护国家文物局重点科研基地）研究制定，本研究暂且采用《木材含水率测定方法》（GB/T 1931—2009），通过厦门鑫三欣科技有限公司MB45型卤素快速水分测定仪（图2），对饱水木质文物的含水率（包括饱和含水率和气干含水率）进行测定。同时，测定现代木材样品的饱和含水率（即最大含水率，将样品浸泡在20±2℃的蒸馏水中，至弦向尺寸稳定）和气干含水率，作为对照。

木材含水率的测定方法[9]有干燥法、蒸馏法和导电法三种，以干燥法和导电法应用最为广泛。蒸馏法主要针对树脂含量较高的树种木材或经油剂浸注处理后的木材，因为树脂或油类会因温度的升高而随水分一起蒸发，导致测出的含水率偏大。导电法是利用木材电学性质如电阻率、介电常数和功率等因素与木材含水

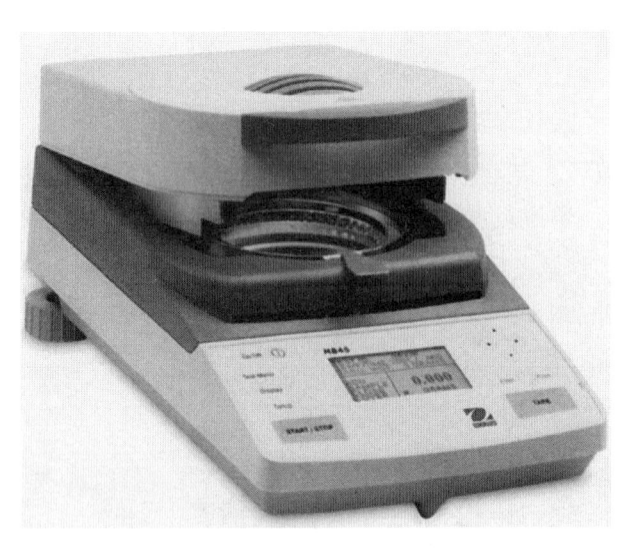

图2 卤素快速水分测定仪

率之间有规律的关系，设计出木材含水率测试仪，进行测定，木材含水率在7%～23%范围内，导电法测定比较准确。因此，对于未经保护处理的饱水木质文物，其含水率通过干燥法进行测定较为合适。对经过保护处理的木质文物，如果需要测定含水率，则应当考虑采用蒸馏法，避免引入的加固材料在升温过程发生分解、挥发，影响实验结果。

木材中水分[10]按其存在状态可分为自由水、吸着水和化合水三类：自由水是指以游离态存在于木材细胞的胞腔、细胞间隙和纹孔腔这些大毛细管中的水分，其多少主要由木材空隙度决定；吸着水是指以吸附状态存在于细胞壁中微毛细管的水，即细胞壁微纤丝之间的水分；化合水是指与木材细胞壁

物质组成呈牢固的化学结合状态的水分，这部分水的含量极少，且相对稳定，是木材的组成成分之一。

表1 出土棺木与现代桢楠的含水率　　　　　　　　　　　　　　　　　单位：%

	出土棺木	现代桢楠
饱和含水率	263.77	122.37
气干含水率	14.56	13.06

由表1可见，出土棺木与现代桢楠的气干含水率差异并不明显，说明出土棺木中吸着水和化合水的含量并未发生显著变化；饱和含水率则差别较大，说明棺木在长期的埋藏过程中，受到地下水和微生物的侵蚀，细胞壁中形成大量的空洞，导致木材的空隙率增大，因而拥有较高的饱和含水率，也正是因为自由水的支撑，棺木才能保持原有的形状和结构，未发生明显的形变。

诸如商业街船棺葬出土棺木此类饱水木质文物，考古发掘打破了埋藏环境业已形成的平衡状态[11]，棺木中的自由水会趋于与外界空气中的水分形成新的平衡，所以不可避免地出现水分的散失。为了确保文物安全和文物展示的需要，必须对出土棺木进行脱水处理。

2.2　干缩性测定

饱水木质文物脱水的过程，也就是木材干燥的过程。湿木材因干燥而缩减其尺寸和体积的现象称为干缩[12]，分为线干缩和体积干缩两大类。线干缩包括顺着木材纹理方向的纵向干缩和与木材纹理相垂直的横向干缩；在木材的横切面上，按照直径方向和与年轮的切线方向，还可将横向干缩分为径向干缩与弦向干缩。木材弦向干缩与径向干缩之比值称为差异干缩，若木材的差异干缩数值偏大，木材干燥时往往容易发生翘曲和开裂；反之，差异干缩数值小时，则木材各方向的干缩比较均匀，木材的尺寸稳定性较好。

由于目前尚无针对饱水木质文物木材干缩性测定的标准或规范，本研究暂且采用《木材干缩性测定方法》（GB/T 1932—2009），分别对饱水木质文物和对照样品的线干缩性和体积干缩性进行测定，并计算差异干缩的数值。

现代木材的干缩现象主要在木材含水率小于纤维饱和点的情况下发生，但饱水木质文物的干缩性与现代木材差别较大。基本可以说，只要其中的水分开始散失，饱水木质文物的尺寸和体积就要发生相应的收缩变化。因此，木材学上有关纤维饱和点的理论并不适用于对饱水木质文物干缩性的解释。[13]

木材在干燥时，其尺寸和体积随着水分的散失而减少，称"干缩"。木材之所以干缩，主要由于当木材干燥时，水分向外蒸发，细胞壁上纤丝间、微纤丝间和微晶间的吸着水量的减少，其间的水层变薄，纤丝、微纤丝和微晶彼此靠拢，以至于细胞壁乃至整个木材的尺寸随之缩小。木材的干缩是木材加工利用上的一大问题，它不仅改变木材的尺寸和体积，还会因干缩不均及干缩各向异性而引起木材开裂、扭曲变形等缺陷。[14]出土的饱水木质文物如果任其自然干燥脱水，将会发生严重的收缩变形，而且不可恢复，其损失将是巨大的。因此，了解出土饱水古木的干缩性及变异规律，在木质文物的保护上具有重要的意义。

木材的结构特点使它在性质上具有较强的各向异性，这在木材干缩上也同样体现出来。这种各向异性主要是由木材的构造特点造成。木材细胞壁内微纤丝方向在次生壁外层和内层与细胞壁主轴几乎近于垂直，中层则与主轴近乎平行，而细胞壁中次生壁占的比重最大。次生壁中又以中层厚度最大（70%～90%），此外木材中大多数细胞纵向排列。因此，木材的干缩也就主要取决于次生壁中层微纤丝的排列方向。由于次生壁中层微纤丝排列方向几乎与细胞壁主轴相平行而稍具夹角，当微纤丝在失水相互靠拢时，顺纹方向收缩很小，横纹方向收缩很大。因此，顺纹干缩在木材加工利用中影响很小，可忽略不计。但横纹干缩数值较大，如不予重视或处理不当，将会造成木材及木制品的开裂和变形（图3）。

木材含水率分布不均匀，干缩不一所引起的应力称含水率应力。含水率应力随着含水率梯度的减少而降低，当内、外层含水率达到一致后，此种内应力消失，所以又称湿弹性应力。由木材的不均匀塑性变形所引起的内应力，称残余应力。残余应力不同于含水率应力，不随含水率分布均匀后而消失，它可能存在于干燥过程结束以后，所以又称湿塑性应力。木材含水率应力与残余应力之和为全应力。含水率应力与残余应力是互相关联的，前者越高，后者则越大。内应力越小，木材干燥质量越高。在干燥过程中影响木材质量、造成木材开裂的是含水率应力与残余应力。[15]在干燥过程结束以后，影响木材质量、造成木材变形的是残余应力。

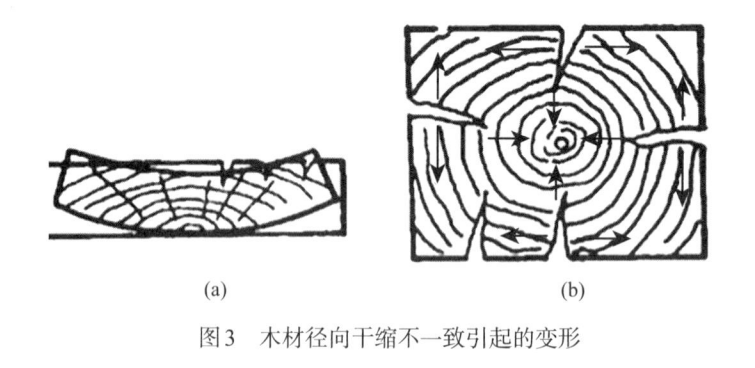

图3 木材径向干缩不一致引起的变形

木材的干缩应力（或称内应力）起源于自身部分干缩不等、尺寸变化不一，非外力所引起的，所以在木材内部处于互相平衡状态。当对木材施锯割、干燥、刨切后，原来的互相平衡的条件被破坏，需形成新的平衡条件，但这新平衡条件已不是木材自身平衡能达到的，需通过干燥、养生、与周围气候条件的再适应等过程达到平衡。如果这个再适应平衡条件不具备，其固有特性将会严重影响木材的质量，产生不可挽回的质量缺陷。木材干缩应力的具体成因有两方面：一方面是由于水分在木材中移动缓慢，内、外失水不一，干缩不匀和塑料性变形所造成；另一方面是由于木材的差异干缩性。

当木材干燥失水，其表层含水率随着吸着水的散失而逐渐缩小其体积，但其内层由于水分移动缓慢，与表面的水分蒸发速度不相适应，干缩尚未发生。由于木材内外部位上含水率分布不一致，以致干缩不等，此为内应力形成的第一个原因。木材为弹塑性体，其内部刚一发生内应力，就在此应力作用下发生塑性变形（残余变形）。此塑性变形即使在引起其变形的应力消失后仍然保持着，成为内应力形成的第二个原因。木材干燥后产生的残余应力[14]是影响其尺寸稳定性的重要因素，在木材加工、利用过程中必须设法减少或消除残余应力。

表2 出土棺木与现代桢楠的干缩性　　　　　　　　　　　　　　　　单位：%

		出土棺木	现代桢楠
线干缩率	纵向	1.58	0.22
	径向	12.3	3.61
	弦向	36.1	6.36
体积干缩率		49.18	11.07

木材长期被埋藏在地下，而且是在饱水的情况下受各种生物化学的影响，原来排列整齐紧密的长纤维素分子链被分解为小分子链纤维素，使原来以氢键结合的羟基释放出来。随着腐朽程度的增加，小分子链继续降解为多糖、单糖、葡萄糖等糖类分子，释放出更多的游离羟基与水分子结合。与木材以氢键结合的吸附水以及存在于木材细胞壁微纤丝、大纤丝所构成的微毛细管系统中的水分开始蒸发，在应力的作用下拉动残余的木材纤维素分子链相互靠拢，微毛细管半径缩小，由于木材中纤维素的大量降解，木材失去起支撑作用的骨架物质。所以在拉应力的作用下，残余的木材细胞壁不足以提供足够的强度来克服该拉应力从而造成木材细胞壁的坍塌、起皱、细胞腔空间减小。通过表2，可以发现出土棺木的干缩性较现代楠木发生了严重的变化，弦向和径向的线干缩率均大幅升高。因此，如果不加以处理，任其自然干燥，那么棺木发生干缩变形将不可避免。同时，通过弦向干缩与径向干缩之比值计算出木材的差异干缩，可以发现，即使是现代楠木，干燥过程中如果不加以处理，也会发生翘曲和开裂。出土棺木的差异干缩数值大于现代楠木，干燥过程中更容易发生开裂。因此，必须对出土棺木进行保护处理后再进行干燥。

2.3 密度测定

单位体积内木材的质量称为木材密度，由于木材是一种多孔性物质，计算木材密度时，木材体积包含其空隙的体积，因而木材密度与其物质比重（木材物质比重为木材除去细胞腔等孔隙所占空间后，实际木材物质的比重，即细胞壁的比重）有着本质上的区别，两者不能混同。

由于目前尚无针对饱水木质文物木材密度测定的标准或规范，本研究暂且采用《木材密度测定方法》（GB/T 1933—2009），采用台湾群隆兴业有限公司玛芝哈克MH-300 W木材密度测试仪（图4），分别对饱水木质文物和对照样品的气干密度、全干密度和基本密度进行测定。

木材密度包括基本密度、生材密度、气干密度和全干材密度，常用的是木材基本密度和气干密度。气干密度是指气干材质量除以气干材体积，由于各地区木材平衡含水率及木材气干程度不同，气干状态下木材含水率数值有一范围，通常为8%~15%。为了方便进行比较，需要将木材含水率调整到统一的状态，我国规定气干材含水率为12%。基本密度是指全干材质量除以饱和水分时木材的体积，是木材材性研究的一个重要指标。

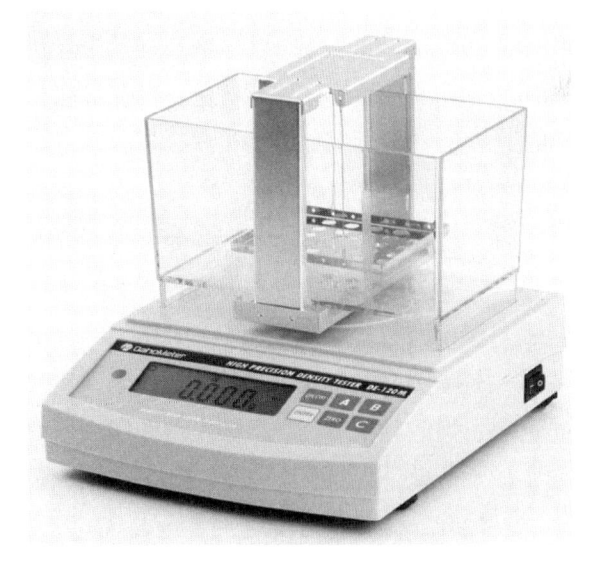

图4 木材密度测试仪

表3 出土棺木与现代桢楠的密度　　　　　　　　　　　单位：g·cm^{-3}

	出土棺木	现代桢楠
基本密度	0.383	0.521

密度的大小从一定程度上说明了木材物质的变化情况，密度越小，木材物质的降解越是严重，重量损失越大，支撑木材结构的物质也就越少，细胞壁残余结构就越脆弱，从而木材在干缩时，抵抗木材干缩应力的能力也就减弱，造成木材的干缩变大。因此，饱水木质文物的密度，可以作为评价木材腐朽程度的一个重要的指标。

木材的基本密度可以反映降解的古木中实际木材物质的含量，古木降解得越严重，古木中实际的木材含量就越少，其基本密度也就越小；饱和含水率可以反映降解古木的木材内部的空隙率，古木降解得越严重，其内部的空隙率就越大，饱和含水率也就越大。实际上古木的饱和含水率也是从反面反映古木的实际木材含量，因为空隙与实质木材是相对的，古木的空隙率越大，其木材实质含量自然就越少，这二者事实上是相关的。基本密度和饱和含水率基本上能够反映古木的降解程度，并与木材的干缩性直接相关。[16]

通过基本密度测定（表3），可以发现出土棺木的化学物质发生了严重的流失和降低，所以基本密度下降严重。细胞壁残留的物质已无法抵抗干燥过程中产生的干缩应力，并维持细胞壁的原有形状。为了确保出土棺木在干燥过程中不发生干缩变形，需要对棺木进行加固处理。

3 保护技术的选择与实施

木质文物的脱水是指用物理和化学的方法将木质文物中的水分置换出来，经过加固、定型而使出土饱水木质文物保持原貌的一种保护方法。目前，已研究使用的脱水方法较多，具体的方法有明矾法、冷冻干燥法、自然干燥法、真空加热干燥法、高聚物渗透加固法、单体渗透引发（射线照射）聚合加固法、溶剂连浸置换法（如乙醇-乙醚连浸法）、蔗糖法、无机盐法、硅酸盐法、聚乙二醇法等。[17]其中冷冻干燥法、自然干燥法、真空加热干燥法和溶剂连浸置换法属于降低干燥过程中的干缩应力，从而防止木质文物变形的脱水方法。商业街船棺葬出土棺木的物理性质分析表明，棺木细胞壁中残留的物质已经无法支撑其原有的形状，仅仅降低干燥过程中的干缩应力，难以保持文物的原状，所以必须对棺木进行加固处理。

前期保护中，保护人员借鉴瑞典华萨船的保护经验，在时间紧、现场条件限制等的不利情况下，采用聚乙二醇喷淋对出土棺木进行保湿、加固处理，有效抑制出土棺木的干缩变形，取得一定的保护效果。但聚乙二醇法的脱水工艺有很大的局限性，脱水后的木质文物木质感较差，呈蜡状感，且色泽呈暗黑色（图5）。经脱水后的木质文物在空气湿度较高时，易吸潮，表面有黏稠感，尽管采用表面封护材料，但问题依然存在，难以彻底解决。商业街船棺葬遗址由于自身的特殊情况，无法对遗址进行疏干排水处理，墓葬原址的空气湿度较高，所以长期采用聚乙二醇法进行保护存在一定的问题。

2003年，金沙遗址交通局工地商代晚期地层淤泥内发掘出土1件饱水木耜，多处断裂并有残损，采用套箱法整体提取回实验室。笔者带领的保护工作团队采用高级醇法对其进行处理，脱水后外形尺寸基本没有变化。[18]高级醇法利用甲醇具有较强的渗透力和亲水性，置换出饱水木材中的水分子，再以高级醇置换出甲醇，使脱水后的木材细胞壁得以加固，而不至于干缩变形。这是一种纯物理方法，不涉及任何化学反应，因而可以通过控制环境温度，利用高级醇与甲醇共溶原理，通过改变置换溶液的浓度，用甲醇置换出器物内的高级醇，再用水置换出甲醇，使器物重新回到饱水状态，具有一定的"可逆"性。[19]然而，甲醇高度易燃，其蒸气与空气可形成爆炸性混合物，遇明火、高热能引起燃烧、爆炸；对人体有毒，失明是其最典型的症状。因此，高级醇法并不适用于商业街船棺葬出土棺木的脱水保护。

图5　原址保护阶段的棺木

乙二醛法是由我国文物保护工作者独创的饱水竹木漆器加固脱水方法，乙二醛在水溶液中以水合物存在，易发生聚合作用。采用乙二醛作为替换水分子的填充物，是由于乙二醛本身是水溶液，能够渗透到木材细胞中，并随着脱水的进程逐步在木材中聚合。聚合物在木材内部生成时，木材细胞在失去水分时所产生的拉拢力（即收缩力）即被聚合物的黏合力（即交联作用）所阻止或抵抗，从而在脱水过程中使木材达到和保持相对的平衡状态。聚合物的产生还使得木质文物强度得以增加，起到加固定型的作用。其中，经荆州文物保护中心吴顺清研究员改进的乙二醛复合液加固脱水法，是目前国内外普遍认为是最先进的饱水竹漆木器的脱水、定型保护技术，脱水成功率极高，脱水后文物的外形和颜色基本无变化，文物的收缩率小于1%，后期保护条件也较其他脱水方法的条件要求低，便于长期保存，因而成为商业街船棺葬遗址出土棺木脱水保护的最佳选择。

随着出土木漆器保护国家文物局重点科研基地成都工作站的成立，在荆州文物保护中心的技术支撑下，笔者带领的保护团队利用主要成分为乙二醛、碳水化合物、磺酸盐等的木质文物加固接枝糖技术，完成4件棺木的脱水定型，取得良好的保护效果（图6）。

图6　脱水处理后的棺木

致谢

本项目实施过程中，得到荆州文物保护中心吴顺清研究员的精心指导，成都博物院文物保护与修复中心白玉龙、曾尚华、左光棣、许进、陈福梅等参与了脱水保护工作，研究中得到国家社科基金重大项目"金沙遗址祭祀区发掘研究报告"（批准号：12&ZD192）的资助，在此一并致谢。

参 考 文 献

[1] 成都市文物考古研究所. 成都市商业街船棺、独木棺墓葬发掘报告//成都市文物考古研究所. 成都考古发现（2000）. 北京：科学出版社，2002.

[2] 成都文物考古研究所. 成都商业街船棺葬. 北京：文物出版社，2009.

[3] 薛登. "杜宇禅位"与"巴人灭蜀"——蜀史探源之一. 成都大学学报（社会科学版），1988（1）.

[4] 宋治民. 试论蜀文化和巴文化. 考古学报，1999（2）.

[5] 黄尚明. 关于川渝地区船棺葬的族属问题. 四川文物，2005（3）.

[6] 王毅，肖嶙，白玉龙. 成都商业街大型船棺葬棺木及枕木的保护工作初报//成都市文物考古研究所. 成都考古发现（2000）. 北京：科学出版社，2002.

[7] 林松. 广东樟科主要属种的木材系统解剖. 华南农业大学学报，1990（4）.

[8] 娄得定. 木材含水率的知识问答. 家具，1997（4）.

[9] 柴玉华，果莉. 木材含水率的测试方法. 佳木斯工学院学报，1997（4）.

[10] 林伟忠. 木材的水分与材性. 家具与室内装饰，2000（3）.

[11] 王蕙贞，冯楠，宋迪生. 考古发掘现场环境突变对出土文物的破坏及应急保护研究//教育部人文社会科学重点研究基地吉林大学边疆考古研究中心. 边疆考古研究（第7辑）. 北京：科学出版社，2008.

[12] 刘元. 木材干燥皱缩机理及其特性研究. 中南林学院学报，1994（2）.

[13] 李国清. 出土饱水古木件干缩性探讨//中国文物保护技术协会. 文物保护技术（1981—1991）. 北京：科学出版社，2010.

[14] 杜国兴. 木材的干缩特性及其干裂势的研究. 南京林业大学学报（自然科学版），1993（1）.

[15] 刘应安. 木材干燥应力数学模型. 东北林业大学学报，1998（5）.

[16] 张金萍，章瑞. 考古木材降解评价的物理指标. 文物保护与考古科学，2007（2）.

[17] 张岚，韦荃. 论出土漆木器的脱水方法. 四川文物，1997（4）.

[18] 肖嶙，白玉龙，孙杰，等. 金沙遗址出土木耜的保护修复. 考古与文物，2007（增刊）.

[19] 韦荃. 高级醇加固饱水木器的可逆性实验. 文物保护与考古科学，2007（1）.

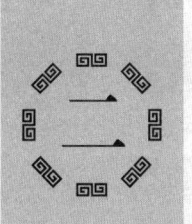

二、象牙、骨角质文物保护

金沙遗址出土象牙、骨角质文物现场临时保护研究*

肖嶙 孙杰

> **摘　要**　为寻求一种实际可行、安全可靠的出土象牙、骨角质文物现场加固保护的方法，通过用几种加固剂在象牙等样品上做渗透加固实验，对比、筛选出效果较好的聚乙烯醇缩丁醛加固剂，用该加固剂对考古发掘现场的象牙等进行现场临时加固，效果尚可。
> **关键词**　象牙　骨角质　渗透加固　文物保护　金沙遗址

引言

2001年2月，成都市青羊区苏坡乡金沙村在基建施工时，发现一处大型遗址，成都文物考古研究所随即对该遗址进行了抢救性发掘。目前，已探明的遗址面积近3 km²。

遗址内现已出土包括金器、玉器、铜器、象牙器和象牙、陶器等珍贵文物2000余件，遗迹还存有大面积的獠牙、鹿角、象牙、玉石器、陶器、美石和大范围的石璧、石璋半成品堆积。结合近年来成都地区的考古发掘成果来看，金沙遗址是一处大型的商周时期蜀文化中心遗址，可能是古蜀国的又一个都邑所在地。

金沙遗址的发现，对研究古蜀国的历史无疑具有十分重要的意义。尤其是一次性出土数以吨计的象牙，在考古学上罕见，这也正是古蜀王国高度发达文明的一个旁证。如何保护好这批珍贵的文物，便成为一道亟待解决的难题。

1　加固剂筛选

金沙遗址出土的象牙属于亚洲象。象牙属犬齿，最外面一层为象牙质，内部为齿质，象牙质比齿质结构致密，强度好。象牙横截面显示，象牙有"年轮"，从牙髓腔到外表层有辐射线，刚出土的象牙，结构十分致密。獠牙属门齿，截面接近三角形，结构致密，牙髓腔空间很大，内外壁之间厚度仅有数毫米，也呈层状。鹿角在结构上更接近骨头，截面呈蜂窝状结构，内部有连续贯通的微孔。3种材料的结构如图1所示。在这3种材料中，獠牙和象牙的结构更致密，不易渗透，且象牙还有纹理，牙

---

* 原文发表于《文物保护与考古科学》，2002年第2期。

髓腔到外壁厚度较大（最厚的可达12 cm左右），脱水干燥过程中很容易从不同的方向收缩、开裂，是三者中最难处理的，而鹿角最容易处理。因而在实验室选择用象牙作为加固试验的样品。

目前，国内外用于骨质文物的加固保护，主要选用B-72、丙烯酸树脂、聚乙烯醇、聚醋酸乙烯酯、聚乙烯醇缩丁醛作为渗透加固剂[1]，因此，我们也选用上述几种加固剂做加固试验，以便从中筛选出一种加固强度好、渗透性好、耐水、耐老化、施工操作简便的加固剂，作为象牙、獠牙和鹿角的现场加固剂。B-72和丙烯酸树脂同属于丙烯酸酯类聚合物，具有无色、耐光、耐老化等特点。聚乙烯醇为白色粉末，根据皂化程度不同，产物可溶于水或仅能溶胀，实验中选用前者。聚醋酸乙烯酯，无色液体。聚乙烯醇缩丁醛是热熔性高分子化合物，白色或淡黄色粉末，具有高透明度、挠曲性、低温冲击强度、耐日光曝晒、耐氧和臭氧、抗磨、耐无机酸和脂肪烃等性能，能溶于乙醇，具有良好的粘接强度、耐湿热性（140℃ ±2℃烘箱中放一盆水，保持6 h，无明显变化）、耐寒性（-60℃ ±2℃）和耐光性（375 W高压水银灯下，距离380 mm远，100 h无变化）。[2-6]试验所用样品为遗址内出土的象牙，用水将表面的污物清洗干净。不同加固剂对象牙的加固试验结果见表1。

（a）象牙的结构　　（b）獠牙的结构　　（c）鹿角的结构

图1　象牙、獠牙及鹿角的结构

表1　不同加固剂对象牙的加固试验结果

象牙样品编号	象牙样品外观描述	加固剂	操作方法	浸渍处理时间/d	加固效果
1#	无外表皮，结构致密，强度较好，有风化层，触摸掉粉	1‰聚乙烯醇缩丁醛乙醇溶液	浸渍，每天0.5 h	10	强度明显增加，掉粉、小块脱落现象消失，且加固后有一定韧性，与自然干燥后的象牙颜色相近，无亮光
2#	有外表皮，强度较好，露出的芯部风化、掉块脱粉	5‰聚乙烯醇缩丁醛乙醇溶液	减压渗透，每天0.5 h	10	强度明显增加，掉粉、小块脱落现象消失，颜色没有任何变化，在加固剂渗透过量处有少许亮光
3#	有外表皮，强度较好，芯部风化、掉粉	1%聚乙烯醇热水分散系（过滤液）	浸渍，每天0.5 h	10	强度增加，不再掉粉，不变色，无亮光，手感发黏
4#	有外表皮，土沁严重，风化不严重	4%B-72丙酮溶液	浸渍，每天0.5 h	10	强度明显增加，不掉粉，颜色加深，表面有亮光
5#	无外表皮，风化较严重，掉粉	5%聚醋酸乙烯酯乳液	浸渍，每天0.5 h	10	强度略有提高，泛白，无亮光

从表1试验结果来看，几种加固剂对象牙都有一定的加固效果。但是，加固试验所选用的样品都是未经干燥的，含水量很大的样品，其本身强度要比脱水干燥后的样品好得多，因此，只有在象牙样品干燥后，才能最终显示出加固剂的加固效果。对样品进行脱水干燥采用减压脱水法，控制匀速脱水，防止因脱水速度过快而引起象牙开裂。减压仪器为2×Z-1型真空泵连接真空干燥器，极限压力达$6×10^{-2}$ Pa，试验结果见表2。从表2干燥试验结果可以看出：

（1）所用加固剂，除聚醋酸乙烯酯乳液外，均可不同程度地加强象牙的强度，尤其是使脆弱、疏松易收缩的髓芯部得到了很好的加固和定型。但聚乙烯醇加固象牙手感发黏，渗透能力低于聚乙烯醇缩丁醛。B-72丙酮溶液加固强度虽好，但外表颜色加深，不宜使用。综合分析，我们认为用聚乙烯醇缩丁醛加固象牙的效果明显优于其他几种加固剂。

表2 象牙减压脱水试验结果

象牙样品编号	加固剂	减压脱水处理时间/d	脱水效果
1#	1‰聚乙烯醇缩丁醛乙醇溶液	21	干燥后象牙强度仍然很好，无任何开裂、掉粉、脱落现象，外观和质感都没有明显变化
2#	5‰聚乙烯醇缩丁醛乙醇溶液	21	干燥后强度较好，外表皮出现起皮、脱落，芯部不掉粉不脱落，表皮有轻微裂隙，局部有微弱亮光
3#	1%聚乙烯醇热水分散系（过滤液）	21	干燥后表面强度较好，手感仍发黏，原有细小裂纹明显加宽，不掉粉，但有小块脱落
4#	4%B-72丙酮溶液	21	干燥后象牙强度仍好，表面出现许多细小裂纹，不掉粉，不脱落
5#	5%聚醋酸乙烯酯乳液	21	干燥后强度差，严重开裂，且裂纹发展很快，不掉粉，但有小块脱落
6#	无	21	干燥后表皮有一定强度，但出现许多细小裂纹，芯部有收缩且呈酥松状，掉粉、脱落明显

（2）带有外表皮的象牙，强度好于没有表皮的象牙，但在渗透加固中，加固剂从外表皮渗透的难度，明显高于无外表皮的象牙。这是因为，象牙的表皮是象牙质，结构致密，本身强度好，不易被腐蚀，而且失水后不会出现收缩，对象牙本身具有很好的保护作用。因此，对有外表皮的象牙的渗透加固，最好从象牙截面着手。

实验前象牙与经过渗透加固及减压脱水实验处理后象牙的外观形状对比见图2。

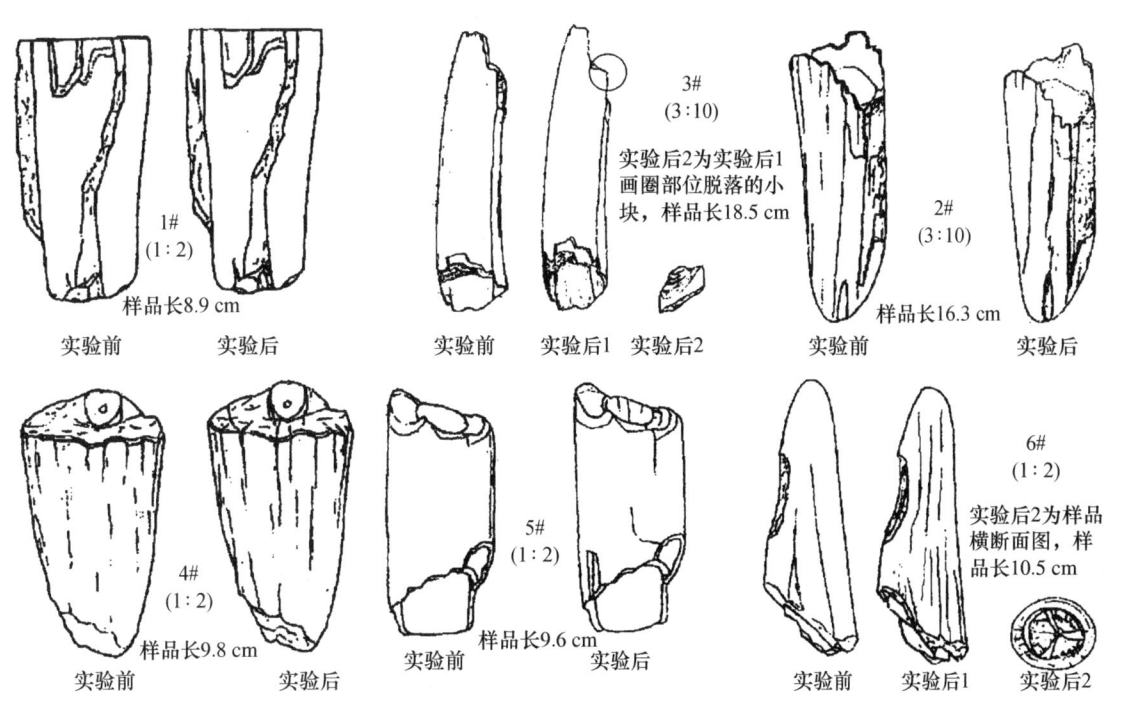

图2 象牙样品实验前后外观形状对比图

加固剂：1# 1‰聚乙烯醇缩丁醛乙醇，2# 5‰聚乙烯醇缩丁醛乙醇，3# 聚乙烯醇热水分散系，4# 4%B-72丙酮溶液，5# 5%聚醋酸酯乳液，6# 空白样品，实验后1#~6#样品长度无变化

随后，我们又在獠牙和鹿角上做同样的加固试验，都取得很好的效果（表3）。

表3　不同加固剂对獠牙、鹿角加固实验结果

样品编号	处理方法	处理时间/d	处理效果
獠牙1#~4#	6‰聚乙烯醇缩丁醛乙醇溶液，每天减压渗透半小时	14	刚出土的獠牙十分脆弱，碎裂酥粉严重，一触即成许多小块及粉末，加固后，强度明显增加，风化、酥粉的部分不再脱落，且具有一定强度，外观颜色无明显变化，表面无眩光
鹿角1#~3#	5‰聚乙烯醇缩丁醛乙醇溶液，每天减压渗透半小时	14	鹿角未处理时，主要是酥粉严重，表面明显有一层风化层，加固后，强度有很大提高，表层风化层得到加固，不再脱粉，外观颜色无明显变化，无眩光

2　现场临时加固

金沙遗址出土的象牙，密集分布于多个探方内，与獠牙、鹿角等交错重叠放置，在几千年的埋藏过程中，由于地下水、泥土等的不断侵蚀，其中的有机质成分已流失殆尽，只剩下失去有机胶结组织的无机盐，质地已十分脆弱。由于原来固有的环境平衡被打破，高含水率的象牙出土后，立刻会寻求与外界空气中的水分趋于平衡，这些象牙、獠牙和鹿角由于失水很快地出现了不同程度的开裂、表面风化和局部酥粉现象。同时，整个遗址的地面也出现了不同程度的开裂，产生的应力使嵌埋于地表的象牙、獠牙、鹿角，甚至石器，都不同程度地发生断裂。另外，四川地区气候潮湿，霉菌、苔藓的侵蚀也很明显。

现场临时加固，采用6‰聚乙烯醇缩丁醛乙醇溶液，涂刷渗透，每天两遍。几天后，露于地表的象牙、獠牙和鹿角的强度明显增加，同时，在文物表面也形成一层白色薄膜，这主要是由于被处理的象牙、獠牙和鹿角的含水量很高（实验测得，象牙的含水率可高达100%），系加固剂渗透、固化不完全而引起的。在现场加固过程中，由于条件限制，不能像在实验室那样，采取一些例如减压等辅助措施来提高加固剂的渗透能力，加之野外气候潮湿，加固剂干燥固化慢，所以，形成这样的白色薄膜是很难避免的。有鉴于此，我们试验将一部分小件的象牙、獠牙、鹿角等取回实验室，采用涂刷、浸泡和减压渗透等不同方法，提高加固剂的渗透能力，加固后对样品进行拼对、黏结、修复，然后再将样品放回到遗址内，进行复原，取得了一定的效果。

现场涂刷6‰聚乙烯醇缩丁醛乙醇溶液11天后，将聚乙烯醇缩丁醛浓度降至1‰，继续涂刷渗透，一周后，白色薄膜明显减弱。此时，现场的象牙、獠牙和鹿角的强度已经大大提高。停止涂刷渗透，使加固剂自然干燥固化，观察效果，如果在加固剂完全干燥固化后，部分文物表面仍然发白或产生眩光，可用脱脂棉蘸纯酒精轻轻擦洗，至白色薄膜消失为止。

完全固化后的聚乙烯醇缩丁醛，具有良好的黏结和加固效果，在现场加固中，许多原来已经开裂的象牙、鹿角、獠牙等，在涂刷过聚乙烯醇缩丁醛后，表面即将脱落的小块，都粘回到本体，且强度很好；已经断裂脱落的部分，在断面涂以较厚的聚乙烯醇缩丁醛，对接、固定，一天后，聚乙烯醇缩丁醛固化，黏结效果很好。

3 讨论

现场加固只是一种临时性抢救。结合现场空气湿度、加固剂的聚合度、浓度、文物的糟朽程度、聚乙烯醇缩丁醛渗透深度较差等多种因素的影响，实际上对象牙等骨角质文物只能起到表面加固的作用，但这对于在自然环境中本身十分脆弱的骨角质文物来说，已经在很大程度上起到缓解各种不利因素对它进一步破坏和侵蚀的作用，为进一步研究出更好的保护方法赢得时间。要从根本上解决象牙等骨角质文物的加固，还有待于我们进一步的实验研究，以探索出更好的加固剂及加固方法。

致谢

在实验过程中得到成都文物考古研究所白玉龙、曾帆、刘君等同志的大力配合与帮助，在此表示感谢，同时对协助绘图的党国萍等同志也表示诚挚的感谢。

参 考 文 献

[1] 王惠贞. 文物保护材料学. 西安：西北大学出版社，1995：85-105.

[2] 宋迪生，等. 文物与化学. 成都：四川教育出版社，1992：175-179.

[3] 化学工业出版社组织. 中国化工产品大全，上卷. 第2版. 北京：化学工业出版社，1998：1190-1193.

[4] 王箴. 化工辞典. 第4版. 北京：化学工业出版社，2000：511.

[5] 王箴. 化工辞典. 第4版. 北京：化学工业出版社，2000：58-59.

[6] 李金林. 世界化工商品手册. 北京：化学工业出版社，2000：352.

金沙遗址出土古象牙的现场清理加固保护*

肖 嶙　白玉龙　孙 杰

摘　要　成都金沙遗址出土的古象牙，保存现状十分脆弱。出土后由于失水速度加快，象牙迅速开裂、风化，最终完全粉化。为了将这批珍贵的象牙完好地保存下来，必须寻找一种简单的方法对象牙进行有效的保护。根据对象牙的成分分析和脱水试验研究，选择用改性的有机硅材料把象牙嵌封保存起来。对材料的保护性能进行研究的结果显示，用这种有机硅材料对出土脆弱古象牙进行嵌封保护，既可以减缓象牙的失水速度，隔绝大气环境对脆弱象牙的腐蚀，又不影响直接观看，是一种安全有效的方法。

关键词　金沙遗址　象牙　嵌封　加固　清理　保护

引言

图1　象牙出土时的照片

2001年2月，成都市文物考古工作队对金沙遗址进行正式发掘，该遗址是四川省继三星堆之后最为重要的考古新发现。目前已发现的遗址面积近100万 m^2，时代约为商代晚期至西周早期。金沙遗址因一次出土数以吨计的象牙、象牙器，而成为考古学上一大奇观。

象牙的出土地点位于整个遗址的东部，考古发掘者将其定义为礼仪性堆积，编号2001CQJL11⑫。象牙位于考古发掘地层的第12层，出土时位于该礼仪性堆积的最上层，相互交错叠压成多层放置（图1）。这一层主要属于商代晚期至西周早期堆积层，地质构造属于河道河床泥沙堆积层与陆地堆积层相互交错，泥土中含沙量高，没有鹅卵石，地层中含有大量的有机腐殖质。出土的象牙大部分为完整的未经加工的成年亚洲象象牙。

在3000多年的埋藏过程中，象牙的蛋白质已降解殆尽，保存下来的成分基本为无机盐。经过长年累月的腐蚀，几乎所有的象牙从牙根到牙尖都形成一个较大的髓腔空洞，空洞的深度几乎占到象牙

---

* 原文发表于《文物保护与考古科学》，2004年第3期。
国家文物局课题（200109）资助。

总长度的一半以上，牙根一端的腔壁最薄的仅有几毫米。因腐蚀流失形成的牙髓腔空洞完全被湿的泥沙充填，象牙的含水率较高。清理出的象牙暴露在空气中，表面很快开裂，原有的裂隙也逐渐变宽，从表面到内部，沿着"年轮"及辐射线分层、开裂、剥离。象牙暴露在空气中失水很快，加之光照、微生物的侵蚀与降解，象牙表面会迅速变色，裂隙增宽，甚至产生新的断裂、霉变等病害。

为保护出土象牙，我们对象牙做了成分分析、脱水试验、嵌封材料的选择，以期找到最佳的保护方法和材料。

1 象牙成分分析

对象牙成分进行分析可以了解引起象牙腐蚀破坏的内因，为制定合理科学的保护方案提供可靠的依据。象牙出土后，内层与外层的腐蚀破坏程度相差较大，一般内层的破坏要相对严重一些。

1.1 样品制备

象牙样品出土后，用软毛刷或竹签剔除表面浮土，及时拍照、称重，烘干待用。烘干样品使用的烘箱型号为：上海实验仪器厂101A-4型。3种样品的情况如表1所示。

表1 成分分析样品说明

样品编号	样品说明
1#	常温下干燥象牙内层样品，重6.257 g
2#	常温下干燥象牙外层样品，重6.310 g
3#	在105℃下经50 h烘干的象牙样品，重4.402 g

1.2 成分分析

测试仪器用美国PERKIN ELMAR公司生产的FI-IR Spectrometer PARAGON 1010型红外光谱仪。1#、2#、3#样品的测试结果和牙齿的标准红外光谱图如图2所示。[1]

将各个样品的红外光谱图与牙齿的标准红外光谱图比较发现，他们在相应波数的红外波形基本吻合，其化学成分均为羟基磷灰石，分子式$Ca_5(OH)(PO_4)_3$。

这一鉴定结果证实，象牙的有机成分已降解殆尽，化学成分主要为钙盐，出土时虽然仍保持有完整的外形，但其强度已非常差，轻微的碰撞和挤压都会造成损伤甚至断裂。

1.3 脱水试验

取小块象牙做脱水干燥对比试验，试验分两组进行，一组样品在自然状态下脱水，另一组样品在105℃下烘干，结果见表2。从1#、2#、3#、4#样品实验数据，可以看出无论是自然干燥还是烘干，一旦失水象牙就会开始开裂、风化，直到最终完全粉化破坏。同时，测得出土饱水象牙的绝对含水率为43.07%～62.94%。刚出土的饱水象牙有一定的强度，失水后立即引起象牙的风化、开裂、剥落，最终

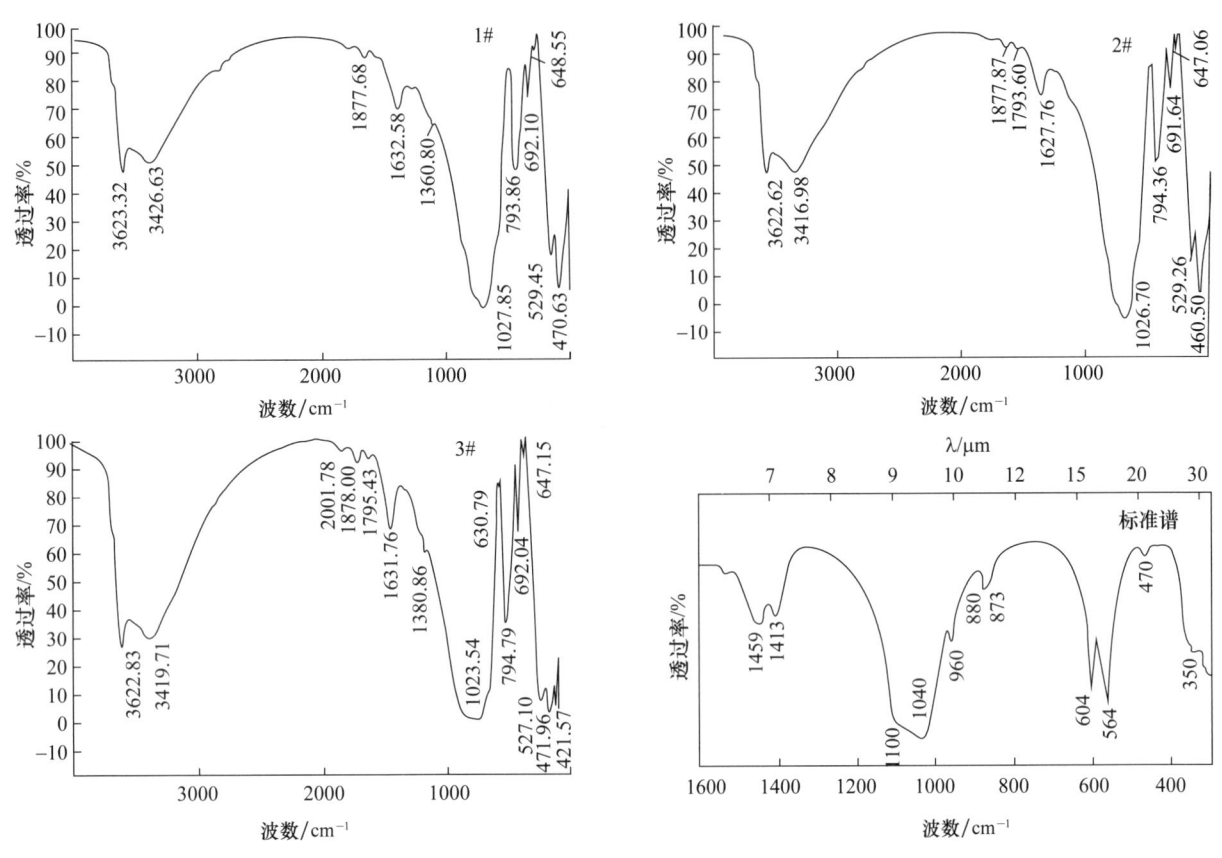

图2 象牙样品的红外光谱图

会导致象牙完全粉化，不复存在。因此始终保持象牙刚出土时相应的含水量，象牙基本不会有新的开裂、风化等现象。根据象牙的成分分析结果和脱水实验结果，可以肯定，金沙遗址出土象牙保护之关键一步是如何保持象牙相应的含水量，为下一步保护打下基础。

2 嵌封材料

在文物保护界，目前还没有一种较为成熟安全的方法，可以用于像金沙遗址出土的这种古象牙的保护。[2] 从象牙的脱水试验可以看出，刚出土的饱水象牙有一定的强度，失水后立即引起象牙的风化、开裂、剥落，最终会导致象牙完全粉化，不复存在。因此，可以考虑，用一种材料将出土的"新鲜"饱水的象牙封闭，使其与外界的自然环境隔离，使象牙保存在一种与地下埋藏环境类似的密闭环境中，保持水分不散失，从而为进一步研究更完全的保护方法争取时间。

2.1 材料筛选

通常用于文物保护封存的透明材料为聚甲基丙烯酸甲酯（有机玻璃）、透明环氧树脂、透明不饱和聚酯树脂等有机高分子材料，这些材料固化后密闭性能、透明性能都很好，但固化过程中放出的热量对含水量非常高的古象牙有破坏作用，固化物强度非常高，操作可逆性差，封存的古象牙很难取出，同时这些高分子材料耐气候老化性能较差，老化后颜色变黄，影响象牙外观及展出。

相比之下，有机硅材料是骨架为Si-O键、侧链为—CH$_3$基团的半有机半无机结构的新型高分子材料，它兼具有机聚合物的特性，因而在性能上有许多独特之处。有机硅材料具有优越的高低温性能、电绝缘性能、耐气候老化、憎水防潮及表面能低、与大多数材料不粘等性能，完全透明、不透气，不透水，对温度不敏感，−50～200℃稳定及化学惰性等特点，并且在加入配套固化剂后在室温条件下即可完成固化，固化过程中不放出热量。最终选用硅橡胶作为象牙嵌封材料。

2.2 失水试验

选取一块象牙，将其分成大小相近的三块，做嵌封前后象牙的失水试验，测试硅橡胶的隔水性能。1#、2#样品用作自然失水实验，3#、4#样品做105℃烘干脱水实验，5#、6#样品硅橡胶嵌封后，做自然失水实验。实验结果见表2。

表2　象牙失水实验数据及现象

样品号	试验方法	试验前重量/g	试验后重量/g	失水率/%	实验现象
1#	自然脱水存放	6.257	3.840	62.94	两天后开始出现干裂，1个月恒重，象牙开裂散落形成许多小块
2#	自然脱水存放	9.200	6.430	43.08	两天后开始出现干裂，1个月恒重，象牙开裂散落形成许多小块
3#	105℃烘干脱水	6.310	4.251	48.44	几小时后开裂，不连续烘干，10天后恒重，成一堆残渣
4#	105℃烘干脱水	8.270	5.441	51.99	几小时后开裂，不连续烘干，10天后恒重，成一堆残渣
5#	用有机硅橡胶灌封后，自然存放				自然存放7个月，象牙下面有少量自然挥发形成的水雾
6#	用有机硅橡胶灌封后，自然存放	3.297	3.234	1.92	自然存放7个月，象牙下面有少量自然挥发形成的水雾，失水百分比为0.7%

5#、6#样品经7个多月的自然存放，没有发现明显变化。从以上试验结果看，象牙在自然环境中裸露存放，失水很快，可以断言，不出一年，发掘出土的成形象牙就会风化成粉状，不复存在，而用硅橡胶嵌封后，硅橡胶对含水象牙有很好的保水性能。经过较长时间存放，硅橡胶依然透明，柔软有弹性，没有老化现象（图3）。

2.3 光老化试验

对硅橡胶嵌封的象牙做耐紫外光老化测试。300 W紫外灯60℃累计照射21天（504 h），总剂量相当于正常日光照射10年的紫外线剂量。

试验结果表明，由于大剂量紫外线照射，硅橡胶

图3　象牙嵌封前后对比照片

表面出现大量的细纹,而嵌封在内部的象牙没有明显变化,底层出现的少许雾状,应是象牙内的水分自然挥发形成的。硅橡胶能够抵挡光线中破坏能力较强的紫外线,剥去封存在外的硅橡胶,象牙的重量基本不变,硅橡胶在象牙的表面自然形成一个光滑平整的界面,没有粘连,更没有渗透到象牙内部,剥离出来的象牙与刚出土时相比,没有太大变化。通过实验室的试验测试得出结论,硅橡胶可以作为一种封闭剂,应用于象牙保水保护。

3 象牙的现场清理加固

金沙遗址出土的象牙数量众多,大部分为质地酥脆、含水量高的糟朽象牙,因此我们在现场揭取这批象牙时,遇到的实际困难很大。首先,要尽量缩短揭取时间,避免象牙水分散失,风化开裂,然后是由于象牙本身糟朽严重,不能直接承受任何外力的作用,更主要的是,象牙堆积交错叠压成多层放置,大部分象牙由于叠压,受力不均,已出现多处裂缝,这些都为象牙的揭取增加了难度。为尽量减少在揭取过程中象牙的损失,经现场多次研究,结合考古发掘经验,我们采用下列安全稳妥的揭取方法。

3.1 预加固处理

由于大部分象牙质地酥脆,在揭取之前必须做预加固处理。

首先,清理象牙上表面和侧面泥土,喷洒防霉剂,然后涂刷加固剂,对于象牙的下表面,则预留适当的支撑泥土,分段涂刷加固剂。在外表面操作完成后,通过裂缝,向象牙内部的空腔灌注加固剂,保留牙髓腔内的泥沙,并对其进行适当加固,增加象牙整体强度。象牙表面残留的多余加固剂用酒精清洗掉。用多层保鲜膜包裹在象牙表面,使加固剂在象牙内部充分作用,并防止水分散失。经过1~2天的预加固处理,象牙的强度有所增加,表面不再剥落掉粉,裂隙的碴口干净平整,易于拼对、粘接修复。

3.2 清理出土

经过预加固处理的象牙,强度虽有所提高,但大部分象牙长度较长,自重较大,由于堆积叠压,造成本体有多处裂缝等因素,在清理过程中还是容易发生断裂和破碎。为了安全稳妥地将象牙从遗址中取出,我们采用了石膏表面灌注固定法。具体操作程序如下:①清理象牙周围泥土,使象牙横截面三分之二以上的部位暴露出来。清理时要对周围叠压的象牙和相关文物及现象做好相应的保护措施;②在象牙表面贴敷二层保鲜膜,然后再覆盖一层塑料布;③将石膏浆灌注在塑料布上,石膏层表面尽量找平。20 h后,凝固的石膏形成一个强度较高的衬托体,将象牙支护起来;④清理象牙下面的泥土,保留多个支撑点,将其余部位的泥土清理掏空,然后用绷带将象牙和上方的石膏衬托体固定在一起;⑤小心松动支撑泥土,将象牙取出,然后将象牙慢慢翻转过来,使石膏层在下,放置于垫有泡沫的木板架上,这样就将象牙清理出土了。

3.3 修复

将从遗址中取出的象牙安全地运回修复室后，拆开绷带，将石膏层刮削减薄，只保留象牙横截面一半以下的石膏衬托体，便于在接下来的处理过程中将石膏从象牙上取下来。仔细清理象牙表面，将断裂或破碎的部位粘接修补。在修复过程中，要注意保湿，防止象牙水分散失。修复后用绷带再将象牙与石膏衬托体固定在一起。

3.4 嵌封

预先按照象牙的尺寸制作箱子。箱子四周边壁为整体，与箱子底板脱离，箱子内层使用光滑材料，便于拆装。在箱子内预先浇灌一层2 cm厚的透明有机硅橡胶层，作为支撑体，硅橡胶完全固化后，将箱子四壁拆下。将象牙小心翻转，使石膏层在上，放置在箱子底板的硅橡胶层上，用硅橡胶小块将象牙支撑稳妥，务必使象牙受力均匀，然后迅速拆开绷带，将石膏衬托体去掉。在象牙表面再次喷洒防霉剂，象牙放稳后，将箱子四壁小心组装在底板上，用玻璃胶密封所有缝隙。

在硅橡胶中加入硫化剂和催化剂，充分搅拌，减压抽真空除气泡后，将胶液小心灌注在箱子里，直到将象牙完全封装，胶液高于象牙最高点1 cm即可；经过2～4天的固化，象牙就被完全嵌封在透明的硅橡胶中（图3）。

象牙文物被嵌封在硅橡胶中，其本体受到很好的保护，可以放心地搬移挪动。由于硅橡胶是一种惰性材料，能有效地隔绝空气和水分，使象牙文物处于一个相对稳定的环境之中。这种封装材料完全无色透明，为以后的观察、研究和展出提供了方便。由于硅橡胶封装象牙后，易于剥离，剥离后的象牙本体与出土时没有任何变化，这就为以后在找到合适的象牙保护加固材料时，对象牙做进一步的保护，提供了很大的方便。

致谢

象牙嵌封材料的筛选和提供得到成都晨光有机硅研究所瞿晚星、周远见先生的大力支持和帮助；在现场揭取保护象牙的过程中，成都文物考古研究所所长王毅研究员多次亲临指导，金沙工作站朱章义先生亦给予大力支持，在此一并表示谢忱！

参 考 文 献

[1] 彭文世，刘高魁. 矿物红外光谱图集. 北京：科学出版社，1982：272.
[2] 肖嶙，孙杰. 金沙遗址出土象牙、骨角质文物现场临时保护研究. 文物保护与考古科学，2002，14（2）：26-30.

成都金沙出土古象牙赋存环境研究[*]

旦 辉 汪 灵 叶巧明 邓 苗 樊 华 孙 杰 杨颖东

> **摘 要** 为了查明成都金沙出土古象牙赋存的物理化学条件，为其有效保护提供科学依据，对古象牙赋存环境（土壤）的物相、化学成分、pH值和Eh值进行测试分析，并与古象牙的pH值、Eh值等特征进行对比分析。结果表明：古象牙赋存土壤样品主要由黏土及硅酸盐矿物组成，其中蒙脱石、伊利石、绿泥石等黏土矿物含量达43%～60%，其pH值和Eh值的平均值分别为6.5和－13.5 mV，这种弱酸性还原环境的形成与土壤中含有0.3%左右的腐殖酸有着密切的关系。由于成都金沙古象牙pH值和Eh值平均分别为6.46和－15.5 mV，与土壤pH值和Eh值非常接近。由于土壤中蒙脱石等黏土矿物的封闭作用，能够阻止古象牙与外部环境的物质交换及其对古象牙侵蚀作用，所以古象牙能够在一种相对平衡的条件下得以长期保存。
>
> **关键词** 古象牙 碳羟磷灰石 赋存环境 黏土矿物 蒙脱石 文物保护 成都金沙

引言

金沙遗址位于成都西郊，被国家文物局评为2001年全国十大考古新发现之一，是四川省继三星堆之后最为重要的考古发现[1]，并以出土数量众多、埋藏3000多年、十分珍贵的古象牙文物而备受世人关注。目前古象牙所面临的严峻问题是：当古象牙出土暴露在空气中，就会很快开裂，以致崩解、粉化。

对这些珍贵的古象牙文物进行长期有效的保护意义重大。一个客观的事实是，古象牙出土时仍然基本保持完好。这说明地下埋藏环境对古象牙保存还是比较有利的。因此，通过古象牙埋藏外部环境分析，可为了解其保存物理化学条件并实施有效保护提供科学依据。由于目前还没有这样的研究成果报道，所以我们在采用多种测试分析技术方法对古象牙结构和组分等进行较系统测试分析基础上，采用X射线荧光光谱分析、X射线衍射分析和pH计等现代测试分析技术对成都金沙出土古象牙外部赋存环境最相关的因素——周围土壤的物相、化学成分、pH值及Eh值等进行较系统研究，并将赋存环境的pH值、电位与出土成都金沙古象牙的pH值、电位进行比较。这些研究成果对于成都金沙出土古象

---

[*] 原文发表于《成都理工大学学报》（自然科学版），2006年第5期。
国家"十五"科技攻关计划重点项目（2004BA810B02）、国家自然科学基金资助项目（40572030、40472028）资助。

牙的保护是非常有益的。

1 实验

象牙的出土地点位于金沙遗址的东部。象牙位于考古发掘地层的第12层，出土时相互交错叠压放置，主要属于商代晚期至西周早期堆积层。古象牙赋存于古河道河床泥沙堆积层与陆地堆积层相互交错地层，泥土中含沙量高，并含有大量的有机腐殖质。[2] 部分古象牙在地下的埋藏情况如图1所示。

本次研究所用土样及古象牙样品都由成都考古文物研究所提供。土样1号是成都考古文物所编号2001CQJIT8105⑫：3的出土古象牙外层相连土壤的部分样品，实验样品编号TR01。土样2号是成都考古文物所编号2001CQJIT8103⑧a的古象牙外层相连土壤的部分样品，实验样品编号TR02。古象牙样品是成都考古文物所编号2001CQJIT8103⑧a的部分样品，出土时间：2001年。古象牙样品外层实验样品编号JS02-01，古象牙样品内层实验样品编号JS02-02。

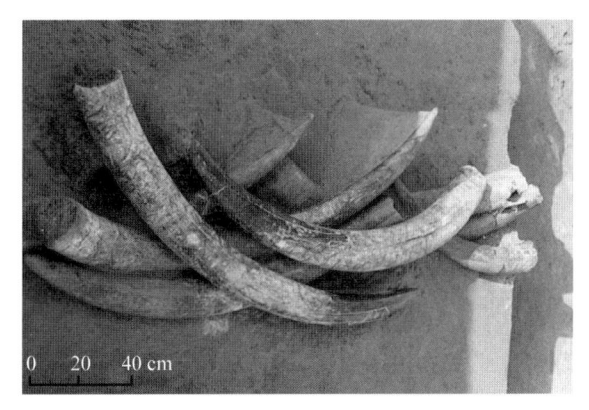

图1　成都金沙出土的部分古象牙及其埋藏情况

X射线荧光光谱分析采用了瑞士AD-VANT'XP$^+$X射线荧光光谱分析仪。X射线衍射分析采用日本理学DMAX/ⅢC型衍射仪，条件为：Ni滤光，2°/min，35 kV，25 mA。pH分析采用上海理达仪器厂PHS-25pH计（用pH标准4.0和6.86标准缓冲溶液校正）。其测试方法是：称取5g过1 mm筛的风干土样或象牙样品于50 mL烧杯中，加入25 mL蒸馏水（水土比为5：1），磁力搅拌10 min，放置30 min后，测定其pH值及Eh值。

2 结果

图2是土样X射线粉晶衍射分析结果。土样TR01的主要衍射峰为1.48675 nm，0.99303 nm，0.70642 nm，0.49787 nm，0.42551 nm，0.35286 nm，0.33433 nm，0.31905 nm，0.29878 nm和0.24635 nm等。根据《矿物X射线粉晶鉴定手册》[3]和衍射峰的相对强度，可确定该样品中主要物相，并计算其相对含量，它们是：伊利石33%、石英28%、绿泥石18%、长石12%和蒙脱石9%。土样TR02的主要衍射峰与TR01基本相同，但强度不同，其主要物相及其含量是石英43%、伊利石27%、长石14%、绿泥石11%和蒙脱石5%。

表1是土样TR01和TR02的X射线荧光化学成分分析结果。从中可以看出，土样TR01和TR02中的化学成分特点是：最主要成分是SiO_2，Al_2O_3，二者之和占68%左右；次要成分是Fe_2O_3，K_2O，MgO和CaO，其含量都大于1%，它们之和占10%左右；其次是Na_2O，TiO_2，P_2O_5和MnO，其含量一般小于1%；微量元素是Ba，Zr，Hg，V，Sr，Rb，Cr和S等，其含量都较少。

表1　土壤样品的化学成分

	SiO$_2$	Al$_2$O$_3$	Fe$_2$O$_3$	K$_2$O	MgO	CaO	Na$_2$O	TiO$_2$	P$_2$O$_5$	MnO
TR01	53.01	15.67	6.11	2.64	1.47	1.06	0.83	0.71	0.46	0.21
TR02	52.22	15.85	5.03	2.60	1.66	1.33	1.00	0.68	0.87	0.04

	Ba	Zr	Hg	Cl	Zn	Ni	Cu	Co	Sc	Hf
TR01	0.055	0.041	0.026	0.011	0.010	0.005	0.007	0.002	0.001	0.001
TR02	0.04	0.045	0.003	0.014	0.11	0.005	0.003	0.002	0.001	0.000

	Cr	Nb	Sr	Y	Rb	Th	Ge	As	S	Ce
TR01	0.014	0.003	0.019	0.005	0.015	0.002	0.0005	0.003	0.015	0.0008
TR02	0.011	0.002	0.023	0.004	0.014	0.002	0.0003	0.002	0.039	0.0008

	V	Ga	Ce	Br	Au	Bi	Pb	Pu	La	
TR01	0.02	0.003	0.001	0.0001	0.0002	0.00008	0.003	0.00000	0.006	
TR02	0.02	0.003	0.001	0.0002	0.0000	0.00000	0.001	0.00002	0.005	

表2是土样与古象牙样品的pH值和Eh值分析结果。从表2可以看出，土样TR01和TR02的pH值分别为6.60和6.45，而Eh值分别为-11 mV和-16 mV，它们的pH值和Eh值基本接近。古象牙样品JS02-01的pH值为6.52，Eh值为-13 mV；古象牙样品JS02-02的pH值为6.40，Eh值为-18 mV。即古象牙样品外层pH值和Eh值分别比古象牙样品内层pH值和Eh值略高。另外，土壤样品中含有0.3%左右的腐殖酸。

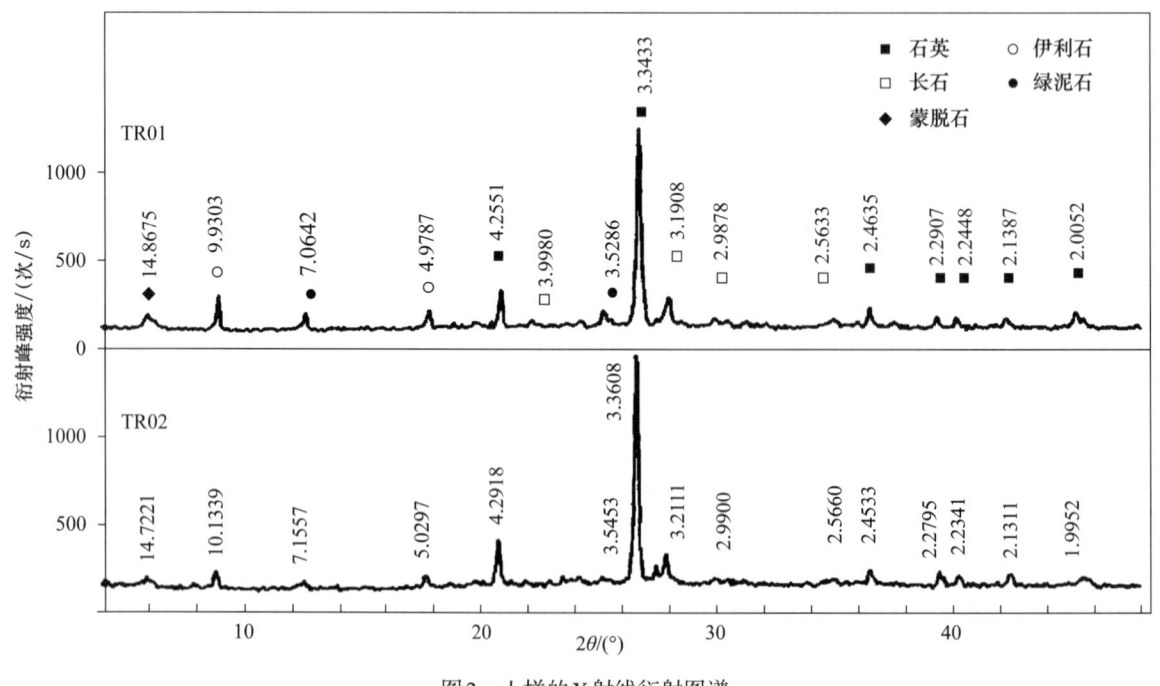

图2　土样的X射线衍射图谱

表2 土壤样品与古象牙样品的pH值和Eh值及土壤样品的腐殖酸含量

名称	土壤样品TR01	土壤样品TR02	古象牙样品JS02-01	古象牙样品JS02-02
pH值	6.60	6.45	6.52	6.40
Eh/mV	−11	−16	−13	−18
腐殖酸w/%	0.26	0.34		

3 讨论

3.1 古象牙的土壤赋存环境及其形成原因

在地下埋藏环境中，对古象牙保存影响最大的因素有土壤的pH值、Eh值以及化学组分的浸蚀作用。以上分析结果表明，成都金沙古象牙处于弱酸性和还原状态的土壤环境中。这种环境的形成与土壤物质组成有着直接或间接的关系。

由图2可知，土样的主要物相是黏土及硅酸盐矿物，这些矿物的晶体化学式分别是：伊利石（$KAl_2[(OH)_2](Si, Al)_4O_{10}$）、石英（$SiO_2$）、绿泥石（$(Mg, Fe, Al)_6[(OH)_8](Si, Al)_4O_{10}$）、长石（$(Ca, K)[Al_xSi_{4-x}O_8]$）（$x=1, 2$）和蒙脱石（$Na_{0.7}(Al, Mg)_4[(OH)_4(Si, Al)_8O_{20}]nH_2O$）。土壤中矿物的晶体化学特点决定了金沙土壤是以富含Si和Al元素为特征。

土壤的pH值和Eh值通常是由土壤的化学成分[4]及有机质[5-6]等组分所决定的。由于土样中上述的黏土及硅酸盐矿物都比较稳定，其中的Si，Al，Fe，K，Mg，Ca和Na等化学元素被有效地固定下来。根据成因矿物学理论，伊利石-绿泥石-蒙脱石等矿物组合一般反映偏碱性的成矿环境。因此，在一般情况下，该土壤也应当呈偏碱性反应。但是，在富含有机腐殖质的情况下，也可能呈酸性或弱酸性[5-6]；因为腐殖质是无定型的、暗色的、亲水和酸性的不完全芳香族化学复合有机物质，它们的分子量在几百到几千不等。根据它们在碱和酸中的溶解度，腐殖质可分为三个主要部分：胡敏酸、富啡酸和胡敏素。腐殖酸是腐殖质的主要成分。腐殖质的酸度主要是由于芳香族和脂肪族中的CO_2H功能团，以及酚的OH功能团所产生的氢离子（H^+）造成的。[7]如表2所示，由于土壤样品中含有0.3%左右的腐殖酸，所以使土壤呈弱酸性反应，并使Eh值呈中度还原状态。需要说明的是，由于TR01含有的伊利石、绿泥石和蒙脱石比TR02要高，且它的腐殖酸比TR02要少，所以，其pH值和Eh值比TR02的略高。

3.2 土壤赋存环境对古象牙的影响

磷酸钙化学式$Ca_3(PO_4)_2$，矿物名称为磷钙矿[8]，它分无机质源磷钙矿和有机质源磷钙矿两种。无机质源磷钙矿叫磷灰石，化学式$Ca_5(FCl)(PO_4)_3$。[9]生物磷灰石一般属羟磷灰石$Ca_{10}(PO_4)_6(OH)_2$，组分复杂，主元素含量变化大，常含Na，Mg，F，CO_3^{2-}和HPO_4^{2-}等杂质，特别是CO_3^{2-}为生物磷灰石不可缺少的组分。[10]

X射线衍射分析和红外吸收光谱分析结果表明，成都金沙出土古象牙中的有机质成分已基本消失，其主要物相是结晶度较差的碳羟磷灰石。[11]磷钙矿呈弱酸性[7]，微溶于水，可溶于HCl和HNO_3，不溶于无水乙醇。[12]表2的分析结果表明，土样和古象牙的pH值平均分别为6.5和6.46，呈弱酸性特征，并且二者pH值基本相同，这对古象牙的保存显然是有利的。

按刘志光提出的氧化还原电位（Eh）状况区分标准[13-14]：氧化状态（>200 mV），中度还原状态（200～-100 mV），强还原状态（<-100 mV）。据此划分，由表2可知，土样和古象牙的Eh值分别为-13.5 mV和-15.5 mV，二者均处于中度还原状态。由于二者Eh值非常接近，土壤样品中元素的氧化还原状态并不会影响古象牙中元素的氧化还原状态。因此，古象牙赋存土壤的Eh值对埋藏的古象牙保存同样是有利的。

黏土矿物，尤其是以蒙脱石为主要矿物成分的膨润土具有优良的防渗透性能，因此常被用作防渗透材料[15-17]，甚至用作核反应工程的防渗透材料。金沙土样最关键和重要的作用是，由于土壤中蒙脱石、伊利石、绿泥石等黏土矿物含量达43%～60%，尤其是富含蒙脱石（5%～9%），能够营造一种相对封闭的保护环境，有利于阻止古象牙与外部环境的物质交换及其对古象牙侵蚀作用。因此，尽管古象牙埋藏地点位于古河道附近，但是蒙脱石等黏土矿物的封闭作用使古象牙能够在一种相对平衡的条件下得以长期保存。

3.3 古象牙的临时保存环境

实验结果表明，成都金沙出土古象牙临时性保护的关键是保证古象牙高的含水量。根据以上研究结果，在对古象牙临时性保护过程中，应向古象牙中添加适当的呈中性且没有氧化还原性的蒸馏水，以保证古象牙含有充足的水分。同时，研究还发现，成都金沙出土古象牙如不进行防菌防霉处理，很快会受到微生物侵蚀。因此，在临时保护古象牙的过程中，若在地表时间较短，可向古象牙中添加适当的蒸馏水进行保护；若在地表时间较长，可采用富含蒙脱石的湿润黏土矿物进行封存，并且都应当进行必要的防菌防霉处理。另外，对于已经暴露在地表或离地表较近的未出土古象牙，也就当根据以上认识进行必要的保护，防止外部环境的物质交换及其对古象牙侵蚀作用。

结论

古象牙赋存土壤样品主要由黏土及硅酸盐矿物组成，其含量为石英28%～43%、伊利石27%～33%、绿泥石11%～18%、长石12%～14%和蒙脱石5%～9%。该土壤的pH值和Eh值的平均值分别为6.5 mV和-13.5 mV，是一种弱酸性和还原状态环境，其主要原因与土壤样品中含有0.3%左右的腐殖酸有着密切的关系。由于成都金沙古象牙pH值和Eh值平均分别为6.46 mV和-15.5 mV，与土壤pH值和Eh值非常接近；由于土壤中的蒙脱石等黏土矿物所营造的相对封闭环境，能够阻止古象牙与外部环境的物质交换及其对古象牙侵蚀作用，因此这种土壤环境非常有利于古象牙的地下长期保存。

参 考 文 献

[1] 黄剑华. 金沙遗址——古蜀文化考古新发现. 成都：四川人民出版社，2003.

- [2] 肖嶙，白玉龙，孙杰．金沙遗址出土古象牙的现场清理加固保护．文物保护与考古科学，2004，16（3）：24-28．
- [3] 中国科学院贵阳地球化学研究所《矿物X射线粉晶鉴定手册》编著组．矿物X射线粉晶鉴定手册．北京：科学出版社，1978．
- [4] 于天仁，王振权．土壤分析化学．北京：科学出版社，1988．
- [5] 耿玉清，孙向阳．北京卧佛寺地区土壤系统分类的研究．北京林业大学学报，1998，20（4）：30-36．
- [6] 刘立城，排祖拉，徐华君．伊犁谷地野核桃下土壤的形成特点及其系统分类．新疆大学学报（自然科学版），1998（5）：60-65．
- [7] 李庆逵．土壤分析法．北京：科学出版社，1958．
- [8] DEAN J A. Lang's Handbook of Chemistry. McGraw-Hill, 1999.
- [9] 傅师汉．非金属矿产品应用指南．北京：中国建筑工业出版社，1986．
- [10] 戴永定，刘铁兵，沈继英．生物成矿作用与生物矿物作用．古生物学报，1994，33（5）：575-582．
- [11] 樊华，汪灵，邓苗，等．三星堆及金沙出土古象牙物相及其结晶特征．硅酸盐学报，2006，34（6）：744-748．
- [12] 中国科学院南京土壤研究所．中国土壤．北京：科学出版社，1978．
- [13] 于天仁．水稻土的物理化学．北京：科学出版社，1983．
- [14] 孙慧珍，朱荫湄，许晓峰．土壤pH和Eh对金属材料腐蚀的影响．土壤学报，1997，34（1）：107-113．
- [15] 白庆中，刘阳生，李强，等．新型人工合成膨润土防渗卷材的研制及其渗透性能．环境科学，2000，21（6）：56-60．
- [16] 陈延君，王红旗，赵勇胜．改性膨润土作为防渗层材料的性能研究及影响因素分析．环境科学研究，2006，19（2）：90-94．
- [17] 陈延君，王红旗，赵勇胜，等．用改性膨润土作垃圾填埋场底部衬里的试验．中国环境科学，2005，25（4）：437-440．

三星堆及金沙出土古象牙的物相及其结晶特征[*]

樊华　汪灵　邓苗　叶巧明　旦辉　孙杰　宋艳　杨颖东

摘要　为了查明埋藏3000～5000年的三星堆和金沙出土古象牙珍贵文物的损害机理，为实施有效保护提供科学依据，采用X射线衍射对比分析了古象牙物相和结晶特征及其与新鲜亚洲象牙的差别。结果表明：金沙和三星堆古象牙和新鲜象牙的主要物相是结晶度较差的碳羟磷灰石。由于古象牙的衍射峰比新鲜象牙的分裂更为明显、尖锐，且（002）衍射峰半高宽值比新鲜象牙的小，说明虽经几千年地下埋藏，古象牙中碳羟磷灰石晶体结构不仅没有破坏，而且结晶度还有所提高。古象牙与新鲜象牙的最大区别在于，在象牙材料中主要起黏结相作用的有机成分已受到侵蚀和破坏，这可能是古象牙出土脱水后容易粉化破坏的主要原因之一。

关键词　象牙　古象牙　碳羟磷灰石　羟基磷灰石　X射线衍射　金沙　三星堆

引言

象牙是一种以生物磷灰石为主要物相的特殊材料。Edwards等[1]采用Raman光谱研究分析了象牙和仿象牙的区别。Raubenheimer等[2-3]采用扫描电镜（scanning electron microscope，SEM）研究了象牙结构多样性的组织发生过程，并采用原子吸收光谱等分析了象牙的组成。Su等[4]采用扫描电镜较系统地研究了象牙三维方向的结构及其纤维与无机矿物间的结合。Michel等[5]采用红外（infrared，IR）吸收光谱和X射线衍射（X-ray diffraction，XRD）分析研究了马鹿的牙釉质在变为化石的过程中化学成分和结构变化的特征，并对釉质中无机相红外吸收峰的归属进行了研究。Rey等[6]采用IR研究了鼠骨中无机矿物的OH吸收峰特征。但是，目前还未见采用XRD研究象牙的报道。

四川广汉三星堆和成都金沙遗址是我国重大考古成就之一，也是"长江文明"之说的标志性发现，并以首次出土数量众多的埋藏3000～5000年的十分珍贵的古象牙文物而备受世人关注。目前，古象牙所面临的严峻问题是：当古象牙出土暴露在空气中，就会很快开裂以致崩解、粉化。如何对这些珍贵的古象牙文物进行长期有效的保护，意义重大。为此，采用多种测试分析技术方法对古象牙结构和组分等进行了较系统的研究。采用XRD研究三星堆和金沙古象牙的物相及结晶特征，并对比分析了与新

---

[*] 原文发表于《硅酸盐学报》，2006年第6期。
国家"十五"科技攻关计划重点项目（2004BA810B02）、国家自然科学基金资助项目（40572030、40472028）资助。

鲜亚洲象牙的差别，为查明古象牙损害机理、实施有效保护提供了科学依据。

1 实验

图1是金沙部分古象牙出土时的外观照片，埋藏时间达3000年左右，样品No.1是在2004年出土的，文物编号为2004CQJT区T7202·7208，实验编号为JS01，其表层和内层样品编号分别为JS01-01和JS01-02。样品No.2是在2001年出土的，文物编号为2001CQJIT8103⑧a，实验编号JS02。三星堆古象牙是1986年出土自1号坑，埋藏时间为3000~5000年，实验编号SX01。用于对比分析研究的新鲜亚洲象牙样品（内层）的实验编号为AS02-02。

用日本理学DMX-ⅢC型X射线粉晶衍射仪进行XRD检测。象牙样品为在玛瑙乳钵中研磨至2 μm左右的粉末，测试条件为：Fe K_a，Ni滤光，35 kV，20 mA，2°/min，$2\theta = 3° \sim 80°$。

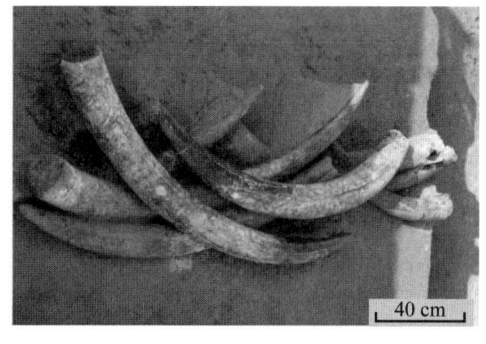

图1 成都金沙遗址部分已埋藏约3000年的古象牙出土时的外观

2 结果与讨论

2.1 古象牙的物相特征

表1、图2分别是古象牙、新鲜象牙及标准羟基磷灰石（standard hydroxyapatite）的XRD数据和图谱。从表1、图2看出：古象牙和新鲜象牙等5个样品的主要衍射峰基本相似。现以三星堆古象牙为例，说明古象牙主要衍射峰的归属与特征。三星堆古象牙（SX01）的主要衍射峰有：0.5183、0.3441、0.3174、0.3087、0.2812、0.2780、0.2720、0.2629、0.2258、0.1941、0.1839和0.1714 nm，它们与羟基磷灰石$Ca_5(PO_4)_3(OH)$的标准谱线（PDF 9-432）基本一致，其中的0.3441、0.2780和0.1941 nm等衍射峰同时还与$Ca_5(PO_4, CO_3)_3(OH)$标准谱线（PDF 19-272）基本一致。动物骨头、牙质和牙釉质等中的生物磷灰石通常都是含碳的羟基磷灰石[4-7]，根据XRD谱的特征，说明古象牙和新鲜象牙的主要物相是多晶相的碳羟磷灰石。上述事实说明：虽经几千年地下埋藏，由于其环境的特殊性，古象牙中无机相碳羟磷灰石并没有受到损失。

尽管古象牙的主要衍射峰特征基本相同，但实验样品衍射峰的数量、面间距d值、强度和形状等也存在一定差别，说明它们在物相特征总体基本相同的同时，在内部结构组分上可能也存在微小差别。在2θ为35°~45°区域中，三星堆古象牙最强的几个峰的d值偏大，而金沙古象牙在该区域中最强衍射峰的d值偏小。其原因是：由于埋藏环境的不同，古象牙与外界物质交互作用也会存在一定差异，使古象牙中的碳羟磷灰石在结构和化学成分有一定的差异。

需要特别指出的是，新鲜象牙物相（AS02-02）的最大特征在于：除了出现碳羟磷灰石的衍射峰外，在$2\theta = 20° \sim 35°$的范围内，出现了1个较宽缓的馒头峰，其峰顶在0.4452 nm附近。有资料表明：象牙中富含有机质，其成分主要是蛋白质[1]或胶原蛋白纤维[4]。从实验样品的有机质分析结果（表2）

看出，新鲜象牙中的有机质（氨基酸）总量达35.2%，而在古象牙中已几乎不复存在。结合Edwards等[1]的数据分析，说明新鲜象牙0.4452 nm附近的馒头峰是由有机质引起。相反，古象牙在相同范围内的衍射峰基线比较平整，说明其中的有机质组分已基本消失。如果说无机相碳羟磷灰石在象牙这一特殊材料的结构中起骨架作用的话，那么有机质就起关键的黏结作用。由于古象牙中碳羟磷灰石并没有受到破坏，由此可以推测古象牙中有机质的侵蚀和破坏可能是造成古象牙出土脱水后容易粉化的主要原因之一。

2.2 古象牙中碳羟磷灰石的结晶特点

从图2还可以看出：与标准谱线羟基磷灰石（hydroxyapatite，HAP）相比，古象牙和鲜象牙的衍射图谱的一个明显特征是背景较深，同时衍射峰数量较少，甚至在$2\theta<30°$和$2\theta>70°$的区域内几乎没有出现衍射峰，而且所出现的衍射峰都比较宽缓，说明古象牙与鲜象牙中碳羟磷灰石的结晶度都较差。

表1 各象牙样品的XRD数据

标准HAP			JS01-01		JS01-02		JS02		SX01		AS02-02	
d/nm	I/I_1	hkl	d/nm	I/I_1	d/nm	I/I_1	d/nm	I/I_1	d/nm	I/I_1	d/nm	I/I_1
0.817	11	100										
0.526	5	101							0.5183	19.0	0.4452	21.7
0.388	9	111										
0.344	40	002	0.3451	58.4	0.3402	87.9	0.3435	80.7	0.3441	70.9	0.3452	78.0
0.317	11	102	0.3185	8.0	0.3137	17.2	0.3123	8.8	0.3174	30.4		
0.308	17	210	0.3078	12.4	0.3049	13.8	0.3074	10.5	0.3087	11.4	0.3050	21.7
0.2814	100	211	2.807	100.0	0.2826	55.2	0.2813	100	0.2812	100.0	0.2817	82.6
0.2778	60	112	0.2784	55.8	0.2778	100.0	0.2792	80.7	0.2780	43.0	0.2782	100.0
0.2720	60	300	0.2717	25.7	0.2717	13.8			0.2720	44.3		
0.2631	25	202	0.2631	25.7	0.2622	12.1	0.2621	29.8	0.2629	10.1	0.2594	21.7
0.2262	20	310	0.2259	15.0	0.2244	19.0	0.2258	15.8	0.2258	11.4	0.2278	17.4
0.2148	9	311										
0.2065	7	113										
0.1943	30	222	0.1941	20.4	0.1932	20.7	0.1943	24.6	0.1941	19.0	0.1955	26.1
0.1890	15	312										
0.1841	40	213	0.1842	30.1	0.1833	25.9	0.1835	24.6	0.1839	20.3	0.1834	26.1
0.1806	20	410										
0.1754	15	402										
0.1722	20	004	0.1726	19.5	0.1713	24.1	0.1717	24.6	0.1714	25.3	0.1716	26.1

注：JS02，JS01-01，JS01-02，金沙遗址出土古象牙；SX01，三星堆遗址出土古象牙；AS02-02，新鲜象牙；I/I_1，相对强度；d，晶面间距。

表2 各水解象牙样品的氨基酸组分质量分数　　　　　　　　　　单位：%

样品	AS02-02	JS02-02	SX01
天冬氨酸	2.14		
羟脯氨酸	3.33	0.23	0.26
苏氨酸	0.78		
丝氨酸	1.23		
谷氨酸	3.69		
脯氨酸	4.60		
甘氨酸	7.73		0.02
丙氨酸	3.40		0.03
缬氨酸	0.91		
蛋氨酸	0.07	0.10	0.12
异亮氨酸	0.47		0.07
亮氨酸	1.24	0.07	0.07
苯丙氨酸	0.79	0.07	0.08
羟赖氨酸	0.22	0.09	0.12
赖氨酸	1.46	0.06	0.09
组氨酸	0.26		
精氨酸	2.88		
合计	35.2	0.62	0.86

注：日立835-50氨基酸分析仪。

同时，通过对比古象牙与新鲜象牙的XRD谱（图2），可以看到一个十分有趣的现象，就是尽管这些象牙的结晶度都并不高，但不仅新鲜象牙与古象牙之间，三星堆古象牙与金沙古象牙之间，而且古象牙表层与内层之间在碳羟磷灰石的结晶度上还存在一定的差别：①与古象牙相比，鲜象牙的衍射峰数量最多。例如，古象牙在0.344 nm（002）衍射峰最强、最尖锐，而新鲜象牙的峰值相对较弱；古象牙在2θ为30°~45°区域的衍射峰（如0.318 nm、0.310 nm）分裂比较明显且尖锐，而新鲜象牙的衍射线则比较模糊不清。②与金沙古象牙相比，三星堆古象牙（SX01）的衍射峰相对较尖锐、分裂也较明显。例如，与三星堆古象在2θ为30°~45°区域的衍射峰（如0.318 nm、0.310 nm）分裂状况相比，金沙古象牙（JS02，JS01-02）在该区域的衍射线分裂却不明显。③金沙古象牙表层的衍射峰比内层的更强、更尖锐。例如，金沙古象牙表层（JS01-01）在2θ为38°~45°区域内的3个衍射峰分裂明显且峰尖锐，而内层（JS01-02）3个衍射峰分裂则不十分明显。由此可见，实验象牙中碳羟磷灰石结晶特点是，新鲜象牙、金沙古象牙和三星堆古象牙在结晶度上有增大的趋势，同时金沙古象牙表层比内层样品的结晶度要好。

Sillen等[8]的研究结果表明：可根据0.344 nm（002）衍射峰的半高宽值表征羟磷灰石及氟磷灰石的结晶度，即0.344 nm（002）衍射峰的半高宽越小，则其结晶度相对较高。图3是古象牙与新鲜象牙的0.344 nm（002）衍射峰经计算机处理后的特征。表3是根据图3计算的0.344 nm（002）衍射峰的半高宽。从表3看出：金沙古象牙表层样品的0.344 nm（002）衍射峰的半高宽最小（0.415），新鲜象牙最大（0.503），古象牙内层样品则介于两者之间，所反映的结晶度特征与以上结果基本一致。

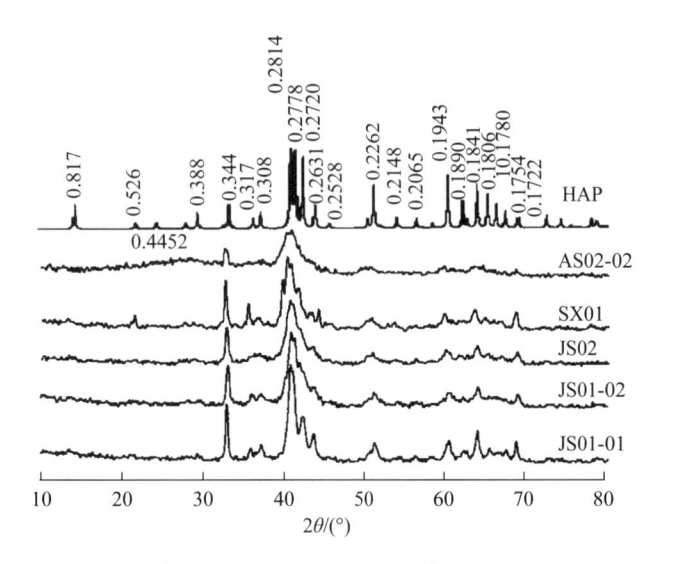

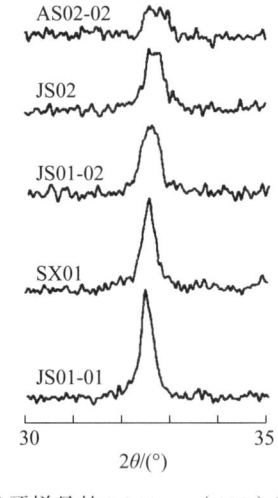

图2　各象牙样品及HAP的XRD谱　　　图3　各象牙样品的0.344 nm（002）特征衍射峰

表3　各象牙样品的晶体参数和（002）峰的半高宽

Sample	a_0/nm	c_0/nm	V/nm³	（002）峰的半高宽
JS01-01	0.9415	0.6902	529.83	0.415
JS01-02	0.9468	0.6804	528.20	0.419
JS02	0.9420	0.6870	527.93	0.478
SX01	0.9429	0.6884	530.02	0.432
AS02-02	0.9480	0.6907	537.56	0.503
HAP	0.9418	0.6884	528.78	

注：HAP的a_0、c_0值源于粉末衍射卡片（powder diffraction file，PDF）9-432.9。

以上情况说明，古象牙中碳羟磷灰石晶体结构不仅没有破坏，而且结晶度还有所提高，其原因也许与几千年的地下埋藏和地质作用有关。

2.3　古象牙中碳羟磷灰石的晶胞参数

羟基磷灰石属六方晶系，空间群C_{6h}^2-$R6_3/m$，可根据晶体点阵常数公式计算其晶胞参数a_0和c_0，且单位晶胞体积可根据$V=0.8666\ a^2c$计算[9]。表3是根据XRD测试数据（表1）计算的古象牙和新鲜象牙中碳羟磷灰石的晶胞参数。从表3可以得出：古象牙内层样品的a_0、c_0平均值分别为0.9439 nm、0.6853 nm；金沙古象牙表层样品a_0、c_0分别为0.9415 nm、0.6902 nm。与HAP的晶胞参数相比，只有古象牙表层（JS01-01）的a_0略小于HAP值，其他4个象牙样品均大于HAP值，其中又以新鲜象牙的a_0参数最大；受此影响，单位晶胞体积V值与a_0特征比较一致。

Michel等[5,9]的研究结果表明：象牙中碳羟磷灰石的晶胞参数a_0和c_0可以反映象牙内部结构成分，a_0值高的象牙含有较高的结构水。由于古象牙a_0一般小于新鲜象牙的，说明几千年地下埋藏可能使古象牙中的一部分结构水消失。但是，根据以上分析结果，这部分结构水消失似乎并没有破坏古象牙中碳羟磷灰石的晶体结构。因此，这部分结构水可能更多地具有结晶水或沸石水的性质。

结论

（1）古象牙与鲜象牙的主要物相是多晶相的碳羟磷灰石，而且与标准羟基磷灰石相比，古象牙和鲜象牙中碳羟磷灰石的结晶度都较差；与外层样品相比，内层样品中碳羟磷灰石的结晶度较差。

（2）由于古象牙的衍射峰比新鲜象牙的分裂更为明显、峰变尖锐，加之（002）衍射峰半高宽值比新鲜象牙更小，说明虽经几千年地下埋藏，古象牙中碳羟磷灰石晶体结构不仅没有破坏，而且结晶度还有所提高。

（3）古象牙与新鲜象牙的最大区别是，在象牙材料结构中起黏结作用的有机成分已受到侵蚀和破坏，这可能是古象牙出土脱水后容易粉化的主要原因之一。

致谢

实验所用古象牙样品由成都文物考古研究所和四川省文物考古研究所提供，诚以致谢。

参 考 文 献

[1] Edwards H G M, Farwell D W. Ivory and simulated ivory arti-facts: Fourier transform Raman diagnosic study. Spectrochim Acta Part A, 1995, 51: 2073-2081.

[2] Raubenheimer E J, Bosman M C, Voster R, et al. Histo-genesis of the chequered pattem of the African elephant (Loxodonta Africana). Arch Oral Biology, 1998, 43: 969-977.

[3] Raubenheimer E J, Brown J M M, Rama D B K, et al. Geo-graphic variations in the composition of ivory of the african elephant (Loxo-donta Africana). Arch Oral Biology, 1998, 43: 641-647.

[4] Su X W, Cui F Z. Hierarchical structure of ivory: from nanometer to centimeter. Mater Scie Eng C, 1999, 7: 19-29.

[5] Michel V, Ildefonse P, Morin G. Chemical and structural changes in Cervus elaphus tooth enamels during fossilization (Lazaret Cave): a combined IR and XRD Rietveld analysis. Appl Chem, 1995, 10: 145-149.

[6] Rey C, Miquel J L, Facchini L L, et al. Hydroxyl groups in bone mineral. Bone, 1995, 16(5): 583-586.

[7] Pasteris J D, Wopenka B, Freeman J J, et al. Lack of OH in nanocrystalline apatite as a function of degree of atomic order: implications for bone and biomaterials. Biomaterials, 2004, 25: 229-238.

[8] Sillen A, Sealy J C. Diagenesis of strontium in fossil bone: a reconsideration of Nelson et al. J Archaeological Sci, 1995, 22: 313-320.

[9] Michel V, Ildefonse P, Morin G. Assessment of archaeological bone and dentine preservation from Lazaret Cave (Middle Pleistocene) in France. Palaeogeography, Palaeoclimatology, Palaeoecology, 1996. 126: 109-119.

金属配合物溶胶对金沙遗址出土潮湿古象牙加固的研究

陈家昌　柴东朗　周敬恩　黄　霞　贺晓东　白玉龙

摘　要　以自行制备的含钙金属配合物溶胶（CCG）为加固剂，对金沙遗址出土的潮湿古象牙进行加固试验，采用FT-IR、XRD、DSG-TGA、ESEM-EDAX对加固前后古象牙的结构和性能进行表征。结果表明，潮湿古象牙经CCG加固后弯曲强度提高了56.36%，失水干燥过程中的崩解现象消失，使潮湿象牙自然干燥后能够保持出土时的原有形貌，含钙配合物溶胶是一种性能优良的潮湿糟朽古象牙加固材料。

关键词　配合物　金沙遗址　出土　潮湿古象牙　加固

引言

古象牙及象牙器文物在中国古代社会具有十分重要的地位和作用，尤其是金沙遗址大量、成批珍贵古象牙及象牙器文物的发现，不仅为中华文明探源提供新线索，而且为巴蜀乃至中国古地理、古气候、古生物、古环境以及矿物学、材料学、地质学、地球化学等研究提供极其重要的科学信息。[1]

由于埋藏环境中地下水及微生物等各种不利因素对象牙有机组分的降解侵蚀，使发掘出土的古象牙和新鲜象牙相比不仅含水率高、力学性能差，而且随着水分的挥发，古象牙表面很快开裂、剥离，最终崩解成粉末，使文物的价值不复存在。

迄今为止，国内外已进行的相关古象牙的保护研究多集中在象牙的组分、结构分析、表面封护及临时加固方面[2-10]，采用化学材料对出土潮湿古象牙进行渗透加固保护的研究报道不多。本实验采用自行制备的含钙配合物溶胶（CCG）对金沙遗址出土的潮湿古象牙进行加固试验，结果表明，含钙配合物溶胶（CCG）对糟朽潮湿象牙具有明显的加固补强作用，是一种优良的出土潮湿糟朽古象牙加固材料。

1　实验

1.1　加固材料的制备及加固方法

自行制备的含钙金属配合物溶胶（CCG）为透明溶液，溶液中含有的离子成分主要有钙离子、氢

---

* 原文发表于《材料导报》，2010年第10期（10月下半月）。
河南省重点科技攻关项目（072102360010）资助。

氧根离子以及易于聚合的羧酸根离子等。古象牙试样来自于金沙遗址，外观结构疏松，含水率为53%。取一定量的CCG配置成质量分数为7%的加固剂，将象牙试样完全浸泡在加固剂中，当象牙试样质量恒定时，加固过程完毕，取出象牙试样置于室内通风处自然干燥。

1.2 性能测试

采用电子万能材料试验机测定加固前后象牙试样的弯曲强度。采用同一部位的象牙，磨制成截面规格为2 mm×3 mm、长度为16 mm的试验块。加固程序同上。采用X射线衍射仪表征加固前后象牙试样的物像。X射线衍射实验条件为：辐射源Cu/Ka，波长15.4 nm，管压40 kV，管流100 mA，扫描速度5（°）/min，扫描范围为5°~7°。采用傅里叶变换红外光谱仪测定加固前后象牙试样的基团变化，以KBr压片法进行测试。采用环境扫描电镜及能谱分析表征加固前后象牙试样的微观结构及组分。采用DSC-TGA分析系统对象牙试样进行热差分析，升温速率为10℃/min，在氮气气氛下测定试样的DSC-TGA曲线。

2 结果与讨论

2.1 力学性能分析

表1为加固前后古象牙试样的力学性能结果。从表1中可以看出，加固前古象牙的平均弯曲强度为25.67 N，经加固后弯曲强度提高到40.14 N，与加固前相比强度提高了56.36%；同时弯曲位移由加固前的1.73 mm提高到加固后的1.95 mm。上述测试结果表明，古象牙经CCG加固处理后力学强度得到提高，同时韧性也有所提高。

表1 加固前后古象牙的力学性能

	弯曲强度/N		弯曲位移/mm	
	未加固	加固后	未加固	加固后
试样1	25.07	38.63	1.73	1.95
试样2	24.62	41.76	1.75	1.98
试样3	27.31	40.03	1.71	1.93
平均	25.67	40.14	1.73	1.95

2.2 X射线衍射分析

图1为加固前后象牙试样的X射线衍射谱图。由图1可以看出，加固前后谱图峰强有所改变，加固后的古象牙谱图中没有出现新峰，表明古象牙经CCG加固后没有产生新物相。而加固前后古象牙的晶体结构面间距（象牙的结构主要为羟基磷灰石，可视为理想晶体，由无穷平行的晶面组成，面与面间的距离即为面间距）d值则发生了改变。表2为加固前后古象牙的晶体结构面间距。

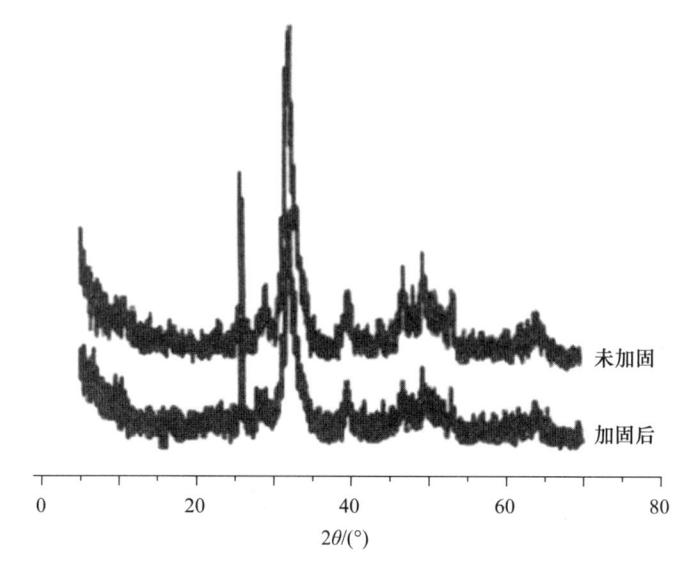

图1　加固前后古象牙的X射线衍射谱图

表2　加固前后古象牙的面间距

	$2\theta=26°$	$2\theta=33°$	$2\theta=49°$
未加固/Å	3.5327	2.8737	1.9863
加固后/Å	3.5106	2.8682	1.9851

表2中d值表明，无论在高角度区还是在低角度区，在入射角2θ相同情况时加固后古象牙的d值相应变小。d值越小，即面间距越小，古象牙矿物颗粒之间的结合越紧密，表明古象牙经CCG加固后结构致密度提高。

2.3　FT-IR分析

图2为古象牙试块加固前后的红外谱图。由图2可以看出，在加固前红外谱图中1100 cm^{-1}附近的肩峰、1454 cm^{-1}、1402 cm^{-1}左右处出现的吸收峰可归属为PO_4^{3-}伸缩振动吸收峰[11]；而在加固后的象牙红外谱图中依然存在上述PO_4^{3-}伸缩振动吸收峰，但在1559.02 cm^{-1}、1278.83 cm^{-1}和837.17 cm^{-1}处均出现了新峰。这些吸收峰可归属于配合物水溶胶中$RCOO^{-1}$的吸收振动峰。

此外，古象牙加固前归属于CO_3^{2-}的吸收峰在加固后消失，表明古象牙经加固后与CCG产生了一定的化学键合作用。

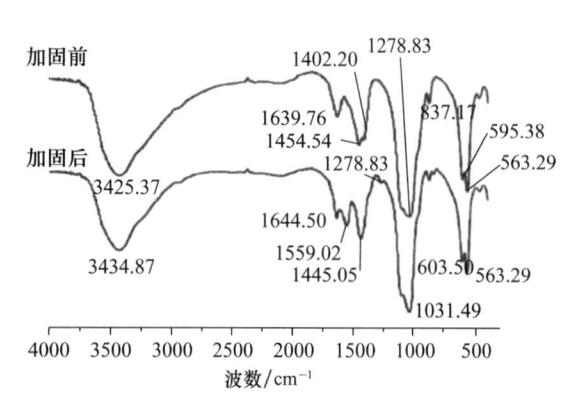

图2　加固前后古象牙的傅里叶红外谱图

2.4　TG-DTA分析

图3（a）为空白潮湿象牙试样的DSC-TGA谱图。TGA谱图中，在50℃开始出现了急剧的失重，对应

于DSC谱图的吸热峰，主要是由水的挥发吸热形成的；从132.59℃开始，缓慢失重，200~750℃没有出现明显的放热峰，热失重趋向平缓。

图3（b）为加固后象牙试样的DSC-TGA谱图。TGA谱图中，在50~250℃，象牙试样表现出较平缓的失重现象，对应的DSC谱图没有出现明显的吸热峰；在271.14℃处有一明显放热峰，对应的TCA谱图中象牙试样表现为缓慢失重，应是由象牙试样和加固剂结合产物的相关基团的热分解引起的，这也说明加固剂与象牙成分发生了物理化学作用，产生了有效结合；300~750℃没有出现明显的放热峰，热失重趋向平缓。比较图3（a）（b）可以看出，象牙试样经加固剂处理后，在50~100℃水分挥发阶段与未加固试样相比失重比较平稳，水分平稳挥发有利于缓解水分急剧挥发时引起的内外张力不均对古象牙的破坏作用。

2.5 环境扫描电镜-能谱分析

图4为加固前后潮湿象牙不同部位的环境扫描电镜照片。其中，（a）（b）为加固前、后潮湿象牙的横断面，（c）（d）为加固前、后潮湿象牙的圆周面。文献[12]的研究表明，象牙结构中存在许多小导管，这些导管在象牙圆周面表现为小的圆形孔洞（如图4（d）所示），在象牙横断面表现为半圆形的孔道结构（如图4（b）所示）。从图4（c）（d）可以看出，未加固的象牙干燥后其圆形孔洞多数已塌陷，古象牙组织几乎闭合成为一体；而加固后的象牙则呈现较均匀的圆孔结构。上述变化在图4（a）（b）中也有相同表现，未加固的象牙（图4（a））干燥后原有的孔道结构大部分已经消失，仅保留有少量不连续的孔道结构不均匀地散布在象牙组织中；而加固后的象牙组织中（图4（b））则保存有大量连续的孔道结构且分布比较均匀。上述结果表明，经CCG加固后象牙组织的整体强度明显提高，从而使加固后的象牙在干燥过程中的抗崩解能力得到提高。

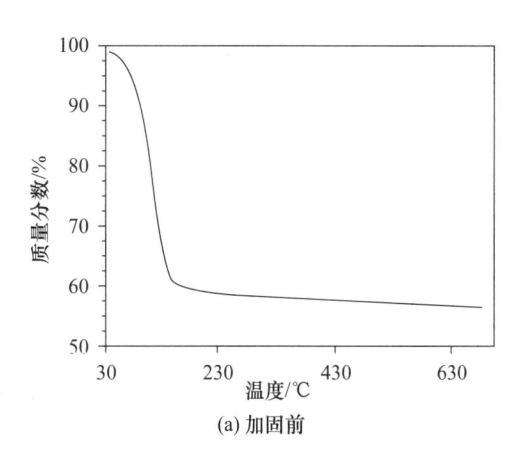

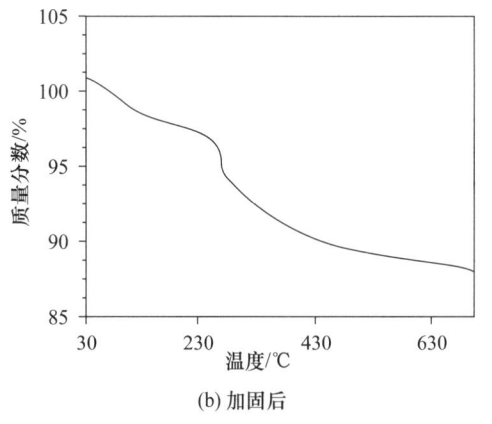

图3 加固前后古象牙的热分析曲线图

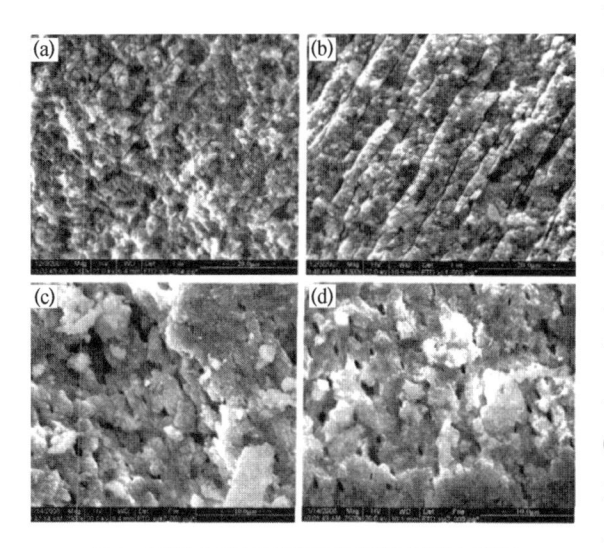

图4 潮湿象牙加固前后的环境扫描电镜图

3 出土潮湿糟朽古象牙的加固保护

以CCG为加固剂，对金沙遗址出土的潮湿糟朽古象牙进行加固试验。图5为潮湿古象牙干燥前后照片。图5（a）左侧试块为未加固，右侧为加固试块；图5（b）为干燥后象牙照片，其中左侧试块为未加固试块，右侧为加固后试块。从图5可以看出，加固后的象牙经干燥后外观形貌与加固前相比变化不大，基本保持潮湿状态时的原有形貌；而未经加固的潮湿古象牙干燥后则发生崩解现象。

结论

以含钙配合物溶胶作为金沙遗址出土潮湿古象牙的加固材料，能明显提高古象牙的整体强度。含钙配合物溶胶通过与古象牙之间的物理化学作用改变了古象牙的微观结构，提高了象牙组织之间的连接强度，进而提高了古象牙的抗崩解性能，使潮湿象牙在失水干燥过程中易发生的崩解现象消失，能较好地保持古象牙出土时的原有形貌。

图5 加固前后的古象牙照片

参 考 文 献

[1] 朱章义, 张擎, 王方. 成都金沙遗址的发现、发掘与意义. 四川文物, 2002 (2): 3.

[2] 肖嶙, 孙杰. 金沙遗址出土象牙、骨角质文物现场临时保护研究. 文物保护与考古科学, 2002, 14 (2): 26.

[3] 肖嶙, 白玉龙, 孙杰. 金沙遗址出土古象牙的现场清理加固保护. 文物保护与考古科学, 2004, 16 (3): 24.

[4] 樊华, 汪灵, 邓苗, 等. 三星堆及金沙出土古象牙的物相及其结晶特征. 硅酸盐学报, 2006, 34 (6): 744.

[5] Lafontaine R H, Wood P A. The stabilization of ivory against relative humidity fluctuations. Studies in Conservation, 1982, 27(3): 109.

[6] Ecker H L. The characterisation of weathering effects and the conservation of a mammoth tusk from Roxton, Bedfordshire. Bull Institute Archaeology, 1989, 26: 183.

[7] Godfrey I M, Lussier S. The conservation of water logged ivory: A preliminary survey. AICCM Bull, 1997, 22: 68.

[8] Edwards H G, Viliar S E J, Hassan N F N, et al. Ancient biodeterioration: An FT-Raman spectroscopic study of mammoth and elephant ivory. Analyt Bioanalyt Chem, 2005, 383(4): 713.

[9] Brody R H, Edwards H G, Pollard A M. Chemometric methods applied to differentiation of Fourier-transform Raman spectra of ivories. Analytica Chimica Acta, 2001, 427(2): 223.

[10] Edwards H G, Brody R H, Hassan N F N, et al. Identification of archaeological ivories using FT-Raman spectroscopy. Analytica Chimica Acta, 2006, 559(1): 64.

[11] Arends J, Christoffersen J, Christoffersen M R, et al. A calcium hydroxyapatite precipitated from an aqueous solution: An international multimethod analysis. Journal of Crystal Growth, 1987, 84(3): 515.

[12] Su X W, Cui F Z. Hierarchical structure of ivory: From nanometer to centimeter. Mater Sci Eng C, 1999, 7(1): 19.

金沙遗址出土卜甲的修复[*]

孙 杰

> **摘 要** 金沙遗址出土的卜甲虽不像象牙一样令世人瞩目,但因其特有的文化特色,同样是考古研究的重要实物资料。出土的卜甲破碎变形十分严重,而且卜甲都十分酥脆,强度很差。由于卜甲出土时已经严重腐朽,质地脆弱,硬度极低,这些都导致修复保护的难度增加。对此运用现代修复理念,结合传统修复技术对这批卜甲进行修复。这次成功的尝试,可为类似的文物的保护修复工作提供经验。
>
> **关键词** 金沙遗址 卜甲 保护 修复

引言

金沙遗址从它揭开千年尘土堆积的第一眼,便成为世人瞩目的焦点,金沙遗址以其特有的器物数量及组合形式,向世人展示了3000年前古蜀王国的美丽与富饶。金沙遗址除出土金器、玉器、象牙、象牙器、石器、鹿角、獠牙等珍贵文物,还出土了卜甲,数量和规模都是以往四川地区考古遗址中少见的。

殷人尚卜,这在中原及北方地区的考古发掘中已经得到充分的验证。自甲骨文被发现迄今,出土的甲骨已有15万件以上。相比之下,金沙遗址出土的卜甲仅是沧海一粟,但它却有着十分特殊的意义。

殷代人用龟甲(多为龟腹甲,少量背甲)、兽骨(主要是牛胛骨)占卜,占卜内容多以王为中心,就其关心的问题,如对祖先与自然神鬼的祭祀与求告,对风、雨、水及天象、农事、年成的关注,通过贞人向上帝、鬼神、先公先王等问卜,以便预示吉凶,祈望得到保佑。占卜后将所卜事项记刻于甲、骨之上,便形成今天所见之卜甲、卜骨。李泽厚先生在《美的历程》中曾谈道:"原始的全民性的巫术礼仪,变为部分统治者所垄断的社会统治的等级法规,原始社会末期的专职巫师变为统治阶级的宗教政治宰辅。"掌握龟筮以进行占卜的僧侣中的"一部分实际成了掌管国事的政权操纵者"。[1]金沙遗址出土卜甲,更进一步证明它在当时作为政治权力中心的可能性。

---

[*] 原文发表于《文物保护与考古科学》,2013年第1期。

1 金沙遗址出土的卜甲

金沙遗址出土卜甲，与成都其他遗址出土卜甲相比，其形制、制作方法、使用方法等都是一致的。尤其是腹甲，金沙遗址出土卜甲中能够修复的腹甲，修复后的形状与成都新一村7层、指挥街6层出土的卜甲几乎相同。[2]在金沙遗址出土的卜甲，钻凿都是规则的圆形，分布很随意，无规则排列，这一点是与中原地区出土卜甲最大的区别。成都市区出土的卜甲见图1。

十二桥12层　　指挥街6层　　新一村7层

指挥街6层　　新一村7层　　抚琴小区

0　　　　4厘米

金沙遗址出土

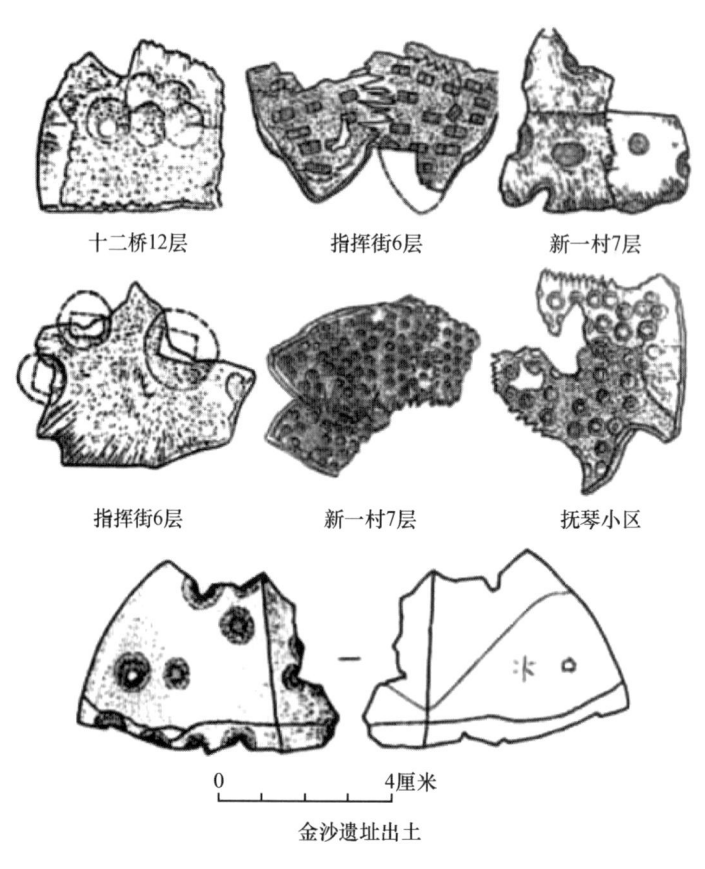

图1　成都市区出土的卜甲[2]

金沙遗址先后发掘出土卜甲21块，其中背甲19块，腹甲3块，在已出土的卜甲中背甲所占的比例略高于腹甲，这与中原及北方地区出土的卜甲的使用情况有所不同。《周礼·太卜》注："卜用龟之腹甲"，《史记·龟策列传》中亦有记载"太卜官因以吉日剔取下骨"。基本上反映了古人用龟甲作占卜的实际情况。

金沙遗址的卜甲制作方法与其他地方的基本相同。在使用前将甲壳从背甲和腹甲两部分的连接处——甲桥部分锯开，使甲桥的平整部分保留在腹甲上，这可从金沙遗址出土腹甲卜甲上看出，然后将带甲桥的腹甲，锯掉甲桥外缘一部分，使之成为边缘比较整齐的弧形。背甲则一般直接从中间脊缝处对剖为两个半甲，有的还要将首尾两端锯掉，使之成为近似于鞋底状，然后，在背面施以钻、凿，占卜时先于卜甲背面钻凿处用火烧灸，正面即现出"卜"字形裂纹，以此定吉凶。然后将所卜之事刻于甲、骨之上。这在殷墟等地出土的绝大部分卜甲、卜骨上都能看到，但金沙遗址出土的卜甲，未刻任何卜辞，这可能与金沙遗址甚至包括三星堆遗址都没有发现任何文字有关。

2 卜甲保存现状

1号卜甲（图2）是金沙遗址出土卜甲中最大的一件，属改制背甲。这件卜甲在出土时已被挤压破碎，修复前长约61 cm，宽约32 cm，经修复后长约60 cm，最宽处约29 cm，整个卜甲形状像一片树叶（图2），是一块完整的右半背甲。其上钻凿甚多，且多集中于缘板一侧，向脊缝处逐渐减少。

2号卜甲（图3）出土时虽因挤压而破碎，但仍保持一定的弧度，修复前长$_{(max)}$ 29 cm，宽$_{(max)}$ 20.3 cm，修复后残长27.4 cm，残宽20.1 cm，是一块不完整的背甲，无法辨认左右。这块卜甲的强度较好，钻凿均为圆形，从缘盾向脊盾数量逐渐减少。存部分缘板、缘盾、肋板、肋盾、脊板。

3号卜甲（图4），背甲，已无法辨认左右，仅余2~3块缘板，少量肋板、肋盾，呈长条形，修复后残长19 cm，残宽11 cm，钻凿较少，与其他保存较好的背甲比较，保留下来的部分应该正好是还未使用的部分。

5号卜甲（图5），腹甲，残长13.6 cm，残宽13 cm，是一块腹甲的前半部分，较完整。钻凿密集，钻凿直径较其他背甲大，颈盾保存完好。

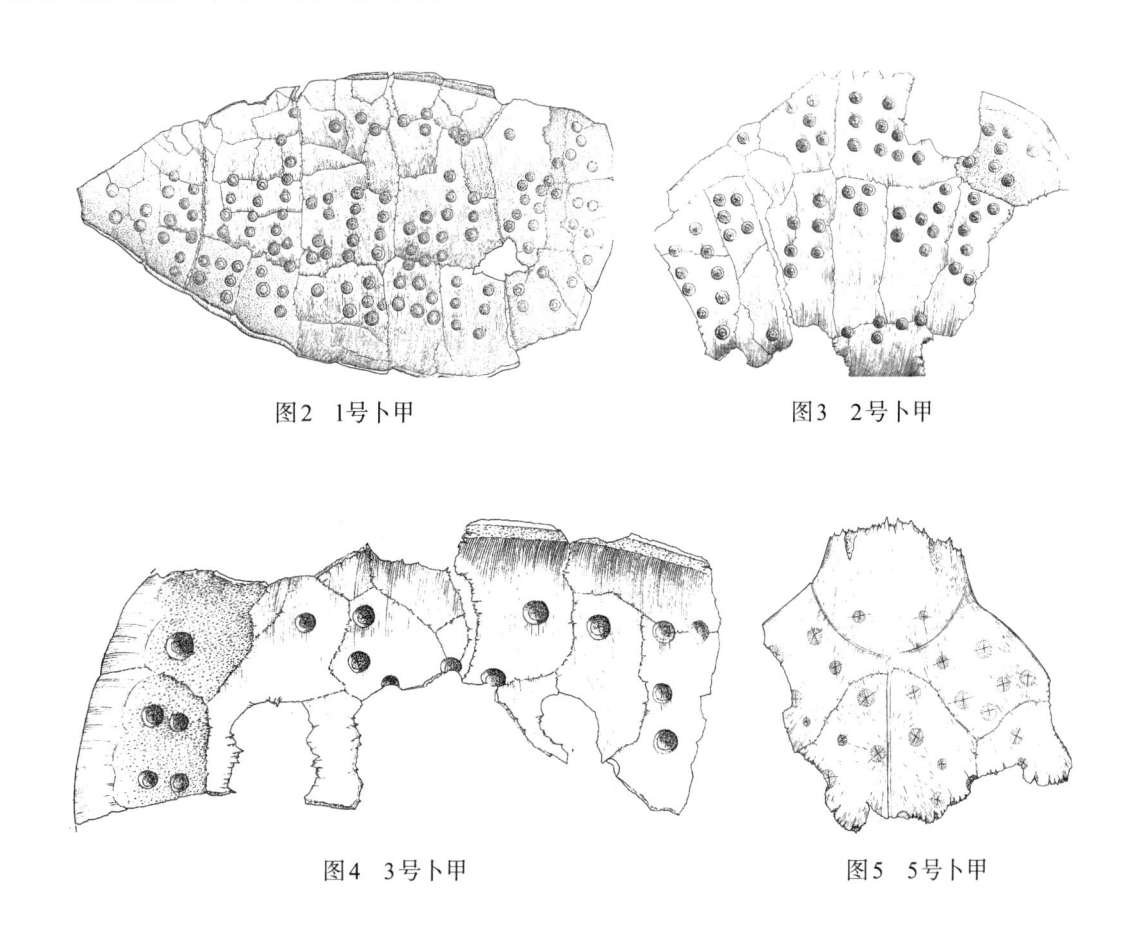

图2 1号卜甲　　　　　　　　　　图3 2号卜甲

图4 3号卜甲　　　　　　　　　　图5 5号卜甲

除上述4件较为完整外，其余卜甲保存状况都很差，无法辨认、修复。

3 保护修复

卜甲的修复保护，不同于其他材质的文物。考古遗址中出土的卜甲，因年代较近，尚未石化，还不能称之为化石，至多只能称之为"半化石"。这种半化石在化石的形成过程中，正处于流失作用已经结束，而填充作用刚刚开始的阶段，其新鲜成分时的各种有机质已经流失，剩下的仅是由无机盐组成的一个完整或不完整的外形。[3]在地下埋藏过程中，卜甲变形、碎裂十分严重，而且质地十分疏松（图6）。

图6 卜甲疏松的表面结构

3.1 建立修复档案

在开始保护修复工作之前，收集记录卜甲的编号、保存状况等基本信息，并用照相绘图的方式记录下来。除了1号、2号、3号、5号4件可以修复的卜甲外，其余的在出土时就已经散乱无序，甚至无法绘图，因此，只是拍照提取资料，仅对上述4件卜甲绘图、照相，完整记录资料（图7），然后，对每一块卜甲形成的碎块中可以明确辨认的进行编号，便于将来进行拼对和黏结。

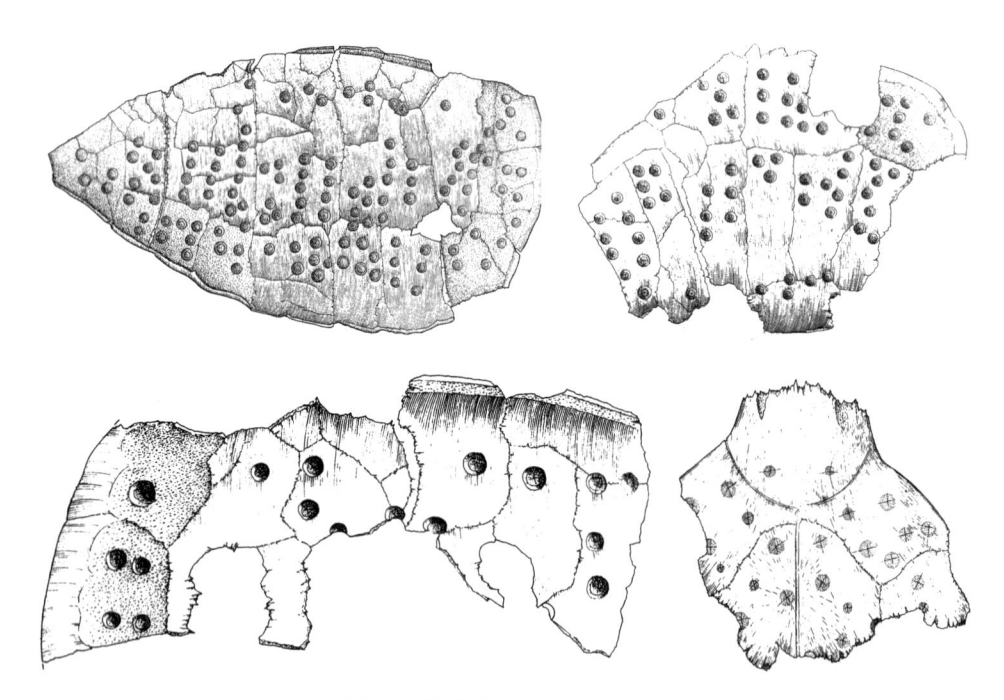

图7 可修复的四件卜甲的线图

3.2 清洗

卜甲沿生长纹理开裂，伴随有压力造成的开裂，腐蚀严重，质地脆弱，手指按压即可形成压痕，压痕不可复原，含水量很高，对这类卜甲的清洗、修复难度较大。

清洗卜甲应十分仔细，注意将所有碎块的碴口清洗干净，便于后期黏接。金沙遗址出土卜甲以湿洗为主，清洗试剂选用较温和的2A（乙醇1∶1水溶液）、丙酮水溶液（1∶1）、3A（乙醇1∶丙酮1∶水1溶液），个别腐蚀极其严重的，在有水的情况下，卜甲会因为水的张力而崩解，这种情况下就直接用丙酮对卜甲进行干洗。清洗干净的卜甲碎块按照相应的位置摆放整齐，105℃恒温烘干，待自然冷却后取出。

大块的卜甲已经与埋藏环境中的包裹土紧紧粘连在一起，清洗时首先用温和的2A在大的容器内浸泡（图8），等到包裹土完全湿润松软后，就可以将多余的液体倒掉，留够足以保持卜甲及包裹土湿润的清洗液，然后将容器盖紧防止水分挥发，在后面的清洗过程中，需要洗多少就取多少卜甲碎块，进行局部的仔细清洗（图9）。

图8　浸泡卜甲 　　　　　　　　图9　局部清洗

3.3　加固

清洗烘干后的卜甲，就可以进行加固处理了。加固剂选用强度适中，且容易操作的Palaloid B-72。

将清洗干净的卜甲，浸泡在的Palaloid B-72的5%丙酮溶液中，然后将容器密封（图10），24 h后取出，自然干燥，然后用丙酮擦去表面渗出的多余的加固剂。因丙酮的挥发性强，操作中应注意做好相应的安全防护措施。

图10　渗透加固

3.4　黏结

经过清洗加固的卜甲，碎块碴口干净，强度增加，就可以进行拼对、黏结了。疏松的质地导致碴口在拼对时，已经出现不同程度的磨损，加之卜甲黏结面极小，难以固定，必须保证黏结快速准确，因此，黏结材料选用502胶，可以快速固化，定型。

黏结工作开始之前，首先根据前面修复资料中对每一碎块的编号，对已经碎裂成无数小块的卜甲进行一一拼对，找到原有的顺序和形状（图11），然后再将相邻的碎块一一黏结在一起（图12），逐渐

图11　拼对前编号（2号卜甲）

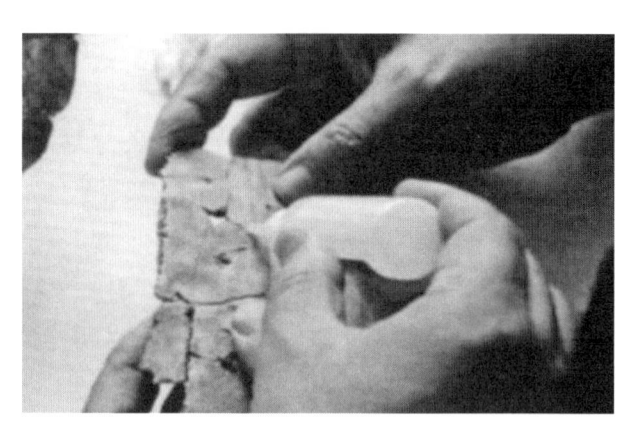

图12　黏结

图13　矫形（2号卜甲）

恢复卜甲原有的形状。黏结过程中，遇到碴口接触面太小无法粘牢时，就用特制的泥子，填在碴口上增加黏结强度。泥子是将虫胶片溶解在酒精中，形成胶状，然后再用石膏和颜料调和成泥状，密封保存备用。

卜甲在地层中长期埋藏，出土时已经严重变形，所以在修复过程中还需要对卜甲进行矫形（图13），这样修复后的卜甲方才会更接近原来的形状。矫形需要借助一些切割工具，在需要矫形的部位的内侧，沿着与要矫正的方形的垂直方向上，切一条小缝，然后轻轻用力，调整卜甲的弧度，直至满意为止，最后要用染成与卜甲相近颜色的填料（一般是石膏）填满缝隙，再用黏结剂粘牢。需要注意的是：第一，切割时不能把卜甲完全切穿；第二，调整弧度时用力不能太大，避免将卜甲掰断。

3.5　补全

已经拼对黏结好的卜甲，大体上已经恢复原有的形状，但缺失的部分会影响修复后的卜甲的观赏性，本着文物修复的"修旧如旧"和"可辨识性"原则，需要对卜甲缺失的部分进行补全。卜甲补全使用的材料主要是石膏。补全后，在补全部位，做出凿眼、裂纹和卜甲本身的自然纹路（图14）。

图14　补全（1号卜甲）

图15　作色（1号卜甲）

3.6　作色

首先用漆片胶涂刷在卜甲的补全部分，然后用广告颜料调配好相近的颜色，先做出卜甲的大体颜色，再在做出的凿眼和裂纹上用极细的毛笔蘸浓淡合适的墨，做出凿眼和裂纹的灼烧痕迹（图15）。卜甲的保护修复工作就完成了（图16）。漆片胶

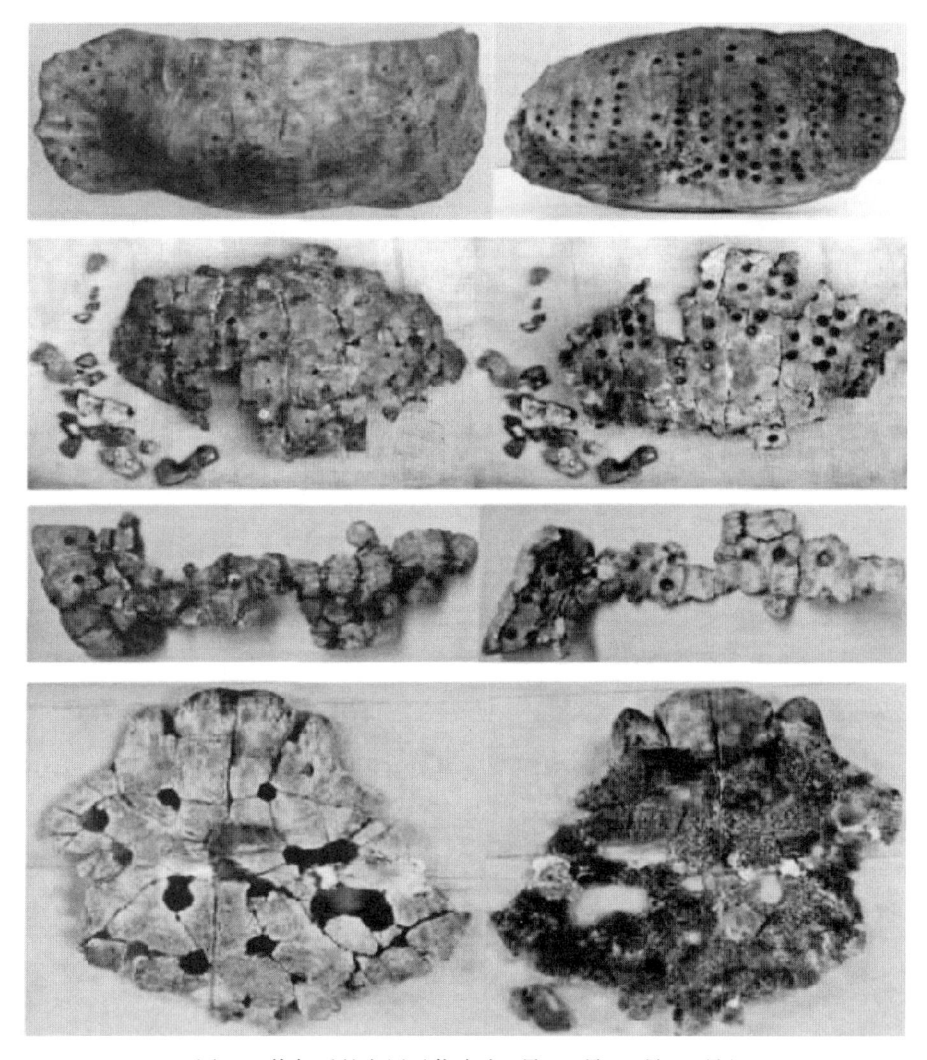

图16　修复后的卜甲（依次为1号、2号、3号、5号）

是将生漆片溶解在酒精中，制作而成。

3.7　后期保存建议

修复后卜甲由于其尺寸较大，而厚度又很薄，所以在保存过程中要特别注意以下事项。

放置时要用海绵、泡沫等柔软材质的包装材料垫在卜甲下方及四周；保存环境应保持合适的温湿度。

4　讨论

为了研究金沙遗址出土卜甲所使用龟甲的种类及尺寸，考古研究者认为有必要对卜甲进行模拟复原，出土卜甲中编号5.26-1（图17）的卜甲，最适合作为复原的原型。

这块卜甲可以辨别出是一块背甲，仅余数块，有臀板1枚、缘板数枚、1～2枚上臀板（有残损）、颈盾1枚（左侧）及少量椎板肋板残块。经过清洗整理发现，这应是一块完整的背板，上面没有发现使用痕迹，虽然破损变形严重，但残留碎块几乎包括一块完整背甲的所有关键部位。通过查阅大量的资料，修复人员尝试设计复原了一个完整的背甲模型（图18）。其中，红色线条标注的部分是卜甲原来残留的碎块，其余均为石膏补全着色后的复原。

图17　拟复原卜甲的出土状况

图18　卜甲模型

模拟复原只是为考古研究提供一定的模拟实物资料，能够帮助研究人员对金沙卜甲用甲的尺寸、大致形状有所了解，同时，修复人员通过模拟复原，更好地掌握了文物修复中的翻模、整形等基本功，对于以后的修复工作大有裨益。

结论

金沙遗址出土的这批卜甲是研究金沙遗址及蜀文化的重要的实物资料，同金沙遗址出土的其他文物一样，这批卜甲也没有文字，这对于考古研究来说是一种遗憾。对这批卜甲的保护修复，在恢复器外形完整性的基础上，并未以传统做法，将缺失部分进行完全补全，修复痕迹亦是做到远看一致、近看有别，是最小干预原则、可辨识性原则等现代修复理念与传统修复技术的结合使用的一次成功尝试，为以后更多的保护修复工作提供了很好的经验。

致谢

金沙遗址出土卜甲的保护修复工作由中国社会科学院考古研究所王振江先生主持，笔者及成都博物院卢引科、曾帆参与了所有工作过程。

参 考 文 献

[1]　王方. 金沙玉器类型及其特点. 中原文物，2004（4）：66-72.

[2]　赵殿增，李明斌. 长江上游的巴蜀文化. 武汉：湖北教育出版社，2004：312-314.

[3]　叶祥奎，刘一曼. 河南安阳殷墟花园庄东地出土的龟甲研究. 考古，2001（8）：85-92.

三

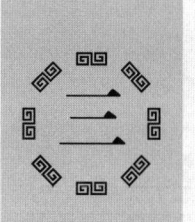

金属文物保护

四川彭州出土窖藏银器的锈蚀物分析和保护方法研究[*]

肖 嶙 白玉龙

摘 要 通过对银器表面锈蚀物的分析和锈蚀模拟实验,确定锈蚀成分主要为AgCl和铜锈,并根据文物的埋藏环境分析其锈蚀机理。对彭州出土银器锈蚀产物性质的分析,为进一步保护处理提供了有价值的信息。次要合金成分腐蚀产物的存在,对母体金属的腐蚀行为也给出了有益的提示。

根据银器锈蚀物的性质,本文针对性地选取一些化学清洗剂,通过试验筛选出最佳的化学清洗除锈配方和操作工艺。鉴于四川地区气候潮湿,本文特别对银器文物的封护和保存方法做了一些试验和研究。

关键词 银胎 黑色锈 角银层 缝隙腐蚀 化学清洗法 封护

引言

1993年12月,四川省彭州市天彭镇历街居委会基建施工中,在距地表2 m深处发现了一砖窖,窖底、壁系用青砖砌成,上部用3块长条形石板覆盖,砖窖长1.2 m,宽1 m,深0.9 m,窖内有金银器物。彭州市文物保护管理所对这批文物进行了抢救发掘,并进行了整理。该窖藏出土宋代金银器共351件,器物品种丰富,金器有金瓜、菊花金碗、金钗等27件;银器有纹饰精湛的象纽盖银执壶、象耳银簋、银茶碗、银茶托、大小形制不同的银盘和直径大到55 cm的银盆等。该窖藏出土文物丰富,器物造型独特,纹饰精湛细腻。据查证有关资料,此窖藏迄今属全国发现最大的金银器窖藏。

2000年3月,彭州市文物保护管理所将这批文物送到成都市考古研究所进行保护修复。金器文物保存基本完好,而多数银器文物则发生了不同程度的锈蚀。银器生锈以后,表面变得晦暗,呈深褐色,略带紫色,锈蚀严重器物的纹饰和款识被覆盖,外表变得很难看。锈蚀使器壁变得薄脆易碎,有些器物甚至要靠锈层来支持外形,不仅除锈和焊接较困难,而且器物的整形也很有限。为此,本文通过取样分析,对银器文物锈蚀的特点和机理进行了研究。这些研究对银器文物的保护处理以及了解11世纪、12世纪的制造工艺无疑是有意义的。

---

[*] 原文发表于《第六届全国考古与文物保护化学学术会议论文集》,2000年。

研究的着重点在于了解腐蚀过程对银器文物的影响。本文除了对金属本身的化学成分做分析之外，还检测了其上所附包裹土以及伴生的腐蚀产物，以求对这些器物埋藏期间的情况有全面的了解，探寻出金属器物的腐蚀与其埋藏环境之间的对应关系。

根据银器锈蚀物的性质，以及以往的一些经验，本文认为传统的机械除锈清洗方法并不理想，进而研究了化学清洗法。化学清洗法选择高效、温和、易操作的化学清洗剂来清洗锈层和包裹土，并且针对文物锈蚀的具体情况，灵活选择不同的清洗工艺，更符合实践的需要，效果也不错。

考虑到四川地区气候湿润，银器文物的保存也存在着一些难度，本文选取一种丙烯酸树脂封护材料做封护试验，效果较为理想，并且提出一些针对性的保存方案。希望这些措施能对这批珍贵文物的保存发挥应有的作用。[1-11]

1 银器文物锈蚀的观察和分析

1.1 银器锈蚀概况

这批银器大多数表面被一层灰褐色、略带紫色的锈蚀物所覆盖，外表还有或多或少的包裹土，较细致的纹饰和款识则被掩盖，严重影响了银器的美观。器物的锈蚀层厚薄不一，较厚的锈层明显分为两层。最外层（在包裹土层之下）是一层灰褐色的锈蚀物，这层锈较厚，表面粗糙，有一定的强度，质地较为松软，用手术刀可切割，这层锈蚀物很像通常所说的角银。角银层（暂且称之为角银）下面有一层黑色锈蚀物，这层锈与银胎结合紧密，且结构致密，用手术刀刮之则成碎屑粉末。两层锈之间有一个明显的缝隙（简称γ间隙），用刀尖即可将角银块从黑色锈表面剥离。值得一提的是有分层结构的厚锈都生长在器物的外表面。还有一些银器长有绿色的铜锈，铜锈直接生长在银胎上，与银胎结合牢固，其硬度往往较高，机械法处理起来也比较困难。

器物的银胎由于受到锈蚀而变得薄而脆，尤其是那些锈蚀严重的器物（部位），锈层的厚度和强度都超过了银胎，有些银胎甚至完全被锈蚀，全靠锈层支撑器形，对于这些器物（部位）的焊接、整形和除锈的难度较大。锈蚀轻微的银器，用蒸馏水清洗掉表面的包裹土后，大面积的银胎就露了出来，仅局部有一些锈斑。这些器物一般银胎质地良好，但韧性仍然较差。

1.2 锈蚀物显微结构

在显微镜下观察锈蚀严重的银器样品的断面，锈蚀物有明显的分层结构。在包裹土下是一层灰褐色的锈蚀物，即角银层。角银层下是一层黑色锈蚀物。角银层与黑色锈蚀层之间分界明显，甚至有缝隙（γ间隙）（图1）。各层的显微特点描述如下。

（1）角银层。在显微镜下观察，角银层虽然很厚却酥松多孔，在γ界面附近最为致密，越靠外越酥松。在角银层中存在很多纵向孔隙，贯穿角银层直达γ界面。

图1 Y8断面SEM显微结构照片

很多孔隙大而深，可以清楚看到下面的黑色锈层。在角银层里镶嵌着盐的结晶和石英砂等，尤其是在外表面（图2）。在一些样品外表面的包裹土中可以清楚地看到方解石的结晶。

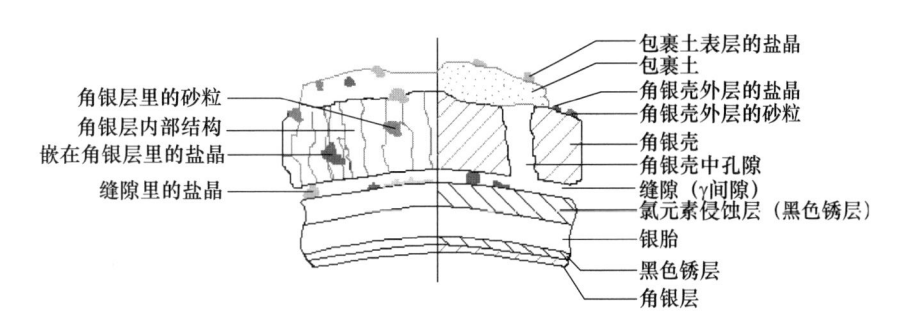

图2 锈层断面结构示意图

（2）黑色锈蚀层。在Y8和S5的扫描电镜（SEM）显微照片上可以看到，黑色锈层质地均匀，不含杂质盐晶，致密而纯净。黑色锈蚀层与银胎之间界限不明显，在外形上是一个整体，但和角银层却一缝相隔，截然区分。

（3）γ间隙。即黑色锈蚀层和角银层之间的缝隙地带。其间长有很多的盐类结晶颗粒，包括绿色的铜盐结晶。

（4）铜锈的特点。有少数样品在包裹土之下是绿色的铜锈。铜锈层下有一层红色锈膜（Cu_2O）。样品Y14在去除表面的方解石沉积物后，即露出砖红色的锈膜。

1.3 锈蚀成分分析

本文将5个编号分别为Y5、Y10、S4、Y8和S5的样品用SEM做了表面和断面分析（表1~表3）。为了更加直观一些，本文将重量比数据和原子比数据转换成图3。

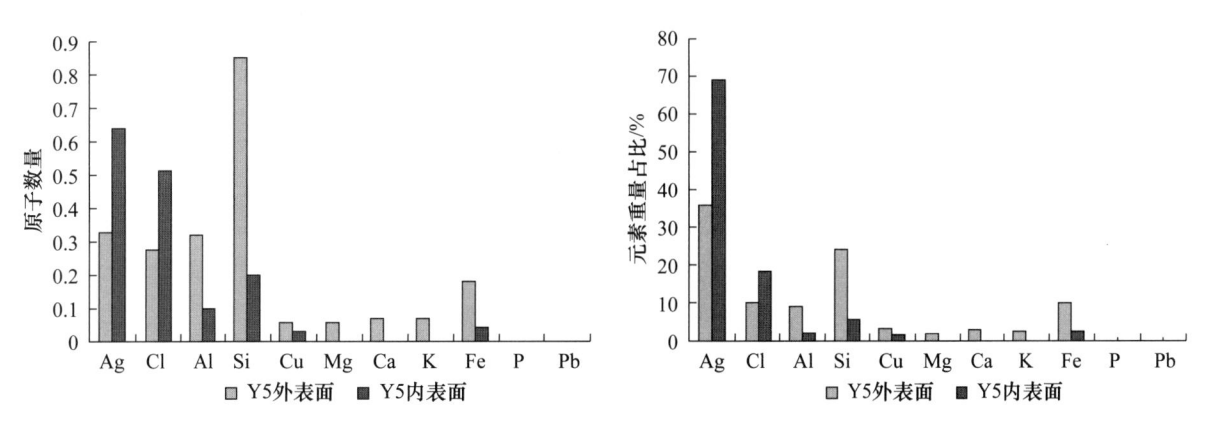

图3 Y5表面分析结果

表1 Y5、Y10扫描电镜数据

		Ag	Cl	Al	Si	Cu	Mg	Ca	K	Fe	P	Pb
重量比	Y5外表面	35.79	9.73	9.7	24	3.61	1.55	2.78	2.65	10.19		
	Y5内表面	69.08	18.32	2.66	5.71	1.71				2.52		
	Y10内层土		3.37	15.16	42.98	9	2.29	4.29	6.51	16.4		
	Y10黑色锈	72.65	7.06	5.09	9.57		0.59			4.86		
	Y10角银壳	81.75	11.31	1.92	2.62		0.23			2.17		
	S4铜锈		5.5	5.48	13.42	43.3	0.77	0.83	1.31	4.75	1.17	23.46
原子比	Y5外表面	0.3314	0.2745	0.3235	0.8545	0.0568	0.0638	0.0694	0.0696	0.1825		
	Y5内表面	0.6404	0.5167	0.0986	0.2033	0.0269				0.0451		
	Y10内层土		0.0951	0.5619	1.5303	0.1416	0.0942	0.107	0.1709	0.2937		
	Y10黑色锈	0.6735	0.1991	0.1886	0.3407		0.0243			0.087		
	Y10角银壳	0.7579	0.319	0.0712	0.0933		0.0095			0.0389		
	S4铜锈		0.1551	0.2031	0.4778	0.6814	0.0317	0.0207	0.0344	0.0851	0.0378	0.1132

表2 Y8断面扫描电镜数据

	成分	银胎			黑色锈层		角银层	表层
重量比	Ag	85.4024	84.0451	84.1157	70.5906	69.0182	65.386	65.887
	Cl	12.2419	12.4028	8.1754	6.3336	9.9822	28.5849	19.4311
	Si	0.809	2.5954	6.5984	14.5224	16.6555	5.7588	10.6708
	Cu	1.5466	0.9567	1.1105	8.5534	3.4538		
原子比	Ag	66.5142	63.0073	61.7451	44.071	40.0466	37.2738	36.1897
	Cl	29.0202	28.3011	18.2658	12.0354	17.6291	49.5976	32.4853
	Si	2.4202	7.4739	18.605	34.8269	37.1217	12.61	22.514
	Cu	2.0452	1.2178	1.3841	9.0667	3.4025		

表3 S5断面扫描电镜数据

	成分	铜锈层	银胎	黑色锈层	角银层	表层	包裹土
重量比	Ag	40.8539	73.7904	68.9316	70.6507	57.6214	25.3455
	Cl	2.6411	12.8703	13.6953	24.3493	21.745	13.1385
	Si		3.4575	9.9472		16.8564	46.9821
	Cu	56.505	9.4037	5.279		1.6137	
原子比	Ag	28.2079	51.287	41.7088	44.1616	28.8193	8.5556
	Cl	5.5505	27.2271	25.2224	55.8384	33.1028	13.499
	Si		9.2309	23.1197		31.3842	60.9191
	Cu	66.2416	11.0971	5.4234		1.3734	

观察图3、图4，忽略包裹土干扰后，可以看出样品Y5表面的主要元素为Ag和Cl。也就是说，锈蚀物主要成分为AgCl，而且Y5内表面锈蚀程度比外表面轻。样品Y10的断面成分分析亦表明锈蚀物为AgCl，外层锈蚀程度大于内层。

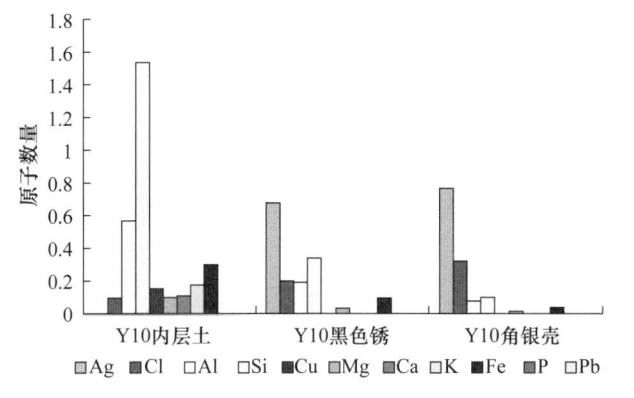

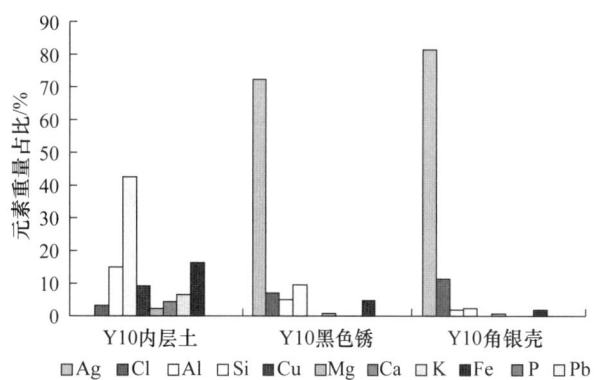

图4　Y10断面分析结果

在Y8和S5的断面上沿纵深方向各选取7个和6个分析点，对断面不同层次的成分做分析（图5、图6）。分析结果中有这么几点值得注意：

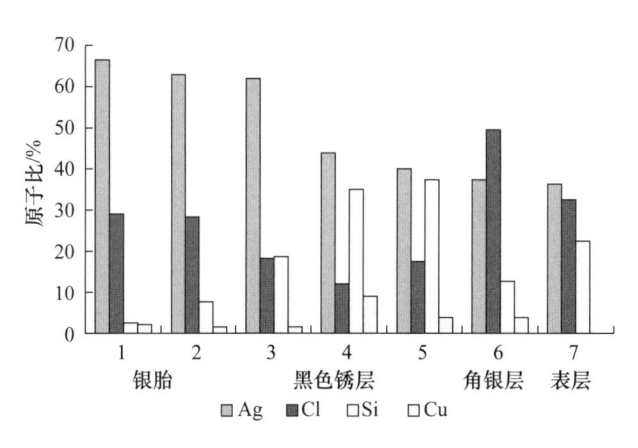

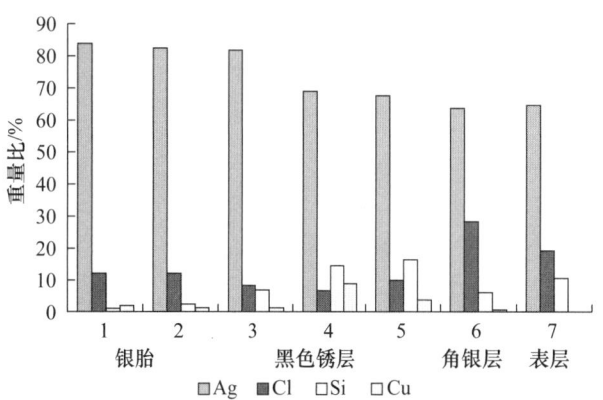

图5　Y8断面分析结果

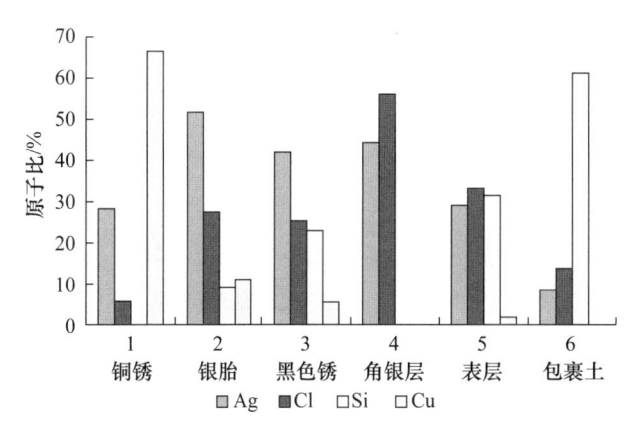

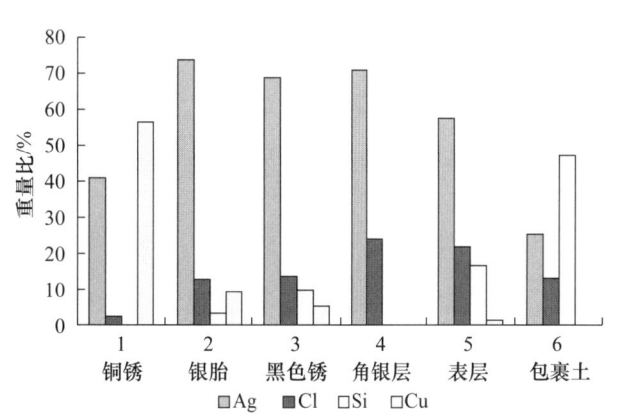

图6　S5断面分析结果

（1）银胎里含有约一半数量的Cl元素，有Cu元素存在；
（2）黑色锈蚀层Si元素的数量较高，且从里向外逐渐增加，有Cu元素存在；

（3）角银层只含有Ag、Cl元素，Cl元素的数量略高于Ag元素；

（4）角银层外表面受环境影响，Si含量明显偏高，但AgCl仍然是主要成分；

（5）器物的包裹土里有AgCl存在；

（6）S5电镜显微图像显示在铜锈层下有一层不导电带，应该是铜的氧化物。

SEM分析证明，外层的灰褐色锈蚀物主要成分是AgCl，确实是化学上所称的角银。银胎黑色侵蚀层的主要成分也是AgCl。基于SEM的分析，本文对两种锈粉和包裹土做了X衍射分析，结果见表4，两层锈的主要成分都是AgCl。[①] 另外黑色锈含有较高量的银单质和CuO。根据显微观察和成分分析，可以判断黑色锈蚀层是被氯元素侵蚀的银胎的表层，没有与银胎分离。角银则是锈蚀物的聚集生长层。

表4 X衍射分析结果

包裹土	黑色锈	角银层
石英（41.9%）	AgCl（64.8%）	AgCl（53.8%）
$CaCO_3$（39.4%）	Ag（28%）	Ag（40.9%）
AgCl（18.6%）	CuO（7.2%）	$CaCO_3$（5.4%）

铜锈生长在银胎表面，一般铜锈层下的银胎质地较好。铜锈即铜盐结晶，夹杂有包裹土。铜锈原子比图见图7。

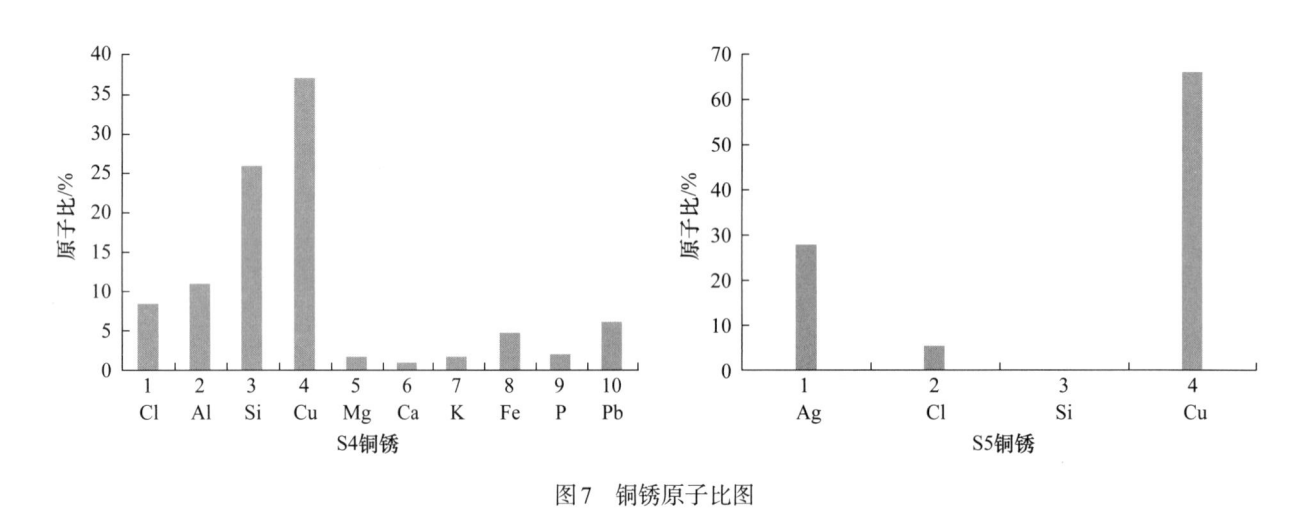

图7 铜锈原子比图

1.4 文物埋藏环境的相关信息

彭州金银器窖藏在发掘时，发现器物是用麻布裹缠，按类型、大小叠压套装在一起。其窖顶离地面有2 m，出土时在窖底发现有淤泥，大多数金银器表面都有包裹土。有一自来水管道从窖藏上面通过，恰好在窖藏上面有一接头漏水，所以窖藏里的银器被自来水污染，锈蚀严重。另外，窖藏底部的银器多生长有铜锈。

对银器表面的包裹土进行分析，$AgNO_3$溶液反应出有氯元素存在，SEM分析的结果也证明包裹

---

① X衍射在分析角银成分时，分析了角银块与黑色锈接触的一面，由于在这一面沾有黑色锈粉，所以分析结果中银单质含量偏高。这个结果不代表角银锈层中银单质的确切含量。

土中有氯元素存在。包裹土的pH值为7，呈中性。经X衍射分析（表4），包裹土中的主要成分为伊犁石、高岭土、方解石等，其中石英与$CaCO_3$各占约40%。在显微镜下也可以看到银器角银锈表面有方解石凝结层。有方解石的存在说明文物埋藏的环境是碱性或中性，至迟在出土时是这样的情况。

1.5 模拟实验

对银器文物做了较为细致的分析以后，对银器文物的锈蚀状况和锈蚀物的性质有了充分的了解。为进一步分析锈蚀机理，本文模拟了锈蚀环境和锈蚀过程，希望这些模拟实验[①]能提供一些有意义的信息。

（1）将银胎碎片用硫代硫酸钠溶液除锈，用蒸馏水洗净待用。

（2）取一片银胎片，将盐酸（1∶1）滴在其表面，显微镜下观察，3 min之内有透明立方晶体析出并生长，应为AgCl晶体。溶液微有绿色。晶体在水溶液中生长成条柱状，束成团、聚成片。再滴加氨水则溶液显蓝色。

（3）另取一银胎片，将2%NaCl溶液（pH=4）滴在其表面，显微镜下观察，10 min内有白色絮状物产生，并不断聚集，30 min后有白色立方晶体长出，40 min后晶体逐渐变为角银灰色。

（4）在另外几片银胎表面滴加2%NaCl溶液（pH=8），显微镜下观察，2 h后只有绿色针芒状晶体析出，应为铜盐晶体。用20%NaCl溶液（pH=8）处理银胎表面则在20 min内有大量绿色针芒状晶体析出生长。将银胎碎片浸泡在20%NaCl溶液（pH=8）中，放置10天，没有AgCl晶体生长。

1.6 锈蚀机理

银器的锈蚀受其埋藏环境的影响。在彭州银器埋藏环境的地下水中存在氯化物，这些氯化物的存在是银器生长角银的直接原因。而银器本身含有少量的铜，银质器物的腐蚀行为极大程度地受到了次贵金属合金元素铜的影响。模拟试验表明，酸性含氯环境有利于角银的生长，中性或碱性环境有利于生长铜锈。由于大多数银器文物生长有角银，据此推断，原始窖藏环境应该为含氯偏酸环境。银器文物在含氯偏酸的地下水作用下，富铜相被优先腐蚀生成AgCl和可溶的$CuCl_2$。随着锈蚀层下金属和外层氧化还原反应的发生，腐蚀反应逐渐深入银胎内部。银器样品断口抛光面通常显示出原始表面下所产生的晶间腐蚀区。

腐蚀的根源就是氯离子，它的存在降低了银和铜条件电极电势，加速它们的电离和腐蚀。银器腐蚀过程中，阴极反应通常是迅速（容易）发生在金属银器上的氧的还原反应。所以酸性环境有利于阴极反应的进行，也有利于角银的生长。由于酸性环境下铜被氧化成可溶的二价化合物，逐渐散失在地下水中，所以角银就成为主要的锈蚀物。随着氧化还原反应的进行，氧的阴极反应生成氢氧根离子，导致表面pH值局部增加，使得银器表面钙的碳酸盐发生沉积。

这批窖藏银器大部分都用麻布裹缠，再加上地下水沉积泥土的作用，在麻布与银器表面之间的缝

---

① 为获得明显的效果，模拟实验采取了强化条件，如高氯环境、强酸环境等。本文模拟的锈蚀环境符合一般锈蚀机理，不影响锈蚀的性质。

隙里就会积聚静止的溶液，其pH值降低，氯化物浓度提高。这种缝隙环境的电化学腐蚀常常是很严重的。器物内壁腐蚀较外壁更轻微，而外壁的锈蚀也不均匀。这都与缝隙腐蚀有关系。腐蚀的结果是生成了大量的AgCl。AgCl在水中溶度积为1.8×10^{-10}，容易在银胎表面形成过饱和溶液。相对过量的Cl^-则促进AgCl的溶解和迁移。这些因素促使了AgCl晶体的生成。

$$Ag^+ + Cl^- \rightleftharpoons AgCl \downarrow$$

$$AgCl + Cl^- \rightleftharpoons (AgCl_2)^-$$

从SEM显微照片（图8）来看，角银层由许多纵向条状的锈块紧密排列而成，在锈块之间有缝隙和孔洞。角银层的形成过程可从模拟实验第3步中获得一些解释。AgCl在银胎表面生成并不断结晶，AgCl晶体生长，成为条块状，大量的晶体条块聚集在一起就形成了角银层。由于AgCl晶体生长的不连续性，在角银层中就形成了许多孔隙。外界的水和Cl^-通过角银层的孔隙到达γ界面，对银胎表面不断腐蚀产生AgCl。这也是角银能不断生长加厚的原因。

图8 S5断面SEM显微照片

处于窖藏底部的银器文物，受包裹泥土的影响，环境的pH值可能略高一些，加上银器锈蚀引起的氧化还原反应生成了大量的氢氧根离子，使得埋藏环境的pH值逐渐增大。当环境接近或到达中性时，富铜相的铜腐蚀后就转化成较为稳定的Cu_2O。

$$Cu \longrightarrow Cu_2O \ (\phi_0 = -0.358)$$

$$Ag \longrightarrow Ag_2O \ (\phi_0 = +0.344)$$

中性条件下，铜的电极电位比银低很多，富铜相优先被腐蚀，银作为阴极受到了保护。富铜相被氧化形成Cu_2O，这种锈蚀物很致密，在银胎表面形成了一层膜。Cu_2O与环境中的O_2、H_2O、CO_2等成分反应，逐渐转化成绿色的铜锈。中性条件下，角银层下未流失的二价铜离子也会逐渐转化成了氧化铜或者碱式盐。

$$Cu + Cl \longrightarrow CuCl$$

$$2CuCl + H_2O \longrightarrow Cu_2O + 2HCl$$

$$2Cu_2O + O_2 + 2H_2O + 2CO_2 \longrightarrow 2(CuCO_3 \cdot Cu(OH)_2)$$

$$2Cu_2O + O_2 + 2H_2O + 2HCl \longrightarrow CuCl_2 \cdot 3Cu(OH)_2$$

$$4CuCl + O_2 + 4H_2O \longrightarrow CuCl_2 \cdot 3Cu(OH)_2 + 2HCl$$

这种反应机理类似于陕西青铜器的锈蚀机理。当然，只能在裸露的银胎表面生成铜锈，已经生长有角银的表面不会生长出铜锈。Cu_2O膜的存在对银胎表面起到了钝化保护的作用，所以生长铜锈的器物比生长角银锈的器物质地要好一些。缝隙腐蚀对铜锈的生长仍然起重要作用。

2　化学清洗除锈法的试验筛选

彭州窖藏银器文物普遍存在锈蚀。锈蚀不仅影响了银器文物的美观，掩盖了铭文和纹饰，还影响到器物的质地。银器本身胎体较薄，大多数在1～2 mm，有些甚至仅有零点几个毫米，经过近8个世纪的埋藏和侵蚀，其胎体变得薄脆易碎，一些器物要靠锈层来支撑形体。由于锈蚀物的强度较大，除锈清洗的难度相应增大，稍有不当就会对文物造成伤害。目前银器除锈清洗方法主要是传统的机械法。对于银器的包裹土和锈蚀物，传统方法多用手术刀剔除，或者用牙科钻配带砂轮或水磨砂纸，或用抛光粉来打磨。对于这批锈层强度较大，银胎强度小的银器文物，机械法除锈往往费时费力且难以掌握，且工作周期长，对操作者要求高。

就银而言，其莫氏硬度为2.7，铜、钢、石英砂的硬度都比它高，手术刀、砂纸、砂轮碰到银器表面都会形成划痕。若将银胎表面的锈蚀物彻底清除，首先，银器的强度难以得到保证；其次，银器表面纹饰容易被打磨模糊，并留下了很多划痕，影响了器物的美观；最后，新亮的银胎受潮湿空气作用，很快会发乌晦暗。机械法在原理上虽说只是简单的物理作用，但是也存在着效率不高、易损伤文物等弊端。

为此，本文根据银器锈蚀物的性质，进一步研究了更为适用的化学清洗法。化学清洗法选用效率高、温和而易于操作的化学清洗剂来清洗锈层和包裹土，并且针对文物锈蚀的具体情况，选择涂刷、糊敷或浸泡等不同的工艺来清洗文物，使处理过程更为灵活而易于控制，非常符合实践的需要。本文曾成功地对一些银器样品进行了清洗除锈，效果明显优于传统方法。在此本文介绍化学清洗法在银器文物表面的应用。

2.1 除锈清洗的原则及程度

在清洗处理的过程中，原则上要求尽可能地保留和展现文物所蕴含的各种信息，但是不能损伤文物，不能留下后遗症。彭州出土窖藏金银器是薄胎器，很多银器有较为严重的锈蚀。一些碗、盏、壶的器壁厚度为1~2 mm或不足1 mm，部分是锈层的厚度，有些器物甚至完全被锈蚀，全靠锈层来支撑器形。对于这些器物，毫无保留地清洗会损伤胎体，影响强度。所以在除锈程度上，本文遵循适度清洗原则，对于胎质好的银器，可以除去角银层，适当保留银胎表面氯元素侵蚀层（即黑色锈层），以免伤及银胎；对于胎质较差的银器，锈层的清洗要慎重，在不明显影响器物强度的前提下，尽量使器物清晰美观，必要时，保留全部锈层。对于锈蚀严重的银器，需遵循以下几点：

（1）尽量保持文物完整的器形，适当做一些整形和修补，加强器物的强度；

（2）对于胎质较好的器物（部位）可将外表难看的锈蚀物去除；

（3）对于锈层厚、胎质差的器物（部位），应视情况适当保留锈层，以保持胎体的强度；

（4）对于精细纹饰表面的覆盖锈蚀物，需在不伤害银胎的情况下酌情清洗。

2.2 选择合适的清洗剂及清洗工艺

2.2.1 清洗剂的选择

要保护这批珍贵的历史珍品，所用的材料首先不能损害文物原貌，处理之后不能出现"保护性"损害。因此在选择清洗剂的时候，要选择那些针对性强的、有效的、温和而易于操作和控制的试剂，而且尽量要求无毒害、无污染。

角银的化学成分为AgCl，AgCl在水中的溶解度为1.3×10^{-5} mol/L，属难溶物。但AgCl分子极性较强，在极性溶剂中受一些配位剂的影响，能生成配位离子，增大溶解度。常见反应如下：

$$AgCl + HCl = HAgCl_2 \qquad AgCl + NaCl = NaAgCl_2$$

$$AgCl + 2NH_3 = (Ag(NH_3)_2)Cl \qquad AgCl + 2KCN = K(Ag(CN)_2) + KCl$$

$$AgCl + 2Na_2S_2O_3 = Na_3(Ag(S_2O_3)_2) + NaCl$$

$$AgCl + 3CS(NH_2)_2 \longrightarrow Ag(CS(NH_2)_2)_3^+ + Cl^- \text{（在 }Fe^{3+}\text{ 存在条件下）}$$

在常见的银离子配合物（表5）中，$(Ag(CN)_2)^-$配离子的稳定系数最大，换句话说AgCl在氰化物溶液中溶解度最大。但是氰化物有剧毒，应选用其他络合清洗剂。硫代硫酸钠、硫脲、柠檬酸、乙二胺等都在可选之列。本文对这些常见的溶剂进行了试验筛选，选择其中清洗效果良好的溶剂作为银锈清洗剂。

表5 常见银离子配合物稳定常数

配合银离子	$K_稳$	$\lg K_稳$
$(Ag(CN)_2)^-$	1.26×10^{21}	21.1
$(Ag(NH_3)_2)^+$	1.12×10^7	7.05
$(Ag(S_2O_3)_2)^{3-}$	2.89×10^{13}	13.46
$(AgCl_2)^-$	1.10×10^5	5.04
$(AgBr_2)^-$	2.14×10^7	7.33
$(AgI_2)^-$	5.5×10^{11}	11.74
$(Ag(Py)_2)^+$	1×10	10.0
$(Ag_3(C_6H_5O_7)_2)^{3-}$		9.9（碱性）
邻二氮菲		5.02，12.07
乙二胺络合物		4.7，7.7

2.2.2 清洗剂及清洗工艺的试验筛选

针对角银的化学组成和溶解性，本文在常见的试剂中选取了氨三乙酸（NTA）氨性溶液、乙二氨四乙酸二钠盐（EDTA）溶液、硫代硫酸钠氨性溶液、硫脲溶液、柠檬酸三铵溶液，以及这些溶液的混合配比溶液，做对比清洗试验。在实际中，清洗的效果不仅与清洗剂有关，而且与锈蚀物的结构有很大关系，如图9所示。

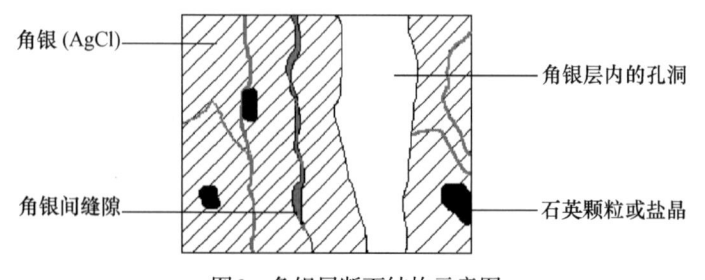

图9 角银层断面结构示意图

银器文物在长期的埋藏过程中，受环境的影响而形成了酥松多孔的角银锈层。角银层内的孔洞和缝隙，使络合剂可以沿其渗入角银层内部，将角银层逐渐溶解。角银层的这种多孔隙结构有利于络合剂的渗透，使得清洗过程容易而迅速。但是络合剂也可以比较容易地渗透到黑色锈层和银胎表面。对于锈蚀严重的银器来说，黑色锈层本是银胎的表层，有一定的支撑强度。如果黑色锈层被清洗掉，这样就对银胎的保护带来了不利因素。为了避免过度清洗，本文采用涂刷法，并借鉴了石刻和陶器文物清洗方法中的纸浆糊敷法，使清洗过程缓和而易于控制。

试验溶液的pH值控制为5～10，在常温下进行清洗操作。为避免浸泡法对文物样品的损伤，本文用角银锈块和银胎碎片代替银器文物残片，做浸泡试验，试验结果见表6。

表6 络合剂筛选试验

试剂名称		清洗方法	样品编号	浓度/%	pH值	处理时间	效果
硫代硫酸钠	$Na_2S_2O_3+Na_2SO_3+$硼砂$+NH_3 \cdot H_2O$	涂刷	Y12	20	9.5	20 min	角银溶解，露出黑色锈
		涂刷	Y12	10	9	30 min	角银层溶解
		涂刷	Y12	5	9	60 min	角银层溶解
		糊敷	Y5	20	9	4 h	角银层溶解
		糊敷	Y9	10	9	6 h	角银层溶解
		浸泡	J1	20	10	40 min	角银完全溶解
		浸泡	J2	10	10	80 min	角银完全溶解
		浸泡	J3	5	10	3 h	角银完全溶解
硫脲	$CS(NH_2)_2+Fe_2(SO_4)_3$	涂刷	Y14	10	5.5	30 min	角银层溶解
		涂刷	Y14	5	5.5	50 min	角银层溶解
		糊敷	Y10	10	5.5	4 h	角银层溶解
		浸泡	J4	10	5	4 h	角银完全溶解
		浸泡	J5	5	5	24 h	角银完全溶解
NTA	$N(CH_2COOH)_3+NH_3 \cdot H_2O$	涂刷	Y8	10	8	1 h	无效果
		涂刷	Y8	5	8	2 h	无效果
		浸泡	J6	10	8.5	10 h	角银不溶，铜锈溶解
		浸泡	J7	5	8.5	10 h	溶解微弱，溶液发蓝
EDTA	$C_{10}H_{14}N_2O_8Na_2+NaOH$	涂刷	Y9	10	8.5	1 h	无效果
		涂刷	Y9	5	8.5	2 h	无效果
		浸泡	J8	10	8	10 h	角银不溶，铜锈溶解
		浸泡	J9	5	8	10 h	溶解微弱，溶液变蓝
氨水	$NH_3 \cdot H_2O$	浸泡	J10	30	11	10 h	溶解微弱，溶液淡绿
柠檬酸三铵	柠檬酸三铵	浸泡	J11	20	9	12 h	角银部分溶解
		糊敷	Y7	20	9	2 h	角银层溶解
	硫代硫酸钠+柠檬酸三铵（1:1）+氨水	涂刷	Y8	20	8	30 min	角银层溶解
		涂刷	Y8	10	8	70 min	角银层溶解
		糊敷	Y15	20	9	4 h	角银层溶解
		糊敷	S5	10	9	3 h	铜锈层溶解
		浸泡	J12	20	9	50 min	角银完全溶解
		浸泡	J13	10	9	2 h	角银完全溶解

2.2.3 结果及讨论

清洗选择试验的结果表明，硫代硫酸钠溶液的清洗效果好，硫脲三价铁溶液、柠檬酸三铵溶液也有较好的清洗效果。其余的EDTA和NTA溶液清洗角银的效果不明显，而清洗铜锈的效果较为理想。另外单一溶剂不如混合溶剂的清洗效果好。硫代硫酸钠与硼砂、氨水的混合溶液清洗效果最佳，其中氨水起到了很好的协同作用，它不仅是硫代硫酸钠的稳定性介质，它还直接参与溶解作用，硼砂则起到皂化基团的作用。

本文用锈蚀不严重的银胎碎片做了浸泡试验，银胎在上表所示的各种溶液中浸泡48 h以上均无明显变化。这项试验证明所有清洗剂仅对Ag^+有络合作用，对Ag单质基本无溶解作用，在实际运用中是安全的。

试验中发现硫代硫酸钠氨基清洗剂对黑色锈层的Ag和CuO以及Cu_2O的溶解性较小，对银胎的保护有利。硫脲三价铁溶液由于呈酸性，并且有Fe（Ⅲ）的氧化性，对黑色锈层溶解彻底。所以，硫脲三价铁溶液适用于清洗银胎较好的银器文物。相对而言，前者使用起来更为安全和方便。

本文在清洗试验中使用了涂刷、糊敷和浸泡三种操作工艺，经比较，涂刷法和纸浆糊敷法清洗效果良好。这两种方法简单易行，操作期间可随时监控、中断、判断清洗的程度。尤其是糊敷法，利用了纸浆传输络合剂和吸附可溶性盐的特性，不需要人工反复操作，其工艺简单、安全，清洗工作无事故，效率高。

2.3 化学法清洗银器锈蚀物的操作工艺

2.3.1 准备工作

确定处理对象后，分析其锈蚀特点，确定使用的络合剂的种类、浓度，以及处理的方式和时间。考虑处理时溶液的重力扩散方向，避免流经无辜区域。制定好具体的处理方案后开始清洗操作工序。

2.3.2 配制溶液

（1）配制10%的EDTA或NTA溶液，用氨水将pH值控制在8~9的范围内。
（2）配制10%、20%的$Na_2S_2O_3$溶液，加入5%的Na_2SO_3以防止$Na_2S_2O_3$的分解，加入0.2%的硼砂（皂化剂），用氨水将pH值控制在9左右。
（3）配制10%、20%的硫脲溶液，加入1%的$Fe_2(SO_4)_3$，用稀硫酸控制pH值在5.5左右。

2.3.3 制备干纸浆团

纸浆要求纤维素含量高，吸附力与吸水性要强。最好使用纸厂生产定性滤纸的半成品纸浆，压干水分，晾干备用。也可用市售纯木浆卫生纸，撕碎后用蒸馏水慢煮约30 min，过滤后二次煮熬以除尽可溶性盐分，然后压干水分，晾干备用。

2.3.4 包裹土的清洗

在清洗角银之前先清洗包裹土。浮土用蒸馏水或酒精软化去除，或用EDTA或NTA溶液来清洗。对于附着牢固的土层，可用纸浆吸取EDTA或NTA溶液糊敷在土层表面，待软化后用蒸馏水清洗干净。

2.3.5 角银的清洗

用棉签或软毛刷蘸取10%的硫代硫酸钠溶液涂刷，或用纸浆吸取溶液糊敷，糊敷时要注意清洗进行的程度，并定期给纸浆团滴加清洗剂。对于夹杂有石英砂的角银，可以用20%的清洗液来清洗。清洗到露出黑色锈层或银胎即可停止清洗工作。硫脲溶液清洗工艺与之相同。

2.3.6 铜锈的清洗

用EDTA、NTA等络合剂涂刷清洗，效果明显。对于厚硬的锈蚀层可用糊敷法。或者用硫脲溶液涂刷（糊敷），利用溶液的酸性和Fe（Ⅲ）的氧化性清洗铜盐、CuO和Cu_2O，以及黑色的银屑和角银，此溶液适用于胎质较好的银器。

2.3.7 除锈后清洗

在用清洗剂除锈清洗完毕以后，必须用蒸馏水洗净银器文物表面残留的清洗剂和溶解的锈蚀物，避免伤及银胎。

2.3.8 注意事项

胎体较薄的银器受Cl元素侵蚀较为严重，过度清洗会导致银胎的碎解。所以清洗过程中要随时观察清洗的程度，不能伤及黑色锈层，对银胎较薄的银器可适当保留角银层，将角银层清洗平整即可。

2.4 关于化学清洗法的讨论

传统的清洗除锈方法多用机械法。常用的工具和材料有手术刀、刻刀、牙钻机、砂轮、水磨砂纸、抛光轮，以及一些磨料（$CaCO_3$、CaO）、抛光粉、抛光膏等。传统方法用手术刀剔除锈层，或者用砂轮、砂纸来打磨，对于锈蚀严重、强度不高的脆弱银器很容易造成划伤甚至损害。若打磨银器至露出亮的银胎，实际上就减薄了银胎。这些措施对脆弱银器文物的保护不利。

本文使用温和而有效的化学清洗剂，进行涂刷或糊敷操作，工序简单，容易控制，清洗的速度也比传统机械法快。尤其是对于薄胎器和纹饰细微处的清洗，本文的方法更体现出其优越性。出于化学清洗法没有用到高硬度的工具，对银器表面不会造成划伤等损害。本文在清洗时遵循适度原则，不做彻底清洗，保留一些锈蚀物，既可以保持器物的强度，又减缓了外界对银器表面的侵蚀。实验证明，化学清洗法安全可靠，简单易行，效果良好，切实可行。

3 银器文物的封护与保存

3.1 存在的问题

银器文物是非常娇弱的。银的莫氏硬度为2.7，很软，易被划伤。银在空气里难氧化，但与H_2S会发生反应，在银表面生成一层黑色的Ag_2S膜。银也可以与游离的氯、溴、碘相互作用生成相应的卤化物，在有水、加热和光的作用下反应速度加快。强光中的紫外线可分解氧分子，产生活化态的氧和离子态的银，形成氧化银，同时也为硫的侵蚀提供了条件。

$$3O_2 \xrightarrow{185\,nm\,光子} 2O_3 \qquad 4Ag+2O_3 \longrightarrow 2Ag_2O_2+O_2\uparrow$$

$$4Ag+2H_2S+O_2 =\!=\!= 2Ag_2S+2H_2O$$

$$2Ag+4HCl+O_2 \longrightarrow 2H(AgCl_2)+2H_2O$$

$$4Ag+4HCl+O_2 \longrightarrow 4AgCl+2H_2O \qquad (在空气中进行)$$

无论是传统除锈法还是本文介绍的化学清洗法，都只是清除掉文物表面的锈蚀物而已，并不能彻底清除器物胎内的有害成分。银胎中由于有氯的渗入而不稳定，在潮湿条件下锈蚀速度加快，在有HCl或H_2S存在的潮湿空气中更会加重锈蚀。而且氯的渗透锈蚀使银胎变脆易碎。所以，银器文物在修复之后的展出和日常保管中，保护工作是很重要的。

3.2 银器文物的封护

要保持银器良好的外观，最直接的办法是进行封护。目前对银器文物封护的相关研究很少，可用的封护材料不多。有人曾用微晶石蜡封护银器，还有人用三甲树脂做封护材料。微晶石蜡做封护材料，会使银器发黑，失去金属光泽，外观不美，而且要求在高温下操作，材料本身的化学性能及操作性都较差。三甲树脂性能较为优良，常温下涂刷，常温下固化，无色透明，附着力、强度、韧性、耐老化性都比微晶石蜡有了很大提高。

还有一些高分子材料可用做银器文物封护剂，如聚乙烯醇和丙烯酸共聚物B-72，这些都是常用的文物封护材料。其中聚乙烯醇有较好的弹性，中等强度，封护以后隔硫化氢的效果较好，但是其耐水性较差，不适合在潮湿的南方地区使用。丙烯酸共聚物B-72的防水性能优于聚乙烯醇。本文用B-72做了一些封护试验，具体内容如下：

（1）将B-72溶解于丙酮中，配制成3%的溶液。

（2）选取未除锈和已除锈的银器文物残片若干片，将一部分样品用B-72丙酮溶液涂刷，按涂刷次数分组，其余样品做空白对比试验。封护剂在常温下固化。

（3）疏水性能试验条件：滴水，测试水浸润性。

（4）防腐蚀试验条件：①密封干燥器内放置盐酸，样品悬空，50℃恒温放置1周；②密封干燥器内放置5%硫化钠溶液，样品悬空，50℃恒温放置1周。1周后观察效果，未封护的样品发生锈蚀，封护后的样品表面略有发黑现象。

（5）对于出现眩光的样品，可用丙酮擦洗消光。

（6）照片记录。

（7）B-72对银器文物进行封护后，文物外观没有变化，而且有良好的疏水性与较好的耐腐蚀性。B-72在室温下即可固化，附着牢固，同时具有良好的可逆性，用丙酮就能清洗掉。试验证明，B-72是一种性能良好的封护材料。

3.3 银器文物的保存

银器文物在封护以后，还应当对存放环境进行控制。传统保护方法一般不主张封护，对于大多数没有封护的银器文物，控制环境更显得必要。文物保存环境要求杜绝和减少含硫、氯物质的渗入，保持展室和库房空气的洁净，清除硫、氯侵蚀的隐患。最主要是控制湿度，相对湿度不能高于55%。事实表明，清洗除锈后的银器文物放置在70%~80%RH的空气中，不长一段时间之后其表面就变为发乌变色。所以除湿工作很重要，这对地处南方的博物馆和文物库房来说尤为迫切。对在展柜陈列的银器，还要注意防尘和防紫外线照射。

保存在库房里的银器，可用几层柔软的薄纸包裹好，有条件的地方可用丝绸包裹，外层再用浸过醋酸铅或铜化合物、叶绿素的软纸包装。包好后连同干燥剂一并置于聚乙烯塑料袋中密封。控制湿度在55%~60%，并防止紫外线的辐射。这样银器可以很好地保存下来。

结论

四川彭州出土银器的锈蚀物成分和结构具有明显的地域特征，即与其埋藏环境有关。由于原始环境中含有氯离子，致使银器文物发生电化学腐蚀，生成较为严重的氯化银锈蚀物。局部环境呈中性或碱性，一些银器文物生长出了铜锈。生有铜锈的器物胎质较好，而被氯元素侵蚀、生长角银的银器胎质则较为脆弱，机械性能较差，保护处理的难度较大。

本文根据银器文物锈蚀物的性质，通过试验筛选出一些化学清洗剂和一套清洗操作工艺。实验证明，本文介绍的化学清洗法温和安全，操作简便，效果良好，切实可行。

由于氯元素的侵蚀，银胎不仅脆而易碎，而且在清洗除锈以后，在潮湿的空气中很快会发乌变色。为保护银器文物不受侵蚀和保持其外观，本文试验了一种丙烯酸共聚物封护材料B-72，效果良好，并提出一些封闭保藏的建议，以供文物保护工作者参考。

由于分析水平有限，本文所获结果是初步的，在理论上和实践中尚有许多工作要做。本文测试的样品数量较少，所获结果可能有所偏差。若要获得更多的信息，可使用多种手段，将结果进行对比。这样结果会更可靠。

致谢

在对四川彭州银器文物的调查和分析以及撰写本文的过程中，得到彭州市文物保护管理所、西北大学文博学院刘成老师、中国社会科学院考古研究所李存信老师、四川大学分析测试中心曾家玉老师、兵器工业西北地区理化检测中心黎晓华老师、西北大学分析测试中心郭振琪老师的帮助和指导，使本文得以顺利完成，谨在此一并表示衷心的感谢。

参 考 文 献

[1] 宋迪生，等. 文物与化学. 成都：四川教育出版社，1992.

[2] 薛光. 银的分析化学. 北京：科学出版社，1998.

[3] 仲维卓，华素坤. 晶体生长形态学. 北京：科学出版社，1999.

[4] 姚守拙，朱元保，何双娥，等. 元素化学反应手册. 长沙：湖南教育出版社，1998.

[5] ［英］迈克尔·兰福德. 基础摄影. 李之聪，邹克佳，潘毅，等译. 北京：中国摄影出版社，1993.

[6] 周树云，陈萍，胡秀杰，等. 显影抑制剂对银盐CTP版材的提高反差作用. 感光科学与光化学，2000，18（1）.

[7] 晏磊，夏榆滨. 感光材料与影像科学. 感光材料，2000（1）.

[8] 林春华，葛祥荣，等. 简明表面处理工手册. 北京：机械工业出版社，1995.

[9] 胡之德，关祖京，何双娥，等. 分析化学中的溶剂萃取. 北京：科学出版社，2001.

[10] 北京化学试剂公司. 化学试剂目录手册. 北京：北京工业大学出版社，1993.

[11] 刘成. 纸浆糊敷法在清除脆弱陶器表面沉积膜中的应用. 中国文物修复通讯，2001（19）.

成都金沙遗址出土金属器的实验分析与研究[*]

肖 嶙 杨军昌 韩汝玢

> **摘 要** 本文用无损和微损的分析方法，包括显微镜、带能谱的扫描电子显微镜，对金沙遗址出土金饰件、铜饰件进行了研究。金饰件均为厚0.1～0.4 mm的金薄片或金箔，铜饰件以铜薄片为主，为厚0.2～0.7 mm的铜薄片。研究表明，金饰件均为经锤揲成薄片或箔，并抛光后剪裁成型，表面纹饰为刻划形成，其材料为含银为5.1%～16.4%金制品，含少量铜；厚0.6～0.7 mm的铜薄片为铸造成形，厚0.2～0.4 mm铜薄片为锤揲成形，其材料为含锡11.9%～18.6%，含铅2.7%～14.2%的铜合金制品。
>
> **关键词** 金沙遗址　四鸟绕日饰　金薄片　扁平铜片　金相检验

引言

成都金沙遗址位于成都市西郊的金沙村、黄忠村一带，距成都市中心约5 km，是近年来发现的一处古蜀文化中心遗址。其中祭祀区位于摸底河南岸，已出土金器、铜器、玉器、石器等珍贵文物3000余件。金沙遗址的时代在商代晚期至西周（前12～前10世纪）。由于宫殿区、祭祀区的发现，加之出土器物中有许多与三星堆遗址1号、2号器物坑的器物相似，因此，初步认定金沙遗址是继广汉三星堆之后古蜀国的都邑所在。[1]

本次实验样品全部选自金沙遗址祭祀区2001年机械施工时挖出的器物，其样品的详细情况及所分析检验的项目见表1、表2；部分选取的金器、铜器标本见图1～图8。

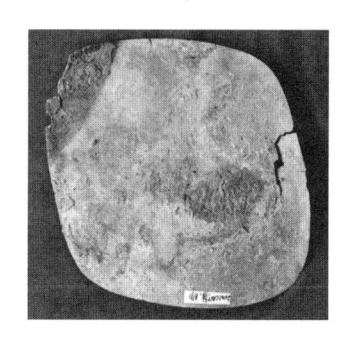

图1 铜圆角长方形板状器
（2001CQJC：691）分析样品取自断碴处

图2 铜圆角方孔形器（2001CQJC：905）及表面粘连的铜器残片（分析样品取自粘连铜器残片）

---

[*] 原文发表于《文物》，2004年第4期。

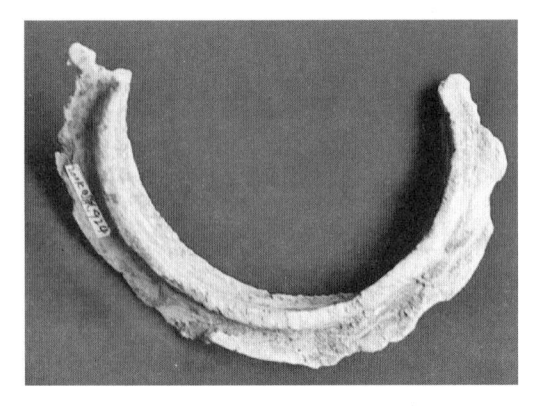

图3 铜璧环形器（2001CQJC：924）分析样品取自断碴处

图4 铜残片（上左，2001CQJ标本：3；上右，2001CQJ标本：2；下，2001CQJ标本：1）

图5 铜残片（左，2001CQJ标本：6；右，2001CQJ标本：5）

图6 铜残片（2001CQJ标本：10）

图7 金箔残片（上，2001CQJC：116；下，2001CQJC：225）

图8 金箔残片（2001CQJC：425）

表1 金器样品和所分析检验的项目一览表

文物名称	文物编号	厚度/mm	取样情况	检测项目	数据来源
金人面像	2001CQJC：465	0.1～0.4	未取样	表面合金成分分析	厚度数据见文献[1]
金四鸟绕日饰	2001CQJC：477	0.2	未取样	表面合金成分分析	
蛙形金饰	2001CQJC：215	0.12～1	未取样	表面合金成分分析	

续表

文物名称	文物编号	厚度/mm	取样情况	检测项目	数据来源
金盒	2001CQJC：591	—	未取样	表面合金成分分析	
鱼形金箔饰	2001CQJC：1359	—	未取样	表面合金成分分析	
金饰残片2件	2001CQJC：1369	—	未取样	表面合金成分分析	
金箔残片	2001CQJC：1343	—	未取样	表面合金成分分析	
四鸟绕日金饰	2001CQJC：477	0.2	未取样	显微镜下观察纹饰工艺痕迹	厚度数据见文献[1]
射鱼纹金带	2001CQJC：688	0.2	未取样	显微镜下观察纹饰工艺痕迹	
金箔残片	2001CQJC：116	0.1～0.3	取样	金相检验和合金成分分析	
金箔残片	2001CQJC：223	0.08～0.1	取样	金相检验和合金成分分析	厚度数据为扫描电镜下实测（图7、图8）
金箔残片	2001CQJC：225	0.08	取样	金相检验和合金成分分析	
金箔残片	2001CQJC：425	0.07～0.1	取样	金相检验和合金成分分析	

表2 铜器样品及所分析检验的项目一览表

文物名称	文物编号	几何尺寸（mm）	取样情况	检测项目	备注
圆角长方形板状器	2001CQJC：691	壁厚0.3～0.4	取样	金相检验、合金成分	图1
圆角方孔形器表面粘连的铜器残片	2001CQJC：905	壁厚0.20～0.25	取样	金相检验、合金成分	图2
壁环形器	2001CQJC：924		取样	金相检验、合金成分	图3
残片	2001CQJ标本：1	厚0.6～0.7，宽5.5	取样	金相检验、合金成分	图4：下
残片	2001CQJ标本：2	厚0.6～0.7，宽12.3	取样	金相检验、合金成分	图4：上右
残片	2001CQJ标本：3	厚0.32，宽18.3	取样	金相检验、合金成分	图4：上左
眼形器残片	2001CQJ标本：4	厚0.19，宽17.8	取样	金相检验、合金成分	
残片	2001CQJ标本：5	厚0.23，宽18.5	取样	金相检验、合金成分	图5：右
残片	2001CQJ标本：6	厚0.2	取样	金相检验、合金成分	图5：左
残片	2001CQJ标本：7	厚0.24，宽16.2	取样	金相检验、合金成分	
残片	2001CQJ标本：8	厚0.3～0.4，宽17.5	取样	金相检验、合金成分	
眼形器残片	2001CQJ标本：9	厚0.2～0.3	取样	金相检验、合金成分	
残片	2001CQJ标本：10	厚0.25～0.3	取样	金相检验、合金成分	图6

1 金器的分析检验及结果

根据出土器物的实际情况，或进行无损检测，明确其表面合金成分；或显微镜下观察纹饰的工艺痕迹，推断其形成方法；或取样进行金相检验和成分分析，确定其合金化学成分和加工工艺。金器表面合金成分的无损分析，是把金器直接放在扫描电镜的样品台上，推进样品腔中进行分析，分析时应尽量避开器物表面的污染物；金器表面及纹饰加工痕迹的观察是在光学显微镜和扫描电镜中分别进行，把观察到的有技术特征的痕迹进行拍照记录；取样分析的金器样品是选取出土的残样（图7、图8），在残样上剪切一小块，经镶嵌、磨光、抛光处理，用王水加铬酸干溶液浸蚀，在金相显微镜下观察，配合使用扫描电镜进行微区组织观察和成分分析，并进行厚度测量。

1.1 样品的成分分析

样品的成分分析是在配有NORAN公司V4105能谱仪的日本电子JSE-5900LV扫描电子显微镜上测定的。样品成分分析用无标样定量分析法进行，其方法是在能谱仪显示的X射线能谱曲线上，扣除本底，把某元素特征X射线峰值面积与显示的所有元素特征X射线峰值面积和的比值，定为该元素的含量，然后归一化处理。V4105能谱仪使用的是超薄窗口，可检测到原子序数大于5的元素。测量分析时的工作条件为激发电压20 kV，扫描时间80 s。考虑到样品成分的偏析，电子束应尽可能大，放大倍率尽可能小，使样品被扫描的面积尽可能大，在未腐蚀区进行面扫分析检测。样品成分检测结果见表3。

表3 金沙遗址出土部分金器成分分析结果

文物名称	实验编号	合金元素成分/%			备注
		Au	Ag	Cu	
金人面像	465	94.0	5.4	0.6	器物表面均有来自埋藏环境的污染物，含有Si、Al、Fe、K、Ca、Mg、Na等元素
四鸟绕日金饰	477	94.2	5.1	0.7	
蛙形金饰	215	84.2	14.4	1.4	
金盒	591	91.0	8.6	0.4	
鱼形金箔饰	1359	86.7	11.7	1.6	
金饰残片2件	1369	93.6	5.7	0.7	
	1369a	93.1	6.7	0.2	
金箔残片	1343	88.2	11.4	0.4	
金箔残片	116	85.5	14.3	0.2	金相检验均为热加工成形
金箔残片	223	84.5	15.3	0.3	
金箔残片	225	83.3	16.4	0.3	
金箔残片	425	89.7	10.1	0.2	

1.2 样品的组织检验

剪切的4件金箔残样样品，经镶嵌、磨光、抛光处理后，用王水加铬酸干溶液浸蚀，在金相显微镜下观察，配合使用扫描电镜进行观察，图9、图10分别是在扫描电镜中观察的金箔样品金相组织的二次电子图像，其检验结果见表4。

图9 浸蚀后金箔样品剖面金相组织的二次电子像（2001CQJC：425）（×1000）

图10 浸蚀后金箔样品剖面金相组织的二次电子像（2001CQJC：425）（×1000）

表4 金沙遗址出土部分金器样品的金相组织检验结果

样品名称	材质	组织检验	加工工艺
金箔残片2001CQJC：116	AuAg	浸蚀后，金相显微镜和扫描电镜下观察，基体组织为α等轴晶和孪晶；金箔厚度大约100 μm，较厚处达300 μm	热锻成形
金箔残片2001CQJC：223	AuAg	金相显微镜和扫描电镜下观察，基体为α等轴晶和孪晶组织；测量金箔厚度约为90 μm	热锻成形
金箔残片2001CQJC：225	AuAg	浸蚀后在显微镜和扫描电镜中观察，基体组织为等轴晶和孪晶；金箔厚度为80 μm左右	热锻成形
金箔残片2001CQJC：425	AuAg	浸蚀后在扫描电镜中二次电子像观察，基体组织为等轴晶和孪晶，等轴晶晶粒大小相近；金箔厚度为70～100 μm	热锻成形

1.3 金器表面纹饰的加工工艺

金沙遗址出土金器均为薄金片和金箔，部分器物表面饰有纹饰，如射鱼纹带（2001CQJC：688）表面饰有四组图案（每组图案包括一鱼、一箭、一鸟和一圆圈），鱼纹带（2001CQJC：687-1、2）表面饰怪鱼纹等。本实验对射鱼纹带（2001CQJC：688）和四鸟绕日饰（2001CQJC：477）的表面纹饰进行了观察，通过对纹饰加工痕迹特征的细致观察分析，以明确其形成的工艺方法。

图11、图12是射鱼纹带（2001CQJC：688）表面纹饰中鱼纹的局部照片，从中可清楚看到纹饰的加工痕迹。纹饰线条刻槽有翻边和线条曲线不流畅、走刀、缺笔等，如图中鱼鳞、腹部、背鳍、腹鳍、胡须、鱼眼和箭的端头等处。根据上述纹饰线条刻槽的加工痕迹和特征，判断射鱼纹带表面纹饰应是刻划形成。经在放大的照片上实际测量和计算，纹饰线条宽度为0.3～0.4 mm。

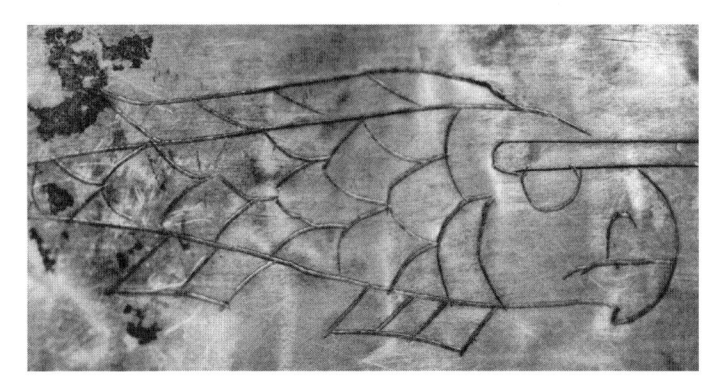

图11 金射鱼纹带（2001CQJC：688）纹饰（局部）之一

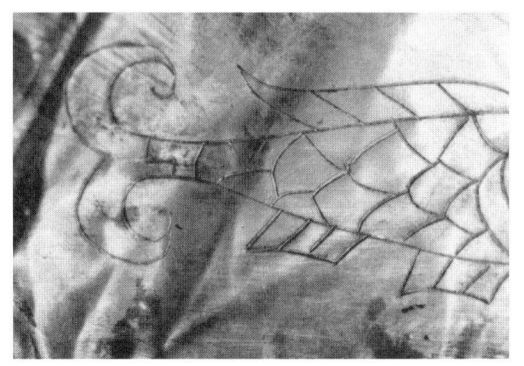

图12 金射鱼纹带（2001CQJC：688）纹饰（局部）之二

四鸟绕日饰（2001CQJC：477）的纹饰为镂空，内层是12条齿状芒，外层是4只逆时针飞行的鸟。可以看到靠近镂空边缘所残留下的刻划线条（图中齿状芒处）和飞鸟翅膀边缘处的褶皱（图13、图14）。根据四鸟绕日饰镂空纹饰线条及边缘所残留的工艺痕迹和特征，应首先是在成形的金薄片表面刻划出整个图案，然后反复刻划切割形成镂空。由于切割工具不十分锋利，实现纹饰图案的镂空要进行反复刻划，而且每次的刻划不可能与上次线条完全重合，以至留下多次刻划的痕迹；也由于反复地用力刻划，造成镂空处边缘的褶皱和边缘线条的不流畅。

图13　金四鸟绕日饰（2001CQJC：477）
纹饰（局部）之一

图14　金四鸟绕日饰（2001CQJC：477）
纹饰（局部）之二

另外，在对金器做无损检测的同时，对其中部分金器的表面进行了观察，如面具（2001CQJC：465）、四鸟绕日饰（2001CQJC：477）、盒（2001CQJC：591）、射鱼纹带（2001CQJC：688）等，发现其中的大部分在加工成形后，表面未进行抛光处理，在观察的10件金器中仅有2件（面具和盒）做过表面抛光处理，而且仅抛光了外表面。面具光亮外表面残留的抛光痕迹见图15，内表面未做抛光的粗糙面见图16。

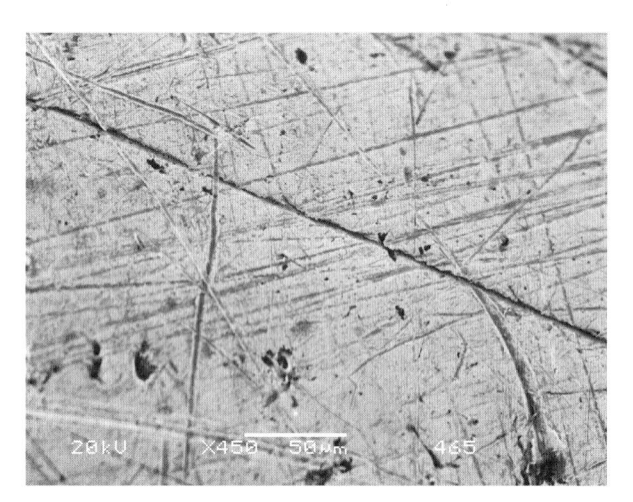

图15　金面具（2001CQJC：465）
外表面的抛光痕迹（×450）

图16　金面具（2001CQJC：465）
内表面（×450）

2　铜器的分析检验及结果

金沙遗址出土部分铜器样品进行金相组织检验可以确定铜器的加工工艺是铸造还是锻造等，以及缺陷、夹杂物的分布状况；成分分析可以明确铜器的合金配比和种类等。

2.1　样品的成分分析

铜器的成分分析所用仪器和方法与金器样品的相同，是在配有NORAN公司V4105能谱仪的日本电子JSE—5900LV扫描电子显微镜上测定的，其样品成分检测结果见表5。

表5 金沙遗址出土部分铜器成分分析结果

器物名称	实验编号	Cu	Sn	Pb	Fe	S	As	合金种类	备注
牌形铜器	691	79.3	15.8	4.7	0.2	—		CuSnPb	热锻
方孔锄形铜器表面粘连的扁平铜残片	905	84.7	15.2	—	0.1			CuSn	热锻
有领壁形铜器	924	90.7	2.4	0.5	—	0.5	5.9	CuSnAs	铸造
扁平铜片残片	TC01	76.2	15.9	7.8	—			CuSnPb	铸造
扁平铜片残片	TC02	72.8	13.0	14.2	0.1			CuSnPb	热锻
扁平铜片残片	TC03	83.6	11.9	4.4	0.1			CuSnPb	热锻
眼形器残片	TC04	86.9	11.3	1.6	0.2			CuSn	热锻
扁平铜片残片	TC05	84.1	12.0	3.9	—			CuSnPb	热锻
扁平铜片残片	TC06	83.0	12.2	4.7	0.1			CuSnPb	热锻
扁平铜片残片	TC07	83.4	12.3	4.2	0.1			CuSnPb	热锻
扁平铜片残片	TC08	85.0	12.2	2.7	0.1			CusnPb	热锻
眼形器残片	TC09	73.8	18.6	7.2	0.3			CuSnPb	热锻
薄壁铜器残片	TC10	82.1	14.9	3.0	—			CuSnPb	热锻

注：—表明未检测到该元素。

2.2 样品的组织检验

所取的13个样品，经镶嵌、磨光、抛光，制成金相样品，用三氯化铁盐酸酒精溶液浸蚀，在显微镜下观察，配合使用扫描电镜进行微区观察和成分分析，并进行厚度测量，其样品的金相组织检验结果见表6，典型样品的金相组织的二次电子像见图17～图26。

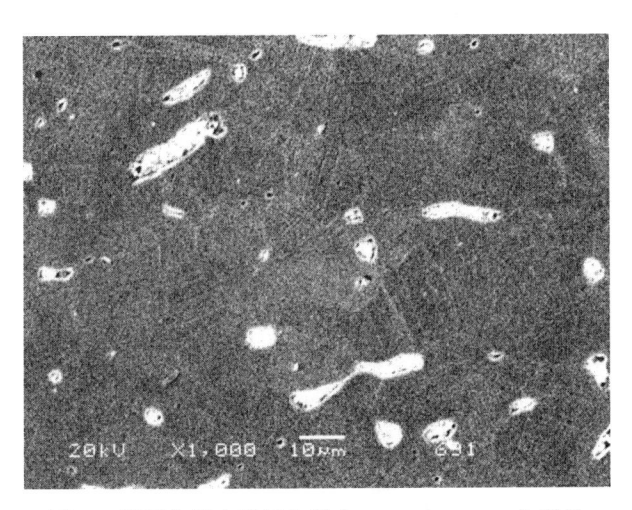

图17 铜圆角长方形板状器（2001CQJC：691）样品浸蚀后二次电子像金相组织（×1000）

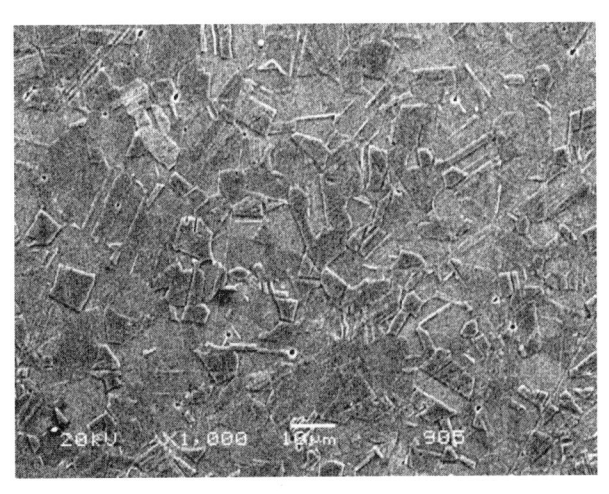

图18 铜圆角方孔形器（2001CQJC：905）表面粘连的铜器残片未浸蚀的二次电子像（×1000）

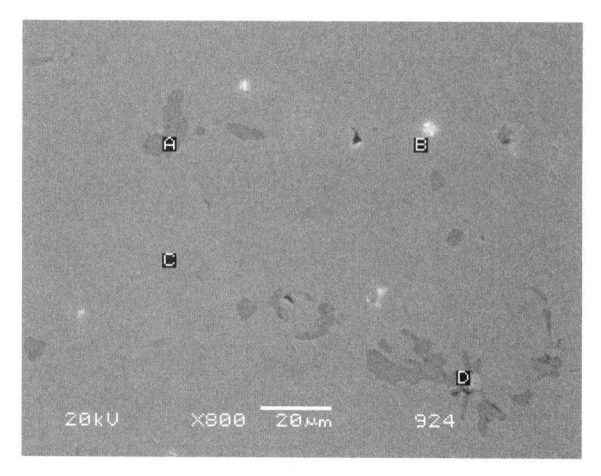

图19 铜璧环形器（2001CQJC：924）样品未浸蚀的二次电子像。A为（Cu,S）夹杂；B是铅；C为CuAs合金；D为CuSn相（×800）

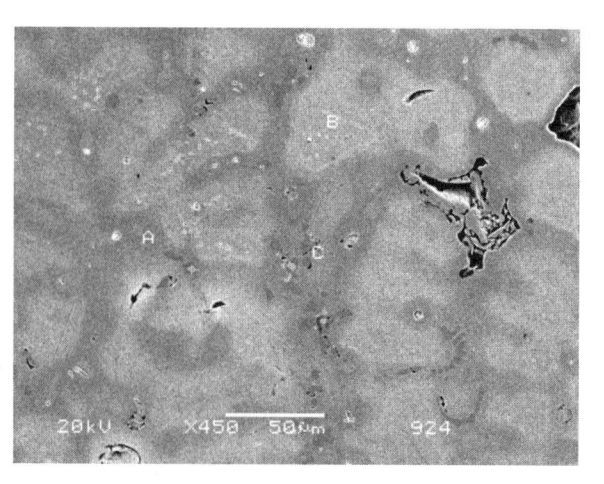

图20 铜璧环形器（2001CQJC：924）样品浸蚀后金相组织的二次电子像。A为CuSnAs；B是CuAs；C是（Cu,S）夹杂（×450）

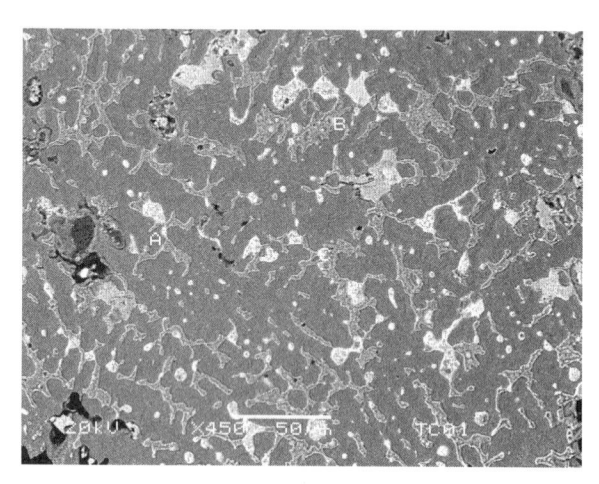

图21 铜残片（TC01）样品金相组织的二次电子像（×450）

图22 铜残片（TC06）样品未浸蚀的二次电子像（×500）

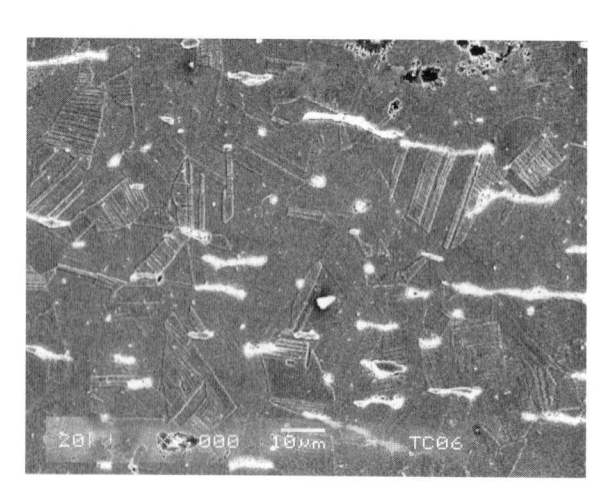

图23 铜残片（TC06）样品浸蚀后金相组织的二次电子像（×1000）

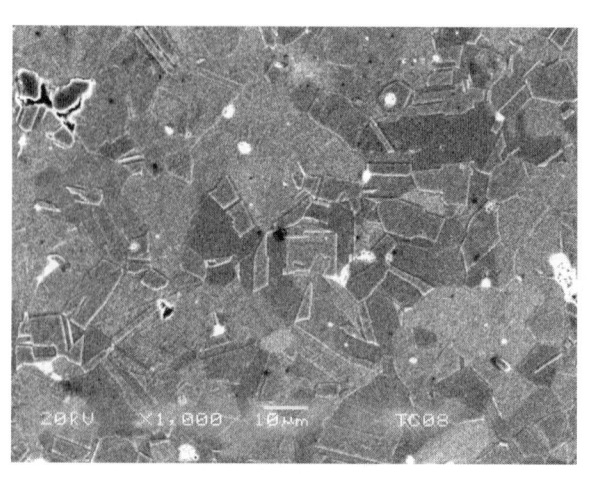

图24 铜残片（TC08）样品浸蚀后金相组织的二次电子像（×1000）

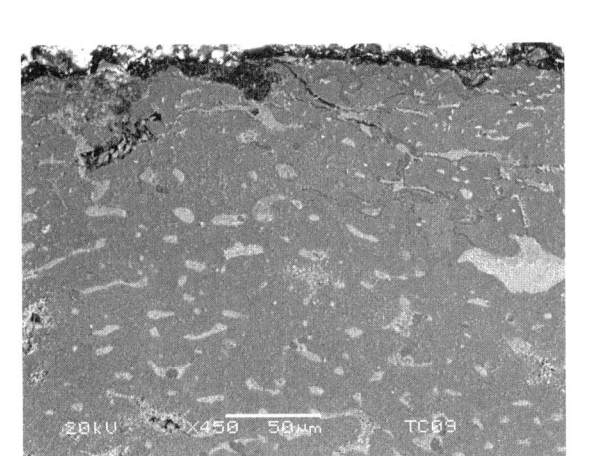

图25　铜残片（TC09）未浸蚀的二次电子像（×450）

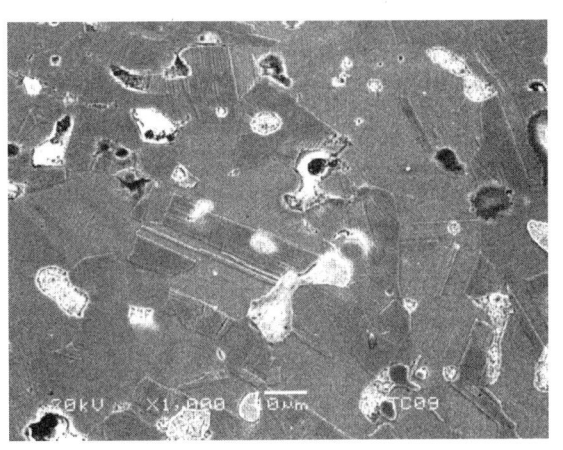

图26　铜残片（TC09）样品浸蚀后金相组织的二次电子像（×1000）

表6　金沙遗址出土部分铜器的金相组织检验结果

器物名称	实验编号	金相检验	合金种类	加工工艺
圆角长方形板状器	691	Pb分布不均匀，且沿加工方向变形；浸蚀后，可见α等轴晶和孪晶（图17）；存在（Cu，Fe，S）夹杂	CuSnPb	热锻
圆角方孔形器表面粘连的铜器残片	905	浸蚀后，可见α等轴晶和孪晶（图18），质地纯净，含极少量（Cu，Fe，S）夹杂	CuSn	热锻
璧环形器	924	晶内偏析明显，扫描电镜微区分析表明，二次电子图像中深色部分A含Sn、As较多，浅色部分B为CuSn相，黑色部分C是（Cu，S）夹杂（图19、图20）	CuSnAs	铸造
残片	TC01	α固溶体树枝晶，有较多（α+δ）相析出，Pb分布不均匀，扫描电镜微区分析有（Cu，S）夹杂（图21）	CuSnPb	铸造
残片	TC02	α等轴晶和孪晶，Pb分布不均匀，且沿加工方向变形，存在（Cu，S）和（Cu，Fe，S）夹杂	CuSnPb	热锻
残片	TC03	α等轴晶和孪晶，Pb分布较均匀，且沿加工方向变形，（Cu，S）夹杂与Pb相伴；表面有约25μm的锈蚀层	CuSnPb	热锻
眼形器残片	TC04	α等轴晶和孪晶，晶内存在滑移带，Pb分布不均匀，且沿加工方向变形，（Cu，S）夹杂与Pb相伴；表面约有20μm的锈蚀层	CuSn	热锻
残片	TC05	α等轴晶和孪晶，晶内有滑移带，Pb分布较均匀，且沿加工方向变形，（Cu，S）夹杂与Pb相伴；表面约有40μm的锈蚀层	CuSnPb	热锻
残片	TC06	α等轴晶和孪晶，晶内有滑移带（图22、图23）；Pb分布较均匀，且沿加工方向变形，（Cu，S）和（Cu，Fe，S）夹杂与Pb相伴；表面约有50μm的锈蚀层	CuSnPb	热锻
残片	TC07	α等轴晶和孪晶，Pb分布不均匀，且沿加工方向变形；表面约有45μm的锈蚀层	CuSnPb	热锻
残片	TC08	α等轴晶和孪晶，Pb分布不均匀，且沿加工方向变形；有（Cu，S）和（Cu，Fe，S）夹杂（图24）；表面约有25μm的锈蚀层	CusnPb	热锻
眼形器残片	TC09	α等轴晶和孪晶，Pb分布较均匀，且沿加工方向变形；存在与Pb相伴的夹杂（图25、图26）；表面约有30μm的锈蚀层	CuSnPb	热锻
薄壁器残片	TC10	α等轴晶和孪晶，Pb分布较均匀，且沿加工方向变形；存在与Pb相伴的夹杂；表面约有20μm的锈蚀层	CuSnPb	热锻

3 讨论

3.1 关于金器

根据样品观察与分析检测结果，对金沙遗址出土金器的相关问题进行讨论。

（1）金沙遗址出土金器均为金薄片或金箔，经实际测量，一般厚度在0.1～0.2 mm，厚度最大有0.4 mm左右。对其中4件残样的金相检验，其组织为等轴晶和孪晶，表面金薄片和金箔为热锻成形。

（2）对8件金器的无损分析和4件金残样品的制样分析，表面含Au量最高为94.2%，最低为83.3%；含Ag量最高为16.4%，最低为5.1%；分析的样品中含Cu为0.2%～1.6%，图27是样品中合金元素的变化情况，可见Au、Ag和Cu元素的波动比较大。金沙遗址出土金器可能为所采的自然金加工而成。

（3）对部分金器表面、表面纹饰线条的加工痕迹及特征的显微观察、分析，认为其纹饰为刻划形成，而镂空纹饰是用某种工具反复刻划形成的；大部分金器在加工成形后，未对其表面进行抛光处理，而是根据需要有选择地对个别器物的表面进行抛光，以使其光亮。

（4）关于金沙遗址出土金器热加工工艺内涵，金器表面纹饰刻划所用工具，抛光金器表面所用的材料，以及金原料的来源，尚需考古新材料的发现和深入的分析研究。

3.2 关于铜器

本实验取样分析检验了13件铜器样品，其中大多为器物残片。经实际测量，扁平铜片厚度一般为0.2～0.4 mm，仅2001CQJ标本：1和2001CQJ标本：2样品较厚，达0.6～0.7 mm。金相检验表明，除璧环形铜器和残样2001CQJ标本：1为铸造成形外，余下11件样品均为热锻成形。成分分析显示，13件样品中10件为CuSnPb三元合金，2件为CuSn二元合金，1件为CuSnAs砷青铜合金。根据样品的分析检验结果，就相关金沙遗址出土铜器的技术问题讨论。

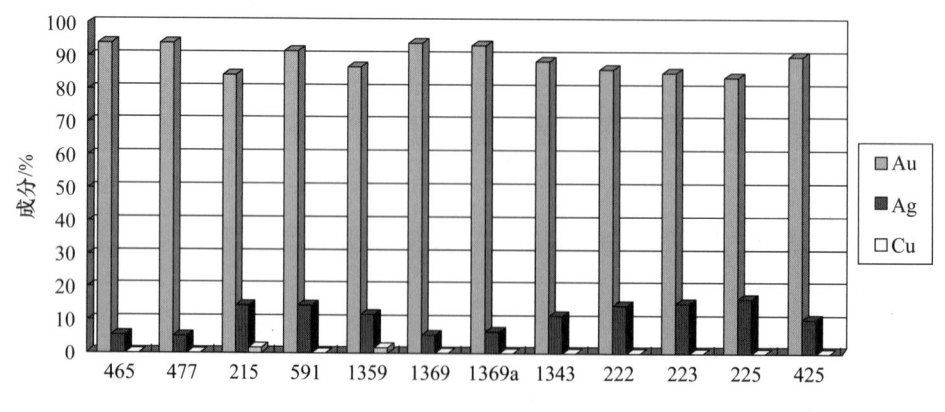

图27　金器样品合金成分（Au、Ag、Cu）示意图

（1）在分析的13件样品中10件为CuSnPb三元合金，10件CuSnPb合金样品均为薄壁，其中

仅2001CQJ标本：1为铸造，余为热锻成形。从成分上看，这10件样品Cu、Sn、Pb含量波动较大（图28），Cu含量从73.8%～85%，Sn含量从11.9%～18.6%，Pb含量从2.7%～14.2%，但其金相组织相同，为等轴晶和孪晶，而且晶内存在滑移带，反映出加工工艺比较成熟稳定。

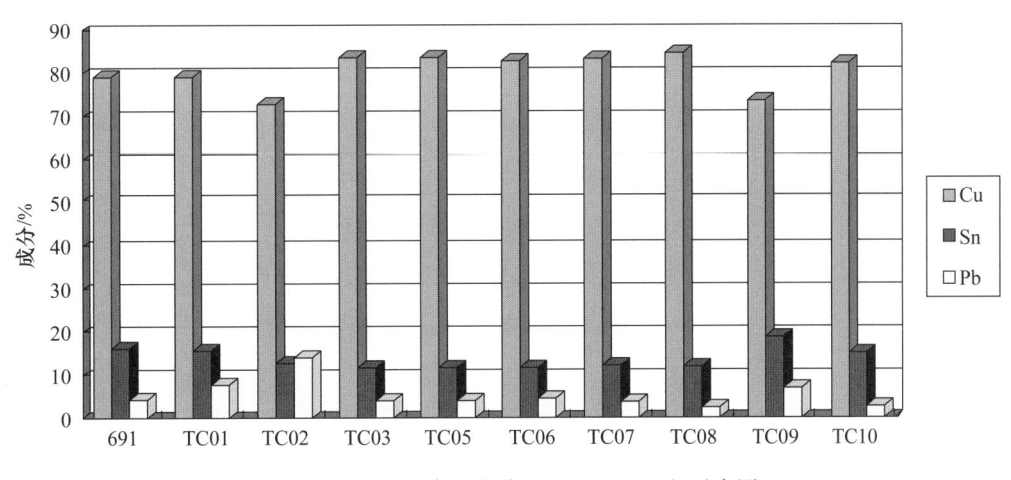

图28 铜器样品合金成分（Cu、Sn、Pb）示意图

（2）关于扁平铜片的加工工艺问题。13件样品中，铜器残片样品为12件，其中11件样品为扁平残片。金相检验结果表明，12件铜器残片样品中仅2001CQJ标本：1为铸造成形（其样品厚度为0.6～0.7 mm），余下11件扁平样品均为热锻成形。金沙遗址出土铜器残片，可能是先铸造成较厚的薄片，然后根据实际需要再加热锻打成不同的形状和尺寸。目前在金沙遗址还未出土薄壁容器，而出土的大都是残片，除像圆角长方形板状器、眼睛形器、菱形器等少量经热锻加工成扁平状器物有出土外，大多铜器残片为残块，有的残样品壁厚仅0.2 mm左右，大多不知其完整的形状，用途也不明确。所以，这类薄壁铜器的相关技术问题有待于考古的新发现和深入研究。

（3）关于砷青铜问题。发现1件砷青铜，含2.4%Sn，5.9%As。关于砷铜合金问题已有专文讨论[2]，最早的砷铜合金发现于伊朗Susa遗址（4100BC～3900BC），其后在以色列Timna的古代矿区，在近东，特别是美索不达米亚，在黑海地区，以及印度的Ganges山谷等地，都发现有砷铜制品。在中国，甘肃河西走廊的四坝文化（1900BC～1600BC），如民乐东灰山墓葬、酒泉丰乐干骨崖墓葬、玉门火烧沟墓葬等都出土有砷铜[3]；新疆哈密地区天山北路、南湾、五堡、焉不拉克等地的墓葬中也发现有大量砷铜制品，其墓葬年代在1500BC～600BC[4]；内蒙古朱开沟早商遗址出土1件含砷铜残戈[5]；河南偃师二里头二期遗址出土的1件铜锥也为砷铜[6]等。

目前，在检测的13件金沙遗址出土的样品中，仅发现1件璧环形器是砷青铜（铸造制品），10件CuSnPb三元素合金，CuSnPb合金占绝对优势。那么，金沙遗址铜器中砷是作为一种合金元素存在，还是偶然所见；假如砷铜合金在金沙存在，砷铜从何而来；是当地所生产，还是古代交流的制品。这些还需进一步深入研究。

致谢

金沙遗址出土金器和铜器的研究工作得到成都文物考古研究所领导的大力支持；本实验是在四川

大学分析测试中心进行，得到钟琼茂、李祝两位先生的帮助；在实验研究前期，北京科技大学冶金与材料史研究所博士生梁宏刚、郭宏两位先生曾给予极大帮助；在实验过程中，成都文物考古研究所白玉龙、胡晓蓉、冉静、党国松等给予协助。特致衷心感谢。

参 考 文 献

[1] 成都市文物考古研究所，北京大学考古文博院. 金沙淘珍——成都市金沙村遗址出土文物. 北京：文物出版社，2002；朱章义，张擎，王方. 成都金沙遗址的发现、发掘与意义. 四川文物，2002（2）.

[2] 潜伟，孙淑云，韩汝玢. 古代砷铜综述. 文物保护与考古科学，2000（2）.

[3] 孙淑云，韩汝玢. 甘肃早期铜器的发现与冶炼、制造技术的研究. 文物，1997（7）.

[4] 北京科技大学冶金与材料史研究所，新疆文物考古研究所，哈密地区文物管理所. 新疆哈密天山北路墓地出土铜器的初步研究. 文物，2001（6）.

[5] 李秀辉，韩汝玢. 朱开沟遗址早商铜器的成分及金相分析. 文物，1996（8）；李秀辉，韩汝玢. 朱开沟遗址出土铜器的金相学研究//内蒙古自治区文物考古研究所，鄂尔多斯博物馆. 朱开沟——青铜时代早期遗址发掘报告. 北京：文物出版社，2000.

[6] 金正耀. 二里头青铜器的自然科学研究与夏文明探索. 文物，2000（1）.

巴蜀带斑纹兵器的锈蚀产物分析及机理探讨[*]

肖 嶙　姚智辉　白玉龙　孙淑云

摘　要　带斑纹兵器是巴蜀兵器的一大特色。由于表面有斑纹的青铜兵器锈蚀与一般青铜器锈蚀有所不同，必须针对其特殊性进行锈蚀机理的研究，才能对症下药，达到有效保护的目的。应用矿相分析、SEM-EDS、XRD等分析手段对几件巴蜀带斑纹兵器表面与截面锈蚀产物进行分析，并与非斑纹锈蚀进行比较；对斑纹与非斑纹的锈蚀机理进行探讨。分析结果表明，斑纹的锈蚀产物主要是SnO_2，其在兵器斑纹表面形成钝性保护膜，防止其进一步腐蚀，对斑纹下面的基体有一定的保护作用。非斑纹层锈蚀向斑纹层下面的基体扩展，膨胀是造成斑纹层凸起甚至脱落的主要原因，对斑纹兵器保护的关键是控制非斑纹层锈蚀的进一步发展。

关键词　巴蜀兵器　斑纹　锈蚀　电化学

引言

四川盆地的巴蜀青铜器，是古代巴蜀文化最重要的组成部分，它以显著的地方特色和独特的艺术魅力闻名于世。其中兵器又是巴蜀青铜器中最多、形制尤具特色的一类。巴蜀青铜兵器以其独特的造型和纹饰著称，特别是部分兵器表面的虎斑纹是其他地区青铜文化所没有的，集中体现了巴蜀独特的青铜工艺技术水平。

由于表面有斑纹的青铜兵器锈蚀与一般青铜器锈蚀有所不同，必须针对其特殊性进行锈蚀机理的研究，才能"对症下药"，达到有效保护的目的。故选择对巴蜀带斑纹兵器的锈蚀产物进行分析及对其锈蚀机理研究。

1　样品分析检测的方法和结果

1.1　样品来源及检测方法

因兵器多数完整无损以及馆藏器物的珍贵性，无法进行取样。故对器物表面进行无损分析。取样

---

[*] 原文发表于《文物保护与考古科学》，2006年第2期。
基金项目：国家文物局科技课题（2003017）资助。

样品6件（带*标注的，其中编号008、014、015、016为截面样品；编号017、018为锈蚀粉末），具体见表1。

表1 分析样品统计表

实验室编号	样品原编号	名称	来源	检测项目
001	编号不详	银斑戣	彭州文管所	①
002	编号不详	虎纹戈	彭州文管所	①
003	M100：5	铜矛	什邡文管所	①
004	MI：1	铜剑	什邡文管所	①
005	编号不详	残矛	什邡文管所	①
006	SMl01：5	断剑	什邡文管所	①
007	总442号	铜剑	成都博物馆	①
008	总390号	铜剑	成都博物馆	①
009	征432号	残剑	成都博物馆	①
010	0301-0043	铜矛	成都博物馆	①
011	周11-2	铜戈	成都博物馆	②
012	0286-0028	铜戈	成都博物馆	②
013	无编号	铜矛	私人藏品	①
014	无编号	铜剑	绵竹	①③④
015	无编号	铜剑	成都	①③④
016	无编号	铜剑	绵竹	④
017	SMC101：12	戈上锈粉	什邡文管所	①
018	无编号	戈上锈粉	什邡文管所	①

注：①用X射线衍射仪进行表面半定量分析；②用扫描电镜X射线能谱仪进行表面分析；③矿相分析；④用扫描电镜X射线能谱仪进行截面分析。

1.2 分析检测结果

1.2.1 表面无损分析

主要进行银斑、黑斑和非斑纹部位的表面分析。

（1）银斑部位表面分析结果。分析器物中有3件兵器表面为银色斑纹（001/022/013），1件为银底黄斑（002）。用XRD对彭州银斑戣上银斑、虎纹戈的银底以及成都博物馆银斑戈上银斑部位进行分析，结果均以Cu_2O、$CuCO_3$、SnO_2为主；通过对013号样品（巴蜀矛）表面银斑点X射线衍射结果分析，可看出银斑点主要为铜锡合金的ε相，结果见图1。

（2）黑斑部位表面分析结果。用XRD对表1中完整样品上黑斑纹进行分析。结果表明：黑色斑纹成分主要为铜锡合金的δ相和金属元素对应形成的氧化物。

锡的氧化物：SnO_2、SnO（实验编号001、004、007、009、010、011、012）。

铜锡合金相：Cu_3Sn、$Cu_{10}Sn_3$、$Cu_{41}Sn_{11}$、$Cu_{10}Sn_3$（实验编号003、004、006、007、013）。

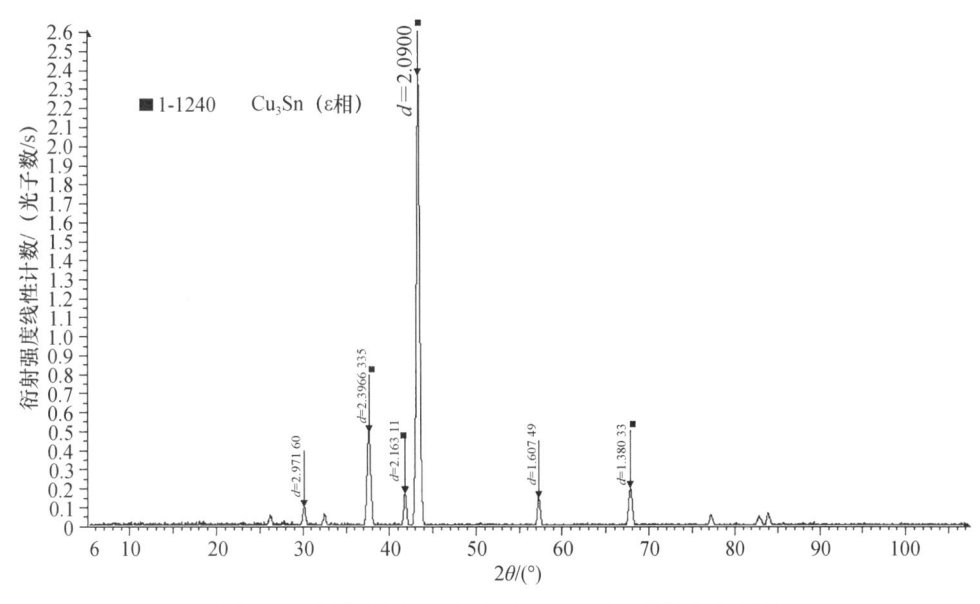

图 1　013号样品（巴蜀矛）表面银斑点X射线衍射图谱

铜的氧化物和碳酸盐：CuO、Cu_2O、$CuCO_3$（实验编号001、002）。

（3）非斑纹部位分析结果。非斑纹处成分有：Cu_2O、$CuCO_3$、SnO_2、SnO、CuSn、$Cu_{39}Sn_{11}$、$Cu_{41}Sn_{11}$、$Cu_{10}Sn_3$，仅个别器物表面非斑纹处检测到有铁的氧化物和硫化物。

扫描电镜对2件戈表面分析结果表明，周11-2戈非银斑纹部位Pb、Cu锈蚀程度较银斑纹部位严重，锈蚀成氧化物、碳酸盐；部分黑斑周围的氧化锈蚀也被激发，非斑纹处比斑纹处Cu含量低得多，表明此部位Cu流失很严重。

1.2.2　截面分析

几件截面样品的矿相、XRD、SEM及非斑纹部位分析结果如下。

（1）矿相分析。矿相分析看出斑纹层与基体之间有锈蚀层，比非斑纹处锈蚀层薄，主要为氧化亚铜、蓝铜矿和孔雀石，同时混杂着大量的石英。以实验编号015样品为例，截面一侧斑纹层在暗场下透光，是矿化的表现，但斑纹层中有未锈蚀的δ相残留，暗场下不透光（图2）。该样品截面另一侧在暗场下锈蚀产物呈红色、橙色，同时混杂着大量的石英，呈土色，未见残留的Cu-Sn合金相（图3）。

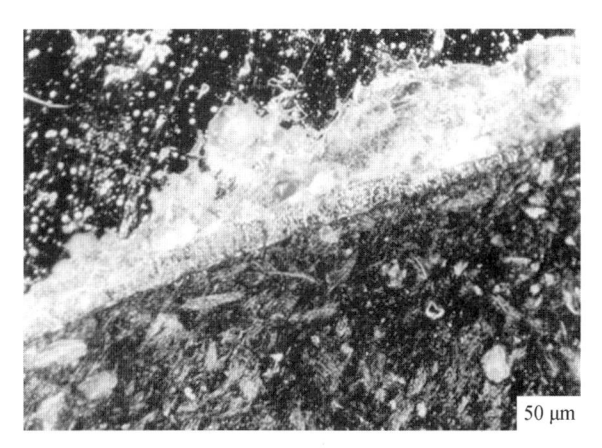

图 2　015样品斑纹层和锈蚀层截面矿相（暗场） 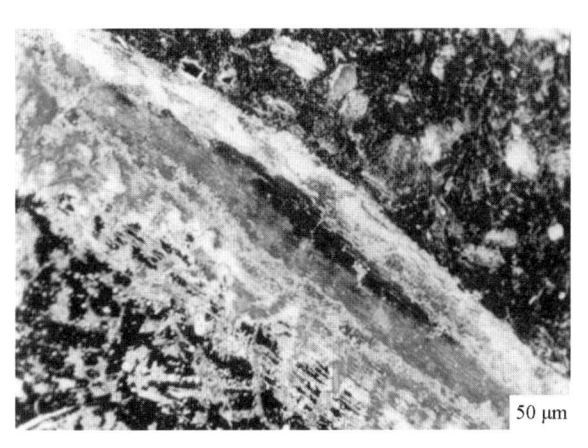　　图 3　015样品另一侧斑纹层和锈蚀层截面矿相（暗场）

（2）X射线衍射分析。对实验室编号014与015样品表面用XRD进行分析，仪器型号为D8 Discover with GADDS，德国Bruber AXS公司，衍射光斑直径0.8 mm，Cu靶，工作电压40kV，工作电流40 mA，时间2 min。探测器到样品距离15 cm，分辨率1024×1024。对衍射图谱的解析采用d值比较法。将实验分析得到的样品d值与国际X射线衍射协会制作的标准卡片（JCPDS）给出的值进行比较，以确定被检测物的物相组成。

黑斑纹处衍射分析结果：从对2件截面样品黑斑纹衍射图谱解析图4可以看出：黑斑纹均以SnO_2和δ相$Cu_{41}Sn_{11}$为主。

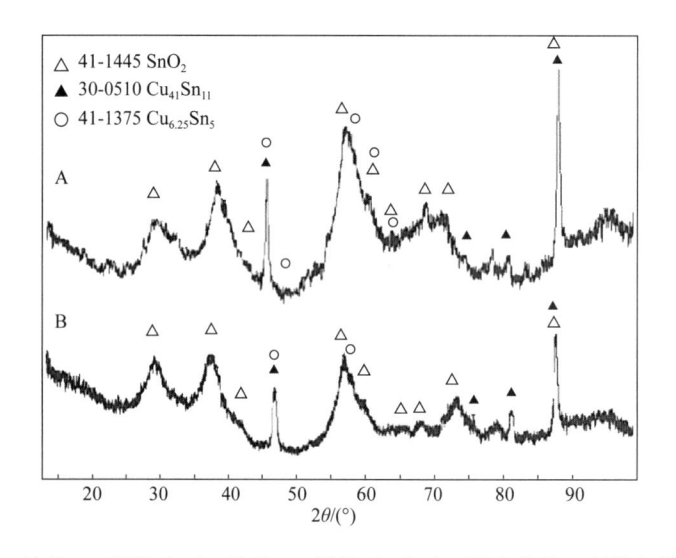

图4 编号014样品（A）、编号015样品（B）表面黑斑纹处X射线衍射图谱

对非黑斑纹处蓝色、绿色、黄色区域的X射线衍射分析结果如图5～图8所示。表层斑纹区域成分主要是SnO_2与$Cu_{41}Sn_{11}$，这与矿相观察、电镜分析结果相吻合。非斑纹区域是以SnO_2和铜的氧化物为主。衍射图谱显示表面绿色、黄色区域X射线衍射峰呈现展宽现象，是SnO_2细小晶粒所致，属于外界附加在铜器表面的沉积层。漫射峰有可能使得某些相的衍射峰隐没于其中，影响分析结果。

（3）扫描电镜分析。斑纹层与基体界面明显，且较为平整，表面斑纹的厚度在20～40 μm。样品截面样品的扫描电镜背散射电子像和金相观察都反映出，基体组织为铸态组织α相、（α+δ）相。但均有均匀化迹象，α偏析减少，（α+δ）相中α聚集。表2为SEM-EDS对样品截面成分分析结果。

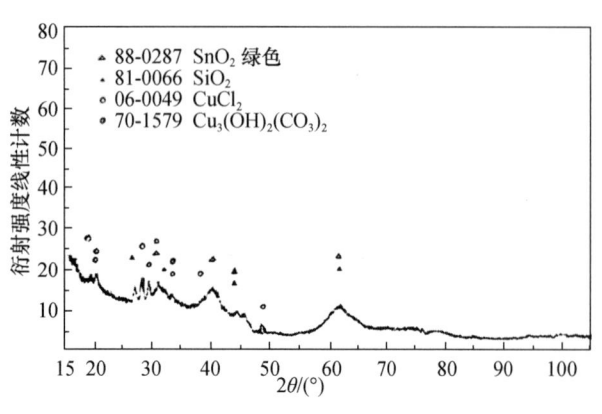

图5 014号样品表面绿色区域X射线衍射图谱 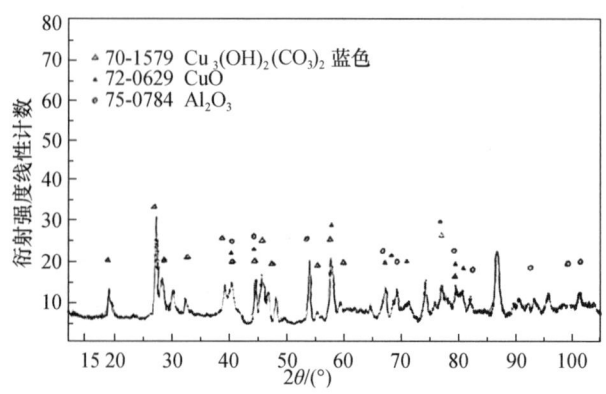   图6 014号样品表面蓝色区域X射线衍射图谱

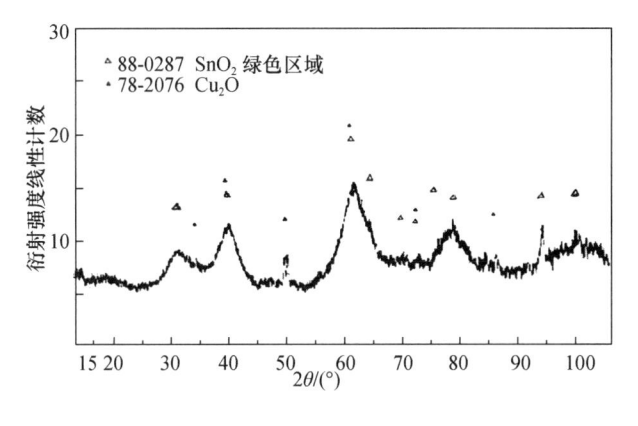

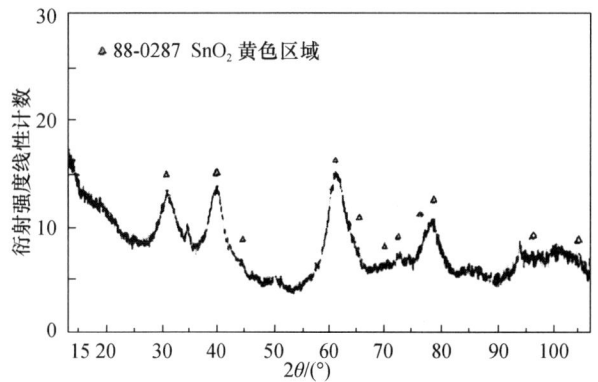

图7　015号样品表面绿色区域X射线衍射图谱

图8　015号样品表面黄色区域X射线衍射图谱

表2　SEM-EDS对样品截面成分分析结果　　　　　　　　　　　　　　　　　单位：%

样品编号	Cu	Sn	Pb	O	其他	备注
014-1 基体面扫	83.0	12.4	—	4.5		锡青铜
014-2 斑纹区面扫	33.7	40.5	—	25.4	Fe0.4	
014-3 微区分析	60.4	31.0		8.6		锈蚀的δ相（图9）
014-4 微区分析	8.5	46.6		38.6	P1.4, Fe4.5	锈蚀的ε相（图9）
015-1 基体面扫	84.2	12.6	—	3.1		锡青铜
015-2 斑纹区面扫	30.5	43.3		25.1		
015-3 点分析	40.3	41.8	—	17.8		斑纹区锈蚀δ相
015-4 点分析	11.1	49.6		33.8	Si1.5, Fe2.6	斑纹区锈蚀ε相
015-5 微区分析	8.0	41.9		41.7	Si2.5, P2.9, Fe2.3	基体外非斑纹处锈层
016-1 斑纹区面扫	23.6	43.8	3.7	26.6	Si1.0	
016-2 斑纹区面扫	19.9	46.7	0	29.8	Si1.2, P0.7, Fe1.6	
016-3 微区分析	74.0	26.0	—			未锈蚀的（α+δ）相（图10）
016-4 微区分析	64.4	29.5		6.1		锈蚀的（α+δ）相（图10）
016-5 基体面扫	85.4	12.6	1.9			锡青铜

注：—表示未检测到。

扫描电镜能谱分析表明，3件样品基体含锡量均为12.5%左右，是含铅量极低的锡青铜，属于典型的兵器含量。从对斑纹层的面扫结果可看出，斑纹层锡含量在40.5%～46.7%，远高于基体的含锡量且都含氧。斑纹层中多有发亮的δ相与较灰暗的α基体，斑纹层含较高的氧说明斑纹层也遭到锈蚀。样品截面整体观察，斑纹层处比非斑纹处锈蚀程度弱，可看到锈蚀往往从非斑纹处进入，呈楔形，由两旁向斑纹层下面延伸（图11）。

（4）非斑纹部位截面分析结果。为便于与斑纹样品做比较，选择以前分析过成都博物院的非斑纹戈截面样品进行比较。

从非斑纹锈蚀分析结果看出，尽管该锈蚀层中也是铜流失，锡富集，但其组织与斑纹层不同，非斑纹锈蚀层与基体未锈蚀区域交界处中仍可见有组织连通。且界面不像斑纹层与基体的界面平整。从背散射电子像（图12）可见最外的锈蚀层中仍有（α+δ）共析组织残存。

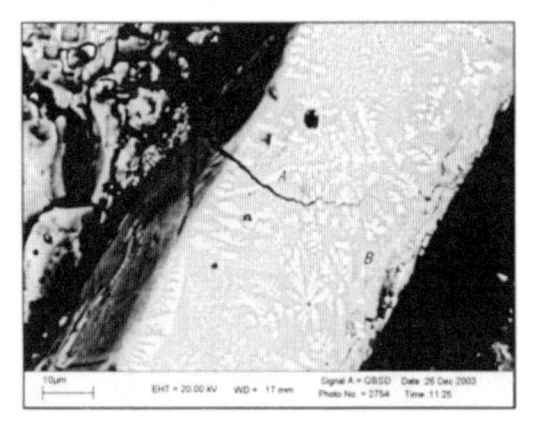

图9　014号剑 Aδ相 Bε相扫描电镜背散射电子像
斑纹层

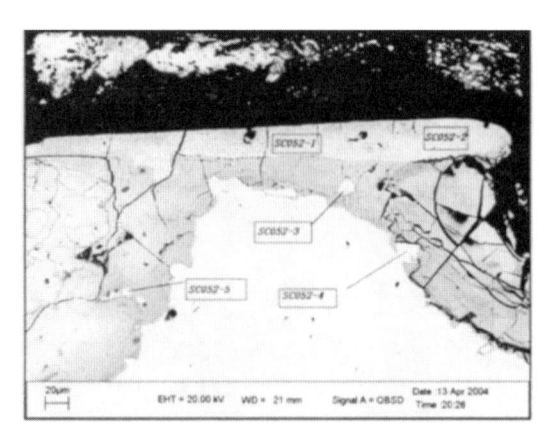

图10　016号剑扫描电镜背散射电子像

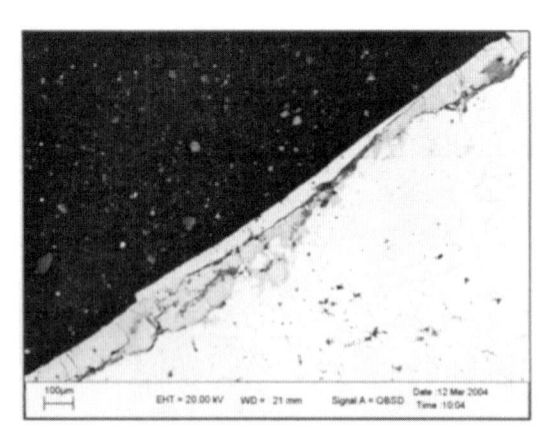

图11　015号剑扫描电镜背散射电子像
斑纹层、锈蚀层、基体

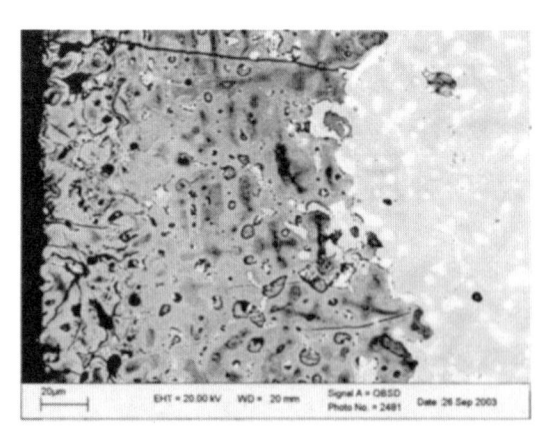

图12　非斑纹样品扫描电镜背散射电子像
左边基体锈蚀区域，右边金属基体

1.2.3　锈粉分析

对什邡2件兵器表面锈粉的XRD半定量分析结果见表3。从表面锈蚀分析可以看出，什邡2件器物表面锈蚀成分为Fe_2O_3，及SiO_2、CuS、Cu_2O。

表3　编号017和018残戈上锈粉分析结果

实验编号	标准衍射卡片编号	质量分数/%	分子式
017	01-085-0457	4	SiO_2
	03-065-3928	11	CuS
	01-078-2076	2	Cu_2O
	01-073-0603	82	Fe_2O_3

续表

实验编号	标准衍射卡片编号	质量分数/%	分子式
017	01-075-2146	1	CuFeO$_2$
	01-078-2076	1	Cu$_2$O
018	01-073-0603	89	Fe$_2$O$_3$
	01-075-2146	1	CuFeO$_2$
	01-085-0457	4	SiO$_2$
	03-065-3928	5	CuS

注：所用仪器为四川大学分析中心菲利普 X'Pert pro MPD X 射线衍射仪。

2 锈蚀机理探讨

巴蜀兵器表面斑纹为高锡青铜，颜色银白，与基体低锡青铜的金黄色形成鲜明对比，使巴蜀兵器呈现美丽华贵的特有气质。但随着地下埋藏环境对其腐蚀，使大多数兵器表面斑纹由银白变为漆黑、基体由金黄变为蓝、绿、黄等不同锈蚀色泽。分析检测表明，斑纹与基体的不同色泽是由腐蚀产物不同造成的，而腐蚀产物的不同是与腐蚀机理相关的。下面将对斑纹与基体的腐蚀机理进行分别讨论。

2.1 斑纹层的腐蚀机理

肉眼观察斑纹层致密，耐腐蚀，颜色漆黑发亮。对斑纹层XRD、金相、矿相检测结果可知，主要由SnO$_2$组成。斑纹层成分分析含有平均40%～47%的锡。金相、矿相观察斑纹层为锈蚀了的高锡青铜组织，基体为α相，有较多δ相。由此可推断，当斑纹层未锈蚀时，金属中锡含量应高于20%，在24%～28%的可能性较大。腐蚀造成锡含量的增高。下面针对斑纹层的特征进行分析讨论。

2.1.1 斑纹层高锡含量的原因

斑纹层锡含量的增高与兵器表面铜的流失有关。酸性土壤中的腐殖酸和黄腐酸与Cu^{2+}有较强的络合稳定性。腐殖酸和黄腐酸的络合能力主要来自它们的含氧官能团，如COOH、酚羟基—OH、和各种C＝O集团。对铜来说主要的络合官能团是COOH、酚羟基—OH，其络合反应如下：

$$HA+Cu^{2+} \Longrightarrow CuH^+ + H^+; \quad HA+CuH^+ \Longrightarrow CuA_2 + H^+$$

HA为腐殖酸和黄腐酸的一种官能团。铜与腐殖酸和黄腐酸的络合物进入土壤的不可溶部分，即结合态和可溶态—Cu向专性吸附态—Cu和有机结合态—Cu转移，加速了兵器表面铜的离子化和向土壤中的溶解扩散，使兵器表面铜流失，锡相对富集。这种现象不仅存在于高锡的斑纹层，而且非斑纹区域也有，例如分析的015和016号样品未腐蚀的青铜基体含铜84%左右，含锡12.5%左右，而腐蚀的非斑纹部位铜含量降至7%～8%，锡含量增至30%～42%。XRD结果表明除大量铜的氧化物和盐类外，也有SnO$_2$存在。但矿相观察非斑纹部位锈蚀产物疏松，锈蚀向基体伸展，形成较厚的锈层，锈蚀还向斑纹层下面基体伸展。而斑纹层致密，与基体有明显界限，说明斑纹层有良好的抗腐蚀性能。

2.1.2 斑纹层 SnO_2 形成的机理

I. A. Ammar 等[1]进行过 pH=8.5 时纯锡在磷酸盐缓冲溶液中的循环伏安曲线的测定（图 13），可说明锡的电化学腐蚀过程。扫描速度：1 mV/s，扫描范围：-1.4~2.2 V（SCE）。从较负电位向正方向扫描，a~b 为析氢过程，在 b 段开始处析氢过程停止。b~c 段为锡的活化氧化过程，c 处为锡的活化/钝化转变峰，d 段表示锡的钝化过程，在 e 电流密度迅速上升至 f，发生析氧过程。电位再向负方向扫描，电流密度迅速下降，当电位低于 1.6 V 时氧的析出停止。锡可能发生的电极反应及其平衡电位（SCE）与 [OH⁻] 的关系方程[2]如下所示：

$$Sn + 2OH^- \rightleftharpoons Sn(OH)_2 + 2e^- \tag{1}$$
$$E = -1.16 - 0.059 \log(OH^-) \text{ V}$$

$$Sn + 2OH^- \rightleftharpoons SnO + H_2O + 2e^- \tag{2}$$
$$E = -1.173 - 0.059 \log(OH^-) \text{ V}$$

$$Sn(OH)_2 + 2OH^- \rightleftharpoons Sn(OH)_4 + 2e^- \tag{3}$$
$$E = -0.993 - 0.059 \log(OH^-) \text{ V}$$

$$SnO + 2OH^- + H_2O \rightleftharpoons Sn(OH)_4 + 2e^- \tag{4}$$
$$E = -0.981 - 0.059 \log(OH^-) \text{ V}$$

显然，图 13 中活化/钝化转变峰 c 的特征反应，应该是式（1）、式（2）所表示的阳极反应。

根据 $Sn(OH)_4$（固）$\rightleftharpoons SnO_2$（固）$+ 2H_2O$，$\Delta G = -37.3 \text{kJ/mol}$，说明 $Sn(OH)_4$ 容易脱水转化为 SnO_2[3]，脱水过程不可逆。

SnO_2 的形态是晶态还是非晶态存在于青铜表面的问题，从 XRD 分析得到展宽的衍射峰推断可能是非晶态但也有可能是微晶态。Sn 转变为 SnO_2 的过程可能如下：

$$Sn \xrightarrow{\text{电化学过程}} Sn(OH)_2 \text{ 或 } SnO \xrightarrow{\text{电化学过程}} Sn(OH)_4 \text{ 胶体} \longrightarrow$$

$$\text{非晶态 } SnO_2 \xrightarrow{\text{化学过程}} \text{晶态 } SnO_2$$

由于有胶体过程，青铜在腐蚀过程中的铜流失或含铅青铜的铅流失留下的空缺将得到补充，使它们最后被 SnO_2 代替。青铜锡含量对生成致密或疏松表层有直接关系。实验表明，在腐殖酸中形成黑漆古的锡含量，不可低于 17%。[4]只有高锡的青铜在腐蚀过程中，生成充足的 SnO_2 才有可能弥补铜流失所造成的空位，使表面致密。巴蜀兵器斑纹部位由于镀锡使表面生成 20% 以上锡含量的高锡层，使其在腐蚀过程能保持致密的表层，而非斑纹部位由于含锡仅有 12.5%，不足以生成致密的表层，而是堆积着铜、锡氧化物和铜的各种盐类的疏松表层。

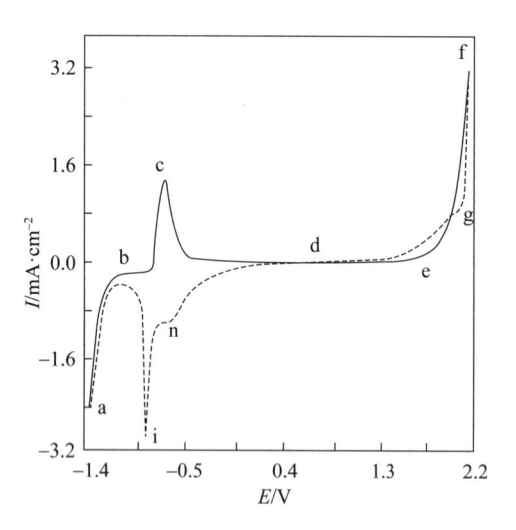

图 13 纯锡在磷酸盐缓冲溶液中的循环伏安曲线

2.1.3 斑纹层耐腐蚀的原因

从25℃时Sn-H$_2$O的电位-pH图（图14）可知，从热力学角度，土壤电位及pH范围（图14中长方框区域）主要处于SnO$_2$稳定区，锡的腐蚀受到表面形成的钝化膜的阻碍。

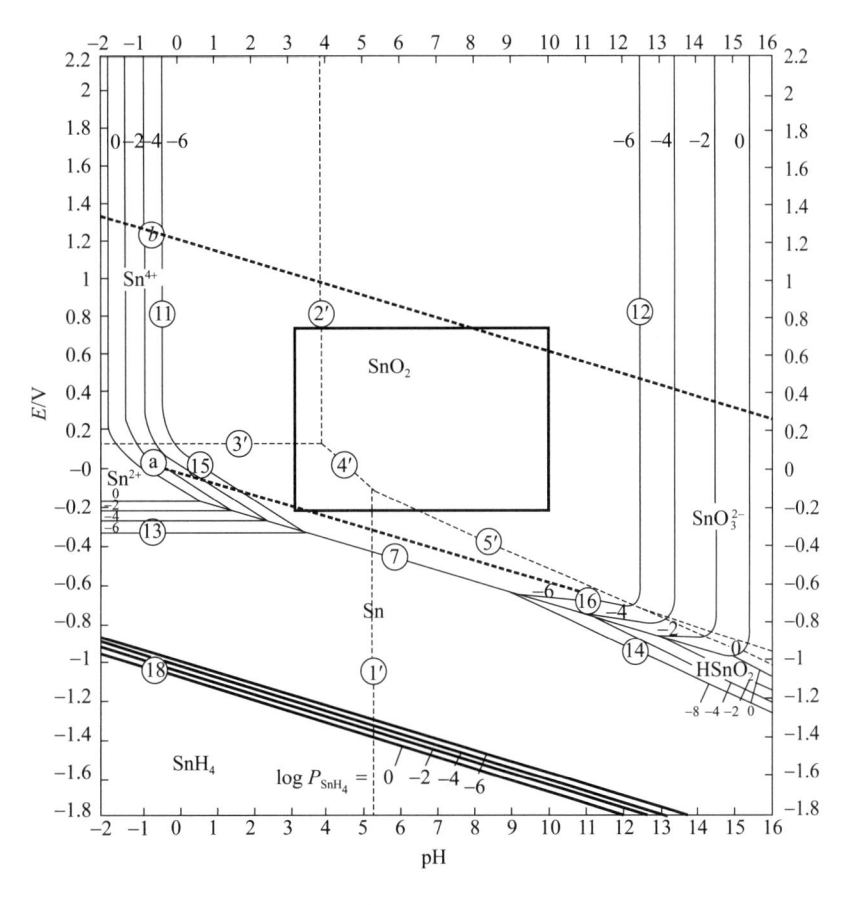

图14 Sn-H$_2$O体系的电位-pH平衡图(25℃)

镀锡形成的斑纹为高锡青铜，对于高锡青铜在土壤中的腐蚀特征近年有人进行过专门的电化学研究[5]，环伏安法、控电位阶跃法、恒定电流法、电位扫描极化法分别对高锡青铜合金（25%Sn，75%Cu）及相应于α相成分（8%Sn，92%Cu）和δ相成分（32.7%Sn，67.3%Cu）的锡青铜电极、纯铜、纯锡电极进行了电化学测试。电解质溶液选择土壤中所含有的腐殖酸溶液、黄腐酸溶液以及氯化钾溶液。实验结果表明，锡青铜在上述介质中的钝化主要是由于锡的氧化物形成钝化膜，阻止锈蚀进一步向内发生。在微酸性腐殖酸溶液、黄腐酸溶液以及氯化钾溶液中，锡青铜的δ相比α相更易钝化。从而解释斑纹层中δ相仍残留，α相遭到腐蚀的现象。

2.1.4 斑纹层漆黑发亮的原因

矿物学指出，对于SnO$_2$锡石矿物来说，其晶体是半透明的，透明度与厚度有关。兵器表面斑纹层厚度经测定，在20～40 μm，较薄，所以透明度较好。[6]锡石的折射率为2.0～2.6，反射率为11.7%，属于金刚石类型光泽。可使表面有玻璃质感。如果兵器表面SnO_2为矿物结晶，黑色应是铜的氧化物CuO（黑铜矿）所致。若SnO_2为微晶，有学者认为，纳米微晶[7]就可能为黑色。也许以上二种形态的SnO_2都有可能同时存在于古代巴蜀兵器斑纹层中。

2.2 非斑纹区域的腐蚀机理

从对巴蜀斑纹兵器表面（斑纹区与非斑纹区）XRD半定量测试结果和对样品014号、015号表面XRD及矿相分析结果可知，非斑纹区域的锈蚀产物有铜的多种氧化矿物和盐类。氧化物：黑铜矿CuO、赤铜矿Cu_2O，SnO_2；碳酸盐：$Cu_3(OH)(CO_3)_2$、$CuCO_3$、$Cu_3(OH)_2(CO_3)$；磷酸盐；硅酸盐；氯化物等；颜色有黑色、暗红色、绿色、蓝色、黄色等。

有关埋藏于土壤中的铜器的腐蚀产物已有很多研究[8-12]，而铜的腐蚀产物有多种颜色，如表4所示。一般在含氧丰富的环境中，铜器表层形成黑铜矿CuO，在靠近基体处由于缺氧而生成赤铜矿Cu_2O，锡一般以SnO_2存在。当环境存在CO_3^{2-}、HCO_3^-、SO_4^{2-}、PO_4^{3-}、Cl^-时可形成各种盐类。锡的腐蚀产物SnO_2在矿相显微镜下观察，一般为黄色，当和Cu_2O混合在一起时为橙色。

表4 铜的腐蚀产物及其颜色

化学式	名称	颜色
Cu_2O	赤铜矿	红色至近于黑色
CuO	黑铜矿	钢黑、铁黑至黑色，粉末为绿色
CuCl	氯化亚铜	草绿
$Cu_2(OH)_3Cl$	氯铜矿	鲜绿
$CuCO_3 \cdot Cu(OH)_2$	孔雀石	绿色
$2CuCO_3 \cdot Cu(OH)_2$	蓝铜矿	蓝色
$Cu_2(OH)PO_4$	磷铜矿	蓝色
CuS	硫化铜	黑色

什邡两件兵器表面锈粉XRD分析结果均有铜的氧化物Cu_2O、铜的硫化物CuS。主要原因在于以下两方面。

2.2.1 化学腐蚀

土壤中存在的氧和氧化剂可以使青铜中的铜氧化成相应的氧化物，如Cu_2O。埋葬条件下有机物的分解所产生的H_2S气体和其他含硫的化合物可以与青铜中的铜发生化学反应，生成CuS等铜的硫化物。

2.2.2 电化学腐蚀

从铜在土壤中腐蚀特征热力学角度看，在$Cu-H_2O$体系的电位-pH图中土壤电位和pH范围（图15

中线条所围长方形区域）内，在没有Cl^-、CO_3^{2-}、CO_2等存在情况下，铜可以以Cu^{2+}、Cu、Cu_2O、CuO的形式存在。氧化还原电位较高的介质中铜主要以CuO的形式存在。

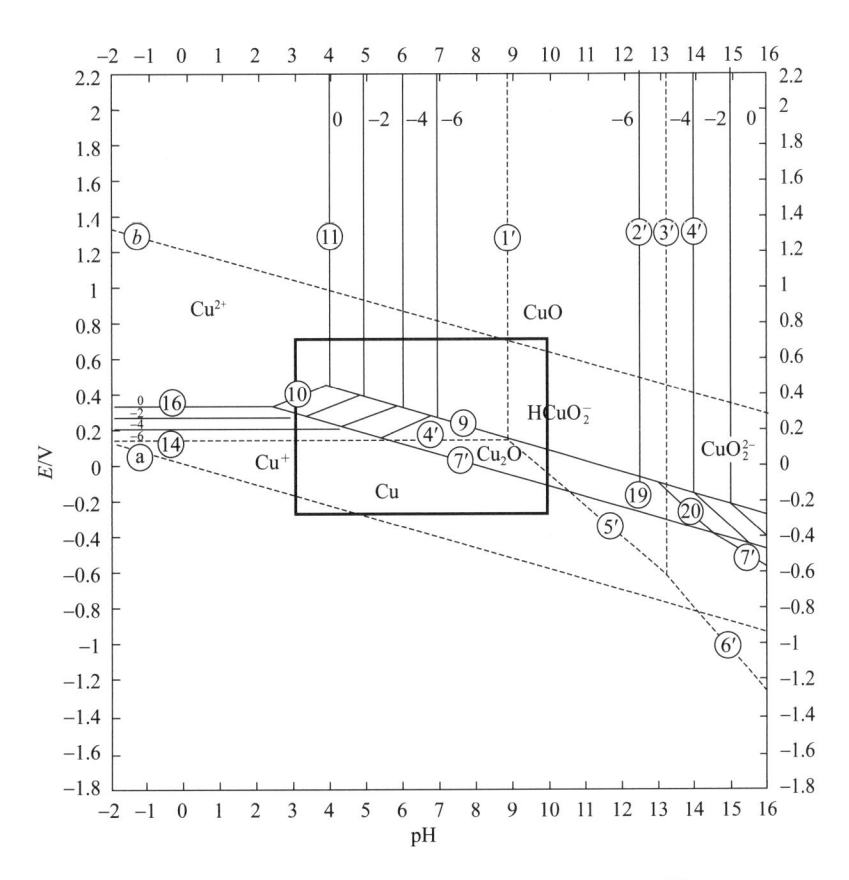

图15　Cu-H_2O体系的电位-pH平衡图（25℃）[13]
黑色长方形区域为土壤环境的pH值和氧化还原电位范围[5]

土壤中含有硫化物和硫酸盐，其中负二价的硫以硫离子、硫化氢、水溶性硫化物形态存在。S^{2-}可与进入土壤水分中的Cu^{2+}生成CuS，CuS有沉积到铜兵器表面锈蚀层中的可能。另外S^{2-}有助于Cu被氧化为Cu^{2+}，可促进青铜表面铜的流失，从而解释锡青铜器锈层中锡相对富集的原因。

结论

通过对兵器斑纹层分析以及斑纹层和非斑纹层锈蚀机理探讨，可得出如下结论：

（1）3件带斑纹截面样品SEM-EDS分析表明，这几件兵器含锡量集中，在12%左右。铅含量极低。基体组织为铸态组织，但均有均匀化迹象。

（2）斑纹层成分主要为高锡合金成分，非斑纹锈蚀处也是铜流失锡富集，但两者组织有明显区别：前者斑纹层与基体有明显且较平整的界面；后者锈蚀层与未锈基体界面无规则且可观察到组织明显的连通现象。

（3）非斑纹部分的锈蚀主要是铜的氧化物及各种稳定盐，涉及氯化物的粉状锈蚀不严重。

（4）斑纹的锈蚀产物主要是SnO_2，由于SnO_2的稳定性，在兵器斑纹表面形成钝性保护膜，防止其进一步腐蚀，对斑纹下面的基体有一定的保护作用。

（5）非斑纹层锈蚀向斑纹层下面的基体扩展，膨胀是造成斑纹层凸起甚至脱落的主要原因，对斑纹兵器保护的关键是控制非斑纹层锈蚀的进一步发展。有关高锡斑纹层和低锡非斑纹层的接触腐蚀机理研究尚在进行当中。

参 考 文 献

[1] Ammar I A, Davies S, et al. Potentiodynamic and cyclic voltametric studies on the passivity of tin in neutral phosphate buffer. Z Werkstofftech, 1985(16): 194-203.

[2] Shams E I, Din A M, et al. On the anodic passivity of tin in alkaline solutions. Electrochemica Acta, 1964(9): 883-896.

[3] Kapusta S D, Hackeman N. Anodic passivation of tin slightly alkaline solutions. Electrochemica Acta, 1980(25): 1625-1639.

[4] 孙淑云，马肇曾，金莲姬，等. 土壤中腐殖酸对铜镜表面"黑漆古"形成的影响. 文物，1992（12）：79-89.

[5] 周忠福. 高锡青铜"漆古"层形成机理. 北京科技大学，1998.

[6] 蒋良俊. 矿物学（上册）. 北京：冶金工业出版社，1959：55-157.

[7] Wang C S. Structural and elemented analysis on the Nanocrystalline SnO_2 in the surface of ancient Chinese black-mirrors. Nanostruct Mater, 1995, 5(4): 489-496.

[8] Opila R L. Copper patinas: an investigation by auger electron spectroscopy. Corr Sci, 1987, 27(7): 685-694.

[9] 范崇正，铃木捻，井上嘉，等. "绿漆古"铜镜的结构成分分析. 文物保护与考古科学，1993，5（1）：1-8.

[10] Mattsson Einar, et al. Metal corrosion in soil, deterioration of archaeological material in soil-result on bronze artifacts. Stockholm: Riksantikvariembetet, 1996: 25-31.

[11] MacLeod I D. Formation of marine concretions on copper and its alloys. Int Nautica Archaeol Underwate Expl, 1982, 11(4): 267-275.

[12] Leidheiser H. The Corrosion of copper, tin and their alloys. New York: John Wiley and Sonx, Inc. Sponsored by the Electrochemical Society, 1970.

[13] 杨熙珍，杨武. 金属腐蚀化学热力学电位-pH图及其应用. 北京：化学工业出版社，1991：208-211.

模拟青铜器样品在典型电解质溶液中的电化学行为研究*

王　宁　何积铨　孙淑云　肖　嶙

> **摘　要**　为了具体探讨青铜器不同相组织的腐蚀状况，采用电化学测量技术研究模拟青铜器样品在5种典型电解质和模拟土壤溶液中的腐蚀行为。实验结果表明，在氯化钠、硫酸钠、磷酸钠、氢氧化钠、碳酸氢钠以及模拟的土壤溶液中，青铜器组织中的α相比δ相及（α+δ）共析体组织更容易发生腐蚀。介质的pH值以及不同离子对青铜器不同相组织的腐蚀行为影响很大。
>
> **关键词**　青铜器　金相组织　腐蚀　电化学

引言

青铜文化是我国古文明的重要组成部分，青铜器是我国灿烂文化和悠久历史的象征，它的腐蚀与保护一直都受到人们的关注，对青铜器的腐蚀机理，国内外诸多学者也已经做了大量的研究。但是，由于时代、地域、类型等的不同，青铜器的化学组成及其比例也不同，金相组织差别很大，再加之各地区土壤的含盐种类、含盐量和酸碱度等有一定的差异，所以研究结果存在较大差异。有人认为是青铜合金中的高锡相即δ相极易首先被腐蚀，随着腐蚀程度的加深，低锡相即α相随后才可能被腐蚀。[1-2]但也有一些学者指出，在青铜器的不同相之中，α相优先发生腐蚀，而δ相却保留了下来。[3-4]本工作在几种典型的电解质溶液中，针对不同含锡量青铜器的不同相组织模拟样品进行电化学腐蚀的研究，探讨其电化学行为。

1　试验方法

1.1　试验材料和电解质溶液

经过对考古出土的1面西汉铜镜和1把战国末汉代初期铜剑的成分和组织检测，确定其含锡量分别为30.1%、12.7%，均为铸造锡青铜α和（α+δ）共析体组织。按照检测结果，制成模拟青铜器样

---

*　原文发表于《文物保护与考古科学》，2007年第4期。

品（4#和2#），同时用纯铜和纯锡根据Cu-Sn二元平衡相图分别制备成1#、3#、5#锡青铜试样，6#和7#分别为纯铜和纯锡试样，用来进行对比研究[5-6]，试样的具体化学成分见表1。试样均经加工处理后，焊接上导线，用环氧树脂固封而成。试验前，试样表面用400#~800#的水砂纸逐级打磨平整，并经蒸馏水冲洗后，用丙酮擦净置于干燥器内备用。

表1　锡青铜试样化学成分　　　　　　　　　　　单位：%

样品编号	1#	2#	3#	4#	5#	6#	7#
含锡量	11.9	12.7	21.5	30.1	36.9	0	100
含铜量	88.1	87.3	78.5	69.9	63.1	100	0

用金相试样镶嵌机对模拟青铜试样进行镶样，用三氯化铁乙醇溶液进行侵蚀，再通过LEICADM4000型金相显微镜来观察模拟青铜样品的相组织，其金相组织显示为图1~图5。

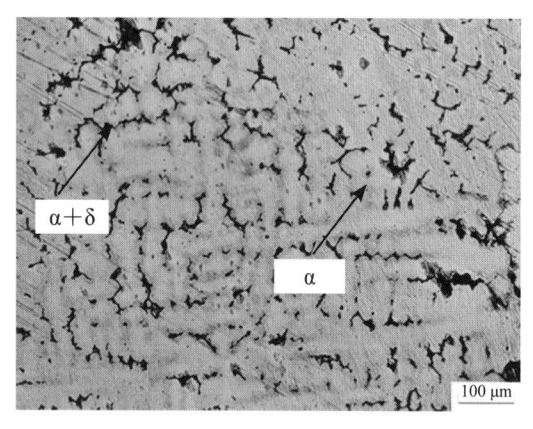

图1　1#试样的金相组织（含锡11.9%）以α固溶体树枝状晶为基体，存在偏析现象，少量的（α+δ）共析体

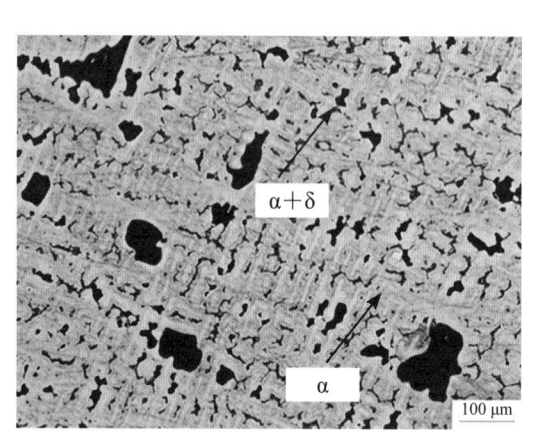

图2　2#模拟铜剑样品金相组织（含锡12.7%）较细小的α枝晶偏析组织，较多（α+δ）共析体，黑点为铸造孔洞

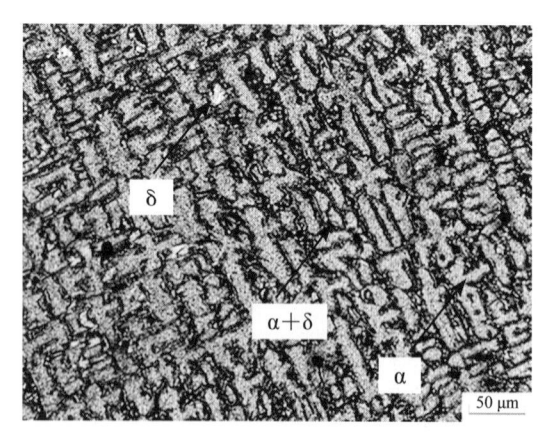

图3　3#试样的金相组织（含锡21.5%）为α相和（α+δ）共析体，偶见δ相

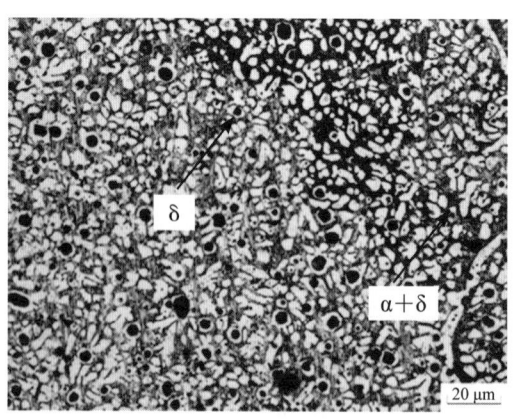

图4　4#模拟铜镜试样的金相组织（含锡30.1%）以（α+δ）为基体，大量白色δ相，白色晶界也为δ相，黑点为铸造孔洞

根据SO_4^{2-}、HCO_3^-、Cl^-、PO_4^{3-}、OH^-几种典型阴离子对铜合金腐蚀的重大影响，试验选用了硫酸钠、碳酸氢钠、氯化钠、磷酸钠、氢氧化钠5种典型电解质溶液[7-8]（表2）。并从青铜器的实际埋藏环境出发，配制了模拟土壤溶液（313 mg·L^{-1} $Mg_2SO_4·7H_2O$ + 372 mg·L^{-1} $CaCl_2·2H_2O$ + 218 mg·L^{-1} $CaSO_4·2H_2O$ + 106 mg·L^{-1} $NaHCO_3$）。将制好的模拟青铜试样浸入不同的介质中，试验在室温下进行。

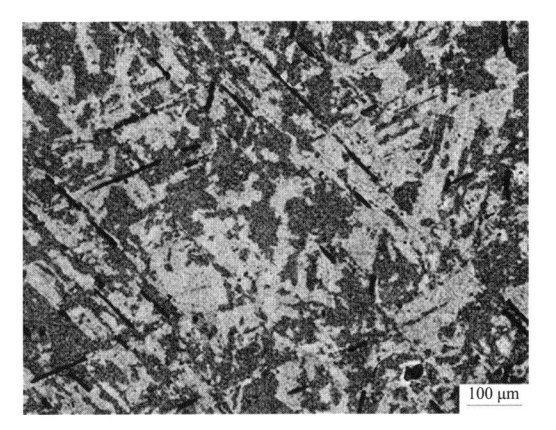

图5 5#试样金相组织（含锡36.9%）
大量的δ相和ε相组织

表2 电解质溶液

电解质溶液	NaOH	NaCl	Na$_3$PO$_4$	NaHCO$_3$	Na$_2$SO$_4$	模拟土壤溶液
pH	12.1	7.9	9.3	8.5	5.4	7.1
溶液浓度/(mol·L^{-1})	0.01	0.01	0.01	0.01	0.01	

1.2 电化学试验

采用PS-168A型腐蚀测量系统对腐蚀体系进行电化学动电位极化曲线的测量，扫描速度为20 mV/min。三电极系统：工作电极为模拟的不同比例锡青铜试样1#～5#、纯铜及纯锡试样6#和7#，辅助电极为铂片，参比电极为饱和甘汞电极（SCE）。在测试过程中，工作电极与电解质溶液一直处于静态。实验结果见图6～图11。

1.3 浸泡试验

在室温下将1#～7#试样分别浸泡于盛有上述6种电解质溶液的密闭容器中，用万用表隔时测定各试样的自然腐蚀电位状况。

2 结果与讨论

2.1 模拟试样的含锡量与金相组织

随含锡量的不同，青铜合金组织的相有较明显的差异。图1～图5显示，1#试样的含锡量为11.9%，其以α固溶体为基体，有极少量的（α+δ）共析体；2#试样为模拟的铜剑样品，其含锡量为12.7%，仍以α相为基体，有一定量的（α+δ）相析出；3#样品含锡量约为21.5%，有α相和（α+δ）共析体相，存在少量的δ相；4#为模拟铜镜的样品，其含锡量为30.1%，此样以（α+δ）相为基体，δ相的相对量增大；5#样品含锡量为36.9%，存在大量的δ相和一定量ε相。可见随着含锡量的增加，样品组织中α相的相对量逐渐减少，而（α+δ）相及δ相的相对量逐渐增大。

2.2 模拟试样在6种电解质溶液中的极化测量

各试样在溶液中极化曲线结果对比见图6～图11所示。

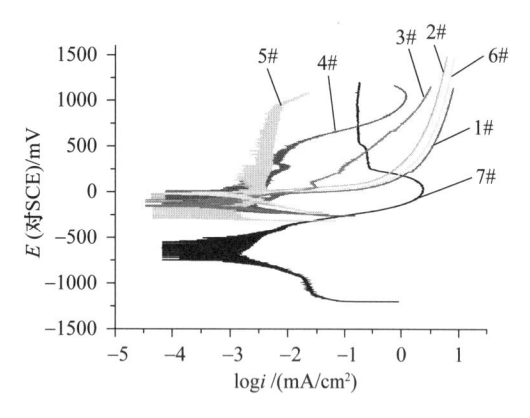

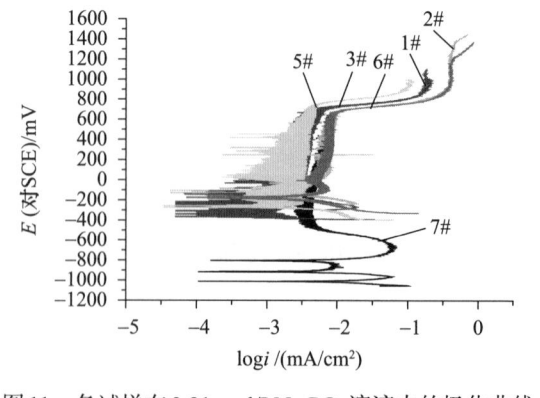

图6 各试样在0.01 mol/LNa$_2$SO$_4$溶液中的极化曲线

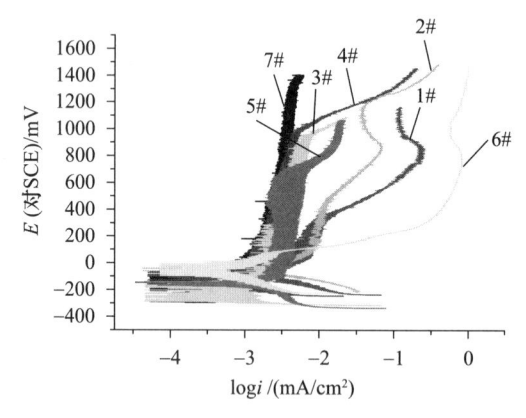

图7 各试样在0.01 mol/LNaHCO$_3$溶液中的极化曲线

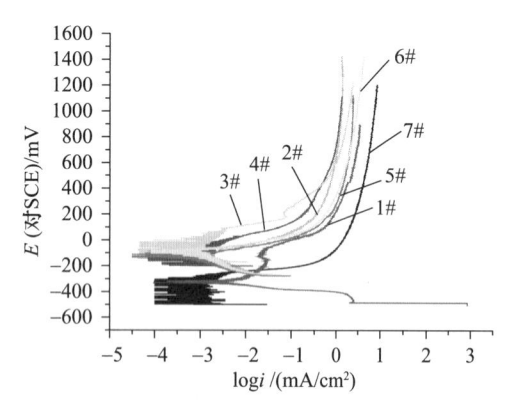

图8 各试样在0.01 mol/LNaCl溶液中的极化曲线

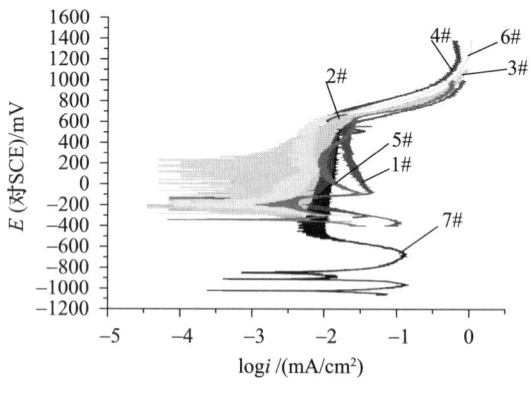

图9 各试样在0.01 mol/LNaOH溶液中的极化曲线

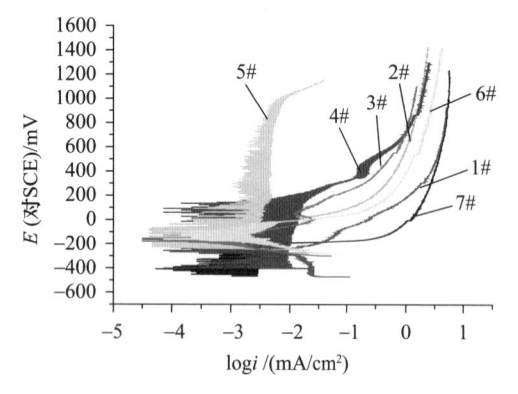

图10 各试样在模拟土壤溶液中的极化曲线

图11 各试样在0.01 mol/LNa$_3$PO$_4$溶液中的极化曲线

从图6～图10可以看出，在同一电解质溶液中含锡量不同的锡青铜试样其腐蚀状况有很大程度的差异。同一材质在不同的介质中的腐蚀行为也存在很大差异。但仍可明显看出，在NaOH、NaHCO$_3$、

Na$_3$PO$_4$、NaCl、模拟土壤溶液中，随着含锡量的增加，试样中（α+δ）共析体组织的相对量的逐渐增多，α相的减少（如5#样与其他3种合金试样相比），铜锡合金的腐蚀行为就相对较弱。而含大量δ相和一定量ε相的5#样除了在NaCl和模拟土壤溶液中活化外，在其他溶液中均发生不同程度的钝化。含大量α相低锡含量的1#、2#及6#样除了在高pH值即碱性介质NaOH溶液和Na$_3$PO$_4$溶液中可发生钝化外，在中性介质NaCl溶液、模拟土壤溶液以及弱酸性Na$_2$SO$_4$等低pH值的溶液中都发生了活化腐蚀。同时还可看出，似乎存在含（α+δ）共析体越少的试样腐蚀速度越大的趋势。这充分表明在这几种典型溶液中含锡量越低，α相含量越高，铜锡合金越易发生腐蚀，α相组织比δ相甚至比α+δ的共析体相更易发生腐蚀。

在考古出土的诸多青铜器中，通过对其锈蚀状况的考察，发现有相当数量的器物当中，存在α相先腐蚀的现象。如北京延庆山戎墓地出土的一个铜锛（YXM6∶2），就出现此种情形。经过数千年的地下埋藏腐蚀，仍可以看出锈层中有一定量的δ相存留，未见α相的存在（图12、图13）。

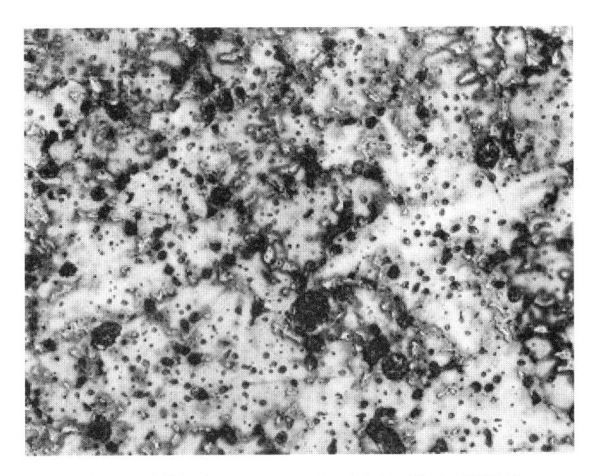

图12　铜锛（YXM6∶2）金属基体金相照片（×250） 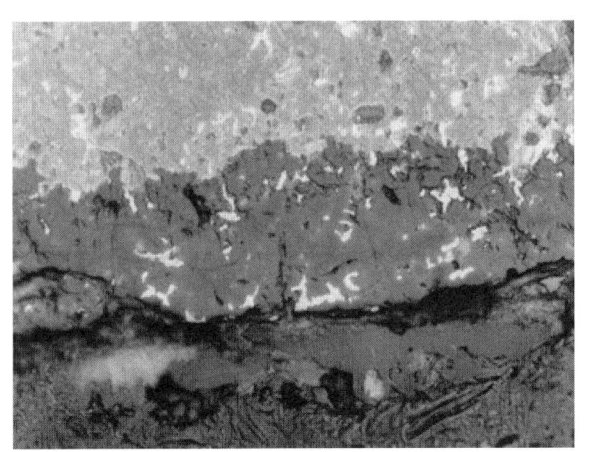　　图13　铜锛（YXM6∶2）表面锈蚀层（单偏）矿相照片（×280）

此外，所有的铜锡合金试样在pH＝12.1的NaOH溶液（图9）和pH＝9.3的Na$_3$PO$_4$溶液（图11）中都出现较好的钝化现象，而在pH＝8.5的NaHCO$_3$溶液（图7）中，除含锡量较低的1#、2#和纯铜6#样活化外，其他含锡量较高的3#、4#、5#和纯锡7#样发生了钝化行为。而在pH＝5.4的Na$_2$SO$_4$溶液（图6）中，铜锡合金试样都发生了活化腐蚀，只有5#出现了钝化（4#样也有活化/钝化转变）。这就说明，铜锡合金的腐蚀行为不仅与溶液的pH值有很大关系，在强碱性介质中其不易发生腐蚀；而且与铜锡合金的相组织状态密切相关。但值得一提的是，含大量δ相的5#样并不是在所有介质中耐蚀性都是最好的，在pH＝7.9的NaCl溶液（图8）中α+δ共析体相含量相对多的3#和4#样的腐蚀速度相对更低些，即：哪一种相组织更易腐蚀，应该针对具体介质成分来研究。例如：虽然在NaCl溶液中各试样都发生了活化腐蚀，但在同样含Cl$^-$的模拟土壤液（图10）中，尽管pH还有所下降（pH＝7.1），含锡36.9%的5#样却完全可以钝化。这可能是模拟土壤液中除Cl$^-$之外还含有SO$_4^{2-}$、HCO$_3^{2-}$等其他离子的缘故。可知，铜锡合金的腐蚀性与介质的pH值及其所含有的离子有关，其具体行为还需进一步的研究。

2.3　浸泡试验中各试样腐蚀电位监测结果

浸泡试验中，各试样腐蚀电位监测结果见图14～图19。

由图14～图19可以看出，在6种电解质溶液当中，7#纯锡的自然腐蚀电位随时间的延长，变动较大且相对最负，在Na_3PO_4溶液（图17）中前后的开路电位有600 mV以上的差异，这表明PO_4^{3-}对纯锡的活化腐蚀有一定的抑制作用。从图11中的极化曲线也可看出，纯锡在Na_3PO_4溶液中可出现3个零电流电位，阴极反应电流密度不足以造成纯锡的稳定钝化。即使其电位趋于稳定后，纯锡在各种溶液中的电位也大致为-500～-300 mV，相对于纯铜等其他试样的开路电位，纯锡都应该处于阳极而被腐蚀。但由于在pH值较高的介质中纯锡和含锡相的阳极极化可以造成不同程度的钝化，从而导致所有样品的电极电位都正向移动、并保持较正的数值。只有在pH值较低的介质中，纯锡和含低锡相不能很好钝化、开路电位不会达到较正的数值。此外，从E_k-t图中可以看到不仅6#纯铜的电位很正，含锡相对多的3#、4#和5#样的电位也很正，它们都可发生较好的钝化。含锡量很少的青铜1#样的腐蚀电位却并不接近纯铜的腐蚀电位。这说明锡铜含量的比例不是决定开路电位接近纯锡还是接近纯铜的主要因素，而是形成的青铜相组织。即青铜合金中随着含δ相及（α+δ）共析体组织的相应增多，ε相的出现，α相的逐渐减少，其自然腐蚀电位越来越正，因为在相应的介质中它们更容易钝化。这与电化学极化的分析结果基本一致。

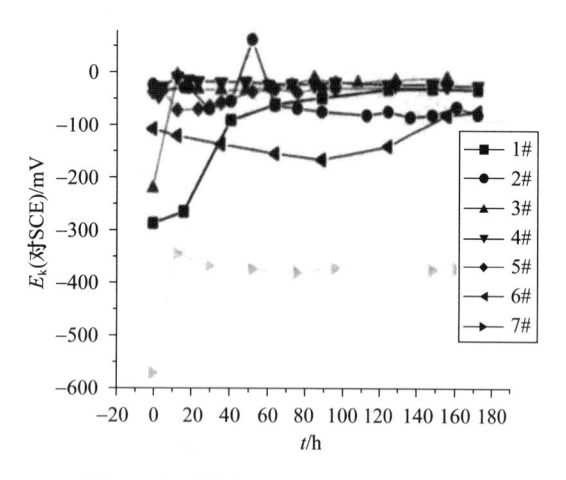

图14　各试样在0.01 mol/L NaCl溶液中的自然腐蚀电位与时间变化关系

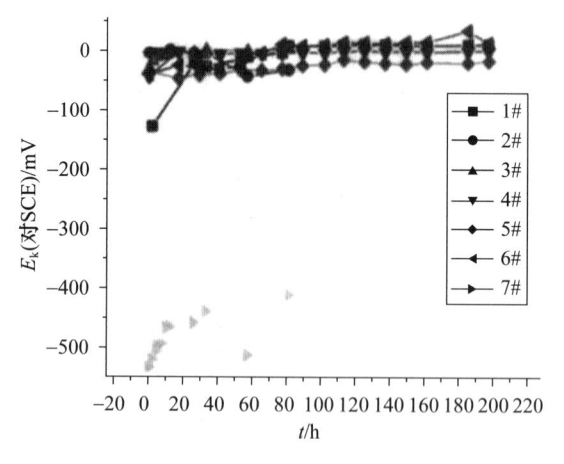

图15　各试样在0.01 mol/L Na_2SO_4溶液中的自然腐蚀电位与时间变化关系

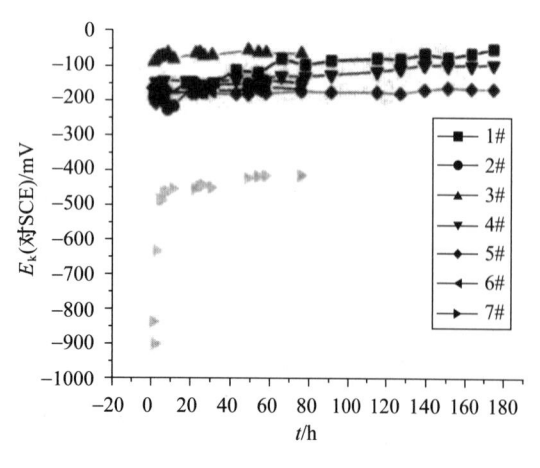

图16　各试样在0.01 mol/L NaOH溶液中的自然腐蚀电位与时间变化关系

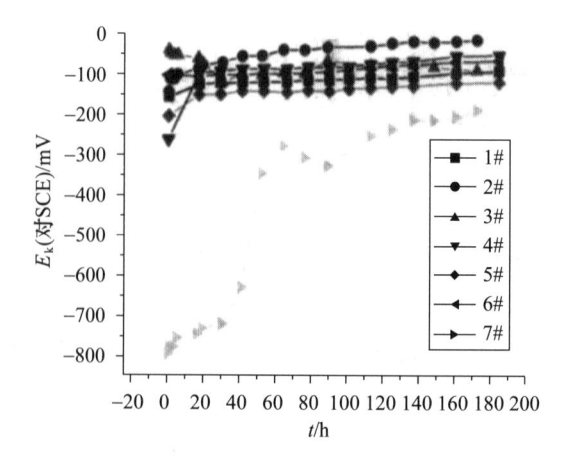

图17　各试样在0.01 mol/L Na_3PO_4溶液中的自然腐蚀电位与时间变化关系

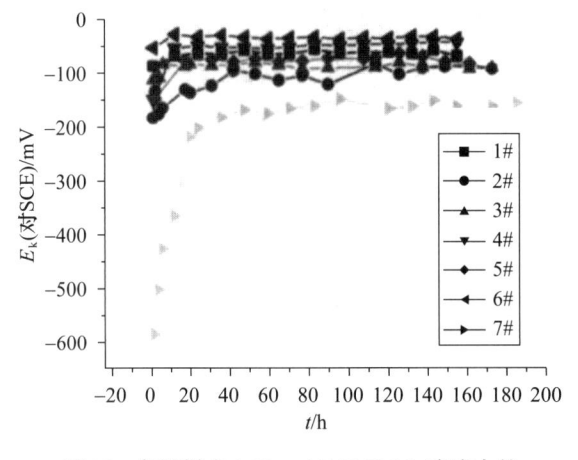

图18　各试样在0.01 mol/L NaHCO₃溶液中的
自然腐蚀电位与时间变化关系

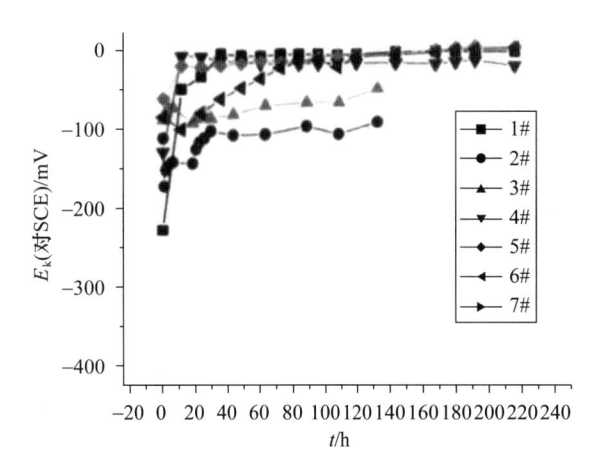

图19　各试样在模拟土壤溶液中的自然腐蚀电位
与时间变化

结论

（1）不同相组织的青铜在碱性溶液中的腐蚀程度有一定差异，但在磷酸钠和氢氧化钠溶液中均发生钝化，且部分试样在碳酸氢钠电解液中也有较好的钝化发生。进而说明在碱性环境下，有利于青铜器的保存，磷酸盐对于青铜器的腐蚀有一定的抑制作用。

（2）在试验选用的几种典型电解质溶液中，随着含锡量的减少，含α相多的青铜合金更易遭受腐蚀，即α相比δ相、（α+δ）共析体及ε相的耐腐蚀性能差。

（3）铜锡合金的腐蚀行为不仅与溶液的pH值以及离子种类有很大关系，而且与铜锡合金的相组织状态密切相关。

参 考 文 献

[1] 刘煜，原思训，张晓梅. 天马-曲村周代晋国墓地出土青铜器锈蚀研究. 文物保护与考古科学，2000，12（2）：9-18.

[2] 祝鸿范，周浩. 青铜器文物腐蚀受损原因的研究. 电化学，1999（3）：314-318.

[3] 吴来明."六齐"、商周青铜器化学成分及其演变的研究. 文物，1986（11）：76-84.

[4] 吴佑实，范崇正，铃木稔. 青铜合金表面晶体棱角处优先生锈的量子力学证明. 文物保护与考古科学，1994，6（1）：1-8.

[5] 张长桥，吴佑实. 青铜合金成分与合金的阳极行为. 材料工程，1997（11）：23-42.

[6] 张长桥，吴佑实，杨连喜，等. 青铜合金成分与腐蚀关系的探讨. 科学通报，1997，42（7）：782.

[7] Souissi N, Bousselmi L, Khosrof S, et al. Electrochemical behavior of archaeological bronze alloy in various aqueous media: New method for understanding artifacts preservation. Mater Corr, 2003, 54: 318-325.

[8] Balasubramaniam R, Laha T, Srivastava A. Long term corrosion behavior of copper in soil: A study of archaeological analogues. Mater Corr, 2004, 55: 194.

模拟蒲津渡遗址文物铸铁的腐蚀研究*

王　宁　何积铨　韩汝玢

> **摘　要**　本文用模拟蒲津渡遗址铁质文物组织成分的灰口铸铁试样，以及其他四种成分组织不同的铸铁试样，采用埋片法和电化学极化法，研究了各试验铸铁分别放置于模拟遗址区域的地下水溶液、砂土以及大气雨水环境中的腐蚀状况。腐蚀实验的研究结果表明，铸铁周围的环境不同，其腐蚀速度有一定的差异；铸铁试样在模拟地下水溶液中的腐蚀远小于其埋放于砂土中的腐蚀，铸铁在加速气相环境下的腐蚀最严重；相同环境下，铸铁组织成分和铸造缺陷程度不同，其腐蚀程度出现差异；在模拟地下水溶液中带锈铸铁表面的厚锈层阻碍了铸铁基体上的腐蚀。
>
> **关键词**　蒲津渡遗址　带锈铸铁　埋片法　电化学极化法　腐蚀

引言

唐代蒲津渡遗址是我国第一次发掘的大型渡口遗址，该遗址出土的大量铁质文物也是我国目前最大的铁质文物群。这批铁质文物在出土前后经历从地上到地下、再从地下到地上以及多次水淹的环境转变，使得原有埋藏环境中的平衡不断被打破。目前，也总有人不断怀疑铁牛在气相环境中似有腐蚀加剧、锈蚀层严重脱落等现象，所以非常有必要针对其所处的不同环境进行腐蚀研究。

1　试验

1.1　实验材料及环境

在不损害铁器群主要形貌的前提下，选择铁器群残破处，取铁样，运用SEM能谱分析检测，结果显示这批铁器为低硅低硫高碳灰口铸铁。根据其组织成分，试验采用模拟蒲津渡遗址铁器群的低硅低硫高碳灰口铸铁试样，本文称其为模拟唐代灰口铸铁，其化学成分见表1。

---

* 原文发表于《黄河蒲津渡遗址》（下），北京：科学出版社，2013年。

表1 试验铸铁试样的化学成分　　　　　　　　　　　　　　　　　　　　　　　　　　单位：%

	质量分数					
	C	Si	Mn	S	P	Fe
蒲津渡遗址铁质文物	3.53	0.062	0.4	0.031	1.2	余量
模拟唐代灰口铸铁	4.00	0.15	0.3～0.6	0.05～0.1	0.8	余量

蒲津渡遗址铸铁文物的金相组织检测表明，铁质文物中石墨为粗大的片状，石墨片长度在100倍显微镜下为12～25 mm，属3级，基体组织为珠光体及少量铁素体，珠光体数量＞80%。模拟唐代灰口铸铁试样中为片状石墨，石墨长度为3级，其组织为珠光体基体上分布有大量片状的石墨，这与蒲津渡遗址铁质文物的显微组织基本相似（图1、图2）。

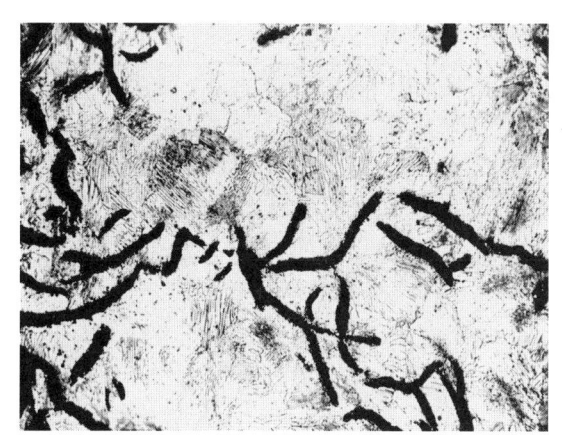

图1　蒲津渡遗址铁质文物金相显微组织[1] 　　　图2　模拟唐代灰口铸铁金相显微组织

蒲津渡遗址的铁质文物在出土时就已锈蚀严重，器物的基体上均生成很厚的锈层。为了研究厚的锈层对铁质文物腐蚀的影响，即研究锈层可以抑制文物的进一步腐蚀还是加速其腐蚀行为，本试验选用了在实验室潮湿砂土中埋藏13年已生成较厚锈层的模拟唐代灰口铸铁试样（称带锈铸铁），其具体形貌见图3。

为了尽可能真实地再现并研究蒲津渡遗址出土铁质文物的腐蚀变化，根据其在完全出土前大致所经历的三种环境变化，即完全浸泡于当地的地下水中，由于黄河改道，遗址水位下降后，铁器群文物部分埋于饱水的砂土中，随后又暴露于大气环境中。因此试验中模拟设置了三种环境，来研究模拟唐代灰口铸铁的腐蚀情况，即地下水溶液、含有地下水溶液的砂土中、暴露于大气环境。在砂土环境中又分为：浅埋在砂土中，即铸铁试样上覆盖的砂土厚度小于1 cm；较深的埋在砂土中，即以试样的上表面为基准，埋入深度为15 cm。之后向砂土中浇入模拟的遗址地下水溶液，埋放较深的铸铁试样在试验过程中一直处于饱水的状态，而浅埋的砂土每隔3天补入模拟的地下水溶

图3　带锈铸铁试样

液，使其不断处于潮湿与干燥的交替状态。地下水溶液按照蒲津渡遗址地下渗水（表2）的离子浓度及pH值模拟配置，配置的具体比例见表3。

表2　蒲津渡遗址地下渗水的离子浓度及pH

离子	Cl^-	HCO_3^-	CO_3^{2-}	SO_4^{2-}	Ca^{2+}	Mg^{2+}	Na^+
离子浓度/(mg·L^{-1})	517.6	1261.6	—	758.89	80.04	106.53	598.4
摩尔浓度/(mol·L^{-1})	0.01458	0.02068	—	0.007905	0.002	0.0044	0.02602
pH	\multicolumn{7}{c}{7.74}

在配制模拟蒲津渡遗址地下水溶液时，选用了$NaHCO_3$、$CaCl_2$、Na_2SO_4、NaCl、$MgSO_4·7H_2O$几种分析纯的化学试剂。

表3　模拟蒲津渡遗址地下水溶液的离子浓度及pH

离子	Cl^-	HCO_3^-	CO_3^{2-}	SO_4^{2-}	Ca^{2+}	Mg^{2+}	Na^+
离子摩尔浓度/(mol·L^{-1})	0.01485	0.02068	—	0.00791	0.002	0.0044	0.03826
pH				7.6~7.8			

1.2　实验方法

在模拟地下水溶液和砂土中分别运用埋片法和电化学极化法来探讨模拟文物铸铁的腐蚀规律，在盐雾箱内用模拟的蒲津渡遗址雨水溶液（表4）代替盐溶液，对其进行模拟大气环境中的加速腐蚀研究。

按照蒲津渡遗址雨水的检测结果配制模拟雨水溶液[2]，用7.8 mg $CaCl_2$，10.2 mg $MgCl_2·6H_2O$，4.2 mg Na_2SO_4，20.2 mg NaCl在1000 mL蒸馏水中配成模拟雨水溶液。

表4　模拟雨水溶液与遗址现场雨水的离子浓度及pH

	离子浓度/(mg·L^{-1})					
	Cl^-	SO_4^{2-}	Na^+	Ca^{2+}	Mg^{2+}	pH
模拟雨水溶液	20.8	2.6	9.3	2.8	1.2	5.9
遗址现场雨水	20.8	2.84	15	2.81	1.21	5.9

2　实验结果与分析

2.1　埋片法下铸铁试样在地下水溶液和砂土中的腐蚀结果

模拟唐代灰口铸铁试样浸泡于模拟地下水溶液中，在浸泡的第10天、第20天、第30天、第60天、第90天、第120天时分别拿出2块试样，酸洗除锈称重，利用埋片失重法计算铸铁试样在溶液中的腐蚀速度。试样在溶液中的腐蚀数据和由失重求出的腐蚀速度列于表5。

表5　模拟灰口铸铁试样在模拟地下渗水溶液中的腐蚀重量数据及腐蚀速度表

埋样时间/d	试样号	w_0/g	w_t/g	Δw/g	$\Delta \overline{w}$/mg	$\Delta \overline{\overline{w}}$/mg	$\overline{v}$/[mg/(cm^2·d)]
10	LMC1	85.4883	85.4448	0.0435	57.3	57.3	0.081
	LMC2	87.5604	87.5141	0.0463			
20	LMC3	88.3363	88.2376	0.0987	105.6	48.3	0.068
	LMC4	92.3830	92.2954	0.0876			
30	LMC5	98.1966	98.0540	0.1426	124.1	18.5	0.026
	LMC6	87.3901	87.3092	0.0809			
60	LMC3	88.3363	87.9558	0.3805	473.5	349.4	0.164
	LMC4	92.3830	91.8413	0.5417			
90	LMC5	98.1966	97.6666	0.5300	544.8	71.3	0.033
	LMC6	87.3901	86.8755	0.5146			
120	LMC6	87.3901	86.6752	0.7149	759.2	214.4	0.101
	LMC5	98.1966	97.4381	0.7585			

注：LMC代表在模拟地下水溶液中的模拟唐代灰口铸铁试样；由于实验样品数量限制，在此实验中部分样品被重复使用。

同样用埋片法得到模拟唐代灰口铸铁在砂土中的腐蚀速率，以及带锈铸铁在模拟地下水溶液和砂土中的腐蚀速率，结果如图4所示。

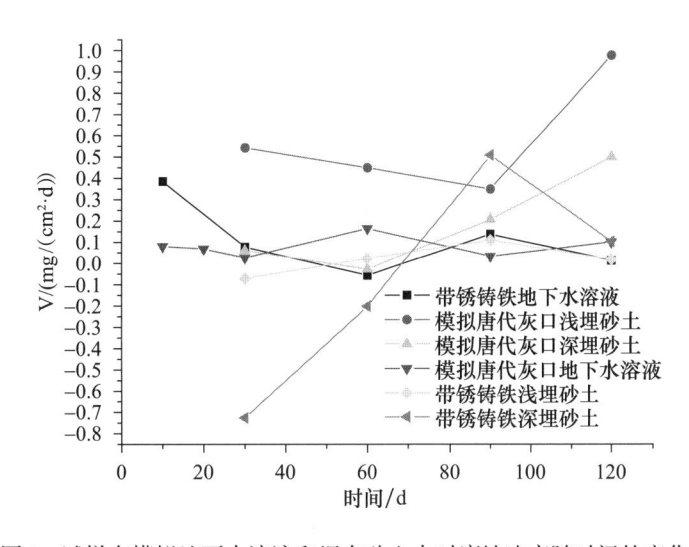

图4　试样在模拟地下水溶液和埋在砂土中时腐蚀速率随时间的变化

由图4可以看出，在地下水溶液埋片试验中，除第20天时的平均腐蚀速度较大外（可能是在第20天的取样称重中，有大量的砂锈掉落），铸铁试样在模拟地下水溶液中的腐蚀差异不大。具体来看，带锈铸铁试样的平均增重腐蚀速度在第1个月内变化幅度较大，在之后的3个月内，其平均腐蚀速度变化幅度减弱，而且腐蚀速度也相对比较小。模拟唐代灰口铸铁试样在整个试验过程中的平均腐蚀速度变化比较平稳，且腐蚀速度相对较小，其在第2个月内的腐蚀最严重，但速度也只达到0.164 mg/(cm^2·d)。地下水溶液中，模拟唐代灰口铸铁与带锈铸铁试样的腐蚀速度有一定差别，但规律不明显。

深埋在砂土中时，带锈铸铁试样的平均腐蚀速度变化比较大，其在第1个月到第2个月时的平均腐蚀速度均为负值，这可能是由于试样的锈层比较厚，金属基体的腐蚀缓慢，在饱水的砂土中，锈层中的粉状锈物严重流失，致使在重量计算中有较大的偏差，进而影响到实验结果的分析。此外带锈试样在第3个月的速度为0.508 mg/（cm²·d），也是相对比较大的。模拟唐代灰口铸铁试样在第1个月内的腐蚀速度较小，但在之后的时间段内，都在逐渐增大，在第4个月时达到0.499 mg/（cm²·d），除第90 d时的腐蚀速度外，模拟唐代灰口铸铁的腐蚀速度均比带锈铸铁试样的腐蚀速度较高。

浅埋在含有地下水溶液砂土中时，在整个实验过程中模拟唐代灰口铸铁的平均腐蚀速度均大于带锈铸铁试样的腐蚀速度。

2.2 电化学极化法——铸铁试样在地下水溶液和砂土中的极化行为

从图5来看，总体上模拟唐代灰口铸铁试样随着在地下水溶液中浸泡时间的延长，试样的零电流电位有所正移，其中在60天时的腐蚀电位最正，其腐蚀速度一直减小，到90天时腐蚀速率达到相对最小值，但随后又逐渐增大。

从图6可以看到，模拟唐代灰口铸铁试样浅埋在含有地下水溶液砂土中时，在第1个月时的零电流电位相对最正，但其腐蚀速率也相对最大，而第4个月时的电位则最负，试样在第3个月时的腐蚀速度达到相对最小值，随后又逐渐增大。

从图7来看，模拟唐代灰口铸铁试样深埋在含有地下水溶液砂土中时，在第1个月、第2个月、第4个月时的零电流电位基本一致，看似均有一小段钝化区，且第1个月和第4个月的腐蚀速度较一致，都较大，而第2个月时的腐蚀速度相对略小一些。相比之下试样在第3个月时的零电流电位有所正移，且其腐蚀速度相对最小。

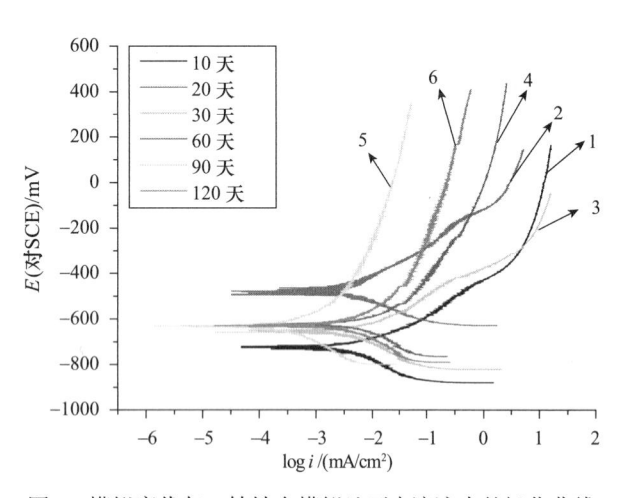

图5 模拟唐代灰口铸铁在模拟地下水溶液中的极化曲线

从图8可以看出，带锈铸铁试样在地下水溶液中基本都处于钝化状态。随着浸泡时间的延长，试样的维钝电流密度逐次明显减小，尤其是第3个月时的电流密度减小的幅度很大，其电流密度也最小。试样在4个月内的零电流电位变化也仅在100 mV范围之内，带锈试样的腐蚀行为比较弱且较稳定。

从图9来看，带锈铸铁试样浅埋在含有地下水溶液砂土中时基本上处于不稳定的钝化状态下，试样在第1个月时的零电流电位相对最正，而在第4个月时的电位则最负。第3个月时，试样的维钝电流密度明显最小，而其他三个时间段的电流密度较小且差异不是很大。

从图10来看，带锈铸铁试样深埋在含有地下水溶液砂土中似有钝化的趋势。在第1个月时，试样的零电流电位相对最正，其他三个时间段的电位差异不大且较负。试样在第3个月时的腐蚀速度相对最小，而第2和第4个月时的腐蚀速度相对比较大。

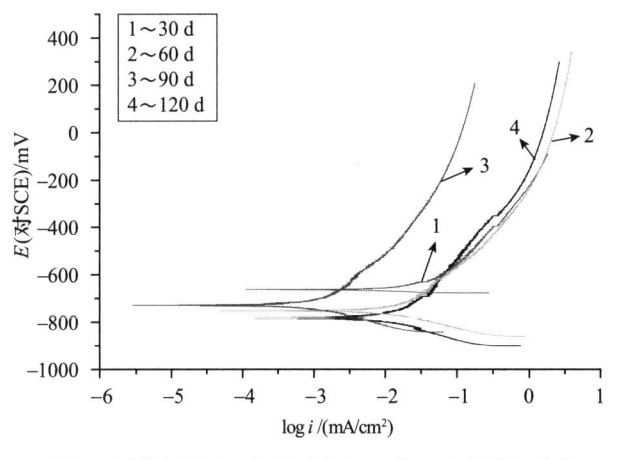

图6　模拟唐代灰口铸铁浅埋在含有地下水溶液砂土中的极化曲线

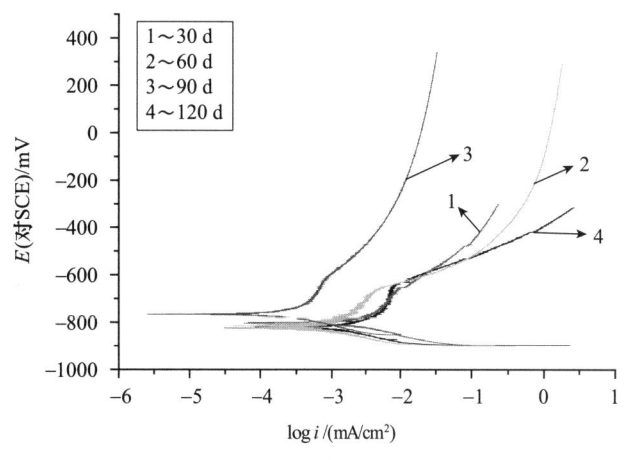

图7　模拟唐代灰口铸铁深埋在砂土中的极化曲线

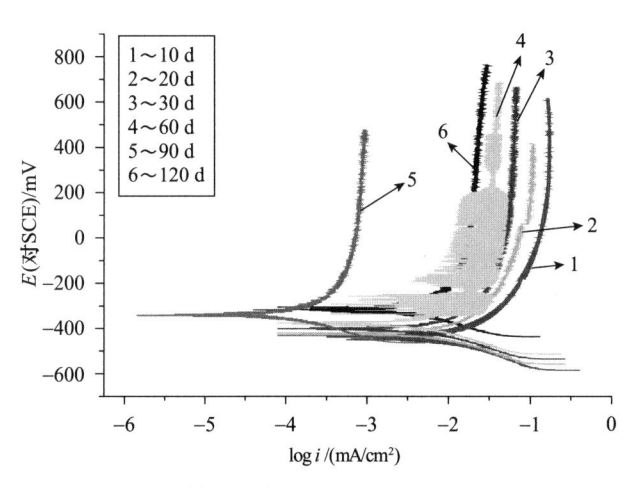

图8　带锈铸铁在模拟地下水溶液中的极化曲线

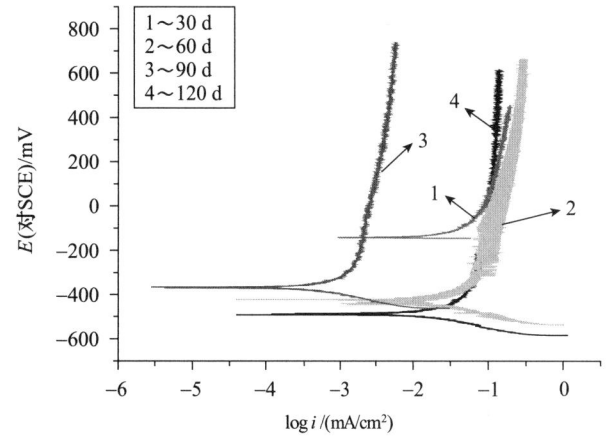

图9　带锈铸铁浅埋在含有地下水溶液砂土中的极化曲线

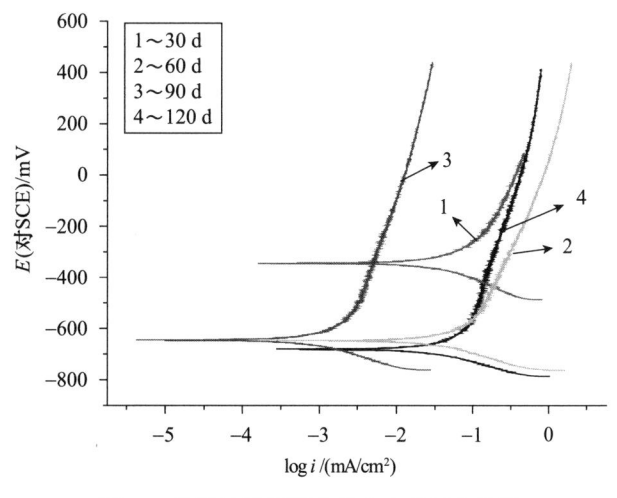

图10　带锈铸铁深埋在砂土中的极化曲线

2.3 模拟铸铁在气相环境中的腐蚀

将两块模拟唐代的灰口铸铁试样挂于盐雾箱中，按照《人造气氛腐蚀试验 盐雾试验》（GB/T 10125—1997）进行试验，温度为35±1℃，连续喷雾14天（336 h），溶液为模拟的当地雨水，试样正面与垂直方向呈15～30°。14天后取出试样，用失重法计算铸铁试样在气相加速环境下的腐蚀速率，具体结果见表6。

表6 铸铁试样在气相环境下的腐蚀失重计算结果

试验时间/d	试样号	w_0/g	w_t/g	Δw/g	$\Delta \overline{w}$/mg	S/cm²	$\overline{v}$/[mg/(cm²·d)]
14	L1	90.2916	89.9244	0.4804	480.4	69.18	0.496
	L2	82.4095	81.7443	0.7784	778.4	68.88	0.807
	X1	231.38	231.82	0.44	440	151.5	0.207
	X2	98.0892	98.0313	0.0579	57.9	69.46	0.060

注：L1、L2为模拟唐代灰口铸铁试样；X1、X2为带锈铸铁试样。

14天后将两块试样取出，试样的表面均长满红褐色的锈斑，从表6的数据显示来看，模拟铸铁的腐蚀速度较大，其中一块试样速度较小，也达到0.496 mg/（cm²·d）。相比之下，模拟唐代灰口铸铁在地下水溶液和砂土中的平均腐蚀速率远远小于其在模拟大气环境下的加速腐蚀速度。这可能主要是由于模拟大气环境的腐蚀氛围较严重，模拟雨水溶液比模拟的地下水溶液偏酸，而且大气环境试验中，温度一直处于35±1℃，连续的喷雾环境都促使模拟唐代灰口铸铁的腐蚀加剧。

两块带锈铸铁平行试样的增重差异也较大，从表6中的结果可以看到，带锈铸铁在模拟大气环境下加速腐蚀的腐蚀速率在14天时，最高达到0.207 mg/（cm²·d），与其相同时间在地下水溶液中的腐蚀速度相比较大，但比带锈铸铁在砂土中的腐蚀速度小，且远远比模拟唐代灰口铸铁在模拟大气环境下加速腐蚀的腐蚀速度小，说明带锈铸铁表面的厚锈层在大气环境下阻碍了铸铁基体的腐蚀，有一定的保护作用。

3 讨论

此外从表7可以看到，唐代灰口铸铁的平行试样在模拟大气环境加速腐蚀试验中，14天时的腐蚀速度分别为0.496 mg/（cm²·d）、0.807 mg/（cm²·d）。根据铸铁试样在各环境下随时间延长，腐蚀速

表7 地下水溶液及砂土中模拟唐代灰口铸铁的腐蚀失重速率　　　单位：mg/（cm²·d）

埋置环境	实验时间/d					
	10	20	30	60	90	120
浅埋砂土中			0.542	0.448	0.348	0.977
深埋砂土中			0.061	−0.027	0.206	0.499
模拟地下水溶液	0.081	0.068	0.026	0.164	0.033	0.101

度基本逐渐变大的规律来看，铸铁试样在模拟加速气相环境下的腐蚀速度最大。

从埋片法、电化学极化法以及气相加速腐蚀试验结果可以得知，模拟唐代灰口铸铁在地下水溶液中的腐蚀速度最小，在砂土中的腐蚀速度次之，在模拟加速大气环境中的腐蚀速度则相对较大。

在砂土和水溶液中，铸铁的腐蚀主要为耗氧腐蚀。当铸铁埋于砂土时，砂土中的氧气部分存在于砂土的孔隙与毛细管中，部分溶解在水溶液中。由于砂土中的含氧量与其湿度和结构有密切的关系，由于湿度和结构的不同，砂土中的含氧量相差就特别大，进而造成氧浓差电池的腐蚀。此外试验中，铸铁是水平埋放在砂土中的，这样氧到达铸铁上下两个面的速度和量就有一些差别，会形成氧浓差电池腐蚀。由于氧量相对较少，铸铁的下表面就可能成为阳极区，腐蚀主要就集中在这一区域，造成局部腐蚀。[3]因此与水溶液中铸铁的腐蚀相比，铸铁在砂土中的腐蚀速度较大。

铸铁浅埋在砂土中时，由于是每隔3天被浇1次水溶液，所以铸铁在砂土中一直处于干燥潮湿交替的状态。铸铁处在饱水的砂土中时，其腐蚀中消耗的氧都是由水溶液和砂土中的孔隙来传输，但是当砂土处于干燥状态时，外界的氧通过砂土的孔隙较容易传输到铸铁基体，随后浇入水溶液，铸铁的腐蚀就加剧。如此不断地干湿交替，使铸铁的腐蚀明显大于深埋在砂土中的腐蚀速度。

从表8显示的数据来看，在整个试验过程中，带锈铸铁在地下水溶液与浅埋在砂土中的腐蚀速度差别不大，但其深埋在砂土中的腐蚀速度则远大于其他两种环境下带锈铸铁的腐蚀速度。由带锈铸铁在不同环境中的极化结果，也可看到一致的规律。

表8　地下水溶液及砂土中带锈铸铁的腐蚀增重速率　　　　单位：mg/（cm^2·d）

埋置环境	实验时间/d					
	10	20	30	60	90	120
浅埋砂土中			−0.069	0.023	0.109	0.018
深埋砂土中			−0.727	−0.202	0.508	0.103
模拟地下水溶液	0.385	−0.933	0.077	−0.056	0.137	0.014

带锈铸铁的平行试样在模拟大气环境加速腐蚀试验中，14天时的腐蚀速度分别为0.207 mg/（cm^2·d）、0.060 mg/（cm^2·d）（表8，其介于带锈铸铁在地下水溶液和砂土中的腐蚀速度）。同时，带锈铸铁在大气环境下的腐蚀速度远小于模拟唐代灰口铸铁在模拟加速大气环境下的腐蚀速度，即带锈铸铁表面的锈层可能抑制了裸表面基体腐蚀的进一步发展。

由试验结果，可以得出带锈铸铁在地下水溶液中的腐蚀速度较小，在模拟加速大气环境下腐蚀速度次之，带锈铸铁深埋在砂土中的腐蚀速度相对最大，这与裸表面的模拟唐代灰口铸铁随含氧量增加腐蚀速度增大的规律不一致，此现象还有待于今后的进一步研究。

同时依据埋片法和电化学极化实验结果得出，在模拟地下水溶液和模拟大气环境中，带锈铸铁试样的腐蚀速度基本上均小于模拟唐代灰口铸铁试样的腐蚀速度，即铸铁表面的厚锈层阻碍了铸铁基体的腐蚀。埋放在砂土中时，从埋片法得出带锈铸铁的腐蚀速度均小于模拟唐代灰口铸铁，但极化法的试验结果显示，带锈铸铁的腐蚀速度均略大于模拟唐代灰口铸铁的腐蚀速度。这种不一致性，有待进一步的探讨研究。

结论

铸铁的埋放环境不同，其腐蚀行为有所差异。铸铁在模拟加速大气环境中的腐蚀最为严重，其次是在砂土中的腐蚀状况，铸铁在地下水溶液中的腐蚀较为稳定且程度较弱。铸铁在地下水溶液中的自然腐蚀电位比其在砂土中的电位较正。

在地下水溶液和模拟加速大气环境中，带锈铸铁试样的腐蚀速度基本上均小于模拟唐代灰口铸铁试样的腐蚀速度，即铸铁表面的厚锈层阻碍铸铁基体的腐蚀。

参 考 文 献

[1] 山西永济蒲津渡遗址铁器群保护课题组. 内部资料.

[2] 杨小林. 蒲津渡遗址铁人现场保护录//中国化学会应用化学委员会编. 文物保护与修复纪实——第八届全国考古与文物保护（化学）学术会议论文集. 广州：岭南美术出版社，2004：53-61.

[3] 张艳成. 带锈铸铁的腐蚀和阴极保护. 北京科技大学，1996.

西汉五铢钱银灰亮的形成机理初探[*]

孙 杰 刘 成

> **摘 要** 本文主要研究了出土西汉"五铢"钱币上的一种特殊锈蚀结构——"银灰亮"。通过仪器分析发现,银灰亮具有十分致密的结构,其成分主要为一价铜的硫化物,同时含有少量二价铜,通过对其结构、成分的分析研究,对它的形成机理进行了初步探索。
>
> **关键词** 五铢 银灰亮

引言

　　金属铸币一直是我国古代最主要的流通货币,尤其是"五铢"钱,它是我国历史上流通时间最长的一种货币,从汉武帝元狩五年(公元前118年)第一次出现到隋炀帝大业年间(公元605~618年)的"开皇五铢"结束,前后共经历了700多年。汉武帝时统一铸币权,建立"五铢"钱制度,结束了长久以来混乱的货币局面,使货币在形制上实现了统一,这在货币史上是一大进步。[1]两汉"五铢"在冶炼、铸造等方面都具有极高的水平,而且流通时间长,分布地域广,在我国的货币史上占有十分重要的地位。

　　在我国,两汉"五铢"出土数量很大。在清理过程中,我们发现,在某些西汉"五铢"钱上,除掉表面泥锈壳后,就会露出一层薄而致密、均匀光滑并且具有相当硬度的特殊锈蚀产物,呈银灰色或灰色,具有金属光泽,我们把这种锈称为"银灰亮"。银灰亮在出土的古代青铜器上并不多见。就目前所掌握的信息来看,银灰亮钱币只在陕西省的关中地区及陕北地区有出土。它与青铜器上常见的"水银古"十分相似,又有着明显的不同。[2]在目前国内外的各种刊物及杂志上,尚未见到与银灰亮相关的研究报道。据我们初步研究发现,银灰亮对于青铜器的保护、保存有积极的作用。在出土的钱币中,有银灰亮的钱币品相都十分好。因此,对于银灰亮的形成机理及其在青铜制品的保护方面所起的作用进行研究是很有必要的。

1 银灰亮成分分析

　　在银灰亮的表面,覆盖着一层薄厚不一、结构致密的普通锈蚀产物。其成分主要是 $Cu_2(OH)_2CO_3$ 等

---

[*] 原文发表于《四川文物》,2002年第4期。

常见的铜锈及土壤盐、钙质等。在显微镜下观察，银灰亮膜非常薄，致密、光滑、金属感强，表面有微孔，在部分银灰亮膜脱落处，露出排列紧密有序的氧化亚铜（Cu_2O）晶体（图1）。

选择锈层完整、分层明显的银灰亮"五铢"钱作为样品（图2），进行试验分析。

对样品做预处理。先剔除样品表面部分的包裹土锈及其他普通锈蚀，露出银灰亮本体，在扫描电镜下，分析银灰亮最外表层即包裹土与致密层之间的过渡层的成分，然后向更深层，分析银灰亮致密层成分。

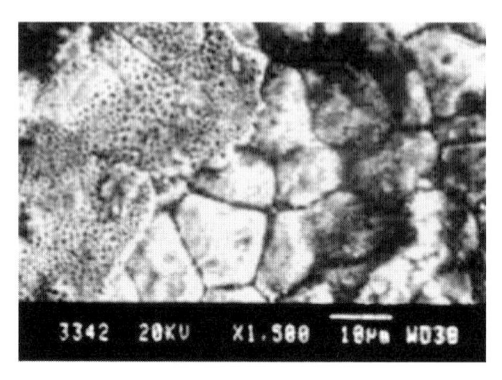

图1　银灰亮膜扫描电镜（SEM）显微照片（×1500）

图2　银灰亮五铢单钱照片

将两次分析结果加以比较（表1）。从表中的数据可以看出，银灰亮膜从其表面到内部核心，元素铜和硫的含量急剧增高。在致密层中以铜和硫元素为主要成分。

表1　银灰亮五铢过渡层与致密层的几种主要元素含量对比　　　　　　　　　单位：%

Element		Al	Si	S	Ca	Fe	K	Cu
质量分数	过渡层	3.6118	44.5312	38.2249	8.4158	3.6996	0.5095	
	致密层	0.7024	6.7981	15.8623	0.6984	0.1524	0.0247	75.0665
原子百分比	过渡层	4.1260	48.8609	36.7478	6.4716	2.0416	0.4016	
	致密层	1.3049	12.1301	24.7989	0.8688	0.1368	0.0317	59.2052

从这一分析可以得出一个结论，即银灰亮膜应当是以铜的硫化物为主的一种特殊结构的锈蚀产物。

进一步对样品做X射线衍射分析。分析点选在银灰亮的外表层（图3、图4）。可以看出，在银灰

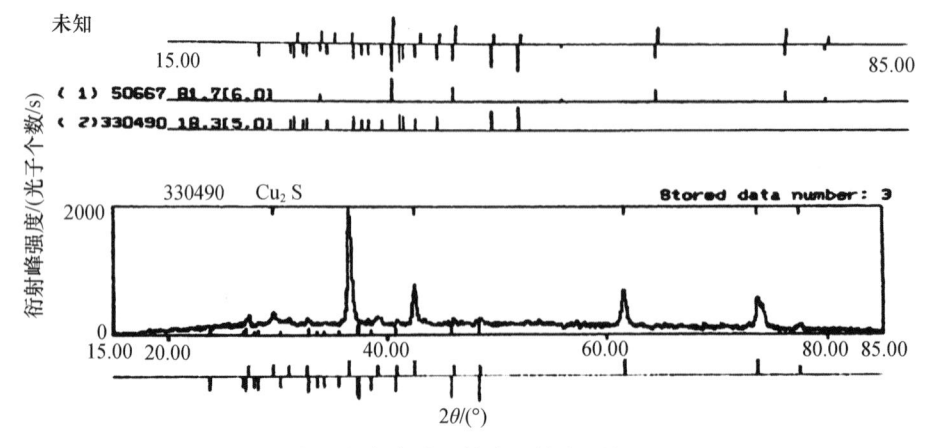

图3　银灰亮膜X射线衍射分析结果

亮外表层，氧化亚铜（Cu_2O）是主要成分，其次才是硫化亚铜（Cu_2S）。

从以上各分析结果综合起来看，银灰亮的成分应当是以硫化亚铜（Cu_2S）为主。其中，夹杂少量的氧化亚铜（Cu_2O）和Cu_xS（$x=1.96$）。

通过对银灰亮的成分分析，以及对银灰亮"五铢"断面显微结构分析的结果，我们可以对银灰亮"五铢"的锈层结构有一个大致的概念，见图4。

图4 银灰亮结构示意图
1. 铜本体；2. 氧化亚铜层；3. 银灰亮层；4. 氧化亚铜；5. 普通绿锈（硫的富集层）；6. 包裹土锈

2 银灰亮形成机理的研究

2.1 银灰亮形成的内因分析

我们对银灰亮"五铢"钱及普通无银灰亮"五铢"钱外层的包裹土进行扫描电镜分析。银灰亮"五铢"钱的包裹土中各个元素的含量与自然界土壤中各个元素的平均含量有着明显的差别。原来土壤中的某些微量元素在这一包裹土中形成富集，而无银灰亮的包裹土中各个元素的含量与自然土壤的平均含量虽然有些差别，但与其出土地即关中地区的垆土及陕北地区的黄土的元素含量基本吻合（表2）。

表2 几种土壤中主要元素的含量比较　　　　　　　　　　　　　　　　　单位：%

	Si	Al	Fe	Ca	K	Na	Cu	S
银灰亮包裹土	47.9714	9.2574	6.9211	9.9016	3.0092	22.7716		0.1638
普通包裹土	78.6352	9.8634	1.1793	4.1955	4.2551		1.8713	
自然土壤	65.75	16.99	9.053	3.264	3.24	1.501	0.0048	0.2025
	27.6	7.13	3.8	1.37	1.36	0.63	0.002	0.085
垆土[3]	33.0167	8.1068	4.2399	0.5071	1.7923	0.7865		
	68.1469	16.54	8.7512	1.0467	3.6993	1.6234		

注：在自然土壤和垆土的数据中，每一个元素的第二个数据为其在土壤所有元素中所占的比例，第一个数据则是该元素在所选几种元素中所占的比例。

在银灰亮五铢钱币表面，明显有一个硫元素的富集层，而在无银灰亮五铢的包裹土中并未发现有这种现象。

在这个过渡层里面就是银灰亮的致密层，致密层内部就是氧化亚铜（Cu_2O）层。从这一系列的分析结果，我们可以看出，硫化亚铜（Cu_2S）的形成应该是建立在两个基础上的，即氧化亚铜（Cu_2O）层的形成和硫的富集。

2.2 土壤中各种形成条件的分析

土壤是微生物生长、发育的良好环境，溶解在土壤水中的有机质和矿物质，为微生物提供了丰富的营养来源和能量来源。土壤的组成成分包括有机质和无机质，其中有机质含量并不多，只占固相总重量的10%以下，但它却是土壤的重要组成部分，对土壤性质影响是很大的。在土壤中无机元素在土壤微生物的作用下，可以发生各种转化。[4]

在土壤中，每千克土中硫元素的含量可达100～500 mg，以无机和有机化合物状态存在。土壤中硫元素按照图5的方式进行转化循环。

参与硫化作用的细菌称为硫化细菌，这类细菌包括有很多种，其中最重要的有两大类，即无色硫细菌和光能自养硫细菌，后者需要利用日光才可以进行硫化作用，因此，在地下埋藏环境中，我们不考虑这类细菌的作用。无色硫细菌大多属于好气性细菌，生长最适温度为28～30℃，适宜在酸性条件下生存，极个别适宜在中性条件下生存。参与反硫化作用的细菌称为硫酸盐还原菌，其中最主要的是脱硫弧菌，一般生长温度为25～30℃，pH值5.5以下不生长，这是许多酸性土壤中没有明显还原性硫化物的一个原因。在目前所知的有银灰亮"五铢"出土的地区，土壤的pH值一般在7左右。在土壤环境中，除了微生物的作用外，还有一类重要的化学反应，即土壤中的氧化还原反应，它可以改变离子的价态，因此强烈地影响着某些元素及其化合物的溶解度，从而改变着元素的迁移能力。

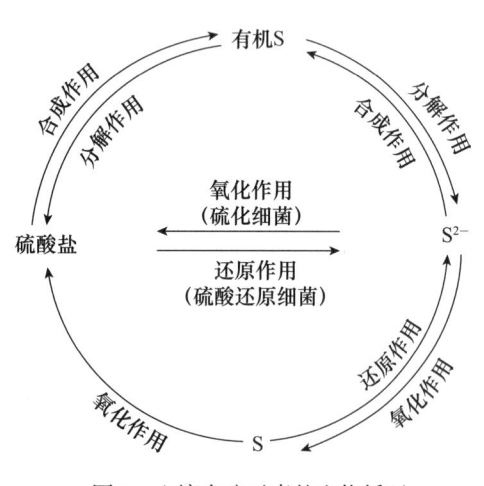

图5 土壤中硫元素的生物循环

2.3 形成机理推断

从以上对银灰亮膜的形成条件的阐述，可以对其形成机理推断如下：

2.3.1 钱币表面 Cu_2O 膜的形成

在钱币初埋入地下时，土壤中的含氧量、水分等条件充分，土壤中的氧化还原反应十分明显，在钱币的表面可以发生一系列的化学反应：

$$4Cu+O_2 \longrightarrow 2Cu_2O \tag{1}$$

$$2Cu+2(OH^-) \longrightarrow Cu_2O+H_2O+2\bar{e} \tag{2}$$

在这些化学反应发生的同时，土壤中的微生物也在发生作用。好氧性的硫化细菌在这一阶段中占优势，在这一阶段，各种形态的硫在硫化细菌的作用下，转化成为硫酸及硫酸盐。这一阶段应该是消耗氧气的阶段。

2.3.2 硫的富集层的形成

在上一阶段的反应过程中，土壤中的氧被大量消耗，好气的硫化细菌作用逐渐减弱，厌气的硫酸盐还原菌，利用上一阶段硫化作用形成的大量硫酸及硫酸盐作为电子受体，将其还原成为硫化氢及硫化物：

$$2\bar{e} + 2H^+ \longrightarrow 2H \tag{3}$$

$$SO_4^{2-} + 8H \xrightarrow{\text{硫酸盐还原菌}} S^{2-} + 4H_2O + 能量 \tag{4}$$

硫酸盐还原菌就是利用这一反应过程的能量生存活动的。S^{2-}可以与土壤中的金属阳离子或H^+结合形成多种硫化物及硫化氢。式（3）中的氢离子来自地下水中的水分子，反应生成的氢原子是短暂存在的，在反硫化作用结束后，这个氢离子就会被释放出来。

2.3.3 银灰亮的形成

银灰亮膜的主要成分就是硫化亚铜，在具备了条件以后，硫化亚铜就可以形成：

$$2Cu^+ + S^{2-} \longrightarrow Cu_2S \tag{5}$$

$$2Cu + S^{2-} \longrightarrow Cu_2S + 2\bar{e} \text{（碱性条件）} \tag{6}$$

反应中释放出的两个电子，与地下水中的水分子结合，释放出瞬间的质子氢（H），这些短暂存在的质子又与土壤中的硫酸根在硫酸盐还原菌的作用下，将电子转移，使硫酸根被还原生成负二价硫离子，促使整个反应过程不断进行下去：

$$2\bar{e} + 2H^+ \longrightarrow 2H$$

$$SO_4^{2-} + 8H \xrightarrow{\text{硫酸盐还原菌}} S^{2-} + 4H_2O + 能量$$

式（4）是在第一阶段中形成的Cu_2O与第二阶段形成的硫化物之间的反应，式（5）则是钱币本身的铜金属与硫化物之间的反应。这一阶段的反应是十分缓慢的，而且在地下的埋藏环境中，有一定的压力，所以，才能在上千年的埋藏中，形成薄而致密、均匀光滑的银灰亮膜。

参 考 文 献

[1] 赵丛苍. 中国古代钱币. 西安：西北大学出版社，1991.

[2] 何堂坤. 几枚水银沁镜的科学分析. 考古与文物，1991（1）.

[3] 熊毅，李庆逵. 中国土壤. 第二版. 北京：科学出版社，1987.

[4] 陈华癸，李阜棣，陈文新，等. 土壤微生物学. 上海：上海科学技术出版社，1981.

成都商业街船棺葬遗址出土青铜器的初步检测分析[*]

白玉龙　王　宁　肖　嶙

> **摘　要**　应用现代检测技术，对商业街船棺葬遗址出土的部分青铜器进行分析。结果表明，该遗址出土青铜器的合金技术应为当时的成熟技术；部分器物表面有一层黄色物质，推测可能使用了某种表面装饰工艺。对相关技术的具体细节，要进一步做研究。
>
> **关键词**　商业街船棺葬遗址　青铜器　表面装饰工艺

引言

商业街船棺葬遗址共出土青铜器20件，有印章、带钩、兵器等几种类型。部分青铜器上还有"巴蜀"符号。[1]这些青铜器对研究该遗址以及古蜀文化都有重要的参考价值。

商业街船棺葬遗址出土的青铜器文物，多数外形较为完整，所有器物均有不同程度的锈蚀。从外观上来看，部分青铜器通体呈黑褐色，另有一些则呈现黄色的金属色泽，还有一些为常见的青铜绿色。从一些青铜器的残破碴口处可以清楚地观察到青铜器的金属胎体，说明其保存状况比较好。

从发掘时的现场资料来看，商业街船棺葬遗址内填有大量的青膏泥，墓葬形成初期的文物存放环境状况较好。之后随着地层的堆积，墓葬逐渐被掩埋在地面下，并被地下水淹没保护起来。对遗址环境地下水进行检测，结果显示中性。所有这些因素对遗址内的文物都有一定的保护作用。该遗址虽然在历史上多次被盗，但仍出土大量的漆木竹器，就是一个很好的说明。

对该遗址出土青铜器文物的合金成分以及制作工艺技术，需要进一步分析研究。对青铜器基本信息的研究，除了应用考古学传统手段外，还可以借用现代分析技术。比如，成分检测、金相分析等手段，可以获取更为详尽的文物信息。本文选取商业街船棺葬遗址出土的一部分青铜器，做了一些分析检测，以此来探讨该遗址出土青铜器的制作工艺。

1　样品概况

商业街船棺葬遗址出土的20件青铜文物中，大多数的器形完整，表面多呈黄褐色，或者黑褐色，

---

[*] 原文发表于《成都商业街船棺葬》，北京：文物出版社，2009年。

锈蚀情况不是很严重（图1、图2）。少数器物有残破碴口。另有一些器物，表面呈黄色，局部斑驳，疑似某种后期装饰手段。总体来讲，这批青铜器的成分、加工技术和表面装饰工艺都值得研究。

图1　3#样品　　　　　　　　　　　　　图2　5#样品

对青铜器进行检测，可以运用扫描电镜、金相分析等手段。考虑到这批器物都较为完好，本文采用了无损分析的技术，检测部分青铜器的成分。根据文物的状况，本文选取5件器物进行分析，其中从2件器物的破损碴口处取样分析，对另外3件做无损分析。样品编号及信息如表1所示。

表1　样品编号及信息

样品编号	取样器物名称	样品处理	检测项目
1#	铜戈（1号棺盗洞：1）	取样	基体合金成分分析
2#	铜钺（1号棺盗洞：2）	取样	基体合金成分分析
3#	铜饰件（1号棺：35）	无损	表面成分分析
4-1#	印章（1号棺：31）背面	无损	基体成分和表面成分分析
4-2#	印章（1号棺：31）正面	无损	基体成分和表面成分分析
5#	铜戈（1号棺：50）	无损	表面成分分析

2　分析结果与讨论

本文委托四川大学分析测试中心扫描电镜室，使用S-450型扫描电镜，以及PV9100/65型X射线能量色散谱仪，依据《分析型扫描电子显微镜方法通则》（JY/T 010—1996），对5件器物的样品进行成分分析。具体分析结果见表2。

2.1　兵器基体成分分析

1#、2#样品，原器物表面为青绿、草绿、灰绿色锈蚀物，从取样时的状况来看，这两件器物的基体保存较为完好，锈蚀情况不是很严重。对1#、2#样品进行分析，可以了解样品所对应的两件器物的基体成分。

5#样品表面没有常见的铜绿，器形完好，仅能对表面进行无损分析。

根据现代技术对青铜兵器的分析统计，在春秋战国时代青铜兵器多采用铜锡铅三元合金[2]，并且含锡量基本都在14%～20%，以保证兵器的硬度和强度。相关技术早在《周礼·考工记》中就有记载，并有"六齐"之说。从表2可看到1#样品的锡含量为14.7%，2#样品的锡含量为21.6%，5#样品的含锡量为12.4%，3件器物的合金配比大致在此范围内，但2#样品中未检测到铅的存在。

4#样品背面，选取一处位置略作处理，分析基体成分。检测数据表明，印章也含有较高的锡（表2）。

表2 样品的合金成分分析检测结果 单位：%

元素	样品质量分数						
	1#	2#	3#	4-1#	4-2#	5#
Cu	69.8	78.4	32.2	57.0	29.7	66.9
Sn	14.7	21.6		21.1		12.4
Pb	15.5		4.0	19.7		12.6
Fe			29.5	2.2	31.8	0.8
S			34.3		32.4	6.0
Si					3.7	1.4
K					0.7	
Ca					1.7	

2.2 表面装饰工艺分析

3#样品的表面主要呈漆黑色，局部泛金黄色。从墓葬出土青铜文物状况来看，黑色的物质与墓葬环境有关，可能是墓葬内的物质在青铜器文物表面形成的包裹层。这类现象在同时期其他地域的墓葬里也有实例。观察5#样品局部（图3），局部也有黑色物质。但这层黑色物质，是在最表层，其下才是黄色的物质和金属胎体。

另外，观察3#、4-1#、4-2#样品（图1、图4、图5），器物表面上有一种黄色的物质。这种黄色物质，不同于铜合金的黄色。仔细观看图5的黄色物质，直观感觉像是一种附着在金属表面的颜料。从发掘资料来看，在1号棺内出土的多件青铜器中，只有几件呈现这样的颜色，同时这种黄色物质，在出土后有脱落和变色的现象发生，变色的结果一般为蓝紫色。

对3#、4-2#样品的黄色区域进行扫描检测，结果中除含有铜、铅外，还存有大量的铁和硫。有资料显示，铁在铜里面的溶解度只有1%左右，这2件样品表面检测结果含铁量远大于1%，都在30%左右，说明这些铁应该不是青铜器基体里面所

图3 5#样品局部

含物质。[3]与此同时，4-1#样品检测到的铁含量很低，这些铁可能是铜印章基体里面的夹杂物，或者是外来污染物，铜印章基体里面可能不含铁。那么，3#、4-2#样品所对应的两件青铜器表面的高铁，应该是附着在铜基体表面的外来物质。至于含量较高的硫，应该也类似于铁的存在原因，属于外源性物质。

5#样品表面，大面积呈金黄色，表面扫描检测结果中也是含有少量的铁、硫。这些铁、硫元素可能是铜基体里面夹杂的，或者表面污染造成的，也不排除其应用类似于3#、4#样品的表面处理技术。

图4　4-1#样品　　　　　　　　　　　　图5　4-2#样品

结论

本文共选取5件商业街船棺葬遗址出土的青铜器文物进行分析检测，除了1#、2#样品取自两件器物的破损断口处以外，其余3个样品均用器物做无损分析。

合金成分分析

从检测结果来看，1#、2#、5#这3件兵器，锡含量为12.4%～21.6%，与春秋战国时代青铜兵器的合金比例数据相符合。也就是说，此合金技术相当成熟。4-1#样品检测的是印章背面基体，锡含量也高达21.1%，铅含量19.7%，这样的合金成分接近兵器合金特征，其强度应该较高。

表面装饰技术

值得一提的是，3#和4-2#样品的器物表面都有一层类似于颜料的黄色物质。经分析检测，有黄色物质处的铁与硫两种元素含量很高。本文认为，这是一种青铜表面装饰技术，使用材料应该为矿物颜料。这种现象在该遗址出土的其他几件器物中亦存在。

对于此观点可从以下几点来推测：

（1）同一具棺木里面出土的青铜器物，只有少数几件器物的外表面有这种黄色物质。

（2）对黄色物质进行检测，数据显示含有较高的铁和硫。但在其他部位，或者其他没有黄色涂层的器物表面，几乎没有铁和硫。

（3）该遗址棺木内的原始环境比较简单，没有铁和硫元素的来源。

（4）这种黄色材料在器物出土后，有脱落和变色的现象发生。从这点来看，黄色物质应该是铜基体之外的物质。

（5）同时期其他墓葬里面的出土青铜器也有类似现象。

对于这种黄色材料，目前从能谱数据只能判断出有较高含量的铁和硫，至于是哪种具体的矿物，由于分析手段的限制，还不能予以确定。不过从该涂层可变色为蓝紫色的现象上推断，可能为某种铁矿，或者多种矿物的混合物。由于此次分析检测数据较少，对这批器物确切的表面处理技术还不能做出判断，有待于以后的深入探讨研究。

由于检测的样品数量有限，检测分析手段也只应用扫描电镜和能谱分析，获得的数据不多，本文仅能做一些基本的研究和推测。关于商业街船棺葬遗址出土青铜器的制作技术和装饰工艺，还需要再进一步的深入分析研究。

参 考 文 献

[1] 成都市文物考古研究所. 成都市商业街船棺、独木棺墓葬发掘报告//成都市文物考古研究所. 成都考古发现（2000）. 北京：科学出版社，2002.

[2] 孙淑云. 中国古代冶金技术专论. 北京：中国科学文化出版社，2003.

[3] 苏荣誉、华觉明、李克敏，等. 中国上古金属技术. 济南：山东科学技术出版社，1995.

四川邛崃一批出土银元的分析与除锈保护[*]

杨颖东　王　宁

> **摘　要**　为了保护四川邛崃出土的一批银元，用SEM-EDS和XRD分析法对具有代表性的银元及锈蚀物成分进行了分析。结果显示，银元中除含主元素Ag之外，同时还含有一定量的Cu元素；表面锈蚀物大多数为铜的化合物——氧化亚铜和碱式碳酸铜，少量为角银。结合分析结果及试验，采用机械振动和5%EDTA二钠盐水溶液相结合的方法进行除锈，之后再缓蚀封护，并用有机玻璃制作的钱币专用盒封装存放。分析数据将为研究我国银元文物提供科学信息，保护方法将为银器类文物的保护提供参考。
>
> **关键词**　邛崃　银元　分析　除锈保护

引言

2005年，在四川邛崃出土一批窖藏银元，共计655枚，银元年代为清代至民国时期。这批银元锈蚀严重，大部分银元双面锈蚀。锈蚀物颜色主要为绿色（包括浅绿色和深绿色）、红色（包括砖红色、紫红色、红棕色），同时少量为黑色（包括灰黑色）。其中绿色锈和红色锈常常同时出现，也有部分银元通体呈现出绿色或红色，还有银元则一面红色、一面绿色。带有黑色锈的银元数量相对少。观察发现，锈蚀物层次清晰，从内到外依次是：银元本体—红色锈—绿色锈。红色锈呈颗粒状紧贴于银元本体表面，绿色锈位于红色锈层之上，呈粉状或泡状，有的绿锈看似曾经出现过流淌现象，已呈膏状干痂。典型锈蚀情况见图1～图4。

从银元表面文字、图案的清晰程度以及外廓厚度来看，银元都存在不同程度的磨损，表面划痕较多。银元整体品相较差，说明其在过去被广泛流通使用过。

从锈蚀物来看，这批银元大部分没有表现出显著的银器锈蚀特征，如颜色变暗、发黑等，则更多表现出青铜器锈蚀的特征，出现多种颜色铜锈。由于锈蚀物掩盖，银元表面的文字及图案大多模糊不清，部分银元根本无法辨认。为了充分认识这批银元以便进行相关研究，同时将其很好地保存下来，对其进行科学分析和除锈保护。

---

[*]　原文发表于《文物保护与考古科学》，2010年第3期。

图1　红绿色锈蚀物　　　　图2　灰黑色锈蚀物　　　　图3　红色锈蚀物　　　　图4　绿色锈蚀物

1　银元成分及锈蚀产物检测分析

1.1　样品

从银元中挑选有代表性的银元28枚进行科学分析，所选取银元的基本情况见表1。

表1　银元基本情况一览表

银元编号	银元名称[1]	铸造年份[1]	库平重量或面值	实测重量/g	钱径/mm	厚度/mm 外廓	厚度/mm 肉厚
100	新版云南省造光绪元宝	1908	三钱六分	13.2	33.24	1.84	1.66
190				13.0	33.16	1.74	1.68
198				13.1	33.24	1.70	1.62
199				13.1	33.26	1.80	1.64
207				13.2	33.20	1.76	1.70
208				12.9	33.12	1.70	1.64
241				13.0	33.24	1.70	1.64
245	老版云南省造光绪元宝	1907	三钱六分	12.8	33.24	1.58	1.62
246				13.1	33.14	1.70	1.72
242	湖北省造光绪元宝	1894	七钱二分	26.4	39.62	2.28	2.36
247	广东省造宣统元宝	1910		26.6	39.44	2.36	2.34
248	四川省造宣统元宝	1909~1910		26.2	39.54	2.20	2.28
257	云南省造宣统元宝	1909~1911	三钱六分	12.8	33.28	1.68	1.62
265	中华民国（孙中山像）开国纪念币（南京版）	1928	壹圆	26.7	38.94	2.44	2.46
279				26.7	38.84	2.48	2.46
298	民国三年袁世凯像银币	1914		26.4	38.74	2.46	2.42
323				26.7	39.00	2.42	2.40
325	民国八年袁世凯像银币	1919	壹圆	26.4	38.94	2.42	2.36
327	民国九年袁世凯像银币	1920		26.7	39.10	2.64	2.34
333	民国十年袁世凯像银币	1921		26.4	38.84	2.30	2.34
343	民国二十二年孙中山像船洋	1933	壹圆	26.4	39.30	2.48	2.38

续表

银元编号	银元名称	铸造年份	库平重量或面值	实测重量/g	钱径/mm	厚度/mm 外廓	厚度/mm 肉厚
387	民国二十三年孙中山像船洋	1934	壹圆	26.1	39.52	2.46	2.26
410				26.1	39.52	2.58	2.28
528				26.4	39.32	2.52	2.32
609	军政府造大汉四川银币	1912	壹圆	25.2	39.22	2.26	2.26
625				25.4	39.02	2.26	2.22
642				25.5	39.52	2.26	2.26
643	四川光绪帝像卢比	1906~1908	一卢比	11.2	30.56	1.86	1.58
648	云南唐继尧拥护共和纪念	1918	三钱六分	13.1	33.26	1.68	1.68
651				13.2	33.24	1.64	1.64

1.2 分析方法

成分分析采用S-450型扫描电镜，PV9100/65型X射线能量色散谱仪（仅能检测Na以上的元素），对此批银元中的16种类型共计28枚进行分析。检测前，先用高目数砂纸对银元表面检测处的锈蚀物打磨去除，露出银元的基体，后用酒精棉球擦拭干净，银元成分分析结果见表2。

锈蚀产物物相分析采用日本D/max-rA型旋转阳极X射线衍射仪进行。检测样品选用表面不同颜色锈蚀物的银元，将其直接放入样品室，对锈蚀部位进行定位检测分析，共分析11枚银元，分析结果见表3。

1.3 分析结果

表2 银元成分SEM-EDS分析结果

银元编号	Ag	Cu	Fe	银元编号	Ag	Cu	Fe
100	90.8	9.2	—	257	96.6	3.4	—
198	86.1	13.9	—	265	95.2	3.7	1.0
199	82.6	17.4	—	279	95.2	4.8	—
208	90.6	9.4	—	298	93.1	6.9	—
241	96.1	3.9	—	323	95.8	4.2	—
242	96.9	3.1	—	325	90.9	9.1	—
245	90.8	8.2	1.0	327	96.7	3.3	—
246	88.7	10.3	1.0	333	95.1	4.9	—
247	94.7	5.3	—	343	96.4	3.6	—
248	91.8	8.2	—	387	92.4	7.6	—

续表

银元编号	元素含量/wt%			银元编号	元素含量/wt%		
	Ag	Cu	Fe		Ag	Cu	Fe
410	97.0	3.0	—	642	90.4	9.6	—
528	92.3	7.7	—	643	96.6	3.4	—
609	91.7	8.3	—	648	94.3	5.7	—
625	80.2	19.8	—	651	90.6	9.4	—

注：—表示未检测出，或超出仪器精度（5‰）范围。

表3　银元表面锈蚀产物XRD分析结果

银元编号	扫描部位锈蚀物状况	检测结果	备注
100	文字面紫红色锈	Ag、Cu_2O	见图5 100#
190	图案面晦暗处	Ag、AgCl	
198	图案面凹陷处黑色物质	Ag、AgCl	
199	文字面浅绿色、深绿色及紫红色锈	Cu_2O、$CuCO_3·Cu(OH)_2$	见图5 198#
207	图案面凹陷处黑色物质	Ag	
208	文字面红色锈、浅绿色泡状锈	Ag、Cu_2O、$CuCO_3·Cu(OH)_2$	
242	文字面绿色锈、晦暗色物质	Ag、$CuCO_3·Cu(OH)_2$	见图5 208#
245	文字面砖红色锈	Ag、Cu_2O	
246	浅绿色、红色锈	Ag、Cu_2O、$CuCO_3·Cu(OH)_2$	
247	文字面浅绿色锈、淡黄色物质	Ag、$CuCO_3·Cu(OH)_2$	见图5 247#
410	图案面晦暗物质	Ag、AgCl	

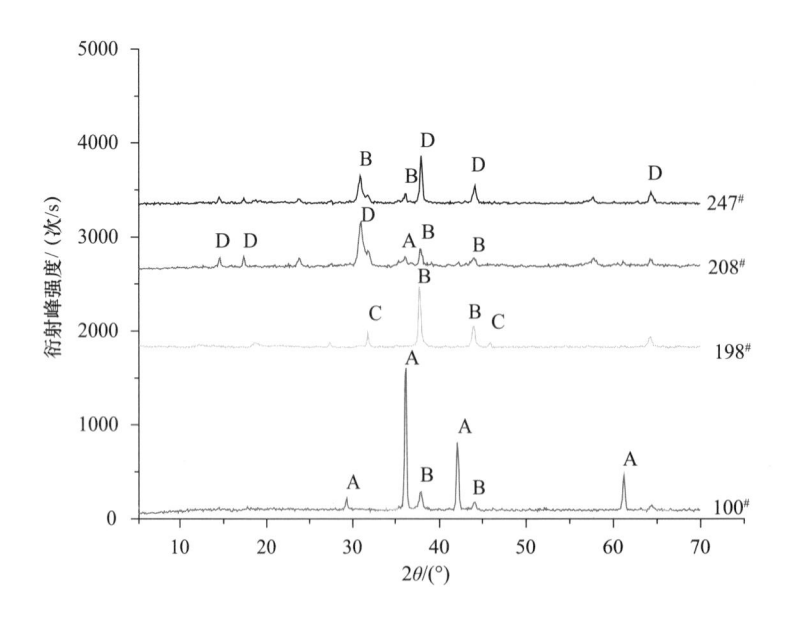

图5　100#、198#、208#、247#银元的锈蚀产物XRD谱图

A.Cu_2O；B.Ag；C.AgCl；D.$CuCO_3·Cu(OH)_2$

1.4 讨论

（1）由表2可见：①此批银元所含元素有Ag、Cu、Fe三种元素，所有银元均含Ag和Cu，Fe元素只存在于少数银元之中。②不同种类银元，各元素含量有差异。体现在：晚清光绪元宝含Ag量82%～97%，Cu<18%；宣统元宝含Ag 91%～97%，Cu<9%；中华民国时期银元含Ag 90%～97%，Cu<10%。所有银元都含有铜元素，而且含铜大于8%的银元有12枚，接近检测数量的一半，其中199号和625号银元的铜元素含量分别高达17.4%和19.8%。含Fe元素的银元数量很少，在分析的28枚银元中只有3枚含有Fe，它们分别是245#、246#和265#，均含Fe1%，Fe元素的含量较低。③从银元素的含量总体情况来看，银含量都达到80%以上，银元的成色较高。④银元含银量的差异，反映了不同时期，不同铸币厂铸造钱币工艺的差别，也反映了铸币政策的严格程度。

（2）由表3可见：锈蚀产物中红色系锈全部是Cu_2O，绿色锈为$CuCO_3 \cdot Cu(OH)_2$，黑色锈是AgCl。其中红色的Cu_2O和绿色$CuCO_3 \cdot Cu(OH)_2$均为铜的锈蚀产物，其产生的内在因素是银元中含有较高的铜元素。银元中银的腐蚀产物只检测到AgCl，没有检测到其他常见的银的锈蚀产物，如Ag_2O和Ag_2S。

（3）银元锈蚀特征成因：从检测结果可知，这批银元均为Ag-Cu合金，铜的含量由于银元铸造类型和年代的不同而有所差异，但绝大多数基本都在10%以下。虽然银和铜同属稳定性较高的金属体，但如果遇到潮湿的环境或经过长期的地下埋藏，其表面就会出现凝露进而形成水膜，在此过程中若与氧、氯、硫化物等相接触，这些腐蚀介质在器物表面的停留会引起化学反应，即就会产生腐蚀电池的作用。在热力学上，银的标准电极电位为0.8 V，这个值远高于铜（0.52 V），因此当Ag-Cu合金中Ag与Cu之间建立起电池偶时，Ag就作为阴极而不受腐蚀，即合金中Cu元素被优先腐蚀。这也就说明了为什么银元的表面出现的锈蚀物多为铜的锈蚀物。同时，由表4中呈现的铜和银的相关生成物的标准吉布斯自由能[2]可看到，在常温的自然环境下，优先自发生成的是Cu_2O、CuO、AgCl。这与此批银元的锈蚀产物主要为Cu_2O和AgCl一致，而Cu_2O在空气中氧、二氧化碳和水的作用下生成$CuCO_3 \cdot Cu(OH)_2$。同时潮湿的环境中含有盐分和污垢，银质表面即转化为氯化银（角银），其感观颜色均表现为灰黑色或黑色，即银元的表面便会失去金属银的光泽，而显得比较晦暗。Cu加入Ag中并不能改善Ag的晦暗特性，相反加快了Ag的晦暗速率。在大多数条件下Ag-Cu合金的晦暗速率正比于Cu含量。Ag和Ag合金的晦暗速率随着空气湿度和硫化物浓度增高而加快[3]。

表4　铜和银部分化合物的自发生成物吉布斯自由能 ΔG

物质	Cu_2O	CuO	CuCl	$CuCl_2$	CuS	AgCl	Ag_2S	Ag_2O
ΔG	−146.36	−127.2	−118.8	−116.5	−49.0	−109.72	−40.3	−10.82

另外，这批银元在刚出土后，曾经被用水冲洗过表面的泥土，随后就一直在库房存放，由于数量较多，部分银元就叠压堆放在一起，即部分银元是一个紧挨着一个，邛崃的气候湿度较高，而库房又没有任何除尘除湿设施，这些银元就相当于暴露在空气中，其直接暴露在空气中的一面上就以绿色锈蚀物居多，而与其他银元堆积在一起的另一面则多为红色锈蚀物，这与其所接触到的氧气和水的量有关，所以部分银元正反两面的锈蚀程度有所不同，即锈蚀物有所差异。

（4）需要说明的是，此次并非对所有银元进行分析，由于每种银元取样数量有限，可能会由于样本量偏少，导致分析结果不能完全涵盖或代表所有银元成分含量情况。但反映了这批银元的成分基本情况，对解释锈蚀现象具有重要意义。

（5）另外成分分析采用SEM-EDS分析方法，分析结果精度不高，有待以后测试条件的提高。

2 除锈及保护

2.1 除锈的必要性

银元表面堆积大量五颜六色的腐蚀产物，这些腐蚀产物严重破坏银元固有的金属光泽和美观性，影响文物的价值；同时掩盖银元表面的文字和图案，给银币的研究工作造成不便；锈层的不稳定性，容易导致腐蚀行为继续发展及蔓延，因此必须将其去除。

2.2 化学除锈剂的选择必要性

通常保护一件文物，若单纯采用机械方法就能达到保护目的时，就尽量不用化学方法，以避免化学试剂对文物或多或少的影响。但由于银元自身质地较软，用传统的机械法如打磨、竹签和刀具剔除来清除其表面锈蚀物，很可能会在银元的表面造成划痕、刮擦等损伤，因此，难以使用。在试验用超声波水溶液机械振动的方式将银元表面锈蚀物振松后去除，但经过长时间实验，效果甚微，证明用此单一方法是不行的，因此需要借助于相关化学试剂来综合除锈。

2.3 除锈剂的选择实验

文物除锈剂，首先应满足的基本条件是既除锈效果好，又不对文物产生危害。其次还应考虑使用方便性，经济性等条件。经分析检测已获知，这批银元的主要锈蚀产物除少量为角银（AgCl）外，其余大多均为氧化亚铜（Cu_2O）和碱式碳酸铜（$CuCO_3 \cdot Cu(OH)_2$），这与青铜器文物的腐蚀产物大概是一样的。参考相关文献资料[4-5]，我们选用了青铜器文物除锈常用的试剂EDTA、柠檬酸、草酸来做除铜锈实验，用EDTA、柠檬酸、硫脲来做除角银实验。

其原理：EDTA是以氨基二乙酸为基体的有机络合物，具有氮和羟氧两种亲和力很强的配位原子，络合能力很强，可与Cu^+和Cu^{2+}、Ag^+形成稳定络合物，从而除去铜锈和银锈。而柠檬酸和草酸均为有机弱酸，能相当缓慢地溶解氧化铜和角银，对金属铜及银的作用很小。硫脲对角银具有较好的络合作用。具体实验过程见表5。

表5 除锈剂筛选实验表

锈蚀产物	试剂名称	实验方式	银元编号	实验现象	除锈效果	除锈效果评价
红色和绿色铜锈	5%EDTA	浸泡	268	约20 min后溶液呈现出浅绿色，绿色锈开始溶解，之后溶液颜色逐渐加深，45 min时变成深蓝色，绿色锈全部消失，红色锈开始溶解，24 h后，红色锈也全部消失	见图6	效果好

续表

锈蚀产物	试剂名称	实验方式	银元编号	实验现象	除锈效果	除锈效果评价
红色和绿色铜锈	5%柠檬酸	浸泡	266	30 min 后溶液变混浊成乳白色状，35 min 后逐渐又转变成淡红色，绿色锈全部消失，随后溶液迅速变成紫红色，红色锈层的颜色开始变淡。24 h 后红色全部消失	见图6	效果好
	5%草酸	浸泡	284	30 min 时溶液呈乳白色浑浊状，颜色泛青灰，49 min 时绿色锈依然存在。此后溶液一直呈现乳白色混浊。红锈绿锈均不溶解。24 h 后，红锈绿锈部分溶解		有一定效果，但除锈速度过于缓慢，效果不好
黑色角银锈	5%EDTA	浸泡	198	黑色逐渐变淡，48 h 后全部消失	见图7	效果好
	5%柠檬酸	浸泡	126	48 h 后，黑色锈蚀物部分消失		有一定效果，较好
	5%硫脲+5%柠檬酸	贴敷	242	贴敷 1 h 后，原黑色锈蚀物消失，同时贴敷处银元表面颜色比原来变暗，实验终止		效果明显，速度快，但产生了不良影响

图6 除铜锈试验前（上）后（下）的对比

图7 198#银元除角银前（左）后（右）的对比

实验效果显示：EDTA 和柠檬酸有较好的除铜锈效果，除锈后银元恢复银质光泽。EDTA 对黑色角银锈也有较好的淡化作用。除锈方法简便，速度适中，易于控制。因此 5%EDTA 能够满足除锈要求，同时去除铜锈和银锈。

2.4 除锈过程

首先将每个银元装进一个小塑料袋，并在每个塑料袋的外表面用油性记号笔编号（防止编号脱落），然后用塑料棒将塑料袋逐个串起来，悬于水槽蒸馏水中，根据除锈剂筛选实验结果，给每个塑料袋倒进 5%EDTA 溶液，溶液淹没银元即可。在实际除锈过程中，发现银元表层的绿色锈和大部分红色锈比较容易去除。贴近银元本体的红色锈较难溶掉，有的经过 24 h 也不能完全消失。后来通过不断更换除锈剂溶液，外加超声波振动，将超声波水槽水温保持在 35℃，才能更有效地除掉顽固的红色氧化亚铜锈蚀物。环境条件的改善，大大提高了除锈效率。

经过除锈，银元都比较干净，文字图案清楚。除锈完之后，用蒸馏水多次漂洗银元，彻底除去残留除锈剂，之后用吹风机吹干，再做其他处理。

2.5 缓蚀及封护

选用实验室常用的1%BTA和2%B72二甲苯溶液，经浸泡的方式依次对除锈后的银元进行缓蚀和封护处理。

2.6 封装与保养

虽然银元经过缓蚀和封护处理，但与其他类金属文物一样，并不能保证一劳永逸，不再发生病害，后续的保养和环境控制也是非常重要的。为此，查阅有关研究文献[6-7]，专门定做了有机玻璃钱币专用盒，将每个银元分别单独包装，见图8，以防止或减缓银元变色等病害发生。此包装盒为无色透明，在边缘涂抹凡士林后，具有一定密封性。其包装银元具有以下几个优点：①材料自身对银元文物没有危害，一币一盒可以避免银元混装，彼此碰撞摩擦而再次产生划痕和擦伤；②包装盒具有一定的密封性，可以防止空气中的水、灰尘和有害气体对银元再次腐蚀；③不影响陈列展览，也便于研究使用；④如果在盒外贴上编号标签，文物归档和管理将更容易。

当然，用钱币专用盒封装银元，这只是在条件有限的情况下采取的一种既简便有效而又经济的保存保养方法。其功效只能改善与文物直接接触的局部小环境，根本方法还需要从文物存放的大环境入手，如对库房或展厅温湿度、空气成分、光照等方面加以调控，这才能使文物长久较好保存。

图8 钱币专用盒封装银元

结论

（1）所分析的银元成分全部含有Ag和Cu元素，部分银元含有少量Fe元素。不同种类的银元，Ag的含量差异较大，80.2%～97.0%。铜的含量范围为3.0%～19.8%，少数银元含Fe为1%。总体认为，这批银元成色较高，银含量都达到80%以上，有的甚至接近纯银。

（2）银元锈蚀产物，红色系锈全部是氧化亚铜Cu_2O，绿色锈为碱式碳酸铜$CuCO_3·Cu(OH)_2$，黑色系锈为角银AgCl。其中产生铜锈的银元占绝对多数，产生银锈的银元只占极少数。

（3）这批银元的锈蚀特点之所以以铜锈为绝对多数，角银为相对少数，先决条件是银元中含有Cu元素。主要原因是银的标准电极电位（0.8 V）远高于铜（0.52 V），当Ag-Cu合金中Ag与Cu之间建立起电池偶时，Ag就作为阴极而不受腐蚀，即合金中铜元素被优先腐蚀。保存环境因素对银元锈蚀特点的形成产生重要影响。

（4）实验所筛选出的除锈方法，即超声波机械振动加5%EDTA二钠盐水溶液，并保持在环境水温

35℃的方法，能够有效除掉银元表面锈蚀物，包括铜锈和角银。

（5）用钱币专用盒封装银元，对银元的日常保养将起到一定的防护作用。

致谢

本次银元的保护研究工作得到成都文物考古研究所副所长李明斌研究员和邛崃文物保护管理所何吉民所长的支持，除锈工作得到成都文物考古研究所文保中心肖嶙副研究员的指导，论文的写作得到北京大学考古文博学院周双林副教授的指导，在此一并诚挚感谢！

参 考 文 献

[1] 许光. 中国银币图录. 哈尔滨：黑龙江人民出版社，2008.

[2] 郭振琪，张小燕，程德润. 秦俑一号铜车马残件X射线衍射分析——青铜器和银器锈蚀机理比较. 西北大学学报（自然科学版），1999，29（4）：309-312.

[3] 宁远涛，赵怀志. 银的化学性质. 银. 长沙：中南大学出版社，2005.

[4] 肖嶙，白玉龙. 彭州出土窖藏银器的锈蚀物分析和保护方法浅谈//成都市文物考古研究所，彭州市博物馆. 四川彭州宋代金银器窖藏. 北京：科学出版社，2003：268-280.

[5] 宋迪生，等. 文物与化学. 成都：四川教育出版社，1992：8.

[6] 周卫荣. 现代金银币腐蚀与防腐问题研究//中国文物保护技术协会. 中国文物保护技术协会第四次学术年会论文集. 北京：科学出版社，2007：66-70.

[7] 祝鸿范，周浩，蔡兰坤，等. 银器文物的变色原因及防变色缓蚀剂的筛选. 文物保护与考古科学，2001，13（1）：15-20.

茂县羌族博物馆藏青铜器文物病害调查研究[*]

杨颖东　王　宁　蔡　清

摘　要　本文对茂县羌族博物馆馆藏的337件青铜器文物进行全面详细的病害调查，并对病害进行分析研究。调查及分析结果显示：破损、开裂、青铜粉状锈、白色和蓝白色锈蚀物、钙硅沉积物污染等是这批文物的主要病害类型；青铜器铅锡含量高、土壤偏碱性且氯离子含量高、气候温差大、机械压迫等因素是导致病害产生的主要原因。调查研究结果为下一步制定保护修复方案、确定保护重点指明方向。

关键词　茂县羌族博物馆　青铜器文物　病害　调查研究

1　文物概况

茂县羌族博物馆馆藏一批青铜器文物，为20世纪90年代在茂县境内的牟托村和别立村两个地方考古发掘出土。牟托村石棺葬及陪葬坑和别立村墓葬遗址是茂县地区比较重要的考古发现，是岷江上游战国至汉代石棺葬文化的典型代表。

这批出土的青铜器文物，种类有罍、鼎、敦、盏、甬钟、纽钟、戈、剑、戟、盾、连珠纽、泡饰、护臂、杯、圆牌饰、动物纹牌、鸟、马、俑等。其中有多件大型礼乐器，如镈钟、甬钟、铭文鼎、罍等，小型器物主要是兵器、装饰品等。

这批青铜器具有很高的文物价值：首先，其历史研究价值颇高。该批文物包含的文化因素之多广在省内外罕见，有中原文化、北方戎狄文化、巴蜀文化[1]、滇文化及滇西青铜文化，同时也具有古羌民族自身文化特征等。这批文物是研究中原与巴蜀、滇地区，汉民族文化与藏、羌等少数民族文化交流的重要实物资料。[2]

其次，其造型奇特，纹饰精美、艺术欣赏感极强。如双面牛头纽盖漆绘罐、青铜羊尊灯等，造型新颖；另外这批文物，表面纹饰铸造细腻，种类丰富，有太阳纹、蝉纹、夔龙纹、蟠螭纹、人面纹、虎头纹[2]等，经过初步统计达40种之多。特别是在青铜礼器、乐器、兵器三类器物上表现得更为突出。

由于这批文物历史研究价值、艺术欣赏价值、科学价值颇高，因此对该批文物的保护工作就显得极为重要。

---

[*]　原文发表于《成都考古发现》(2011)，北京：科学出版社，2013年。

文物出土后存放于茂县羌族博物馆文物库房，由于条件限制，一直没有经过保护和防护处理，因此，发生了多种病变，如粉状锈病情加剧、产生新的裂缝等。为了制定保护修复方案，对这批文物进行有效的保护，特别进行了调查研究。

2　调查对象

本次共调查青铜器文物337件，其中一级文物12件。涉及器型包括所有出土青铜器文物。按材质情况分类，有单一青铜器、铜铁合制器、铜木组合器、彩绘青铜器4类。

3　调查过程

在茂县羌族博物馆文物库房，对这337件青铜器逐一进行病害情况调查。调查过程中，对发现的典型病害用数码拍照，文字记录，用测量工具检测破损开裂情况等，对典型病害有选择采样，以作深入分析之用。之后进行病害类型特点总结。鉴于篇幅限制，仅选择列举7件器物的病害调查记录（表1）。

表1　青铜器文物病害调查表

文物编号	名称	文物尺寸	文物保存现状	腐蚀类型
00001	龙纹镈钟	通高26.3 cm，甬高5.7 cm，铣长20.5 cm，铣间13.1 cm，舞长8.6 cm，舞广8.2 cm，鼓间8.8 cm	镈钟一侧的2个扉棱已残断掉；其表面大面积出现蓝色和绿色锈蚀物、黑色污染物及白色钙硅沉积物，这些物质严重遮盖镈钟表面的精美纹饰；此外，部分扉棱和钟上边的穿孔处有少量浅绿色粉状锈	全面腐蚀
00007	蛇纹戟	刺长20 cm，刺宽5 cm，銎口径1.7~3.5 cm，戈长23.2 cm，戈宽5.9 cm	此戟由青铜和木头两种材料组合而成，其中戟刺和戈援部分都为青铜铸造，戈援带有一木柄；戟刺和戈援周身存有大量绿色铜锈，边缘及柄部分布数处浅绿色粉状锈斑点；泥土、钙硅沉积物等对青铜部分的污染比较严重，显得比较"脏"。木柄已经完全干燥，但没有开裂；由于收缩，木柄与青铜部分已经分离；木头整体腐朽，开始粉化，特别是在端部已经产生掉木渣的严重现象	全面腐蚀、点状腐蚀
00014	铭文鼎	高25.3 cm，口径19.6 cm，腹围76.5 cm，盖高1.6 cm，壁厚0.1 cm，足高9.5 cm，耳宽5.3 cm，耳高8.2 cm	鼎锈蚀较为严重，两条腿断裂，其中一条腿有明显的黏结痕迹，黏结剂已经老化变黄变黑；腹部有一个直径为4.0~4.46 cm的残口；整个器物表面以大量绿色锈蚀物为主，伴有白色沉积物，鼎底部残留烟渍；腹下部及3条腿上均长有浅绿色粉状锈颗粒	全面腐蚀、点状腐蚀
00020	夔龙纹甬钟	通高55.1 cm，甬高18.2 cm，铣长36 cm，舞长21.5 cm，舞广14.9 cm，铣间27.6 cm，鼓间15.3 cm，枚径1.4 cm，枚高4.8 cm，鼓壁厚0.3 cm	甬钟柄部开裂，4个乳钉已残断掉，一侧下方有一条11.5 cm长的裂缝，边缘及柄部分别有一个12 cm×4 cm和2.1 cm×1.3 cm见方的残缺；表面有大量土锈和沉积钙层，局部有一些浅绿色粉状锈	全面腐蚀

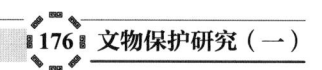

文物编号	名称	文物尺寸	文物保存现状	腐蚀类型
00349	虎头纹柳叶剑	长28 cm，宽3.1 cm，厚0.7 cm	此件文物为粉状锈的典型代表。剑身整体布满浅绿色粉状锈斑点，锈蚀已到达严重的坑窝状程度；此外，剑表面还富集较多土锈。点状腐蚀严重	点状腐蚀
00354	铜柄铁剑	通长46.5 cm，格宽6.4 cm	铜柄锈蚀严重，完全被绿色、蓝色锈蚀物包裹；铁质剑身和剑脊均开裂，剑尖已残断掉，且断面分层。铁质已整体锈蚀，呈黑褐色。剑身粘有少量绿色铜锈，并出现白色结晶盐颗粒	全面腐蚀
06082	铜牵马俑	通长22 cm，身长16 cm，头长6 cm，宽12 cm，厚3.5 cm	此俑为彩绘青铜器，整体涂彩。彩绘脱落严重，残留彩绘斑斑驳驳，仅能辨识彩绘图案大概。俑的裙摆有一条长约2.2 cm、宽约0.2 cm的裂缝，右臂用铁钉与身体连接，俑表面可见较多土锈和浅绿色锈	全面腐蚀

分析文物保存现状，其病害类型特点可归纳为以下几种：

（1）文物破损情况严重。经过统计，337件青铜器中，共有91件器物出现不同程度的残破。破损类型，有的为物理性残破（图1），有的则是因锈蚀导致的溃烂和穿孔（图2）。

图1　00489铜敦破碎严重　　　　　　　　　图2　00008单剑鞘锈蚀穿孔

（2）文物表面普遍覆盖有大量沉积物，包括土垢、各种锈蚀物和污染物。统计显示，有269件器物表面都存在这种情况，沉积物有单一的白色钙硅沉积、灰黑色污染物、土锈、绿锈、蓝锈等，或多种物质的胶结物。

（3）青铜粉状锈病症极为严重。这337件青铜器中，有73件表面明显长有浅绿色粉状锈颗粒，其余则零零星星长有针尖大小粉状锈斑点，总体数量接近半数。这些粉状锈或单独呈颗粒状存在，或与其他锈蚀物交织一起，连成片，呈现浅绿色、白色、蓝白色。从粉状锈对文物目前的影响来看，多件器物表面已出现面积较大，且深度较深的腐蚀坑（图3、图4）。

（4）白色、蓝白色酥粉锈比较常见（图5、图6）。

（5）文物开裂也是比较常见的现象。这种开裂区别于破碎和残缺，呈藕断丝连状态。共有34件器物局部出现程度不同的开裂，症状有较大裂缝、细小裂隙（图7）、由某一点向四周发散型爆裂等（图8）。

图3　000528单剑鞘柄部浅绿色较大颗粒粉状锈

图4　00349虎头柳叶剑斑点状浅绿色粉状锈

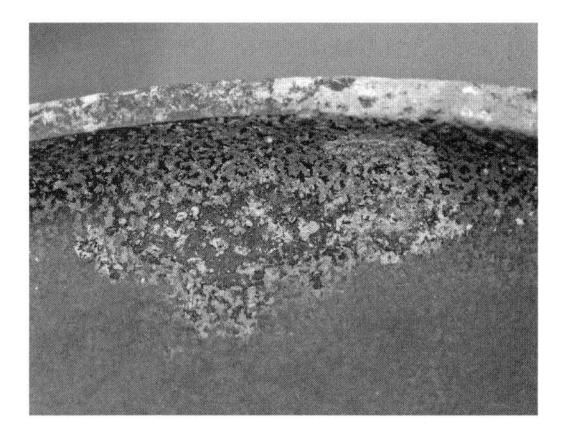

图5　00016环形捉手敦形器蓝白色锈

图6　00008单剑鞘白色、蓝白色锈蚀物

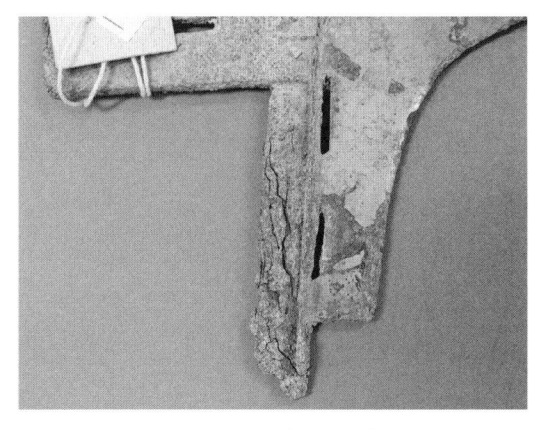

图7　00497铜戈裂隙

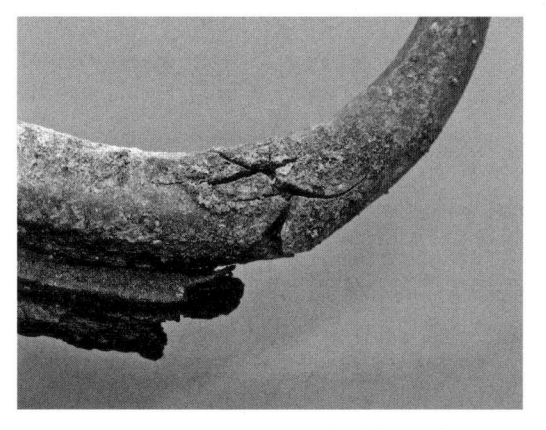

图8　00519铜双面牛头饰青铜爆裂

（6）多材质组合型文物病害：部分文物为两种或两种以上材料组合而成，在同样的保存环境下，不同的材料表现出不同的病害特征。并且这些不同材质的构件，除自身单独发生病变之外，也会对其他构件产生不利影响。

① 青铜与木质组成的文物病变：这批文物中，有3件文物是由青铜和木材两种材料组合而成。木质部分，都已经完全干透，存在收缩、变形、开裂、分层的症状较为明显，其强度很弱，木质粉化极

为严重，自然放置时已产生掉渣、掉粉现象（图9、图10）。青铜部分表面出现大量绿色、蓝色锈蚀物，还有土锈以及其他沉积物。木质部分偶尔也粘附有少量的青铜锈蚀物。由于木材收缩，二者连接处出现松动，作为把柄的构件与青铜部分很容易机械分离。

图9　00519铜双面牛头饰木质酥粉 　　　　　　　图10　00025戟木柄开裂

② 铜铁合制型文物病变：共有4件，主要是铜柄铁剑。铜柄锈蚀严重，全部出现绿色、蓝色锈蚀物，锈蚀程度较大。相比青铜器部分，铁质部分的锈蚀更为严重，表层褐色、红色铁锈已有剥落的迹象，剑脊和剑刃有的产生裂缝。铁质表面粘附有铜绿和少量土垢，有的出现结晶盐（图11）。铜铁构件二者连接处锈结牢固。

③ 彩绘青铜器病变：共有4件彩绘青铜器，除青铜器发生锈蚀外，其表面的彩绘部分脱落、褪色症状严重。

（7）人为修复不恰当造成一定的不良影响。先前有7件文物被粘接修复过，但黏结粗糙，碴口有错位，因涂胶过量，致使溢出胶造成污染，胶料固化后也没有修整，所以黏结缝突出，很不协调美观。而且所用胶黏剂现在已经老化变黄（图12）。

图11　00354铜柄铁剑锈蚀、开裂及表面白色盐结晶 　　　　　　　图12　00014铭文鼎腿部粘接胶老化变黄

调查发现，这批文物大多是几种类型病害同时在一个器物上出现，如破损、开裂、粉状锈、蓝白锈、土锈等同时发生在00014号铭文鼎，发生单一病害的文物相对较少。

4 分析检测

4.1 取样

为了充分掌握这批青铜器的锈蚀状况，便于分析原因，制定科学合理的保护修复方案，我们有选择采样并进行相关分析。

在经过充分观察研究的基础之上，选择四类作为取样对象：锈蚀产物、表面沉积物、器物本体和土样。锈蚀产物主要根据颜色（蓝色、绿色、浅绿色、白色、褐色等）取样，取样时尽量选择锈色纯正、杂质少的点位，用不锈钢手术刀在器物上刮下锈粉，用称量纸包好。有的器物上锈蚀产物多样、某种锈比较典型，可以多取；器物本体样品用作文物成分分析，由于文物整体无法带回检测室进行无损分析，因此取样只在已破损器物上采取残件，对完整器物均未取样；表面白色沉积物样品1个，它是在这批青铜器文物上普遍存在的一种沉积物，具有一定的代表性；取土样时，选择器物上原来附带的泥土取样。由于大部分器物上黏附泥土比较分散，堆积很薄，取样缺点一是容易被污染，二是达不到需要量。因此土样样品比较缺乏，只取到1个。

共取得样品29个，其中锈蚀产物样品19个，表面沉积物样品1个，文物本体样品8个，土样1个。

4.2 分析检测工作

4.2.1 锈蚀产物、沉积物及文物成分分析

样品送四川大学分析测试中心检测，文物本体成分分析采用扫描电镜能谱分析法，分析结果见表2；锈蚀产物与沉积物物相分析采用X射线衍射（XRD）分析法，分析结果见表3。

表2 青铜器合金成分分析结果

样品编号	取样器物	样品名称	Cu	Sn	Pb	Fe	合金类型
C1	00016环形捉手敦形器	腹部残片	66.5	22.0	11.5		Cu-Sn-Pb
C2	00016环形捉手敦形器	口沿残片	65.4	22.3	12.3		Cu-Sn-Pb
C3	00522铜钲	残断面基体	60.1	17.7	19.5	2.8	Cu-Sn-Pb
C4	00488铜杖首	残片	71.2	20.3	8.5		Cu-Sn-Pb
C5	00363甬钟	残片	64.5	27.2	8.2		Cu-Sn-Pb
C6	03784小铜泡	残片	82.5	11.7	5.8		Cu-Sn-Pb
C7	06063铜璜	中间残断处碎片	73.1	17.9	9.0		Cu-Sn-Pb
C8	00504铜矛	青铜矛中部残件	78.5	20.3		1.2	Cu-Sn
平均值			70.2	17.7	10.7	2.0	

（表头：主成分元素质量分数/%）

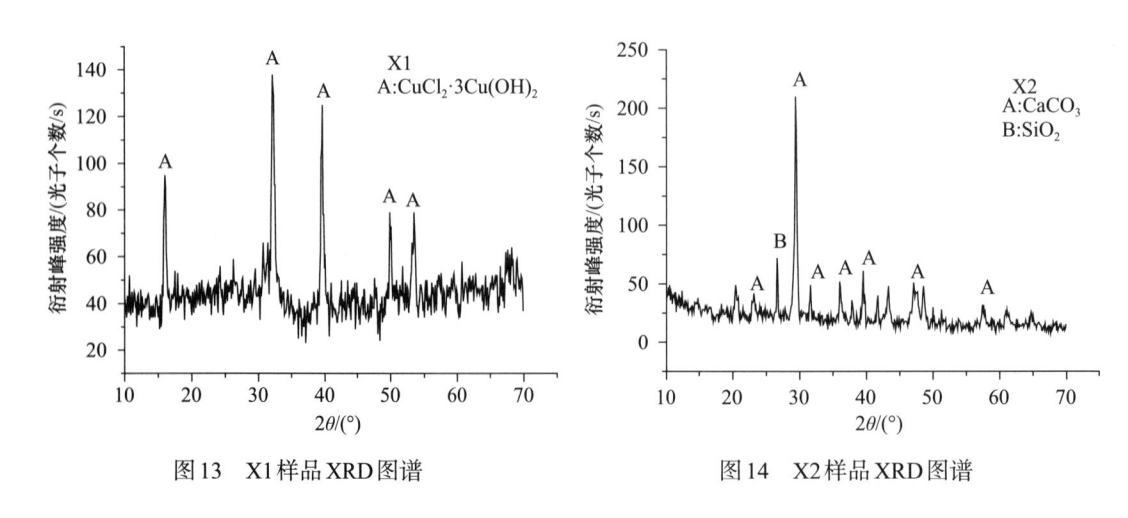

表3 锈蚀产物及沉积物物相分析结果

样品编号	取样器物	样品情况	物相	备注
X1	00014铭文鼎	腿部（此腿带胶黏剂）浅绿色锈	$CuCl_2 \cdot 3Cu(OH)_2$	见图13
X2	00014铭文鼎	腹部外白色斑点状沉积物	$CaCO_3$、SiO_2	见图14
X3	00014铭文鼎	腿部（此腿开裂）浅绿色锈	$CuCl_2 \cdot 3Cu(OH)_2$	
X4	00016环形捉手敦形器	敦口沿下白色泛黄锈	$PbCO_3$	见图15
X5	00016环形捉手敦形器	敦盖内口沿处蓝白色锈	$PbSO_4$	见图16
X6	00016环形捉手敦形器	腿部绿色泛白锈	$CuCl_2 \cdot 3Cu(OH)_2$	
X7	00008单鞘剑	剑鞘外表面暗红色锈壳	Cu_2O	
X8	00025戟	横插剑柄部灰黑色物质	无定型物	
X9	00528双鞘剑	剑柄浅绿色锈	$Cu_4SO_4(OH)_6$	见图17
X10	00354铜柄铁剑	山字格铜柄铁剑剑格处浅绿色锈	$CuCl_2 \cdot 3Cu(OH)_2$	
X11	00354铜柄铁剑	剑脊处褐色锈壳	Cu_2S	
X12	00354铜柄铁剑	剑脊处红色酥松粉末	无定型物	
X13	00349虎头纹柳叶剑	剑身斑点状浅绿色锈	$CuCl_2 \cdot 3Cu(OH)_2$	
X14	00481铜矛	柄部灰白色物质	$PbSO_4$	
X15	00481铜矛	柄部一耳处淡红色锈	Pb_3O_4	
X16	00476铜戈	表面蓝绿色覆盖物	$Cu_4SO_4(OH)_6$	
X17	00363甬钟	表面红色锈	Cu_2O	
X18	06067铜剑	表面黑褐色物质	Cu_2S	
X19	00342铜镜	表面绿色锈	$CuCO_3 \cdot Cu(OH)_2$、Cu_2O	见图18

表2中青铜器成分分析结果显示：

所分析的8件青铜器样品，多数同时存在Cu、Sn、Pb三种元素，其平均含量分别为Cu70.2%、Sn17.7%、Pb10.7%，有2件器物含有少量Fe元素，平均含Fe2.0%（铁元素可能是矿料中的杂质元素），成分数据表明这批青铜器中Sn和Pb含量较高。合金类型上，多为Cu-Sn-Pb三元合金，为锡铅青铜，仅1个为Cu-Sn二元合金，为锡青铜。

图13 X1样品XRD图谱

图14 X2样品XRD图谱

图 15　X4样品XRD图谱

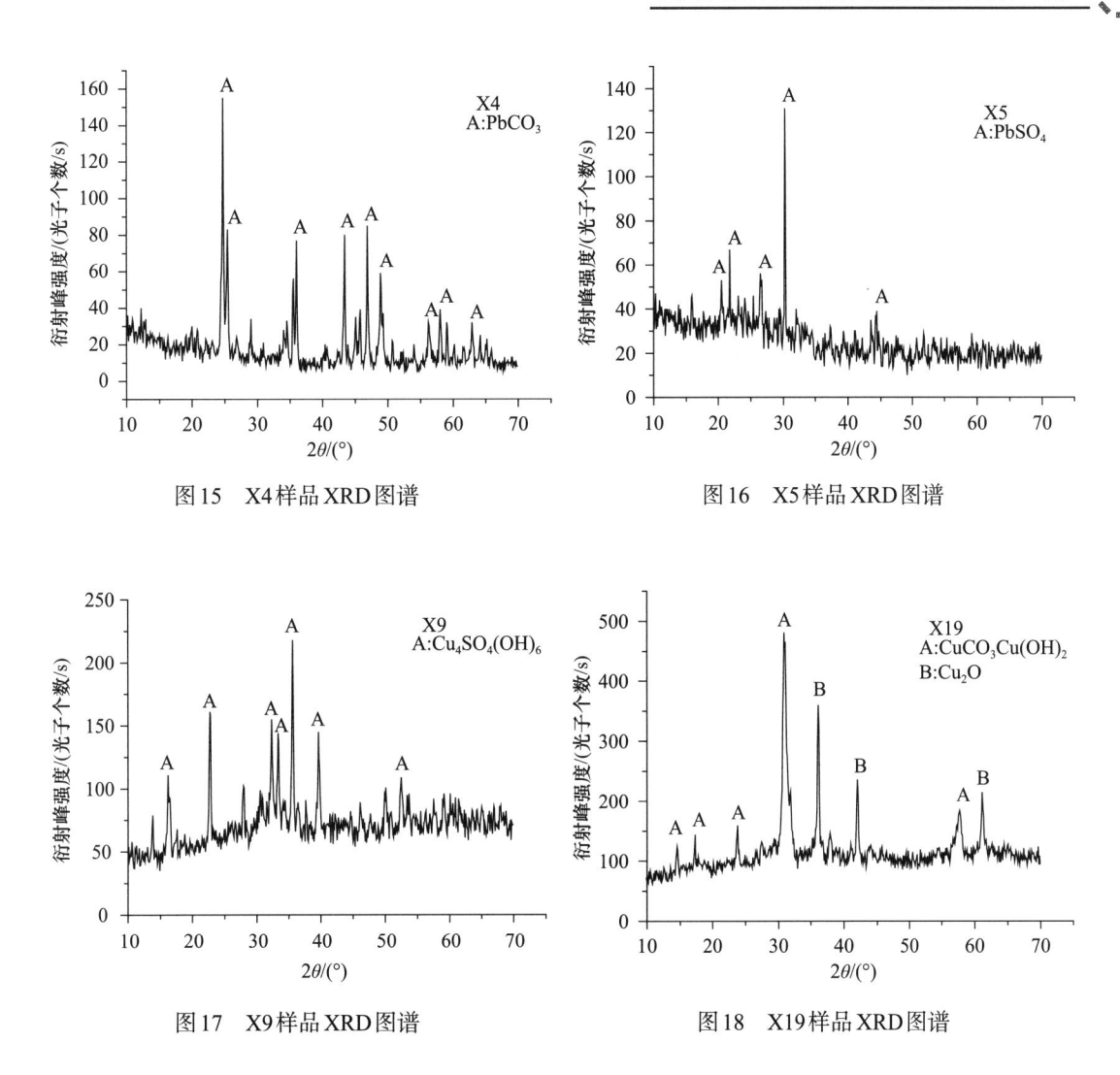

图 16　X5样品XRD图谱

图 17　X9样品XRD图谱

图 18　X19样品XRD图谱

表3中锈蚀产物及沉积物分析结果显示：

锈蚀产物主要是Cu和Pb的腐蚀产物。其中Cu的锈蚀产物有5种：浅绿色$CuCl_2 \cdot 3Cu(OH)_2$、暗红色Cu_2O、绿色$Cu_4SO_4(OH)_6$、褐色Cu_2S、绿色$CuCO_3 \cdot Cu(OH)_2$，其中有5个样品为$CuCl_2 \cdot 3Cu(OH)_2$；Pb的锈蚀产物有白色$PbCO_3$、白色$PbSO_4$、淡红色Pb_3O_4三种。由于铅锈中经常夹杂着蓝色和绿色铜锈，因此在外观形态上呈蓝白色酥松状，因此有研究者将这种蓝白色锈蚀定义为"酥粉锈"，其主要成分为碳酸铅，且包含无害的铜锈。[3]从分析结果来看，茂县这批青铜器的蓝白锈，其主要成分除包含碳酸铅之外，有时还包含硫酸铅。淡红色Pb_3O_4俗称铅丹，为不稳定的铅的氧化物。

白色沉积物为$CaCO_3$，夹杂泥土中的二氧化硅；无定型物可能为有机污染物。

从锈蚀产物总体来看，这批青铜器粉状锈突出，铅的腐蚀产物种类丰富。

4.2.2　土样分析

土样分析，主要用于了解这批文物出土前的埋藏环境。因为土壤的腐蚀性状况，直接影响文物的保存情况。本次主要检测土壤酸碱度、电导率和Cl^-定性定量。土样取自06081号残马腿外部包裹泥土，共计1.85 g，样品用适量纯水浸泡，抽滤，制得无色透明浸出液22 ml，分别采用精密pH计、电导率仪检测pH值和电导率、离子色谱仪测定Cl⁻含量。检测结果，pH值为8.63，电导率为3.38×10^2 μs/cm，为纯水电导率（2.74×10 μs/cm）的12倍。Cl⁻含量为11.8 mg/L，相当于土样中Cl⁻含量为140.32 mg/kg，这说明土壤不仅含氯，而且Cl⁻含量较高。

土样检测结果表明：茂县青铜器原来埋藏的土壤环境为碱性、氯离子含量高、土壤具有较强的电导率，即土壤中含盐量较大，土壤的腐蚀性较强。

5 病害原因分析

5.1 青铜器锈蚀物形成机理分析

青铜器发生锈蚀，有其产生的内部因素和外部因素。其本体合金元素的配比及具体金相结构是青铜器发生锈蚀的内因。从合金成分检测结果可知，这批青铜器中，绝大多数器物为铜、锡、铅三元合金，而且合金中锡、铅的含量相对较高，这样的青铜器更容易发生锈蚀。铜、锡、铅三种元素在青铜器基体内分布的不均匀性致使青铜基体的微观结构，即金相组织存在一定差异，所以即使在同一环境下，每件青铜器的锈蚀情况也有很大的差别。青铜器所处的周围环境，如土壤中的酸碱度、可溶性盐类、水分、大气中的氧气、臭氧、二氧化碳、二氧化硫等均是青铜器文物发生腐蚀的外因。

青铜器发生锈蚀是内因和外因共同作用的结果。青铜器基体中不同的合金配比及分布状况致使其每一个微区都具有不同的电位，在潮湿、盐碱性土壤或含氯离子的环境下，组成多种微电池，易发生强烈的电化学腐蚀，进而在青铜器表面形成各种铜的盐类化合物，即铜锈。当青铜器在埋藏环境中遇到氯化物时，半径极小、穿透力极强的Cl⁻与铜作用形成氯化亚铜，埋藏环境又常常是潮湿、富氧和二氧化碳，在此状况下，经过一系列长期的化学过程，氯化亚铜进一步形成碱式氯化铜，即为对青铜器寿命威胁极大的"青铜病"粉状锈[4-5]。茂县博物馆这批青铜器所产生的浅绿色粉状锈（$CuCl_2 \cdot 3Cu(OH)_2$）正是由潮湿、富氯、多盐的土壤环境所致，且多数器物上都有浅绿色粉状锈产生。对比发掘前后文物照片发现，经过十多年时间，大部分青铜器粉状锈增多，斑点扩大，具有明显发展的趋势，这也说明文物出土后不利的库房环境因素加速了粉状锈的成长。

这批青铜器中绝大多数为铅锡青铜，且铅的相对含量较高，其平均含量达10%左右。在铅锡青铜中，铅是不溶于铜而以软夹杂的形式存在于铜基体中的，其流动性好，主要用来调节金属的铸造和加工性能。青铜器在铸造中经过各种工艺处理后，其中的铅元素往往会从合金中内部向外部迁移，进而富集于器物表面。同时，铅元素的性质比较活泼，在地下埋藏环境中，受地下水、二氧化碳及土壤中各种盐类离子、有机酸类的长期作用，铅元素就以$PbCO_3$、$PbSO_4$及Pb_3O_4（氧化铅和二氧化铅的"混合物"）的形态存在下来。[3]但在青铜器文物出土后，其所处的环境不断变化，这就促使各种铅盐的物理形态相继发生变化，如其重结晶、再溶解导致的锈蚀物体积膨胀或结晶收缩等，完全破坏了青铜器表面锈蚀物的结合力，即锈蚀物变得松散脆弱，有的出现脱落。从调查结果来看，这批青铜器中多有白色或灰白色的$PbCO_3$和$PbSO_4$产生，也有少量不稳定的Pb_3O_4存在。

5.2 文物表面大量沉积的 $CaCO_3$ 来自墓葬中的石灰转变

通过查看发掘资料，发现在牟托和别立的石棺葬中，均有大量的石灰存在。石灰在石棺葬中被用于消毒和石材的粘接，其转变过程可分为出土前和出土后两个阶段完成。但也不排除土壤中少量不溶盐 $CaCO_3$ 的沉积。

5.3 文物残断及开裂

大部分是在墓葬中受机械挤压产生，少量则是文物较细且单薄的部位发生锈蚀，难以支撑自身重量而断裂。部分特殊的断裂现象，如爆裂等，应与当地昼夜温差大[6]的气候特点有很大关系。由于青铜合金内部相组织之间存在差异、文物表面锈蚀物与文物本体之间也具不同的膨胀系数，文物处于土壤溶液这种复杂的介质环境当中，在环境温度骤冷骤热频繁变化的过程中产生应力腐蚀而发生断裂。由于应力腐蚀与温度有很大关系，在条件允许时，降低温度，对减轻应力腐蚀是有益的。此外，减少内外温差，避免反复加热、冷却，可以防止热应力带来的危害。[7]这就是说，在日常的文物保存中，应该给文物提供恒定低温的条件，特别是恒温，来避免应力腐蚀对文物造成的破坏。

5.4 彩绘脱落与木材开裂，粉化

茂县青铜器有少部分由铜木组合而成。彩绘绘制于木质之上。木质酥松、质感较轻，纤维细而短，这类木材强度低，不如以往所发掘出土的楠木耐久。文物出土前，木材经过降解和菌类腐蚀，非常糟朽。文物出土后，由于没有采取相应措施，久而久之木材失水发生开裂，风化掉粉。彩绘脱落有三个原因：主要是由于附着体——木质部分收缩而剥离，其次是胶料老化，最后是彩绘自身蜕变。

结论

（1）茂县羌族博物馆馆藏青铜器，其病害主要是：青铜器破损、开裂；存在较多的青铜粉状锈和铅锈；铜木组合器文物的木质部分糟朽、酥粉、开裂；铜铁合制器文物的铁质生锈、分层、开裂；彩绘青铜器彩绘脱落、掉色；胶黏剂老化；泥土、钙硅沉积物污染等。青铜器铜锈有 $CuCl_2 \cdot 3Cu(OH)_2$、Cu_2O、$Cu_4SO_4(OH)_6$、Cu_2S、$CuCO_3 \cdot Cu(OH)_2$ 5种，铅的锈蚀物有 $PbCO_3$、$PbSO_4$、Pb_3O_4 3种。其中，浅绿色粉状锈的成分是碱式氯化铜，为青铜有害锈。白色、蓝白色锈蚀物的组成成分中含有 $PbCO_3$ 或 $PbSO_4$。青铜器表面普遍存在的坚硬的白色沉积物为碳酸钙，并且夹杂泥土成分二氧化硅。

（2）青铜器合金铅锡含量高，平均含量分别是Sn17.7%、Pb10.7%，其是导致青铜器发生病害锈蚀的内因；文物出土前的埋藏环境土壤偏碱性、氯离子含量高、电导率较强等因素是导致病害发生的外因；文物出土后，不利的保存条件促进其病情的发展。

（3）从病害严重性及影响来看，茂县羌族博物馆馆藏青铜器的青铜病发病范围广、程度深，恶化趋势明显，严重危害青铜器文物生命健康；青铜器被污染严重，残断开裂现象普遍，严重影响文物美观性和价值显现、妨碍文物以后的陈列展览。因此，该批文物的保护和修复工作亟待进行。

（4）通过病害调查和研究，我们认为茂县羌族博物馆这批青铜器文物的保护修复工作应特别注意以下几点：

第一，此批青铜器锈蚀物带有大量的有害锈，即浅绿色粉状锈（$CuCl_2 \cdot 3Cu(OH)_2$），粉状锈是一种恶性膨胀的铜锈；同时铅的化合物在环境不断变化下，也会对文物本体产生威胁。这两种锈对文物健康危害极大，因此在保护过程中应考虑重点处理。

第二，由于文物所带泥土中具有较多的盐分，而且氯离子含量高，因此对青铜器文物应进行全面、深度清洗，脱盐去氯，彻底消除安全隐患。

第三，多材质组合型文物应单独制定方案，充分兼顾文物材质的差异，对不同材质部分应采取不同的保护方法，分清保护步骤及先后次序。如对糟朽木质部分应尽快加固，铜铁合制器在保护时应选择对二者都有较好保护效果的材料，彩绘青铜器保护处理时应先预加固彩绘，然后再清理泥土，处理铜锈等。保护处理完之后，还要根据这些材料最佳保存平衡点，确定存放环境条件进行妥善保存。

第四，对大量破损、残断及开裂文物，应当根据相关考古资料，有选择地予以修复或保存现状。

第五，应当加强文物日常技术管理水平，购置必要设备，改善文物存放环境。

参 考 文 献

[1] 宋治民. 四川茂县牟托1号石棺墓若干问题的初步分析//宋治民考古文集. 北京：科学出版社，2004：225-240.

[2] 茂县羌族博物馆，阿坝藏族羌族自治州文物管理所. 四川茂县牟托一号石棺墓及陪葬坑清理简报. 文物，1994（3）：4-40.

[3] 王煊. 三星堆青铜器"酥粉锈"腐蚀机理的研究与探讨. 四川文物，2002（3）：83-89.

[4] 吴茂江，马建华. 青铜器物的锈蚀机理与化学除锈. 南阳师范学院学报，2002（2）：67-69.

[5] 范崇正，王昌燧，王胜君，等. 青铜器粉状锈生成机理研究. 中国科学：B辑（化学、生命科学、地学），1991（3）：239-247.

[6] 星球地图出版社. 四川省地图册. 北京：星球地图出版社，2008：153.

[7] 杨德钧，沈卓身. 金属腐蚀学. 第2版. 北京：冶金工业出版社，1999：176.

宝鸡眉县杨家村出土青铜器的腐蚀状况与埋藏环境分析*

王宁 王春燕 李斌 刘成

> **摘 要** 本文运用化学分析方法对眉县杨家村出土青铜器的埋藏土壤进行分析，其中包括对土壤的含水率、酸碱度、电导率及其可溶盐成分及含量的分析，再结合X射线衍射仪分析青铜器的锈蚀物组成。结果进一步探讨这批青铜器的保存状况与其埋藏环境的关系。
>
> **关键词** 青铜器 锈蚀 保存状况 土壤分析 环境控制

引言

陕西是西周王朝的发祥、发展的中心地区，许多窖藏和墓葬都出土大量为世人所瞩目的青铜器。这对研究西周社会的历史、文化、科技等均有重要意义，而且许多青铜器上都有铭文，学术价值极高。特别是2003年1月19日宝鸡眉县马家镇杨家村窖藏出土的27件西周青铜器，更是给我国考古学界带来巨大的冲击。这27件青铜器上均铸有花纹和铭文，据估计这批青铜器上的铭文大约有2100字，这是前所未有的。它们的出土可以为破解周王时代划分之谜提供重要参考，为研究西周历史和"夏商周断代"工程提供翔实的实物资料。依靠这27件青铜器，夏商周断代史有望复原。眉县出土的青铜器形成巨大冲击波，它被中国文物学界称为21世纪最重要的考古发现。虽然历经2700多年的地下埋藏，但是这批青铜器依然保存完好，铭文及花纹基本上都清晰可辨。为了究其原因，进而为这批青铜器的以后保护提供参考，我们特采集眉县杨家村窖藏的土样及一些铜器的锈蚀物，以这些样品为研究对象，运用化学分析方法和X射线衍射分析法对其成分进行分析。

1 青铜器的保存环境和保存状况

1.1 自然条件

宝鸡位于陕西关中平原西部，年平均气温11～13℃，年平均降水量500～700 mm，气候属于暖温带半湿润、半干旱季风类型。土壤堆积层土性柔和，矿物养料较丰富，pH为7.0～8.5，属中性至微碱性土壤。[1]

---

* 原文发表于《秦始皇帝陵博物院》（2014年总肆辑），西安：陕西人民出版社，2014年。

1.2 保存状况

这批青铜器保存相当完好。现场看到的27件青铜器，青铜器组合完整，礼器、酒器、水器、食器齐备；形体硕大，造型精美，纹饰繁缛；长篇铭文遒劲古朴。有的青铜器通体基本上呈现幽幽青铜色。有的表面附一层较薄的绿锈，器物上的铭文和花纹都清晰可见（图1）。

图1 眉县杨家村出土的部分青铜器

2 样品分析及结果

2.1 锈蚀产物的分析

一般对于青铜器锈蚀物，可以借助XRD进行锈蚀物成分及结构分析。从眉县杨家村窖藏出土的6件青铜器上刮取了少量锈蚀物作XRD定性分析，以确定锈蚀产物的组成（表1）。

表1 锈蚀产物的矿物组成

样品号	样品描述	矿物成分
鼎（03）	绿色锈	孔雀石，石英
鼎（12）	绿色混土锈	孔雀石，绿泥石，伊利石，石英
鼎（14）	绿与红色锈	石英，孔雀石，赤铜矿，白铅矿

续表

样品号	样品描述	矿物成分
鼎（05）	绿色锈	孔雀石，石英
鼎（15）	绿色与红色锈	孔雀石，石英，赤铜矿，白铅矿
鬲（20）	绿色与红色锈	孔雀石，石英，赤铜矿

注：1. 表中矿物成分含量从左至右依次降低；
2. 由于条件所限，锈样均较少，且混有少量土；
3. 器物的编号以出土时的顺序为依据。

锈蚀样品分析结果有：绿色的孔雀石$Cu_2(OH)_2CO_3$，红色的赤铜矿Cu_2O，白色的白铅矿$PbCO_3$，白色或无色的石英SiO_2，绿泥石$(Mg,Fe)_6(Si,Al)_4O_{10}(OH)_8$，伊利石$(K,H_3O)Al_2Si_2AlO_{10}(OH)_{12}$。

2.2 土壤分析

青铜器的腐蚀是由于其与环境的作用，通过化学或电化学反应而引起破坏和变质。青铜器在水中，弱的和中等浓度的非氧化性酸中都是相当稳定的。但当溶液中含氧化剂或者在上述溶液中通氧或空气时，则能显著加速青铜器的腐蚀速度。因此青铜器的腐蚀取决于与其接触的物质中的水、酸、盐、氧化剂、氧气等因素。土壤是固、液、气三相共同组成的混合体系。土壤对金属的腐蚀一般属于电化学腐蚀，与腐蚀有关的土壤性质主要是孔隙度、透气性、含水量、电导率、酸度和含盐量，这些性质是综合评定土壤对金属腐蚀性的标准[2]，但由于条件所限，我们对采集的土样只做部分性质的检测。

2.2.1 采样

我们分别从五件器物的底部刮取与之相粘连的土样，依据器物出土时的考古编号给其土样编号为：鬲（20）、鼎（13）、鼎（03）、鼎（12）、鼎（05）。另外，还从窖藏的两个不同点取了一定量的土样，编号为窖土（1）、窖土（2）。

2.2.2 测定[3]

1）含水量

一般情况下，随着土壤含水量的增加，土壤对金属的腐蚀性增强，但如果土壤完全被水饱和，因氧的扩散受抑制使土壤的腐蚀性减弱。土壤的含水量还直接影响到与土壤腐蚀有关的其他因素。

实验前样品先风干，磨细，过筛。

测定方法为失重法。即将土样置于105℃±2℃下烘至恒重，求算土壤失水量占烘干土中的百分数。

主要仪器：编有号码的有盖称皿；分析天平；恒温干燥箱；干燥器（内盛变色硅胶）。结果计算：

吸湿水（烘干基）$=\dfrac{w_2-w_3}{w_2-w_1}\times 100\%$

式中，w_1——称皿重（g）；

w_2——称皿＋风干样品重（g）；

w_3——称皿＋烘干样品重（g）。

结果见表2。

2）酸碱度

随着pH值降低，土壤腐蚀性增强。在酸性条件下，氢会发生阴极去极化反应，强化整个腐蚀过程。

为了接近野外土壤的实际水分情况，避免水分过多时的溶解影响，我们选用水土比为10∶1的浸提液。浸提液的提取所用仪器主要有真空泵，布氏漏斗。其过程大致为称取风干土样数克，放入烧杯中，加入一定量去CO_2水，使得水土比例为10∶1。隔时搅拌土样，放置24 h后用抽滤管过滤，直到抽滤获得清亮的浸出液。

测定仪器：上海雷磁仪器厂生产的pHS-25型pH计，温度条件为25℃。

结果见表2。

3）土壤电导率

土壤水溶盐是强电解质，其水溶液具有电导作用。在一定的浓度范围内，溶液的含盐量与电导率呈正相关。因此土壤浸出液的电导率数值能反映土壤含盐量的高低。土壤中含盐量大，土壤的电导率提高，进而增强了土壤的腐蚀性。用电导仪测得25℃时的土壤的浸出液的电导率，这个数值就可表示土壤中水溶性盐总量的多少。

所用仪器为DDS-11A型，温度条件为25℃。

结果见表2。

4）HCO_3^-、CO_3^{2-}、Cl^-、SO_4^{2-}的测定

这些阴离子对金属腐蚀及腐蚀产物均有很大影响。其中氯离子对土壤腐蚀有促进作用，它是一种腐蚀性很强的阴离子，氯离子能渗过金属的氧化膜和不溶性腐蚀产物层，它是青铜病产生的根源。SO_4^{2-}的铜盐属于可溶性盐，可加剧青铜器的腐蚀。HCO_3^-、CO_3^{2-}对土壤的酸碱度有缓冲作用，这样一来，对青铜器锈蚀就有一定的影响。

测定各离子含量我们采用化学滴定法。

HCO_3^-、CO_3^{2-}的测定：用H_2SO_4标准液滴定土样，指示剂分别为：0.5%酚酞指示剂和0.1%甲基橙指示剂。离子反应式：

$$CO_3^{2-} + H^+ \longrightarrow HCO_3^-$$

$$HCO_3^- + H^+ \longrightarrow CO_2 + H_2O$$

Cl^-的测定：用$AgNO_3$标准液滴定，指示剂为：5%K_2CrO_4。离子反应式：

$$Ag^+ + Cl^- \longrightarrow AgCl$$

SO_4^{2-}的滴定：以钡镁混合液做空白标定，用EDTA标准液滴定，指示剂为K-B指示剂。离子反应式为

$$SO_4^{2-} + Ba^{2+} \longrightarrow BaSO_4$$

分析结果列于表2。

表2 土壤样品的分析结果

土样号	含水量 W/%	pH	可溶盐分析/%				
			电导率/(ms/cm)	HCO_3^-	Cl^-	SO_4^{2-}	CO_3^{2-}
窖土（1）	0.9507	7.41	0.044	0.061	0.0052	0.037	
窖土（2）	0.8642	7.34	0.035	0.039	0.0087	0.030	
鬲（20）	1.5708	7.90	0.034	0.042	0.0086	0.039	0.00090
鼎（13）	4.7901	7.42	0.052	0.066	0.010	0.016	
鼎（03）	1.1185	7.58	0.042	0.078	0.010	0.082	
鼎（12）	1.0243	8.23	0.044	0.10	0.011	0.015	0.00048
鼎（05）	2.1528	8.14	0.049	0.18	0.013	0.072	

注：因所采土样并非要求的新鲜窖藏土样，所以测得的含水量只是粗略值。

由表2的分析结果可知：

（1）土壤的含水量测得数据普遍较低。这主要与土样采集后在干燥环境中放置过长时间有关，按实验要求土样应为新鲜土，所以测定结果稍有失真。

（2）土壤的pH值为7.34～8.23，说明土壤均呈弱碱性。实践表明，弱碱性环境利于青铜器的保存，而两个窖藏土样的pH值略低于其余几件器物底部土样的pH值，与器物直接接触的窖土呈弱碱性，这也有利于器物的保存。

（3）土壤浸出液的电导率为0.034～0.052 ms/cm（25℃）。鼎（13）底部土样浸出液的电导率相对于其他土样较高，因为没有采到它的锈样我们对这个器物没做具体深入的分析。鬲（20）土样浸出液的电导率较低。

（4）土壤样品中均含有Cl^-，特别是青铜鼎底部土样的Cl^-含量较高，为$100×10^{-6}$～$130×10^{-6}$，而窖藏土中的Cl^-含量相对较低，这可能是地下水富集的结果。虽然土样中均有少量Cl^-存在，但由于窖藏环境干燥，抑制了氯离子的作用，未能形成有害锈，器物均无明显受侵蚀迹象，器物的保存状况相当好。

（5）鼎（03）底部土样中可溶盐的主要成分是硫酸盐，其次为碳酸盐和氯化物，其他土样中可溶盐的主要成分均依次是碳酸盐、硫酸盐、氯化物。窖藏土中的可溶性盐较青铜器物底部的土样中的含量低一些。土壤中虽也有硫酸盐的存在，可锈样中没有发现青铜的硫酸盐类存在。这也与窖藏环境较干燥，整体呈弱碱性有关。

3 青铜器锈蚀产物与埋藏环境的关联分析

青铜的腐蚀主要是由直接的化学作用和电化学腐蚀所致，这两种腐蚀往往密不可分，只是在一定的条件下以某种腐蚀过程为主。

铜在空气中或在地下保存时接触到氧气，就容易生成红色的Cu_2O，即

$$Cu + O_2 \longrightarrow Cu_2O \text{ 或 } CuO, \quad Cu + O_2 \longrightarrow CuO$$

氧化亚铜遇水、二氧化碳、氧气生成碱式碳酸铜。

$$Cu_2O + H_2O + CO_2 + O_2 \longrightarrow CuCO_3(OH)_2$$

氧化铜及碱式碳酸铜在显微镜下观察均有孔隙，并不能很好地保护铜基体。一般情况下，青铜器埋藏于地下时，土壤中的水分、盐分、氧气、二氧化碳等随之缓慢渗入器物，便开始复杂的化学腐蚀及电化学腐蚀。其中Cl^-可渗过金属的氧化膜和其他锈蚀产物层，在基体的内表面生成CuCl沉淀。在潮湿有氧的环境下，进一步反应生成绿色粉状锈，侵蚀青铜器。

对于我们所分析的器物，从XRD的分析结果来看，眉县杨家村出土的27件青铜器表面的锈蚀产物大都为铜的氧化物及铅的氧化物，没有发现氯化物的存在。于是对于其埋藏环境的状况作进一步的讨论分析。

首先，窖藏环境与地下埋藏环境不同，窖藏环境中器物足部与土壤接触，不同于埋藏环境中的器物与埋藏环境湿度保持一致，所以窖藏环境中青铜器物受土壤湿度环境影响不大，土壤水分出入器物内部的循环减少，土壤盐分及导致有害锈产生的氯离子也很少进入器物内部。

其次，窖藏环境也不同于暴露于空气中的保存环境，暴露于空气中的器物易于与空气中的水分，氧气不断交换。窖藏环境循环缓慢，器物受环境影响小于露天环境。

最后，通过对土壤酸碱度分析，土壤环境呈弱碱性（图2）。

图2 青铜器出土现场及保存状况照

继而反应：

$$CuCO_3Cu(OH)_2 + HCl + H_2O \longrightarrow CuCl_2 3Cu(OH)_2 + H_2CO_3$$

很难进行，又一次阻止粉状锈产生的可能。

因此，可以认为眉县杨家村出土的这27件青铜器在埋藏过程中，铜的腐蚀主要是由氧气和二氧化碳所引起的。在埋藏中器物发生的主要是化学作用。

结论

（1）这批青铜器虽历经2700多年的地下埋藏，但器物均保存完好，主要与关中平原西部属于暖温带半干旱半湿润气候及呈弱碱性、Cl^-含量低而HCO_3^-含量高、土壤含水率低、窖藏未发生过塌陷现象、器物一直处于平衡稳定环境有关。

（2）青铜器锈蚀产物：孔雀石$Cu_2(OH)_2CO_3$，赤铜矿Cu_2O，白色的白铅矿$PbCO_3$，绿泥石$(Mg, Fe)_6(Si, Al)_4O_{10}(OH)_8$。锈蚀产物中没有氯化物存在，可见这批青铜器在地下经长期埋藏后未受到"青铜病"的侵蚀。

（3）对于青铜器的保护，环境控制是关键。青铜器的腐蚀除与其制作工艺、本身结构有一定的关系外，外界环境的作用也至关重要。周原遗址出土的青铜器与眉县出土的青铜器同处于关中平原西部这一大环境中，窖藏内小环境也有许多相似之处。例如，周原遗址的部分青铜器也出于窖藏，窖藏内大部分器物周围有草木灰，窖藏中Cl^-含量低，HCO_3^-含量高，窖土呈弱碱性（表3）。

表3 周原遗址窖藏土样分析结果 [2]

土样编号	含水量 $W/\%$	pH	可溶盐分析/%			
			HCO_3^-	Cl^-	SO_4^{2-}	CO_3^{2-}
齐家村东壕	14.49	8.61	0.058	0.0039	0.013	0.0010
云塘窖藏	18.08	8.64	0.043	0.0039	0.010	0.0010
庄白一号窖藏	18.51	8.44	0.044	0.0020	0.016	0.0010
82齐家7号窖藏	14.12	8.08	0.040	0.024	0.013	0.0010

但目前周原遗址窖藏出土的青铜器在博物馆的存放中腐蚀较严重，大多器物都出现绿色粉状锈，少数器物的基体也已受到严重威胁。这主要是器物出土后的环境控制不力所致。因此，应对青铜器保存环境给予重视。

通过对眉县杨家村出土的青铜器的土壤环境与保存状况的分析，窖藏环境缺氧、缺水及缺少二氧化碳的状况可以减弱对青铜器的侵蚀。我们不难看出，保护文物的外界整体环境固然重要，如果现实条件达不到全面控制的目的，就可以引以为鉴，针对具体文物的自身特点，控制其一方面或几方面的环境因素，则可达到保护文物的目的。

参 考 文 献

[1] 张俊民，蔡凤岐，何同康. 我国的土壤. 北京：商务印书馆，1984：63-68.

[2] 张晓梅，原思训，刘煜，等. 周原遗址及虢国墓地出土青铜器保存状况及埋藏环境调研//北京大学考古学系. 考古学研究（四）. 科学出版社，2000：187-209.

[3] 中国土壤学会农业化学专业委员会. 土壤农业化学常规分析方法. 北京：科学出版社，1983：195-202.

成都博物院几件院藏青铜兵器的分析研究[*]

姚智辉　孙淑云　肖　嶙　白玉龙

摘　要　为了解巴蜀青铜兵器的制作技术及表面斑纹形成机理，采用金相显微镜分析、扫描电镜及能谱仪对成都博物院几件带斑纹的院藏青铜兵器进行分析。结果表明，2件截面样品均为青铜铸造组织，锡含量平均为11%；3件器物表面斑纹层均含锡和铜并具有一定抗氧化作用。斑纹工艺可分为两类：剑周99-1极可能为直接铸出凸凹不平的剑体，在凸起部位涂高锡合金膏剂，加热处理后得到。另一类可能先直接铸出金属基体，在欲成斑处涂抹合金膏剂或纯锡，加热处理打磨得到。分析结果可为深入研究巴蜀青铜兵器提供参考。

关键词　青铜兵器　斑纹　金相　工艺

引言

四川盆地的巴蜀青铜器是古代巴蜀文化最重要的组成部分，它以显著的地方特色和独特的艺术魅力闻名于世。其中，兵器是巴蜀青铜器中最多、形制尤具特色的一类。

巴蜀青铜兵器以其独特的造型和表面纹饰著称，集中体现巴蜀独特的青铜工艺技术水平。但到目前为止，对巴蜀青铜兵器的制作技术及表面纹饰形成机理尚无深入、系统的研究，巴蜀有许多带虎斑纹的兵器，为更好地研究这种工艺，对部分院藏兵器进行了分析。因院藏器物的性质使得多数器物无法进行取样，故着重对表面进行无损分析。

1　实验样品和方法

对成都博物院院藏4件青铜兵器进行分析研究，其中戈3件（SM1：1、00286-0028、周11-2），剑1件（周99-1）见图1～图4。除戈SM1：1外，其他3件器物均带有明显的虎斑纹。戈SM1：1残破，为均匀暗绿色锈蚀所覆盖；00286-0028双翼戈与周99-1剑表面均分布不规则的黑色点状斑纹，放大镜下前者黑斑纹平，后者略凸；00286-0028双翼戈部分斑纹周围有扫尾迹象；周11-2三角形援戈表面呈绿色，刃与脊之间分布着规则的银色斑纹，少量脱落。所以选取无明显斑纹痕迹的戈SM1：1样品，

---

[*]　原文发表于《文物保护与考古科学》，2005年第2期。

是便于与其他带斑纹样品的比较。

图1 戈 SM：1（SC026）

图2 戈 00286-0028

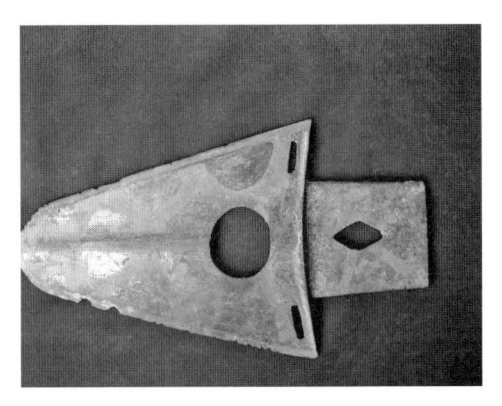

图3 戈周 11-2

图4 剑周 99-1（SC027）

分别从SM1：1戈、周99-1剑残破处截取少许样品，制成金相样品，其中周99-1剑所取样品部位二表面都带有黑色斑纹。在金相显微镜（型号XJP-100）、光学显微镜（型号NEOPHOT 21）和扫描电子显微镜（型号LEO-1450）下观察样品的断面，并用扫描电镜装置的能谱仪（型号KEVEX Sigma）进行无标样定量成分分析。测定条件为加速电压20 kV，计数50 s。测定时考虑金相观察基体组织较均匀，故在样品断面选取二个区域进行面扫描，样品元素含量取平均值。对00286-0028双翼直内戈和周11-2银斑纹戈进行无损分析，在四川大学分析测试中心用扫描电镜（型号JEOL JSM-5900 LV）及扫描电镜装置的能谱仪（型号V4105）对表面进行无标样定量成分分析。测定条件为加速电压20 kV，计数60 s。

2 实验结果

2.1 金相观察

2.1.1 铜戈SM1：1（实验室编号SC026）

样品外围锈蚀，锈蚀层中残留有原基体的组织。基本保存完好，未发现锈蚀。基体为α固溶体，有偏析存在，有细小（α+δ）共析组织存在。铅为小颗粒状均匀分布。偶见硫化物夹杂与自由铜沉积。

2.1.2 铜剑周99-1（实验室编号SC027）

样品外围锈蚀与铜戈SM1∶1不同，锈蚀层中未有明显原金属基体组织的残留。样品二表面斑纹层状态亦有不同，一面均匀致密无裂纹，为保存较好的斑纹区别。另一面有一突起和深入金属基体的锈蚀并带有裂纹。金属基体保存完好，为α固溶体，存在偏析。有大量（α+δ）共析组织存在，未发现锈蚀，样品中部铅为小颗粒状均匀分布。边侧有大铅颗粒，偶见硫化物夹杂与自由铜沉积。

2.2 样品的扫描电镜观察及能谱分析

2.2.1 铜戈SM1∶1（实验室编号SC026）

从样品背散射电子像（图5）可见，基体锈蚀较少；A是α固溶体富铜部分，相邻稍微亮些区域为α固溶体富锡部分，B处多角花斑状相为（α+δ）共析组织；C白亮块为铅颗粒；D小黑点是硫化物。样品靠近基体的锈蚀区域中仍可见α相偏析及（α+δ）共析组织，铅颗粒部分流失或打磨掉，留下孔洞，有的被锈蚀产物充填。从背散射电子像（图6）可见最外的锈蚀层中仍有（α+δ）共析组织残存。线扫描图（图7）中将Cu、Sn、Fe、Si、O、Pb从锈蚀层到基体的变化状况清晰反映出来；Cu的含量渐增，O、P、Fe、Sn含量减少，Pb凸起峰处是碰到了铅颗粒。

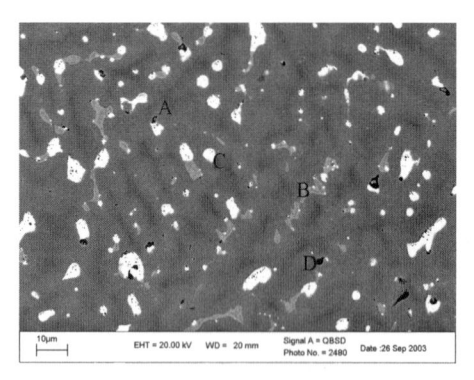

图5 SC026样品背散射电子像
A.α固溶体；B.（α+δ）共析体；C.铅颗粒；D.硫化物

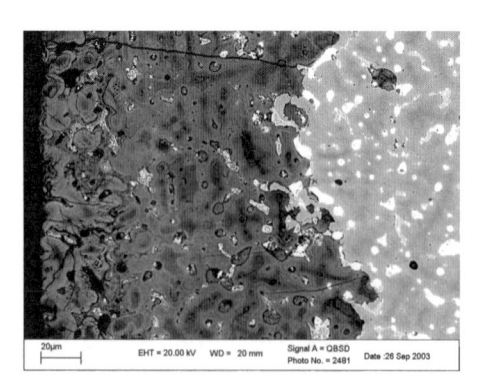

图6 SC026扫描电镜背散射电子像
左边基体锈蚀区域，右边金属基体

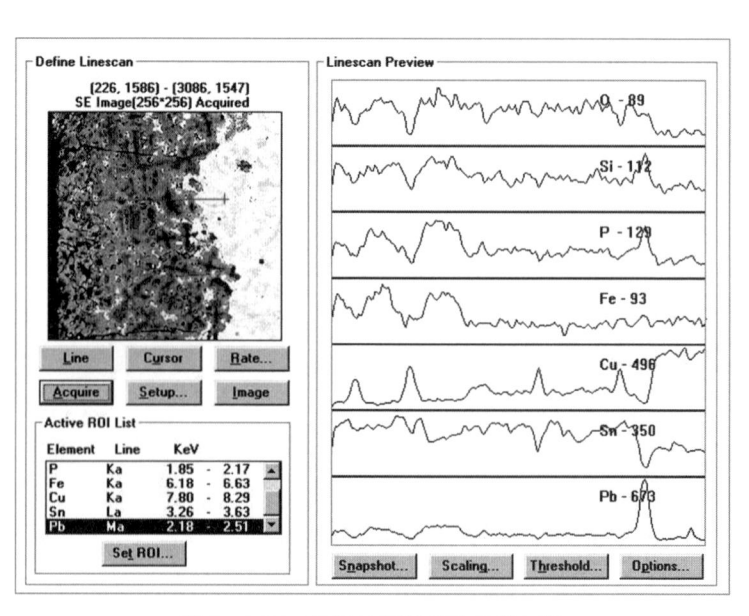

图7 SC026从锈蚀层到基体的线扫描

SC026样品的成分分析结果见表1。

表1　样品SC026扫描电镜X射线能谱分析结果　　　　　　　　　　　单位：%

原编号	实验室编号	元素质量分数								备注
		Cu	Sn	Pb	O	Fe	S	Si	P	
铜戈	SC026-1面扫	83.6	9.0	7.4	—	—	—	—	—	铅锡青铜基体
SM1:1	SC026-2面扫	84.0	8.7	7.2	—	—	—	—	—	图5
	SC026-3点分析	75.6	1.5	6.4	3.4	—	13.1	—	—	硫化物，图5D
	SC026-4微区分析	34.4	26.6	7.1	28.7	0.7	0.9	—	1.5	图6锈蚀层靠基体区域
	SC026-5微区分析	33.3	28.0	7.4	27.3	0.9	1.4	—	1.7	图6锈蚀层中间区域
	SC026-6微区分析	13.5	32.6	11.5	30.6	6.7	—	1.8	3.1	图6锈蚀层最外区域

注：—表示未检测到。

2.2.2　铜剑周99-1（实验室编号SC027）

其基体组织与SC026相近。样品表面两侧均有黑色的斑纹，薄厚不一。一侧斑纹区域结构致密，无明显的金属基体组织残留（图8）；另一侧部分斑纹区域混合有基体锈蚀产物，呈突起状态并存在裂纹（图9、图10）。

图8　SC027扫描电镜背散射电子像
左侧斑纹层，右侧基体

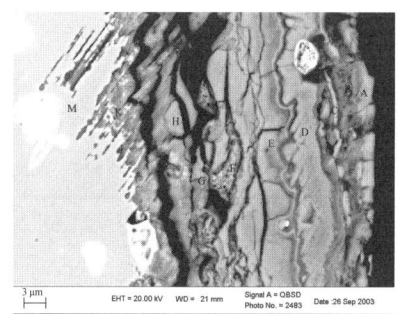

图9　SC027锈蚀区域扫描电镜背散射电子像

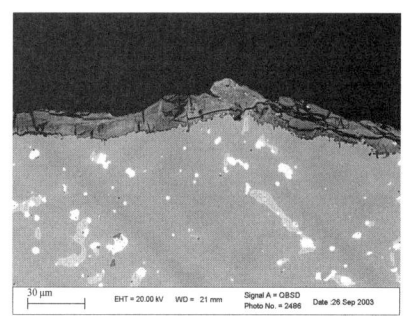

图10　SC027扫描电镜背散射电子像
中间凸起为锈蚀，凸起左右两侧为斑纹层
（部分锈蚀从下面渗入）

SC027样品截面分析结果见表2。

表2　样品SC027扫描电镜X射线能谱分析结果　　　　　　　　　　　单位：%

实验室编号	元素成分								备注
	Cu	Sn	Pb	O	Fe	S	Si	P	
SC027-1面扫	75.7	15.9	8.4	—	—	—	—	—	铅锡青铜
SC027-2面扫	88.1	9.7	2.2	—	—	—	—	—	基体
SC027-3微区分析	27.4	38.9	7.8	25.8	—	—	—	—	图8斑纹层区域A
SC027-4微区分析	35.8	33.1	6.6	24.5	—	—	—	—	图8斑纹层区域B

续表

实验室编号	Cu	Sn	Pb	O	Fe	S	Si	P	备注
SC027-5 微区分析	4.7	43.7	8.9	35.1	5.2	0.5	1.8	—	图9A
SC027-6 微区分析	5.0	45.8	8.5	29.8	6.7	—	1.4	2.6	图9B
SC027-7 微区分析	7.4	47	9.0	30	6.6	—	—	—	图9C
SC027-8 微区分析	10.6	40.6	4.9	33.6	4.4	—	2.5	3.2	图9D
SC027-9 微区分析	12.1	40.2	5.6	30.5	6.5	—	2.1	3.0	图9E
SC027-10 微区分析	83.4	1.2	0.1	1 2.3	—	—	—	—	图9F（C13.0）铜的氧化锈蚀和氯化物
SC027-11 微区分析	17.6	44.9	4.3	28.7	2.3	0.4	—	1.7	图9G
SC027-12 微区分析	17.1	47.4	4.9	26.8	1.5	1.0	—	1.2	图9H
SC027-13 微区分析	64.4	22.9	—	12.7	—	—	—	—	图9K
SC027-14 面扫	88.8	11.2	—	—	—	—	—	—	图9M
SC027-1 微区分析	38.5	33.4	4.7	23.4	—	—	—	—	图10A

注：—表示未检测到。

2.3 3件器物表面分析

3件器物（剑周99-1、戈00286-0028、戈周11-2）的表面分析结果见图11~图14和表3。

表3　3件器物表面扫描电镜分析结果　　　　　单位：%

原编号	实验室编号	Cu	Sn	Pb	O	C	Fe	其他元素*	备注
周99-1剑	390-A（微区扫描）	9.9	42.4	7.7	21.1	8.2	5.5		图11A非斑纹区
	390-B（微区扫描）	17.1	46.1	3.9	18.6	6.3	3.8		图11B黑斑纹区
	390-C（微区扫描）	17.9	50.0	4.2	14.3	6.1		Ca3.3	图11C黑斑纹区
	390-D（微区扫描）	11.3	41.5	8.4	18.2	8.7	5.6	Si2.0	图11D非斑纹区
	390-E（点分析）	12.2	43.8	5.0	8.6	23.1	4.3		图12E
	390-F（点分析）	8.3	37.5	1.5	21.4	6.2	4.3	Si9.7 P5.4	图12F
0286-0028双翼直内戈	286-A（微区扫描）	54.6	14.9	0.8	14.3	10.5		Mg1.5	图13A斑纹区
	286-B（微区扫描）	19.3	24.8	3.9	20.9	17.6		Si8.9	图13B非斑纹区
	286-C（微区扫描）	48.6	22.1	1.7	12.2	9.1		Al2.7	图13C斑纹区
周11-2银斑纹戈	11-2-A（微区扫描）	35.6	47.2	2.4	69	3.7			图14A斑纹区
	11-2-B（微区扫描）	15.4	38.5	14.8	17.7	6.3		Si3.6	图14B非斑纹区

*除特别注明，含量小于2%的元素未列入表中。

图11 剑周99-1表面扫描电镜二次电子像（一）
A，D.表面非斑纹区；B，C.表面黑斑纹区

图12 剑周99-1表面扫描电镜二次电子像（二）
表面非斑纹区：E（碳酸盐）、F（氧化物）

图13 戈00286-0028表面二次电子像
A，C.表面黑斑纹区；B.非黑斑纹区（表面锈蚀）

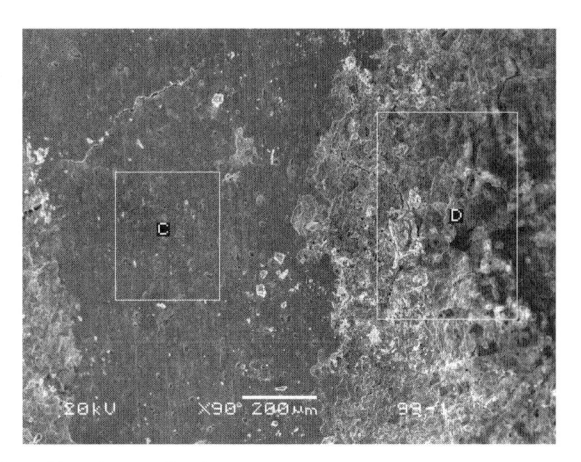

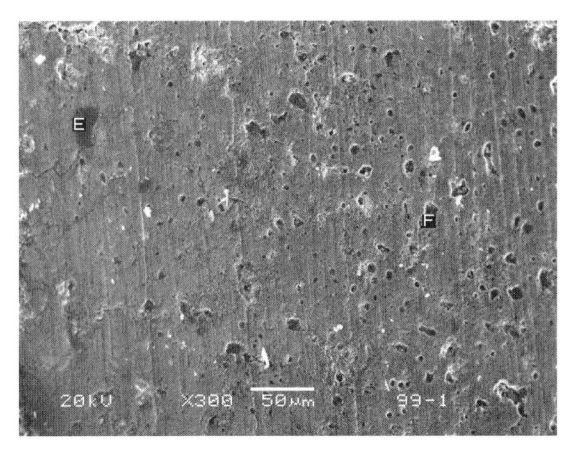

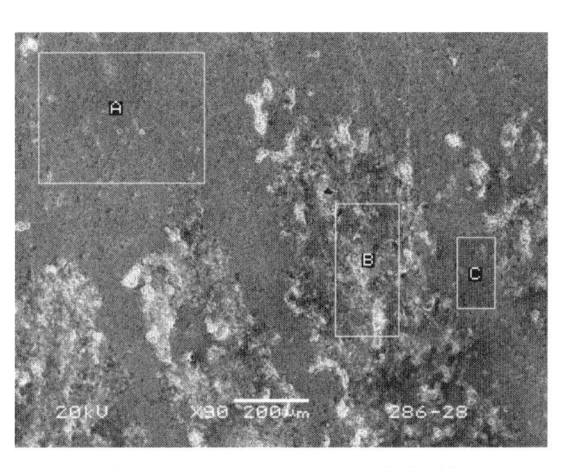

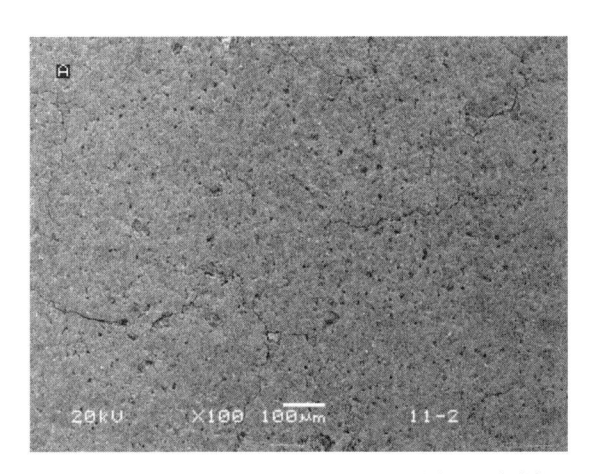

图14 戈周11-2表面二次电子像
A.表面银斑纹区；B.非银斑区域

3 结果讨论

3.1 青铜器铸造性能

对SC026、SC027二件样品金相观察可知均为铅锡青铜，且都是青铜铸造组织。样品都较纯净，夹杂少。铜含量都在80%左右，锡含量在12%左右，对应布氏硬度120～130 HBW，延伸率10%～20%（图15、图16），与兵器所要求的硬度相匹，具有良好的铸造性能和高硬度，是典型的青铜兵器组织。

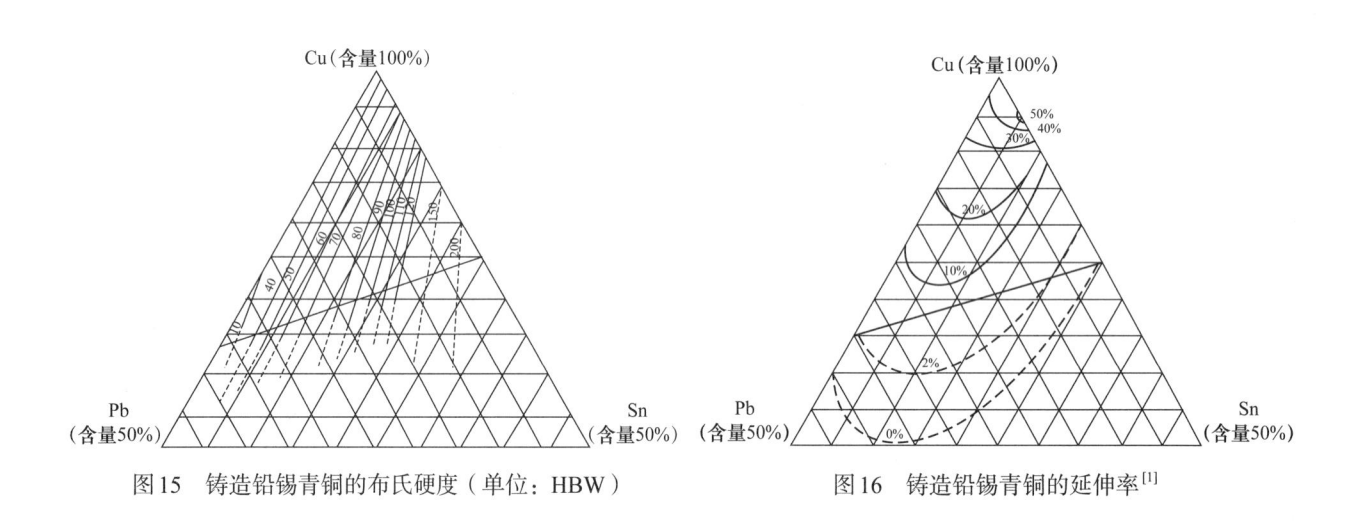

图15　铸造铅锡青铜的布氏硬度（单位：HBW）

图16　铸造铅锡青铜的延伸率[1]

3.2 锈蚀层的组织

从样品SC026截面的背散射电子像（图6）看出，锈蚀层中仍能观察到与基体相同的组织，如锈蚀的α相，锈蚀的外层仍存在（α+δ）共析组织。从线扫描图（图7）可以看到，Si、P、Fe的含量具有相似的变化规律且在基体中都没有，推测它们可能是从外部沾污来的。表层锡含量较高是由于从外往里的锈蚀使得铜流失，导致锡含量的相对增高。与之不同，SC027样品锈蚀层中未有明显原金属基体组织的残留（图9），对锈蚀层其从外往里（A~K）分析，氧、铅、铁含量趋势都是由高到低。铁、磷等是外来沾污带来，从外往里渗透，故含量也随之递减；铅是铅锡合金中最易腐蚀的元素，它流失到表面而导致表层铅含量的增高。从斑纹层的背散射电子像（图8）看出致密斑纹层与基体交界处存在裂缝，有明显的界线，但未发现斑纹层有金属基体组织存在。说明黑斑纹不是自然生成有可能是在剑体铸后表面经过处理得到的。与样品SC026锈蚀层相比，SC027斑纹层中不同微区（图8A、B）各元素含量相对稳定，不含铁、硫、硅、磷等杂质，也反映出此斑纹层结构较为致密。

SC027样品两侧表面的斑纹厚度不匀，厚的一侧有30 μm，薄的一侧5～19 μm，平均仅10 μm，从图10看到，中间突起为基体表面的锈蚀（锈蚀层中仍能观察到与基体相同的组织），该锈蚀向两侧斑纹层下面扩散延伸，将斑纹层拱起，使斑纹层与基体之间原本清晰的界面变得模糊。图10区域A的成分数据与图8斑纹层的成分数据相近也说明这点。

3.3 青铜表面高锡来源

从样品表面成分分析可知，斑纹层多是一种高锡、含铜的合金成分。因虎斑纹处多为富锡的成分，青铜表面高锡来源主要有三个渠道：有意镀锡，锡铸造中在表面偏析，高锡青铜在埋藏过程中选择性腐蚀。[2]

反偏析在铸造时表层的枝状初晶很发达，在降温过程中因收缩而在枝晶间形成空隙，中心部位残余的富锡低熔点液体，在负压作用下被吸入空隙，甚至被挤出铸造表面，出现许多富锡颗粒使得表层平均锡含量高于内部。故其表面组织应为（α+δ）共析体且与基体有相应连接，不会有明显的界面。图8中富锡层与基体间有明显的界面，且看不出表面组织与基体有相应连接，所以排除此可能。选择性腐蚀若是α枝晶偏析富锡部位先腐蚀，通常表层有锈蚀层或有自由铜析出，α相与（α+δ）共析体的形态与中心部位应相同，而上面斑纹层的背散射电子像与此不吻合，故也将斑纹层富锡是由于青铜在埋藏过程中电化学腐蚀引起的可能排除。从背散射像可以看出，高锡层与基体有的地段连接紧密，更多地方有裂纹存在。后者是镶嵌过程受一定压力产生，也反映出高锡层与基体的粘连力度不是很强。所以斑纹层是有意处理得到的。[3-4]

古代有意镀锡方法通常有：简单浸或搽锡；锡石还原或渗碳过程；锡汞齐。[3-4]因在样品表面从未测到有汞存在，故将锡汞齐的方法排除，选择外镀纯锡或外镀合金的方法。我们在含锡11%左右的锡青铜上分别用镀锡方法与合金膏剂的方法模拟，均可以得到银色的斑纹（图17、图18）。图19是样品1截面的背散射电子像，可看到斑纹层与基体间尚有明显的界面。

图17 用镀锡方法得到的银色斑纹1

图18 用合金膏剂得到的银色斑纹2

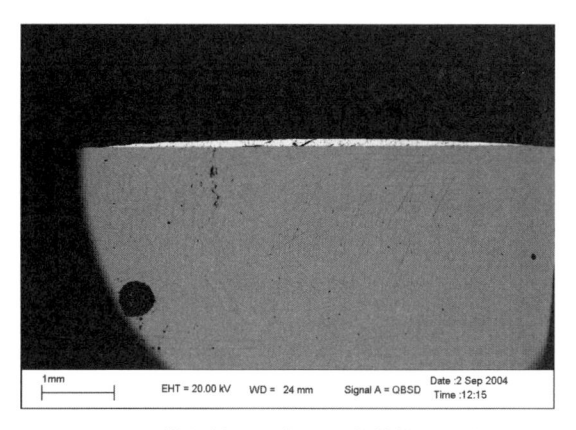

图19 模拟样品1截面的背散射电子像

斑纹颜色的差异，除了合金配比不同，推测与保存环境有很大关系。如四川彭州致和乡出土的战国银斑纹戈就是保存于水窖中，至今表面斑纹银色光亮如新，调研过程中也发现同一器物表面斑纹有的地方为黑色，有的仍显现银灰色。斑纹呈现黑色则有可能是埋藏于土壤中，器物表面在腐殖酸的作用下发生氧化，生成相应的金属氧化物，从而引起色泽的变化。[5]

3.4 斑纹成分与工艺

从此次3件器物表面分析数据可以看出，不管是黑斑纹还是银斑纹，凡斑纹处表面的氧百分含量均小于非斑纹处氧百分含量。可见斑纹层具有一定抗氧化的作用。3件器物表面斑纹处铅的含量分别小于4.1%，1.3%，2.4%，与对应非斑纹处铅含量（8.1%，3.9%，14.8%）相比小许多，考虑到铅作为铅锡合金中最易腐蚀的元素，易流失到表面，斑纹的处理剂成分不含铅可能性为大。

从周99-1剑成分可看出，表面黑斑纹区含锡高铜低，一种说法认为铜是由于斑纹层薄，基体中的铜被击穿得到的，但二次电子是从距样品表面10 nm深度范围内激发出来的低能电子，而从该器物截面扫描电镜背散射电子像（图8）可知，斑纹层厚度远大于3 μm，故击穿可能性不大；若是镀锡得到斑纹，则斑纹层与基体间应发生扩散，才能解释所测斑纹层部分含铜量，而实际斑纹层与基体间看不到扩散发生，故我们分析，铜很可能是斑纹自身所带，斑纹很有可能是用锡与铜的合金在铸后剑体上处理得到的。图8中（α+δ）共析体组织中α相不是均匀分布，出现聚集，说明周99-1剑有可能均匀加热过，受热的温度不会太高，时间不会太长，未从铸造组织变成加热组织。从而表明斑纹处理剂在进行加工时的温度不会太高。而处理温度过低，基体的原子振动能低，金属键结合较牢靠，涂层中锡原子未能扩散进基体，就没有类似图20中枝晶层的形成。

从周11-2戈器物表面二次电子像看出（图20），高倍下已有晶界出现，说明样品也经过均匀加工，但温度不会太高（偏析仍存在），也看不出银斑与基体之间有扩散、渗透的迹象（图21）。银色斑纹

图20　周11-2二次电子像（银斑纹区）　　　　图21　周11-2二次电子像（银斑与基体交界处）

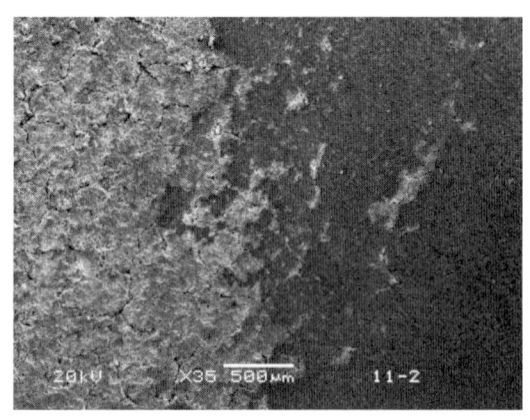

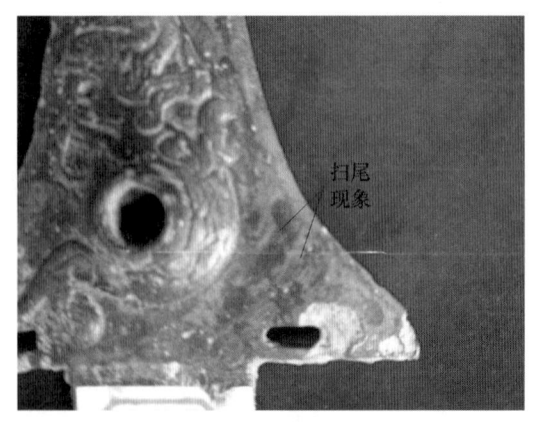

图22　戈壁近翼处带扫尾的黑斑纹

表面有较多的孔洞，很可能是合金熔化冷凝过程中由于吸气和冷却速度不同造成表面如此凸凹不平，含有气孔的表面特征。因铅较易腐蚀，银斑纹中测到的铅（2.4%），极可能是其流失沉积到基体外部而渗入斑纹层的。

双翼直内戈00286-0028在近翼处能观察到黑斑旁有类似扫帚尾的现象（图22），这些细线与斑纹是一体的，实物表面与图13对应，其中实物表面黑斑及黑斑引出尾巴的地方对应于图13中A、C处狭长区域，实物表面非斑纹绿色区域对应图13的B区域。可能该件器物黑斑纹是用表面处理剂涂抹，而扫帚尾则是涂抹

过程中留下的划痕。从图13中还反映出非斑纹区域结构疏松而斑纹区相对致密，这也印证处理过的区域具有一定的抗腐蚀性能。与另两件器物斑纹处相比，该件器物斑纹处铜含量高出许多（15%以上），锡含量则少许多（近30%）。可能是处理剂配比存在差异，也可能是涂抹层与基体发生扩散所致。

结论

（1）两件截面样品表明，二者均为青铜铸造组织。锡含量平均为11%左右，是较为典型的青铜兵器组织。

（2）此次测试的3件器物表面斑纹层均含锡和铜，其中锡含量高于兵器基体组织中锡的含量，斑纹中测到的铅多是基体的铅腐蚀后流失到外层的。斑纹层具有一定抗氧化的作用。

（3）综合以上讨论，初步判别这3件带斑纹兵器表面斑纹工艺不全相同，其中剑周99-1属于一类，戈00286-0028与戈周11-2属于另一类。从对器物观察结合金相与成分分析推测剑周99-1表面斑纹制作方法极可能为：直接铸出凸凹不平的剑体，在不是很高的温度下，在剑体凹陷部位涂高锡合金膏剂，加热处理后打磨得到。由于取样限制，不能对另两件器物进行截面观察，尚不能将镀锡法完全排除，故对第二类表面斑纹制作的推测为：先直接铸出素面金属基体，在欲成斑纹处涂抹合金膏剂或纯锡，再加热后打磨得到。

深入的研究还需更具代表性的样品取样与无损测试手段。

致谢

成都博物院段炳刚同志对该工作给予极大帮助，作者对此表示感谢。

参 考 文 献

[1] Chase W T, Ziebold T O. Ternary representations of ancient Chinese bronze compositions//Archaeological chemistry. II. Advances in Chemistry Series 171. Washington D. C. : American Chemical Society, 1978: 301-305.

[2] Oddy W A, Meeks N D. Unusual phenomena in the corrosion of ancient bronzes. Science and Technology in the Service of Conservation, II C London, 1982: 119-124.

[3] Needham J. Science and civilisation in China. Cambridge University Press, 1962: 4, 91.

[4] Oddy W A, Bimson M. Tinned bronze in antiquity. United Kingdom Institute of Conservation. Occasional Pape, 1985(3): 33-37.

[5] 孙淑云，马肇曾，金莲姬，等．土壤中腐殖酸对铜镜表面"黑漆古"形成的影响．文物，1992（12）：79-89．

巴蜀青铜兵器表面"虎斑纹"的考察、分析与研究[*]

姚智辉　孙淑云　肖　嶙　白玉龙

摘　要　通过对92件巴蜀带斑纹青铜兵器的考察，可将兵器表面斑纹划分为2种类型。采用矿相显微镜、XRD、SEM-EDS等设备对采集样本进行成分、结构分析，初步获得虎斑纹的工艺原理。结果表明，虎斑纹是高锡的铜锡合金铸态组织，具有一定的抗腐蚀能力，是人为处理得到的，采用热镀锡工艺的可能性很大，并且在埋藏过程中受到自然腐蚀而变成黑色。分析结果可为深入研究巴蜀青铜兵器表面工艺提供参考。

关键词　巴蜀青铜兵器　虎斑纹　热镀锡

引言

巴蜀青铜器是巴蜀文化的重要组成部分，其中巴蜀青铜兵器除了有其独特的形制、巴蜀符号以外，在其表面还常见一些精美奇特的斑纹。这些斑纹呈现银色或黑色，俗称"虎斑纹"（图1、图2）。对这种斑纹的成分、结构及其工艺原理目前尚缺乏研究。下面介绍作者近期对"虎斑纹"的一些研究成果，供研究者参考。

1　带斑纹兵器的考察

在有关文物考古单位大力协助下，对巴蜀青铜兵器，尤其带斑纹兵器进行了调研。考察的单位有成都文物考古研究所、成都博物馆、彭州市博物馆、什邡市文物管理所、四川省文物考古研究院、重庆市文物考古所、涪陵文物管理所、忠县北京大学考古文博学院三峡考古发掘工地、开县文物管理所、巫山县南京市博物馆考古发掘工地、云阳县文物管理所等。

重点考察了92件青铜兵器，其中饰虎斑纹的有48件。出土地点分布于成都平原和峡江流域，时代均属战国中晚期。

根据斑纹的形态，初步将带斑纹兵器分为两类。

---

[*]　原文发表于《文物》，2007年第2期。

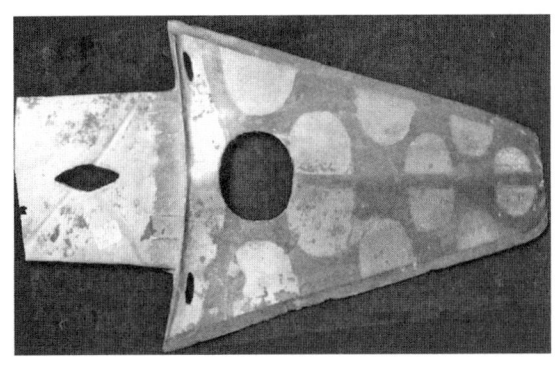

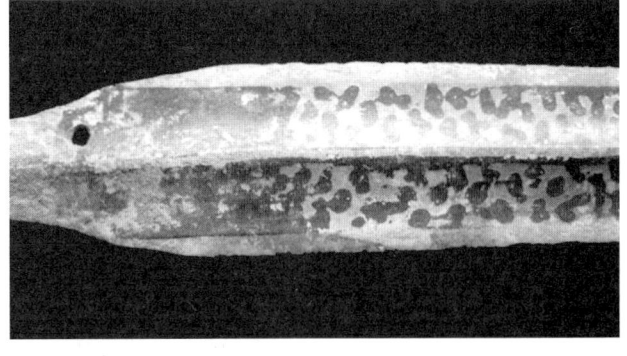

图1　铜戈上银色斑纹　　　　　　　　　　　　图2　铜剑上的黑色斑纹

（1）斑纹与基体在同一平面，形状有规则和不规则之分，共约14件。

规则斑纹形状的有：

大三角援戈5件。表面均饰规则半圆形银色或黑色斑纹。A.斑纹银色，基体为铜色。如彭州银斑纹戈；B.斑纹银色，基体为绿色。如成都博物馆戈（周11-2）、什邡戈（M1∶5）；C.斑纹黑色，基体为绿色。如成都博物馆戈（00677-0104）、开县戈（B231）。

斑纹三角援戈，仅有峡江1件为征集品，余均属出土器物。

不规则斑纹形状的有：

成都交通巷双翼直内戈（00286-0028）；彭州纵目纹矛；开县戈（M120∶3），开县剑（M8∶1）、征集剑（B-230）；忠县剑（540）；巫山塔坪遗址残矛（M4∶3）等。

（2）兵器表面斑纹与基体不在同一平面，共34件。

涪陵剑（1990），表面层漆黑、发亮，十分光滑，基本无锈蚀，非斑纹处为凹花朵状，呈规则状分布，刃与脊平。

其他兵器表面多是黑色凸起斑纹，形状无规律。刃与脊部无斑纹，应是打磨的结果。如成都博物馆剑（M5∶45、剑总390号、剑总442号、征集剑432号、矛00301-0043）；什邡剑（M1∶1、M7∶2、M10∶2、M22∶3、M38∶29、M45∶4、M101∶5）；矛（M100∶5及无编号矛）；重庆市文物考古所剑（15104、75254、75021、75023、75024、75045）；涪陵文管所剑（JIQ359、356、M28∶9、M39∶4）；忠县剑（538）；开县剑（M2∶3、M24∶3、M25∶1、M38∶1、M122∶2、94KYM4∶3），矛（94KYM4∶1）；私人收藏矛等。

2　带斑纹兵器的分析

由于带斑纹兵器多数完整无损，无法取样进行检测。仅选择个别形体较小者，直接放入扫描电子显微镜样品室进行表面观察和X射线能谱分析。只对曾中懋、何堂坤先生提供的3件兵器残段样品，进行了截面分析检测。

2.1　完整器物表面无损分析

（1）成都交通巷双翼直内戈（00286-0028）在近翼处能观察到黑斑旁有类似扫帚尾的现象（图3），

扫描电镜二次电子像和能谱分析结果反映这些细线（图4-C）与斑纹（图4-A）是一体的，成分一致，Cu含量约50%，Sn含量约20%。可能此件器物在用工具进行斑纹部位镀锡或热浸镀锡前涂抹清洗液时，随手带出扫帚尾状痕迹。这一现象也为斑纹属人工处理的推测提供了证据。

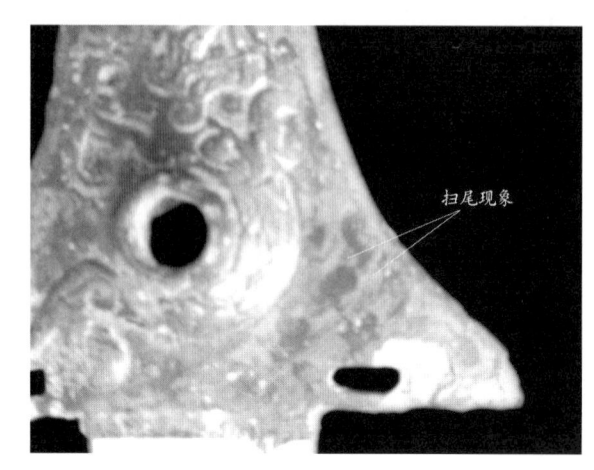

图3　铜戈（00286-0026）近翼处扫尾痕迹

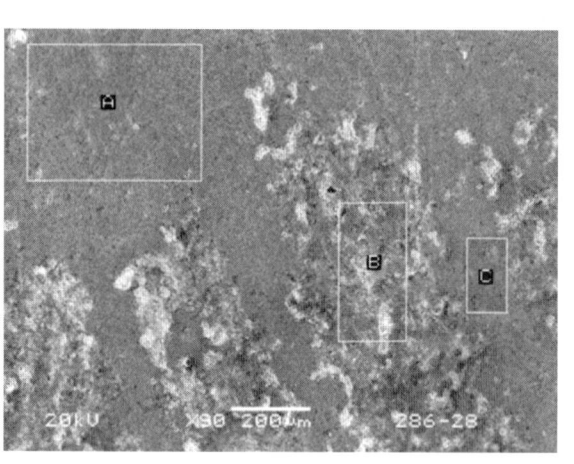

图4　铜戈（00286-0026）扫描电镜二次电子像
A，C.黑斑纹区域；B.非黑斑纹区域（表面绿色疏松锈蚀）

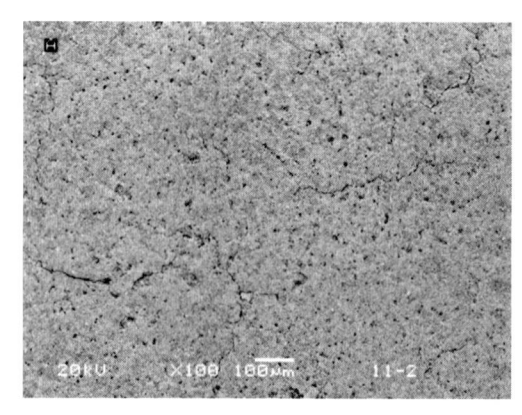

图5　成都博物馆铜戈（周11-2）银色斑纹区域表面扫描电镜二次电子像

（2）成都博物馆戈（周11-2）的扫描电镜二次电子像高倍下看到已有晶界出现，有可能是锡的等轴晶（图5）。夹杂物主要含硅、铝、镁等元素，多分布于锡的等轴晶晶界。银色斑纹表面凸凹不平且有较多的孔洞。这种表面特征很可能是合金熔化冷凝过程中由于吸气和冷却速度不同造成的，其孔洞或是气体逸出留下的针孔，或是凝固时收缩产生的缺陷。总之，显示的是金属熔化冷凝后的表面特征，为热镀锡工艺提供了证据。下面3件残段样品截面分析结果也证明了这一点。

2.2　残段样品分析检测

3件残段样品均为战国时期铜剑，出土于绵竹和成都。实验室编号为SMZ50、SC51、SMZ52。

样品表面都有虎斑纹，呈不规则分布，有不同程度的锈蚀。SC51比SMZ50锈蚀严重。SMZ50表面可看到蓝色与绿色锈蚀，SC51主要是灰绿与黄色锈蚀。样品黑斑层较薄，砂纸稍打磨即脱落。有黑斑的地方锈蚀相对较少。也有部分黑斑脱落。

2.2.1　矿相分析

在矿相显微镜偏光下观察，可以看出样品SMZ50表面黑斑纹比周边区域稍高。可见蓝铜矿从黑斑中心下面露出来（图6）。在矿相显微镜下观察样品SC51截面的锈蚀层，可见斑纹层与剑基体有明显分界，在暗场下斑纹层可见铜锡氧化锈蚀产物；残留的未被锈蚀的Cu-Sn合金相，不透光，呈黑色（图7）；斑纹层和基体之间也有锈蚀发生，锈蚀产物主要为蓝铜矿和孔雀石。样品SC51截面另一部位在明场显示表面斑纹层较厚，为铜锡氧化锈蚀层。未见残留的Cu-Sn合金相（图8），暗场下锈蚀产物透光，呈红色、橙色，同时混杂着大量的石英，呈土色（图9）。

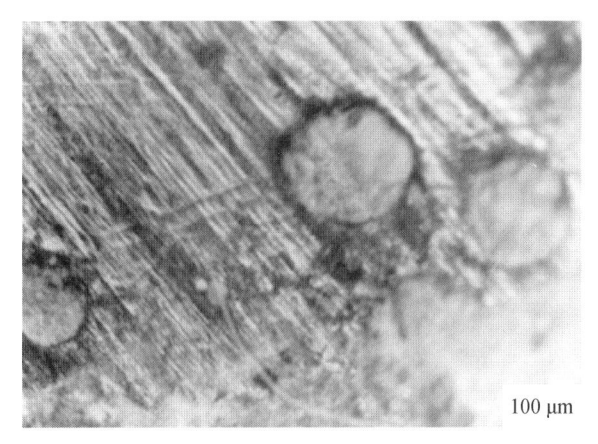

图6　样品SMZ50实物表面偏光照片（暗场）

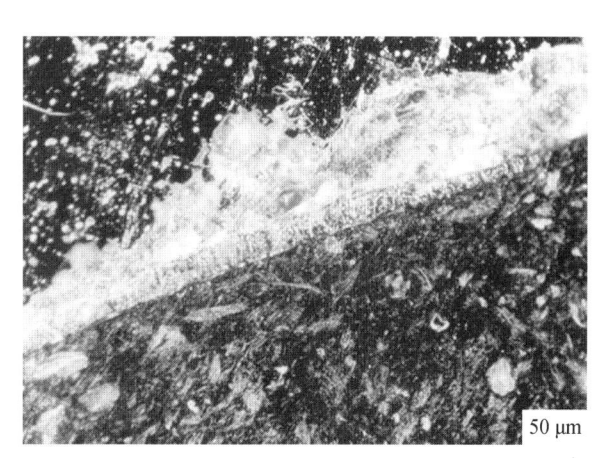

图7　样品SC51斑纹层和锈蚀层截面矿相（暗场）

图8　样品SC51另一斑纹锈蚀层截面矿相（明场）

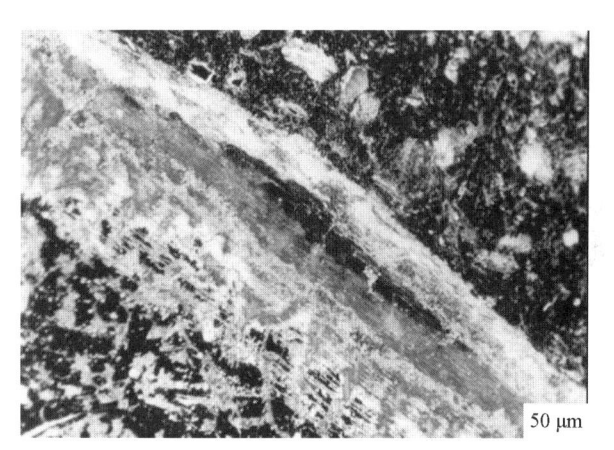

图9　样品SC51另一侧斑纹层和锈蚀层截面矿相（暗场）

2.2.2　X射线衍射（XRD）分析

对样品SMZ50与SC51表面用XRD进行分析，结果见图10，曲线A：样品SMZ50的表面XRD分析结果，黑斑处主要为锡的氧化物SnO_2，铜锡合金$Cu_{41}Sn_{11}$（δ相）及$Cu_{6.26}Sn_5$；绿色部位分析为：$CuCl_2$、蓝铜矿$Cu_3(OH)(CO_3)_2$、SiO_2等；蓝色部位主要为铜的锈蚀产物，如蓝铜矿$Cu_3(OH)(CO_3)_2$、黑铜矿CuO、土壤玷污物等。曲线B：样品SC51表面XRD分析结果，黑斑处主要为锡的氧化物SnO_2、铜锡合金$Cu_{41}Sn_{11}$（δ相）、SiO_2及铜的氧化锈蚀产物；绿色部位为SnO_2和CuO；黄色部位有SnO_2和铜的磷酸盐、硅酸盐。

比较2件样品黑色斑纹的XRD图谱。可以看出二者黑斑纹均以SnO_2和δ相$Cu_{41}Sn_{11}$为主，还有

Cu$_{6.26}$Sn$_5$铜锡相。

衍射图谱显示SnO$_2$衍射峰呈现展宽现象，SnO$_2$可能是器物表面腐蚀生成细晶粒，也可能是附着在器物表面的沉积层。[1]SnO$_2$的漫射峰有可能使得某些相的衍射峰隐没于其中，影响分析结果。

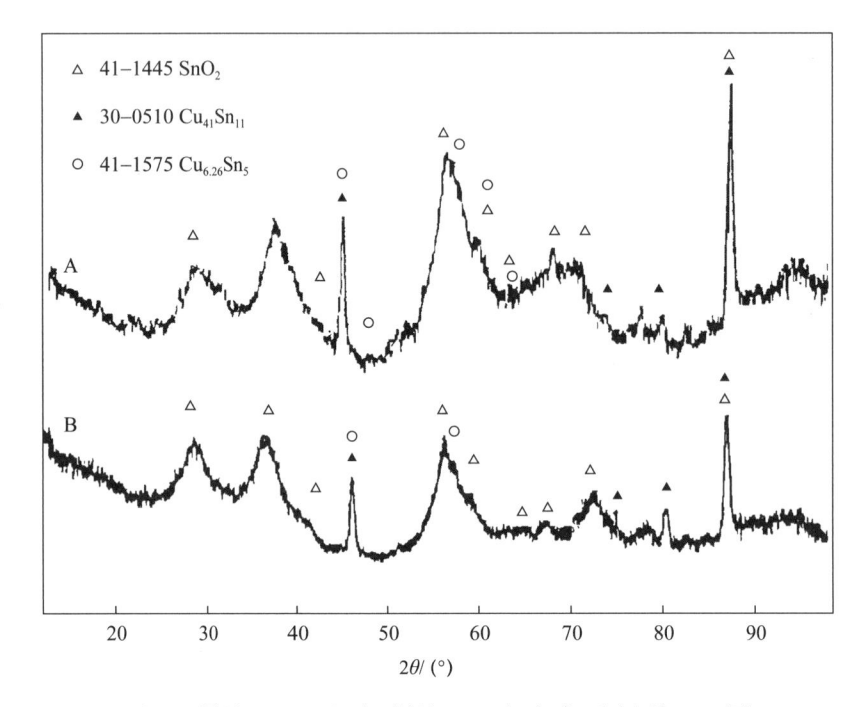

图10　样品SMZ50（A）、样品SC51（B）表面黑斑处XRD图

2.2.3　扫描电镜能谱（SEM-EDS）分析

对样品SMZ50、SC51截面斑纹层进行SEM-EDS分析，结果如下：

（1）斑纹层与基体组织结构明显不同，斑纹层与基体界面明显，且较平整。斑纹层的厚度在20～40 μm。非斑纹处比斑纹层处锈蚀严重，可看到锈蚀往往从非斑纹处进入，呈楔形由两旁向斑纹层下面延伸（图11），斑纹断裂处下面基体锈蚀较厚（图12）。

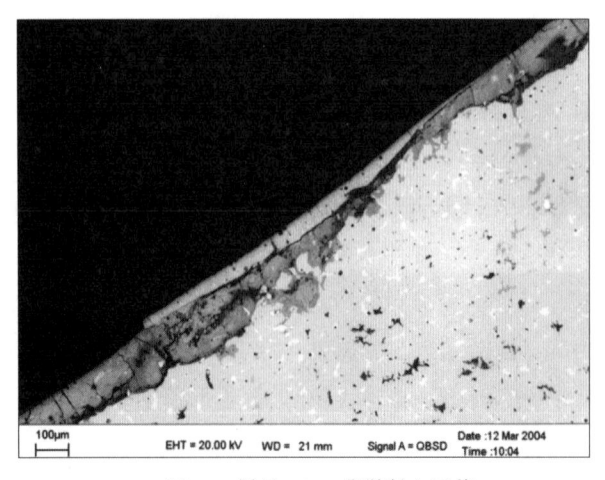

图11　样品SC51背散射电子像 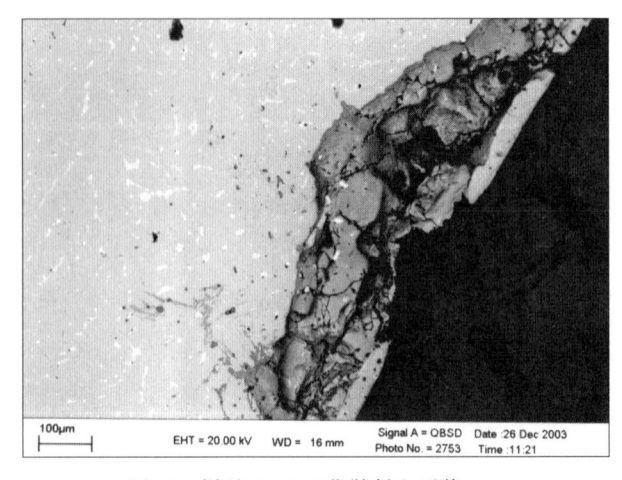　　　　　　　　图12　样品SMZ50背散射电子像

（2）样品截面扫描电镜背散射电子像（图13、图14）显示，斑纹层为高锡青铜铸态组织，有析出相分布其中，在与基体接触部位可见局部存在镀层金属充填铸件砂眼或缺陷的现象。基体锈蚀中还可观察到有滑移带残留，可能样品表面经过打磨。基体为铸态组织，α固溶体树枝晶偏析不明显，显示一定均匀化现象，说明样品铸后经过了加热（图15）。斑纹层与基体界面处，有析出相从界面向外生长现象存在（图16）。SEM-EDS分析两件样品基体含锡量都在约12.5%，含铅量都小于2%，属于典型的巴蜀兵器含量。斑纹层锡含量为40.5%～46.7%，较基体的含锡量高且含氧。

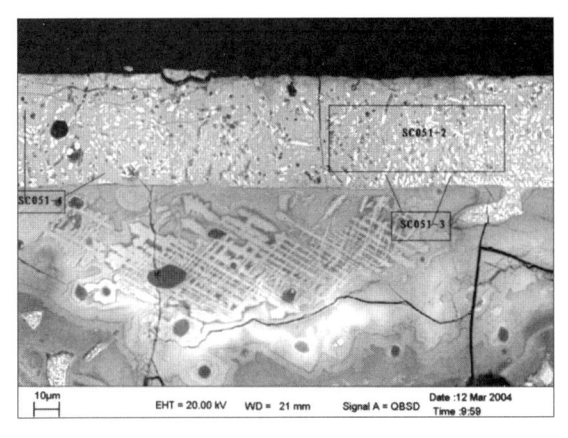

图13　样品SC51背散射电子像

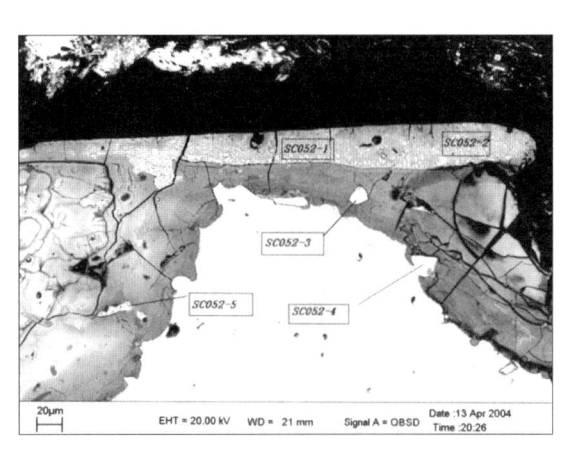

图14　样品SMZ52背散射电子像

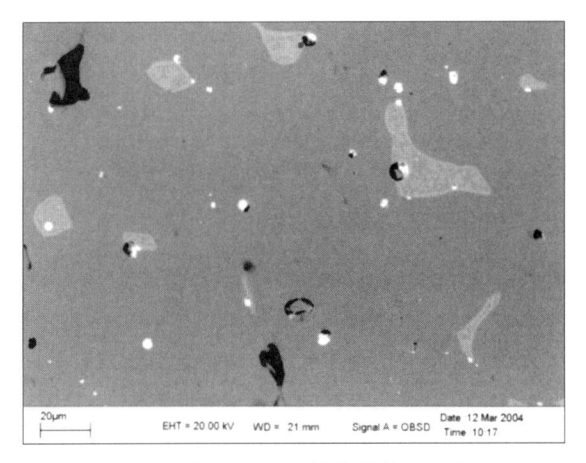

图15　样品SC51基体背散射电子像

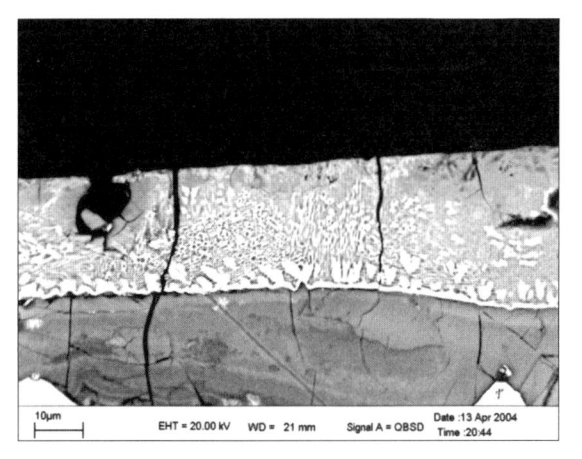

图16　样品SMZ52斑纹层与锈蚀层背散射电子像

（3）分析表明，截面样品斑纹层中亮相为δ相，与表面斑纹处XRD分析结果是一致的。斑纹层中灰色基体含铜锡，且含锡量高，因锈蚀还有较高含氧量，是遭腐蚀的ε相还是η相，是否还有其他铜锡合金相尚不能确定。

3　讨论

3.1　虎斑纹是人工处理而成

完整器物和3件残段样品截面分析结果表明，兵器表面斑纹层是高锡低铜合金的铸态组织，有铜锡合金相存在。

青铜表面层锡高可能有三种来源：铸造中锡的反偏析；高锡青铜在埋藏过程中选择性腐蚀使铜流失而锡相对富集；人工进行表面镀锡处理。

铸造中锡反偏析：铸造锡青铜表层的枝状初晶很发达，在降温过程中因收缩而在枝晶间形成空隙，中心部位残余的富锡低熔点液体，在负压作用下被吸入空隙，甚至被迁移到铸件表面，使得表层平均锡含量高于内部。故其表面组织应为（α+δ）共析体且与基体有相应连接，不会形成明显的界面。分析的巴蜀兵器样品斑纹层与基体间有明显的界面，表面组织与基体没有连接。所以锡的反偏析可能性不大。

选择性腐蚀：如果带斑纹兵器铸造后未经过表面镀锡处理，选择性腐蚀应在铜器表面均匀进行，不可能局部选择腐蚀成富锡的斑纹。故青铜表面高锡的这种来源可能性也不大，故倾向于第三种来源即有意进行了热镀锡处理。以下现象可提供证据：

（1）成都交通巷双翼直内戈（0086-0028）在近翼处能观察到黑斑旁有类似扫帚尾的现象（图3、图4），为人工操作推测提供了证据。

（2）成都博物馆戈（周11-2）的扫描电镜二次电子像高倍下看到金属熔化冷凝后的表面特征（图5）。SC51和SM252剑截面背散射电子像显示有镀层金属充填基体砂眼现象（图13、图14）。只有液态金属，才会出现金属液流入基体的砂眼并填充呈现"钉扎"的可能。为热镀锡提供了证据。

（3）从3件残段样品看出斑纹层与基体锈蚀层接壤处有柱状晶生成（图16），金属基体组织有均匀化现象（图15），表明斑纹层处理时斑纹层下面的基体应受过热，但温度不是很高，当镀锡时，液态锡与受热基体接触时，冷却较慢，故柱状晶长得较大。

3.2 斑纹层铜锡合金组织的形成

上面的检测分析结果表明，巴蜀兵器表面斑纹层不是纯锡，而是铜锡合金，其基体可能是铜锡ε相或η相，析出相为δ铜锡金属间化合物。问题是镀的纯锡为什么会有铜进来呢？是否是青铜基体的铜溶解扩散到镀锡层中的？

有学者曾做过热浸法镀锡实验[2]，将铜条试样浸入熔化的锡中，300℃，1~2 s，热浸锡能使得铜溶解和扩散到锡中的距离超过100 μm（图17），350℃时Cu_6Sn_5呈竹笋状突跃生长（图18）。

Cu向液态Sn中溶解和扩散的速度是惊人的。随着温度升高，在液体未凝固前，基体铜扩散进来与液态锡发生反应，生成Cu-Sn合金，析出η相。由于这种固液异组成的金属间化合物η相快速生长地点并不平均，基体合金中不同取向晶粒的晶面其反应势能不同，原子密度较大的晶面，如立方系的（111）晶面，势垒较低，溶解速度较快，同时它还抑制其他取向晶面溶解，造成η相呈竹笋状突跃生长。这与古代巴蜀兵器样品斑纹层与基体界面柱状晶生长并非均匀的现象一致。所不同的是古代样品斑纹层有明显δ相的生成，张启运的热浸法镀锡，得到均为η相。这可能与热镀锡后是否经过退火过程有关。

热镀锡后经退火处理工艺，N. D. Meeks曾有研究[3]：在不同温度对锡青铜基体镀锡或用热浸法镀锡，后又对镀锡层进行热处理，结果见图19。

在不同退火加热温度下，镀层中存在不同的分层。结合铜锡相图，在锡熔点230℃以下加热镀锡的表面，金属间化合物η相和ε相生长很缓慢。在230~350℃，金属间化合物生长较快，生长层较厚。

350℃，通常仅有ε相层存在。在450℃，足够高的温度驱使扩散而进入更低锡含量的合金相。退火冷却后表层就会生成固态δ相。超过520℃，扩散进入γ和β相区，退火过程通过520℃等温线，则生成（α+δ）共析体组织。超过650℃，γ和β相则形成α固溶体，原镀锡层消失。

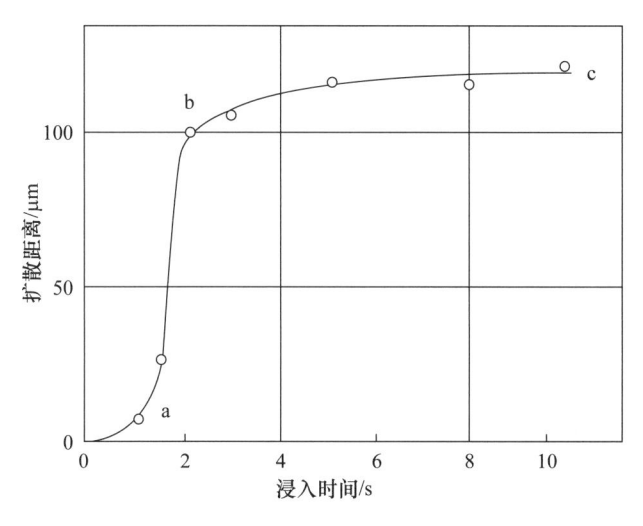

图17　铜在液态锡中扩散时间与距离关系曲线

图18　铜往液态锡扩散（350℃，2 s）

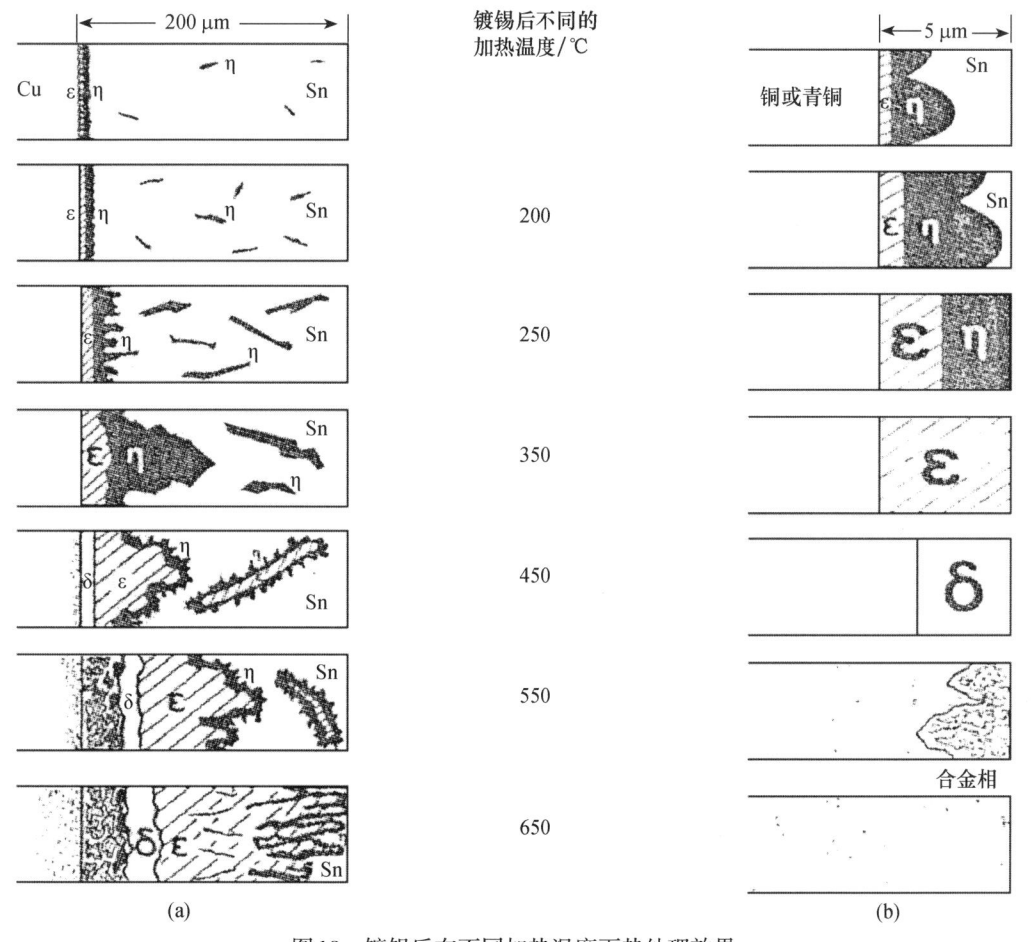

图19　镀锡后在不同加热温度下热处理效果

（a）在较厚镀锡样品上形成的分层结构；（b）在较薄样品上形成的分层结构

结合铜锡合金相图和N. D. Meeks的实验，在斑纹兵器表层的微观组织出现δ相有可能是镀锡层得到了经过450℃或高于450℃加热退火，同时退火过程会使基体组织均匀化。故初步认为古代巴蜀兵器斑纹工艺应是在热镀锡后经过了退火。这一退火过程也可能不是人为有意进行的。

3.3 虎斑纹的抗腐蚀性

巴蜀兵器的虎斑纹，主要有银白和漆黑两种，考察发现带银白斑纹的器物出于水坑。黑斑纹应是土壤埋藏环境对银白斑纹腐蚀生成的。斑纹在刚刚镀成时应是银白色的。现呈现黑色应该与铜镜黑漆古生成的原理一致，有可能是埋藏于土壤中，器物表面高锡的铜锡合金斑纹镀层在腐殖酸的作用下，锡发生氧化作用，生成SnO_2，从而由银白色变为黑色。[4]

对样品表面扫描电镜二次电子像观察可知：非斑纹区域结构疏松而斑纹区相对致密；截面样品SEM-EDS成分分析斑纹区域比非斑纹区锈蚀程度弱，XRD分析表明SnO_2为斑纹层中主要成分，由于SnO_2是非常稳定的化合物，具有较强的抗腐蚀能力，起到阻止进一步氧化和腐蚀介质向其下面基体的渗入，保护基体组织免受腐蚀的作用。检测发现斑纹下面基体受腐蚀程度低于非斑纹部位，说明斑纹层具有一定抗氧化作用。

结论

通过对古代带斑纹兵器考察与样品的分析，关于斑纹工艺初步得到以下结论：

（1）巴蜀兵器表面虎斑纹是高锡的铜锡合金，铸态组织，有δ相和SnO_2存在。

（2）虎斑纹不是锡的反偏析或选择性腐蚀形成的，而是人为处理得到的。采用热镀锡工艺的可能性很大。

（3）热镀锡工艺在兵器表面形成银白色斑纹，在埋藏中斑纹受到自然腐蚀变成黑色。

（4）虎斑纹由于有SnO_2存在，故具有一定的抗腐蚀性。

参 考 文 献

[1] Wang C. Structural and elemented analysis on the nanocrystalline SnO_2 in the surface of ancient Chinese black mirrors. Nanostrutured Materials, 1995, 5(4): 489-496.

[2] 劳邦盛，高苏，张启运. 固-液金属界面上金属间化合物的非平衡生长. 物理化学学报，2001，17（5）：453-456.

[3] Meeks N D.Tin-rich surfaces on bronze-some experimental and archaeological considerations. Archaeometry, 1986, 28(2): 133-162.

[4] 孙淑云，马肇曾，金莲姬，等. 土壤中腐殖酸对铜镜表面"黑漆古"形成的影响. 文物，1992（12）：79-89.

战国巴蜀兵器表面斑纹工艺研究[*]

姚智辉　孙淑云　肖　嶙

> **摘　要**　四川盆地是中国的文明中心之一，这里出土了大量东周时期的青铜器，特别是带有银色或黑色斑纹的青铜兵器。通过 SEM、XRD 和金相分析表面，黑色斑纹样品的机体为热处理铸造组织，基体中的锡含量约为 12%，斑纹层厚度为 20～40 μm。SnO_2 和 $Cu_{41}Sn_{11}$ 为斑纹区域的主要物质。通过对带斑纹古代样品与模拟实验，排除了自然形成、人为腐蚀和锡汞齐来获得斑纹的方法。热镀锡和镀锡后退火工艺可能是制作斑纹的方法。
>
> **关键词**　兵器　青铜器　斑纹　工艺　锡汞齐

引言

巴蜀青铜器是巴蜀文化的重要组成，巴蜀兵器因其独特的造型和出土数量比例大而在巴蜀青铜文化中占有重要地位。春秋战国时期，青铜兵器还出现一些精美、奇特的表面斑纹，具体呈现银色或黑色斑纹，俗称虎斑纹。关于虎斑纹工艺的具体研究尚属空白。

1　文献综述

文献中关于巴蜀兵器尤其战国中后期出土的兵器中提到虎斑纹这一特色的不少[1-3]，但关于兵器纹饰制作或形成及表面处理方法，资料不多且观点多为推测。对已有的观点和推测总结如下：

第一种观点认为兵器表面斑纹是铸造所产生。"这种特殊的合金是按不同的设计形状，先固定在范上，然后浇铸融合在一起，关键在于合金配比和浇铸火候，如掌握不当，亮斑将会流失或与基体铜液化合。"[4] 有外国学者[5]认为，巴蜀出现的这种斑纹技术可能是用类似于古代中东、埃及、前哥伦比亚、厄瓜多尔等用的烧结术，将小片的金属或合金（在较低温度下融化）置入铸模，使之在铸模表面固定，然后再倒入较高温度的铜水。

第二种推测斑纹是自然形成的。"在剑、戈、矛等几类兵器共同繁荣时（东周），兵器表面常饰众多色彩与图案，这类纹饰在金属表面如何形成是个谜，也许是在埋藏过程中形成的。"[6]

---

[*] 原文发表于《第五届中日机械技术史及机械设计国际学术会议论文集》，中国机械工程学会机械史分会，2005年。

第三种认为亮斑纹是用锡汞齐得到的，黑斑纹是硫化处理得到的。美国学者Alexander Kossolapov和John Twilley[7]认为，点缀"银"斑的过程大致是将一点锡汞齐涂抹到磨光的锡青铜的表面，一定温度灼烧后取出，打磨光滑，除去氧化物即可。曾中懋先生认为铜戈上圆斑纹的制作工艺由以下步骤完成：器物预处理→锡汞齐制备→鎏锡→驱汞[8]，黑色斑纹则是经过硫化处理[9]。

第四种观点认为斑纹是二次镀锡得到[10]，表面处理程序是：①先在器物表面均匀地镀上一层锡；②再依一定图案进行第二次镀锡处理；③使用某种特殊方法加速这图案的腐蚀过程而使其很快地变黑。镀锡目的主要是装饰，客观上也起到保护金属内层的作用。

2　样品斑纹层分析

我们对几件带斑纹兵器样品进行分析，将表面与截面分析结果进行总结：

（1）斑纹层与基体组织结构明显不同，斑纹层与基体界面明显，且较为平整（图1、图2），表面斑纹的厚度在20～40 μm。

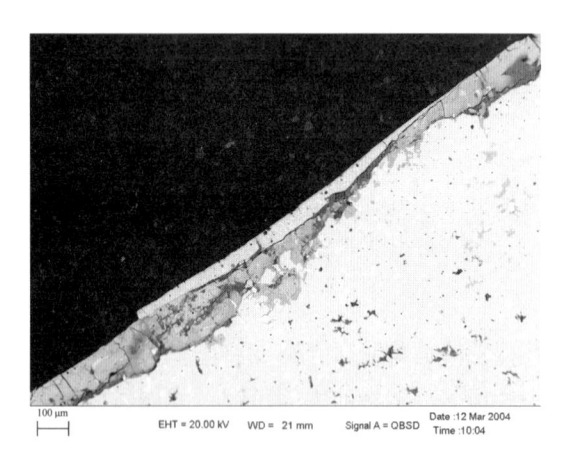

图1　SC051（实验室编号）剑
扫描电镜背散射电子像（斑纹层、锈蚀层、基体）

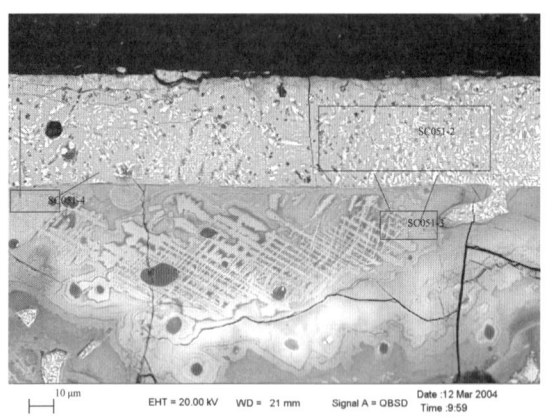

图2　SC051剑
扫描电镜背散射电子像（斑纹层、锈蚀层）

（2）样品基体含锡量均为12.5%左右，是含铅量极低的锡青铜，属于典型的兵器含量。基体为铸态组织，且有铸后经过加热迹象，α固溶体树枝晶偏析不明显，（α+δ）相中α聚集。斑纹层锡含量在40.5%～46.7%，远高于基体的含锡量且都含氧。可看到锈蚀往往从非斑纹处进入，呈楔形，由两旁向斑纹层下面延伸（图1）。

（3）矿相分析看出斑纹层与基体之间有锈蚀层，比非斑纹处锈蚀层薄，主要为氧化亚铜、蓝铜矿和孔雀石，同时混杂着大量的石英。

（4）对斑纹层的X射线衍射分析，可知表层斑纹区域成分主要是SnO_2与$Cu_{41}Sn_{11}$，这与矿相观察、扫描电镜能谱分析结果相吻合。非斑纹区域是以SnO_2和铜的氧化物为主。

3　样品斑纹层工艺探讨

通过对青铜兵器斑纹层的分析，对斑纹形成工艺有如下初步看法：

（1）斑纹层应是基体铸造后人为加工而成。青铜表面高锡来源可能有：铸造中锡的反偏析，高锡青铜在埋藏过程中选择性腐蚀，有意镀锡。

斑纹层与基体间有明显的界面且看不出表面组织与基体有相应连接，所以将锡的反偏析可能性排除。如果铜器表面未经斑纹加工，选择性腐蚀应在铜器表面均匀进行，不可能局部选择腐蚀成斑纹。

残段样品扫描电镜背散射电子像（图3）看出斑纹层和基体锈蚀层间有柱状晶生成，结合金相分析，基体组织有均匀化现象，都表明斑纹层加工时斑纹层下面的基体应受过热，但温度不是很高，当镀锡时，液态锡与受热基体接触时，冷却较慢，故柱状晶长得较大。此外背散射电子像还提供了表面镀层是液态的证据（图4），只有液态金属，才会出现流入基体的砂眼并填充"钉扎"的现象。

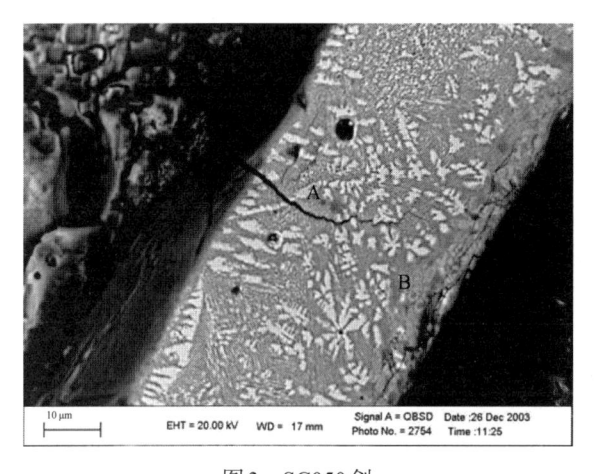

图3　SC050剑
扫描电镜背散射电子像斑纹层A白色为δ相，B灰色为ε相

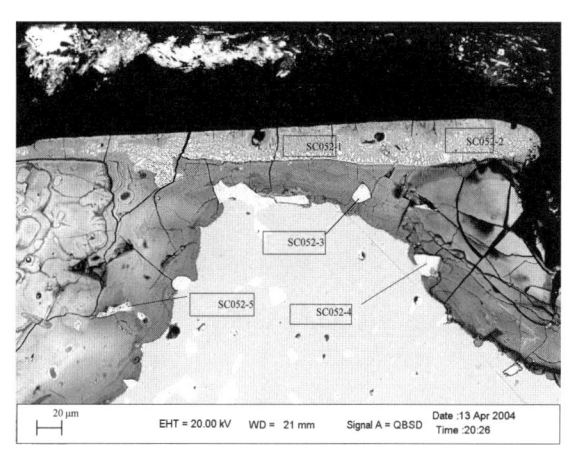

图4　SC052剑
扫描电镜背散射电子像（斑纹层、锈蚀层）

（2）斑纹层具有抗氧化作用。截面样品SEM-EDS成分分析结果反映δ相锈蚀轻于α相，氧化程度相对较轻。说明斑纹层具有一定抗氧化作用，XRD分析表明SnO_2为斑纹层中主要成分，SnO_2具有较强的抗腐蚀能力，起到阻止进一步氧化和腐蚀介质向基体的渗入，保护基体组织不受到氧化腐蚀的作用。

（3）颜色是后天氧化所致。表面斑纹最初加工完毕应呈现银白色。斑纹颜色的差异，除了合金配比存在不同，推测与保存环境有很大关系。斑纹呈现黑色应该与铜镜黑漆古生成的原理一致，有可能是埋藏于土壤中，器物表面斑纹在腐殖酸的作用下发生络合和氧化作用，生成SnO_2，从而由银白色变为黑色。

4　模拟试验

模拟实验是复原古代技术的方法之一，故本论文在参考前人所做的青铜表面纹饰实验基础上，根据巴蜀兵器表面纹饰特点，重点进行以下模拟实验。

4.1　锡汞齐方法

前面对兵器斑纹层的分析中均未见到汞，但考虑到有观点认为汞是被加热后驱走的，故对锡汞齐方法进行模拟。

在鄂州博物馆试验基地,和董亚巍先生进行以下模拟试验。在5%～12%含锡量的基体上用锡汞齐方法镀上"银"层,过程见图5,处理后的样品在700℃左右加热40 min以充分驱汞,驱汞后样品又在室温下放置,3个月后测得表面汞含量仍为2%～3%。且放置一段时间后,器物表面变污,发黑。董亚巍先生曾将各种比例的锡汞齐试验,也均有此现象。而我们所研究的斑纹样品在测试中均没能检测到汞,而且银斑戈类器物至今光亮如新,未有变污痕迹。

研究发现,汞齐涂在器物表面后,汞可和铜结合,为−38.8～128℃,汞与铜生成稳定的化合物,其化学组成为Cu_7Hg_6。故初步可以判断:驱汞不能将汞全部驱净,锡汞齐方法不是古代方法。

图5 汞齐模拟
依次为制Sn-Hg剂、Sn-Hg剂揉成球状、含锡12%基体上涂Sn-Hg剂、涂后样品呈银白色、
在700℃左右炭火上加热驱汞、放置3个月后样品表面变污,发黑

4.2 热镀锡法

按照古代巴蜀带斑纹兵器的基体含锡量(质量分数12%左右)制备青铜基体。将基体表面打磨、酸洗处理后,用受热铜棍沾熔化锡镀于基体上面。可得到表面不光滑的斑纹层,经打磨,表面呈光亮银白镀层,结果见图6。

镀锡截面样品在显微镜下和扫描电镜下可见镀层与基体界限明显(图7)。由于纯Sn与Cu的硬度相差较大,金相制样十分困难,2000倍下仍观察不到镀层组织(图8)。

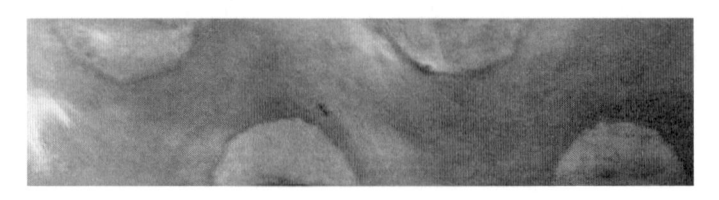

图6 镀锡法得到的银色斑纹实物照片

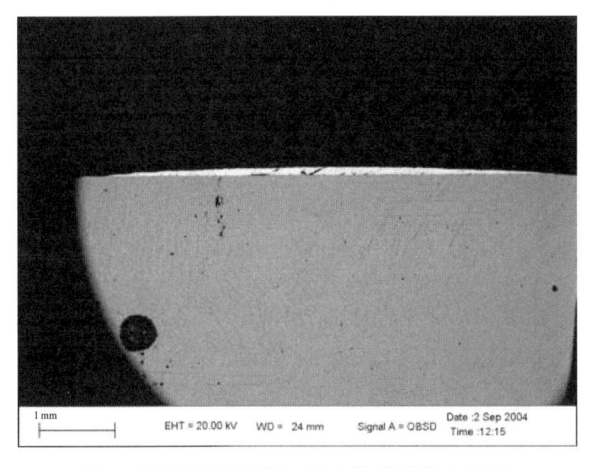

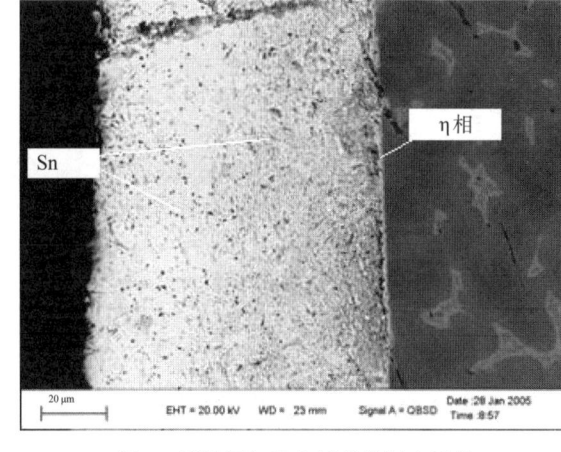

图7 镀锡截面样品扫描电镜背散射电子像　　　　图8 镀锡层扫描电镜背散射电子像

但考虑到千年的埋藏有可能存在扩散过程,进行了如下估算。

(1) 是否表面镀的锡在千年埋藏中扩散到基体青铜中形成一层高锡合金呢?

从微观上看,扩散现象是原子的布朗运动。根据无规行走理论,对沿X方向的一维扩散,可以导出原子经过t时间后的均方根位移X[12-14]

$$X=\sqrt{2Dt}$$

式中,D为原子的扩散系数,它与温度T存在以下关系:

$$D=D_0e^{-Q/RT}$$

式中D_0与T无关,Q称扩散激活能。

取锡在铜中近似数值:D_0为1.8×10^{-5} m^2/s,Q为173 kJ/mol。以埋藏地层温度30℃,t近似2000年为例作一近似计算:

$$X=1.8\times10^{-6}\ \mu m$$

从估算已可看出,经地下埋藏2000年后,锡向青铜基体扩散深度只有1.8×10^{-6} μm。而扫描电镜观察到的斑纹层20～40 μm,因此斑纹层不是由表面镀锡层向青铜基体扩散形成的。

(2) 是否在千年埋藏中基体中铜扩散到表面镀锡层中形成一层高锡合金呢?

取铜在锡近似值:D_0为2.4×10^{-3} cm^2/s,Q为33.1 kJ/mol(140～230℃)。根据扩散理论,计算得到

$$X=0.2\ m$$

尽管实际铜锡合金扩散系数与上面计算存在一定差异,但从估算尚不能排除埋藏过程中基体中的铜往表层锡中扩散形成铜锡合金层。

4.3　高锡青铜膏剂

上海博物馆曾经用高锡青铜合金膏剂法模拟出吴越兵器剑菱形纹饰工艺,见图9、图10(金相照片)。研究者对菱形纹饰样品截面的观察:其共析相由表面向基体逐渐增多,有树枝晶"长入"基体的现象。随着处理时间延长,涂层中锡原子逐渐扩散进基体,使基体不断熔入涂层合金中。对巴蜀兵器样品斑纹层而言,从背散射照片反映出斑纹层组织是由内向外生成的柱状晶,即其扩散过程主要来自基体中铜原子向熔融锡液中渗入。故初步认为,所分析的巴蜀兵器截面样品斑纹层与吴越菱形纹饰有

所不同。

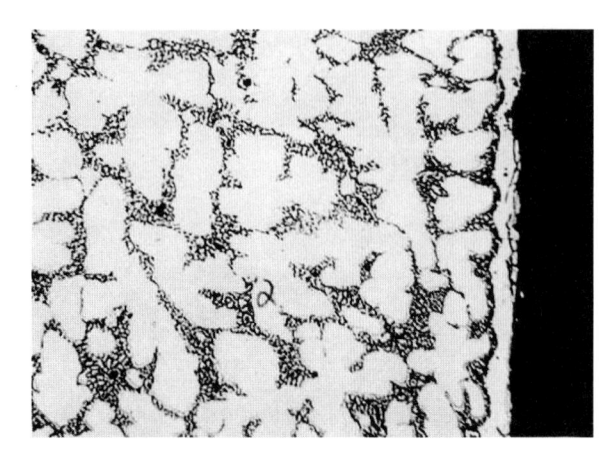

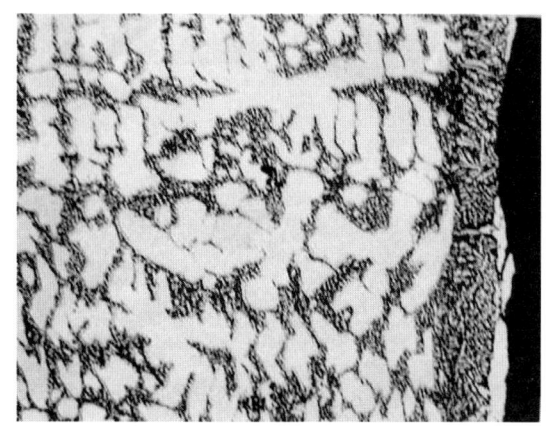

图9　短时间膏剂与基体无扩散层发生　　图10　膏剂与基体有扩散层发生

膏剂法的另一关键在于高锡合金粉末的制备在古代是否能实现？本实验锉磨不同锡含量合金，锡高的合金（60%Sn）延展性较好，不易锉成粉末；锡稍低的合金（25%Sn）粉末粒度也较大，调成膏剂涂抹样品不均匀，且锡稍低的合金膏剂涂抹后加热使其熔融向基体渗透的温度也要相应提高，温度过高则会导致与所分析的残段样品基体仍为铸态组织不一致。

4.4　镀青铜合金液

在鄂州实验基地用铜棍蘸取高锡青铜合金液（60%Sn），试图往基体上镀，但均告失败。实际操作中碰到二问题，没能解决：铜棍难挂上合金液；铜棍蘸取的合金量无法控制，出来即成坨状。

镀合金液类似焊接工艺，根据现代焊接理论[15]料合金设计时应考虑因素之一即是熔化温度范围（液相线和固相线温度差）一般不大于20℃，即熔化温度范围越接近越好。而上述模拟实验青铜合金液相线和固相线温度差大于此。

结合相图，从理论上看，尚不能排除选取较高含锡量的工具蘸取高锡合金液有实施可能。但工具较高含锡量会使其脆性增大，不易操作实施。镀青铜合金液工艺有待进一步摸索。

5　斑纹工艺的推测

热镀锡和镀锡后退火处理工艺，前人已有研究。N. D. Meeks曾在不同温度下对锡青铜基体用传统搽渗和热浸法镀锡，后又对镀锡层进行热处理[16]结果如图11所示。

在不同退火加热温度下，镀层中存在不同的分层，在锡熔点230℃以下加热镀锡的表面，金属化合物η相和ε相生长很缓慢；在230～350℃，金属间化合物生长较快，生长层较厚。350℃，通常仅有ε相层存在；在450℃，足够高的温度促使基体有更多的铜扩散进镀锡层，见相图（图11），退火冷却后表层就会生成固态δ相；超过520℃，扩散进入γ和β相区，退火过程通过520℃等温线，则生成（α+δ）共析体组织；超过650℃，γ和β相则形成α固溶体，原镀锡层消失。

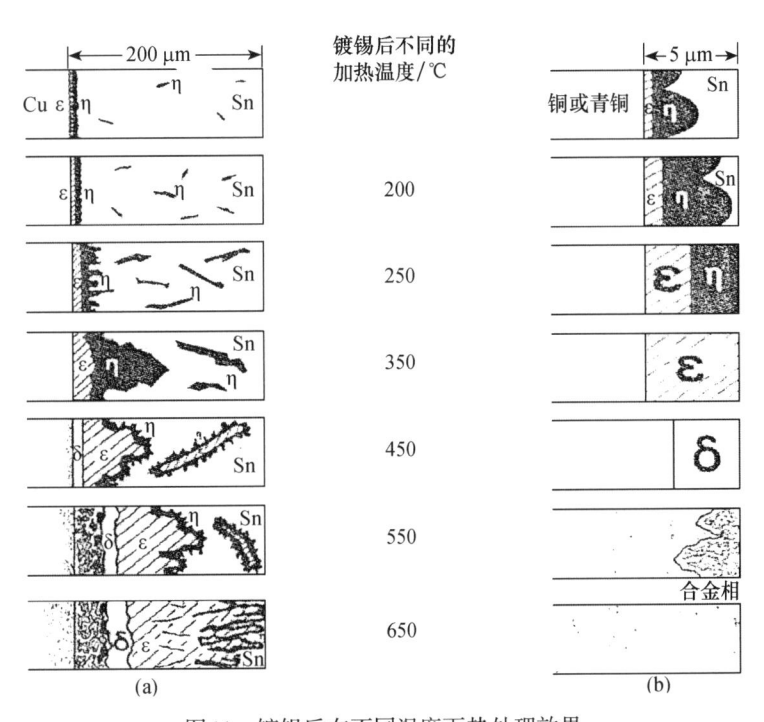

图11 镀锡后在不同温度下热处理效果

（a）在较厚镀锡样品上形成的分层结构；（b）在较薄样品上形成的分层结构

根据所分析的巴蜀兵器样品斑纹层中为δ相和锈蚀的α相，参考前人的工作，分析斑纹工艺形成机理如下：

（1）所分析斑纹层有明显δ相存在，结合铜锡合金的相图和N. D. Meeks的实验，在表层的微观组织出现δ相有可能是镀锡层经过450℃加热退火处理。但实际操作中要保持还原气氛，否则镀层极易氧化。

（2）张启运等曾做过热浸法镀锡实验，得到固体铜向液体锡中迅速溶解扩散的现象，300℃条件下1～2 s热浸锡能使得铜溶解和扩散距离超过100 μm[17-18]，Cu_6Sn_5呈竹笋状突跃生长，见图12。铜随时间变化在液态锡中扩散距离见图13。

图12 铜往液态锡扩散（350℃条件下2 s） 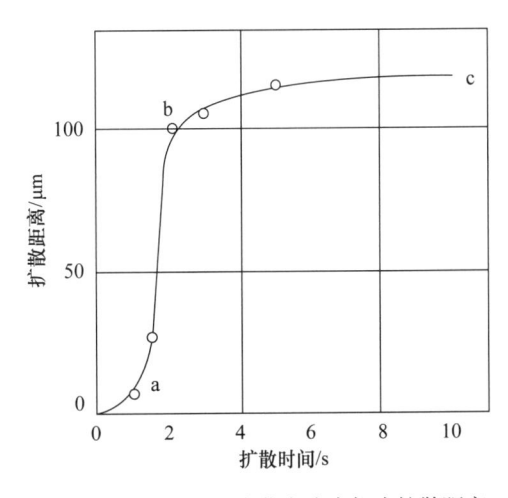　　图13 铜随时间变化在液态锡中扩散距离

张启运先生对此现象的解释：根据固液金属界面金属间化合物的生长可知：固体金属A与液体金

属B互相接触，B原子向A原子渗透而A原子向B原子中溶解，不同的金属体系这种渗透和溶解的速度是不同的。当界面上A、B浓度达一定比例，便有相应的固液同组成化合物A_iB_j或固液异组成化合物A_mB_n即金属间化合物生成。当渗透速度远大于溶解速度，A_iB_j在界面上固相一侧生成，而当溶解速度远大于渗透速度，A_mB_n便在液相中生长。

Cu向液态Sn中溶解和扩散的速度是惊人的。随着温度升高，在液体未凝固前，基体铜扩散进来，与液态锡发生反应，生成Cu-Sn合金，析出η相。

固液异组成的金属间化合物η相笋状化合物快速生长地点并非平均，这是由于基体合金中不同取向晶粒的晶面其反应势能不同，原子密度较大的晶面，如立方系的（111）晶面，势垒较低，溶解速度较快，同时它还抑制其他取向晶面溶解。而古代样品中斑纹层与基体界面柱状晶生长也并非均匀。

（3）δ相的生成，有可能是不纯的锡液与铜锡合金基体接触时，铜的溶解扩散速度更快，扩散量更大，有可能达到60%以上的铜进入熔化的锡中，生成δ相。古代炼锡技术不可能得到纯度非常高的锡，而是含有极少量其他微量元素，故在用其表面处理时，表面张力小，浸润性好，应比模拟试验所用99%纯锡镀层更为容易。

从上面分析初步推测所分析样品斑纹工艺可能是热镀锡或镀锡后经过退火处理得到。

结论

通过上面分析与模拟，关于所分析样品的斑纹工艺初步得到以下结论：

（1）巴蜀兵器斑纹工艺不是采用锡汞齐方法。700℃ 40 min加热驱汞不能将汞全部驱净。

（2）所分析的巴蜀残段兵器黑斑纹与吴越菱形纹饰工艺有所不同，且膏剂在制备时，古代存在困难。

（3）根据对古代样品斑纹层分析，结合镀锡工艺的模拟，从理论可推测，巴蜀兵器的表面斑纹工艺很可能是热镀锡或镀锡后经过退火处理而得到。由扩散数据估算，斑纹层中的铜可能是由于基体中的铜扩散而来，这种扩散可能发生在镀锡后的热处理过程，也可能发生在千年的地下土埋藏过程。

参 考 文 献

[1] Linduff K M. The many world of China. Korean Ancient Historical Society, 1994(5): 419.

[2] Edmund Capon. Artistic origins of bronze age culture in China, Ancient Chinese and Southeast Asian Bronze age cultures. Taipei: SMC Publishing Inc, 1997: 635-640.

[3] Yan Ge, Linduff K M. Sanxingdui: a new Bronze Age site in southwest China. Antiquity, 1990(64): 509-511.

[4] 马承源. 中国青铜器. 上海：上海古籍出版社，1998.

[5] Charles Higham. The Bronze age of southeast Asia. Cambridge University Press, 1996.

[6] Chase W T, Franklin U M. Early Chinese black mirrors and pattern-etched weapon. Arts Orientalis, 1979, 11: 773-774.

[7] Alexander Kossolapov, John Twilley. A decorated Chinese dagger: evidence for ancient amalgam tinning. Studies in Conservation, 1994(39): 257-264.

[8] 曾中懋. 鎏锡——铜戈上圆斑纹的制作工艺. 四川文物，1989（3）：74.

[9] 湖北省荆沙铁路考古队. 包山楚墓. 北京：文物出版社，1991：417.

[10] 何堂坤. 部分四川青铜器的科学分析. 四川文物, 1987（4）: 46-47.

[11] American Society for Metals. Metals handbook. 8th ed. American Society for Metals, 1948: 1204.

[12] Bocquet J L, Brebec G, Limoge Y. Diffusion in metals and alloys. Elservier Science BV, 1996: 536-668.

[13] 肖纪美. 合金相与相变. 北京: 冶金工业出版社, 2004.

[14] Murch G E. 固态晶体中的扩散//哈森主编. 材料科学与技术丛书: 第5卷（材料的相变）. 刘治国, 等译. 北京: 科学出版社, 1998: 65-131.

[15] Butler J A V. The thermodynamics of the surfaces of solutions. Proc. Roy. Soc. A, 1932, 135: 348-375.

[16] Meeks N D. Tin-rich surfaces on bronze-some experimental and archaeological considerations. Archaeometry, 1986, 28(2): 133-162.

[17] 张启运. 电子元件覆锡铜引线的腐蚀机制. 物理化学学报, 2002（18）: 223-227.

[18] 高苏, 张启运. 固液金属界面上金属间化合物的平衡生长. 物理化学学报, 2001, 17（5）: 453-456.

青铜文物光电子能谱分析*

陈善华 刘思维 孙 杰

> **摘 要** 采用光电子能谱（XPS）分析方法研究成都金沙遗址出土铜条和方孔形器两种青铜表面锈层的元素及其化学状态。实验结果表明，铜条和方孔形器青铜的锈层中都存在纯铜晶粒和$PbCO_3/PbO$，但没有发现导致"青铜病"的有害Cl元素，而在方孔形器锈层中发现S^{2-}/SO_4^{2-}。铜条和方孔形器夹层锈层中的Sn元素完全以SnO_2形式存在，从而使青铜合金免遭进一步腐蚀。此外，还结合实验结果讨论青铜的腐蚀过程与环境之间的关系。
>
> **关键词** 金沙青铜器 腐蚀 光电子能谱

引言

金沙遗址是成都平原继三星堆遗址之后又一重大考古发现，极有可能是三星堆文明衰落后在成都地区兴起的一个政治、经济、文化中心。它的发现极大地丰富了巴蜀文化的内涵，为探索古蜀文明史提供了大量难得的实物资料。[1]对于金沙遗址出土青铜器，已有学者从考古、合金成分和铅同位素组成等角度进行了探索[1-2]，但对于其他方面的研究尚未见报道。

金沙遗址地处温度变化大、相对湿度高的成都平原，因而金沙遗址出土青铜器也受到不同程度的腐蚀。为了理解青铜器的微观腐蚀机理，并进而探索其保护方法，必须首先测定与空气接触的青铜器表面腐蚀产物的化学成分。由于青铜表面腐蚀层通常极薄（一般仅在纳米数量级范围内），因而目前广泛用于固体表征的许多分析手段（例如，X射线衍射（XRD）、电子探针（EPMA）等技术[3-4]）都不能用来测定其表面化学成分。相反，由于光电子能谱（XPS）分析方法对样品表面0.5～3.0 nm深度范围内的元素组成和化学价态非常敏感，因而可以用来测定青铜器表面的化学成分。目前，尽管XPS技术在文物保护领域的应用还不多，但是利用该项技术已经取得一些很有意义的结果。[5-8]例如，有人[5]利用XPS对春秋时期镀锡青铜器镀锡层的防腐机理进行分析后发现，正是由于少量微晶态的SnO_2及非晶态的SiO_2填充在致密的δ相缺陷微孔隙中，从而阻止外界侵蚀因素透过锈蚀层对青铜基体的进一步腐蚀。国外也有人[6]利用XPS技术对比分析罗马和伊特鲁里亚这两个不同埋藏环境出土青铜器的表面微观化学成分差异。他们发现，不同地点和不同时期出土的文物在结构和成分方面都存在一些差别。因此，本研究采用XPS对金沙青铜器锈层表面分别进行全扫描和窄扫描，分析样品表面元素和

---

* 原文发表于《材料工程》，2006年增刊1。
"十五"国家科技攻关计划重点项目（2004BA810802）、国家从事部高层次留学人才回国资助项目（国人部发〔2004〕61号）资助。

物质组成，试图探索金沙青铜器表面的化学腐蚀过程及其机理，并进一步讨论青铜样品表面各种元素在腐蚀过程中的作用以及青铜腐蚀与环境之间的关系。通过上述研究，为青铜文物保护技术提供理论依据。

1 实验方法

1.1 样品制备

XPS分析用金沙遗址出土青铜样品包括：①50 mm×10 mm×1 mm铜条残片（编号：C1286）。它的一面腐蚀得较轻微，表面仍有金属光泽，另一外表面则覆盖着一层白色锈蚀产物。本次研究截取尺寸约为10 mm×10 mm×1 mm铜条残片作为样品，对其有白色锈蚀产物的一面进行了分析。②10 mm×10 mm×1 mm方孔形器残片（编号：C915）。它的两个表面均有相当致密的锈蚀产物。该残片中间有与两边颜色明显不同的淡绿色夹层（图1）。为了分别测定其最外层和夹层膜的成分和各个组分的化学状态，首先对其外表面进行XPS分析，然后用刀片剥离掉外层，再利用XPS分析夹层的成分和各个组分的化学状态。

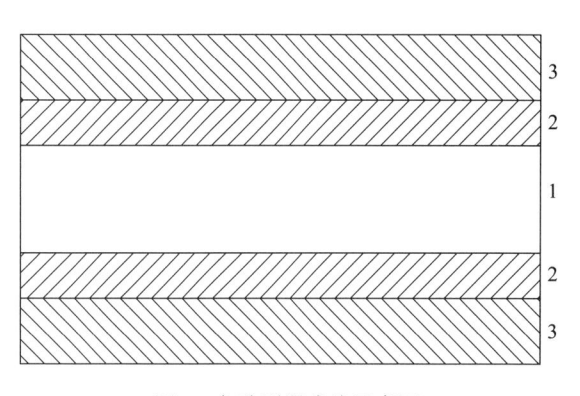

图1 方孔形器残片示意图
1. 青铜基体；2. 内层锈蚀；3. 外层锈蚀

为了获得较高的分析精度并去除表面污染物，在对所有样品外表面和夹层进行XPS分析前，首先用金相砂纸对样品表面进行打磨处理，然后采用Ar^+刻蚀样品表面约5 min。Ar^+刻蚀速度为1 nm/min。

1.2 仪器及实验条件

XPS分析设备为英国KRATOS公司生产的XSAM800型光电子能谱仪。该能谱仪是以Al Kα（1486.6 eV）为X射线源，光源功率为144 W，能量分析器分辨率为0.9 eV，以C1s（284.8 eV）作为光谱能量漂移校正。

2 结果与讨论

2.1 表面锈层元素组成

由图2所示的铜条和方孔形器残片样品表面锈层的XPS全扫描图可以得出样品表面锈层元素组成，其结果见表1。

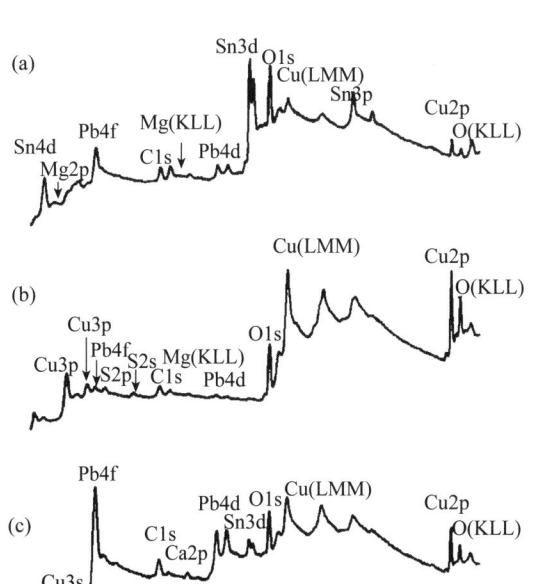

图2 样品表面锈层的XPS全扫描图
（a）铜条残片；（b）方孔形器残片；（c）方孔形器残片夹层

表1 样品表面锈层元素组成

样品名称	青铜表面腐蚀锈层元素
铜条残片	O、Sn、C、Pb、Cu、Mg
方孔形器残片	Cu、O、Pb、S、Mg、C
方孔形器残片夹层	Pb、Cu、Sn、O、C、Ca

2.2 表面锈层中各种元素的存在形式

（1）图3是样品表面锈层中Cu元素的XPS扫描图。由图3可知，铜条残片、方孔形器残片及其夹层的Cu2p峰对应的结合能分别为933.15，932.48和933.04 eV，而且都只有2个峰。而纯铜的Cu2p峰只有两个，且其结合能为932.70 eV，与图3所示的所有Cu2p结合能都很接近，表明Cu主要是以纯铜形式存在于锈层表面。

（2）图4是样品表面锈层中Sn元素的XPS扫描图。由图4可知，铜条残片和方孔形器残片夹层的Sn3d峰对应的结合能均为486.7 eV，它们与SnO_2的Sn3d峰对应的结合能（486.65 eV）相近，表明样品表面锈层中的Sn主要以SnO_2形式存在。

（3）图5是样品表面锈层中Pb元素的XPS扫描图。由图5可知，铜条残片、方孔形器残片及其夹层的Pb4f峰对应的结合能分别为138.67，138.78和138.64 eV，它们与文献[6]中报道的Pb^{2+}峰值对应的结合能138.2 eV相接近，表明样品表面锈层中的Pb元素主要以Pb^{2+}形式存在。

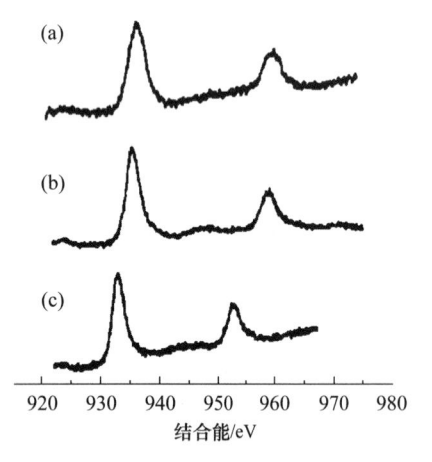

图3 样品表面锈层中Cu2p XPS扫描图
（a）铜条残片；（b）方孔形器残片；
（c）方孔形器残片夹层

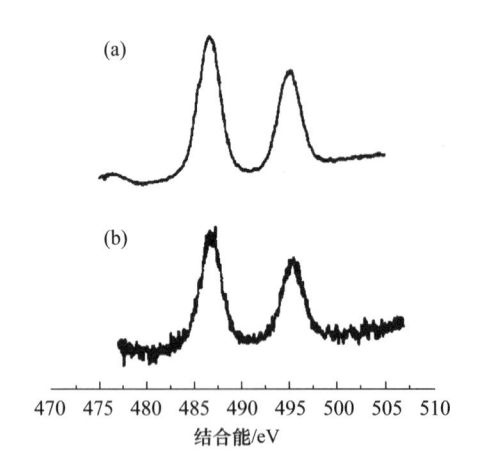

图4 样品表面锈层中Sn3d XPS扫描图
（a）铜条残片；（b）方孔形器残片夹层

（4）图6是样品表面锈层中O元素的XPS扫描图。由图6可以看出，O1s存在3个拟合峰，说明O元素在锈层中以3种形式存在：结合能较低的第一个O1s峰，对应于晶态氧化物的无水形式；而另外两个结合能较高的O1s峰则可能与水合物和碳酸化合物有关。[6]

（5）图7是方孔形器样品表面锈层中S元素的XPS扫描图。由图7可以看出，S2p有两个峰，分别对应的结合能为162.09 eV和168.01 eV，它们分别与S^{2-}和SO_4^{2-}的S2p结合能162 eV和168.5 eV接近。因

此可以推断，锈层中的S元素是以S^{2-}和SO_4^{2-}的形式存在。[6-9]

（6）Mg元素在铜条残片和方孔形器残片样品表面锈层中含量很少，且以Mg^{2+}形式存在。Ca元素在方孔形器样品夹层表面锈层中含量也较少，且以Ca^{2+}形式存在。[6]

由上述XPS分析结果可得出样品表面锈层的主要成分（表2）。

2.3 青铜样品腐蚀机理讨论

在铜条残片和方孔形器残片及其夹层的锈层中，都探测到了0价的Cu。XPS的分析结果表明，锡在外层以SnO_2存在，铅也呈氧化态。面扫描分布表明，铜析出区还有浓度较小的铜铅或铜锡分布，也可能还有Cu_2O等铜的氧化物存在，说明铜的析出过程是一种复杂过程，并非简单的离子交换方式的化学反应和腐蚀沉淀的结果。金属表面腐蚀产物的形成是金属转变成一种相等或类似物质的稳定平衡的行为。鉴于腐蚀产物具有矿物学性质，纯铜析出可能与自然界中自然铜的析出具有同样机理。[10] 至此，可以明确的是，铜是自然界中有自然金属形态的元素，可从含铜矿物中析出，当然也可能从腐蚀青铜器中析出，这应是纯铜析出的前提，而合金腐蚀产物矿化和缺氧环境为铜的析出提供了必要条件。[10-11] 此外，合金中杂质相的存在，铅和锡的腐蚀迁移，是可能影响纯铜析出的外在条件。

在铜条残片和方孔形器残片夹层的锈层中，都有锈蚀产物SnO_2存在，这实际上是一种具有锡石结构但部分锡原子被铜原子取代了的物质。这种SnO_2是以超微晶颗粒存在，其化学性质特别稳定，可以阻止外界侵蚀因素透过锈蚀层对青铜基体的进一步腐蚀。[5, 12-13]

对金沙青铜器的化学成分分析表明[2]，金沙青铜器是以铅锡青铜为主要材质类型，并且铅元素含量普遍高于其他地区出土的青铜器。本研究中所有样品的锈层中都探测到了Pb元素，且都以PbO或$PbCO_3$的形式存在。铅元素的性质较活泼，在反应过程中会迅速氧化，形成氧化铅薄膜。当氧化铅表面温度由200~300℃高温降为地表温度时，会吸收结晶水，转变为白色无定型胶状沉淀或固体（即$PbO \cdot xH_2O$），它可和酸发生反应进一步生成铅盐。碳酸氢根以及有机酸的存在和空气条件，是$PbO \cdot xH_2O$向$PbCO_3$转变的关键条件。[14]

实验结果表明，所分析的金沙青铜锈层中没有发现导致"青铜病"的有害Cl元素。但是，这可能是由于本实验选取的

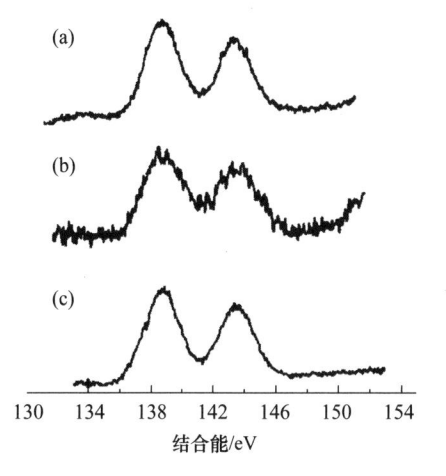

图5 样品表面锈层中Pb4f XPS扫描图
（a）铜条残片；（b）方孔形器残片；
（c）方孔形器残片夹层

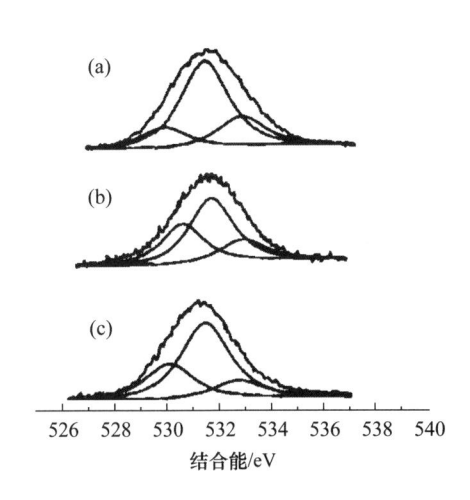

图6 样品表面锈层中O1s XPS扫描图
（a）铜条残片；（b）方孔形器残片；
（c）方孔形器残片夹层

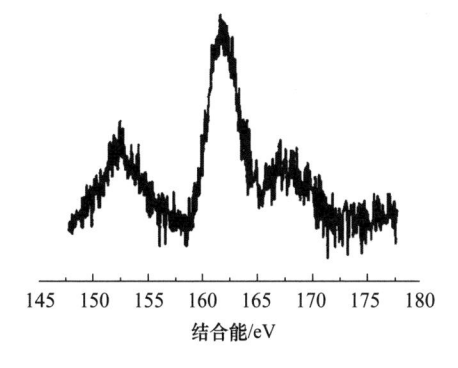

图7 方孔形器样品表面锈层中S2p XPS扫描图

是青铜残片,因此并不能说明金沙青铜器其他部分不存在"青铜病"。

表2 样品表面锈层的主要成分

样品	青铜表面腐蚀锈层的主要成分
铜条残片	自由铜粒子 Sn^{4+}（SnO_2）、Pb^{2+}、Mg^{2+}
方孔形器残片	自由铜粒子 Pb^{2+}、S^{2-} 或 SO_4^{2-}、Mg^{2+}
方孔形器残片夹层	自由铜粒子 Sn^{4+}、（SnO_2）、Pb^{2+}、Ca^{2+}

结论

(1) 金沙青铜表面锈层中普遍有纯铜晶粒存在,含量相对较高的铅元素以 PbO 或 $PbCO_3$ 的形式出现。

(2) 在锈层表面中,SnO_2 以超微晶颗粒存在,使得青铜基体免遭进一步腐蚀。

(3) 所分析的金沙青铜层中无 Cl 元素存在,从而可以断定其表面没有形成传统意义上的有害锈。

参 考 文 献

[1] 朱章义,张擎,王方.成都金沙遗址的发现、发掘及意义.四川文物,2002(2):3-13.

[2] 金正耀,朱炳泉,常向阳,等.成都金沙遗址铜器研究.文物,2004(7):76-88.

[3] 张晓梅.对中国出土青铜器修复保护方法的思考.文物世界,2001(1):67-70.

[4] 孙晓强.青铜器的腐蚀与保护探讨.文物世界,2002(6):56-60.

[5] 马清林,苏伯民,胡之德,等.春秋时期镀锡青铜器镀层结构和耐腐蚀机理研究.兰州大学学报(自然科学版),1999,35(4):67-72.

[6] Paparazzo E, Moretto L. X-ray photoelectron spectroscopy and scanning auger microscopy studies of bronzes from the collections of the Vatican museums. Vacuum, 1999, 55(1): 59-70

[7] 祝鸿范,周浩,蔡兰坤,等.银器文物防变色缓蚀作用机理的研究.文物保护与考古科学,2002,14(Z1):13-28.

[8] 于凯,许淳淳.钼酸钠对铁质文物的缓蚀作用研究.北京化工大学学报,2004,31(4):41-44.

[9] 王建祺,吴文辉,冯大明.电子能谱学(XPS / XAES / UPS)引论.北京:国防工业出版社,1992.

[10] 贾莹,苏荣誉,华觉明,等.腐蚀青铜器中纯铜晶粒形成机理的初步研究.文物保护与考古科学,1999,11(2):31-40.

[11] 于平陵.青铜器"纯铜晶粒"现象辨析.文博,2002(5):65-69.

[12] 王昌燧,吴佑实.古铜镜表面层内纯铜晶粒的形成机理.科学通报,1993,5(3):429-432.

[13] 范崇正,铃木稔,井上嘉,等.黑漆古青铜镜的结构成分剖析及表面层形成过程的探讨.中国科学:B辑(化学、生命科学、地学),1994,24(1):29-34.

[14] 王煊.三星堆青铜器"酥粉锈"腐蚀机理的研究与探讨.四川文物,2002(3):83-89.

茂县牟托一号墓出土青铜器的成分分析与金相考察研究*

杨颖东　罗武干　王　宁　蔡　清　周志清

摘　要　采用扫描电镜-能量色散X射线谱（SEM-EDS）仪、便携式X射线荧光能谱仪、台式X射线荧光光谱（XRF）仪以及奥林巴斯金相显微镜分别对茂县牟托一号墓出土的部分青铜器样品进行成分分析和金相分析。通过对青铜器中的24件器物取样进行金相试验分析，对51件青铜器进行成分分析，结果表明这批器物材质主要为铅锡青铜，其次还有红铜、锡青铜、高铅锡青铜、高锡铅青铜，另外发现一件器物（牌饰M1∶65）为砷铜。此批青铜器合金配比中，礼器的含锡量比兵器低，就含铅量来看，兵器要低于礼器，这完全符合各种器物对机械性能的要求。礼器、乐器均为典型的青铜铸造组织。兵器和盾饰、护臂这些用于战争的器物多经过特殊的人为加工处理，加工方式有单独热锻和冷加工，或冷加工与热处理相结合。

关键词　茂县牟托一号墓　青铜器　成分分析　金相组织

引言

茂县牟托一号墓（包括1号、2号、3号坑）出土铜器（包括2件铜铁合制器）共计105件，按用途可分为礼器、乐器、兵器、装饰器四类。[1]器型有罍、鼎、敦、编钟（甬钟和纽钟）、戈、矛、剑、戟、盾、护臂、杯、连珠、泡饰、圆牌饰、动物纹牌饰、鸟等。其中，礼乐器多制作粗糙，可能作为明器使用，兵器制作精美，具有很强的实用性能。本次根据文物保存实际情况，有选择地取样和检测，进行金相组织观察和成分分析研究，目的是了解这批青铜器的铸造技术水平，探讨其与周边区域的文化关系，为研究春秋战国时期岷江上游的石棺葬文化和青铜文化及社会发展提供新资料。

1　实验样品

共在24件器物上取样28个进行金相试验，（取样时选择只在已破损器物的缺口或碎片上取，对完整器物均未取样）。共对51件器物进行成分分析。另对两件器物的范土（内芯）进行了取样。所取样

---

* 原文发表于《茂县牟托一号石棺墓》，北京：文物出版社，2012年。

品及检测器物涉及礼器、乐器、兵器、装饰品4类。

2　分析方法

2.1　金相实验

选择保存相对完好的样品，经过压制、打磨、抛光后在奥林巴斯金相显微镜下观察浸蚀前金属结构，然后经3%三氯化铁酒精溶液浸蚀，在显微镜下再次观察金相组织结构。

2.2　成分分析

采用扫描电镜-能量色散X射线谱（SEM-EDS）仪、便携式X射线荧光能谱仪、台式X射线荧光光谱（XRF）仪对样品进行成分分析。本次采用无标样定量分析法。

由于分析工作的持续性和条件所限，对部分能够取样进行金相分析的文物样品，在做金相试验腐蚀前，对其基体用台式X射线荧光光谱（XRF）仪进行成分测定（结果见表1实验编号MT栏），部分用扫描电镜-能量色散X射线谱（SEM-EDS）仪进行测定（结果见表1实验编号C栏），另外一部分则选用便携式X射线荧光能谱仪在文物存放现场进行了成分测定（结果见表1实验编号B栏）。便携式能谱测定时，在器物上不同部位多点检测，将测定结果计算平均值，以平均成分作为数据分析讨论的依据。

成分分析结果用来判别合金材质类型，类型的划分按照目前学术界普遍采用的元素含量2%作为标准，元素含量大于2%视为有意加入。锡青铜的划分以17%为标准，锡含量大于17%视为高锡青铜，小于17%视为低锡青铜。铅含量大于20%视为高铅青铜，反之则视为低铅青铜。铅锡青铜和锡青铜的划分以铅含量是否大于2%为标准。

3　分析结果

3.1　青铜器成分分析结果

茂县牟托一号墓出土青铜器成分分析结果见表1。

表1　茂县牟托一号墓出土青铜器成分分析结果

实验编号	文物名称、编号及文化风格	检测部位	元素质量分数/%								备注
			Cu	Sn	Pb	Fe	Zn	Mn	As	合计	
B-1	戈K1:13（巴蜀）	刃1	67.00	6.30	24.30	0.59				98.19	高铅锡青铜
		刃2	71.60	5.60	20.40	0.41				98.01	
		柄	68.90	6.03	22.60	0.66				98.19	
		脊	68.80	6.10	23.00	0.67				98.57	
		平均成分	69.08	6.01	22.58	0.58				98.24	

续表

实验编号	文物名称、编号及文化风格	检测部位	Cu	Sn	Pb	Fe	Zn	Mn	As	合计	备注
B-2	戈 M1：164（巴蜀）	刃	93.40	1.80	1.34	1.70				98.24	红铜
		脊	93.50	1.20	0.41	3.50				98.61	
		柄	92.90	0.80	0.43	4.00				98.13	
		平均成分	93.27	1.27	0.73	3.07				98.33	
B-3	戈 M1：129（巴蜀）	刃	74.00	16.60	7.80					98.40	铅锡青铜
		柄	73.96	16.00	8.18	0.40				98.54	
		援	73.40	17.80	7.20	0.14				98.54	
		脊1	74.10	16.40	7.94	0.15				98.59	
		脊2	75.00	16.20	7.10	0.20				98.50	
		平均成分	74.09	16.60	7.64	0.18				98.51	
B-4	戈 K2：10（巴蜀）	柄	87.70	10.50		0.30				98.50	锡青铜
		脊	87.40	9.80	0.19	0.79				98.18	
		援	90.40	7.70	0.10	0.50				98.70	
		刃	85.20	11.30	0.71	0.70				97.91	
		平均成分	87.68	9.83	0.25	0.57				98.32	
B-5	戈 M1：116（巴蜀）	脊	77.00	8.60	12.10	0.50				98.20	铅锡青铜
		柄	75.80	10.10	11.80	0.20				97.90	
		刃	75.60	8.30	14.30	0.15				98.35	
		平均成分	76.13	9.00	12.73	0.28				98.15	
B-6	戈 K1：12（巴蜀）	脊	62.80	13.90	19.60	1.50				97.80	高铅锡青铜
		蜥蜴头	66.90	11.70	18.80	0.54				97.94	
		柄1	62.20	6.50	28.00	1.50				98.20	
		柄2	70.70	11.90	14.10	0.90				97.60	
		平均成分	65.65	11.00	20.13	1.11				97.89	
B-7	戈（00478）（巴蜀）	柄1	79.00	12.40	7.33	0.20				98.93	铅锡青铜
		柄2	79.70	12.00	6.70	0.15				98.55	
		刃	78.10	12.00	8.19	0.40				98.69	
		脊	77.30	13.20	7.48	0.30				98.28	
		平均成分	78.53	12.40	7.43	0.26				98.61	
B-8	戈 M1：108（巴蜀）	刃	80.60	10.40	7.37					98.37	铅锡青铜
		脊	81.30	10.10	6.82	0.20				98.42	
		柄1	83.10	1.20	13.60	0.50				98.40	
		柄2	81.30	12.00	4.60	0.20				98.20	
		平均成分	81.58	8.45	8.10	0.23				98.35	
B-9	戈 K1：15（巴蜀）	刃1	87.60	9.70	0.57	0.47				98.34	锡青铜
		刃2	86.70	10.10	0.78	0.47				98.05	
		刃3	87.20	9.80	0.79	0.80				98.59	
		平均成分	87.17	9.87	0.71	0.58				98.33	

续表

实验编号	文物名称、编号及文化风格	检测部位	Cu	Sn	Pb	Fe	Zn	Mn	As	合计	备注
B-10	戈 M1：125（巴蜀）	刃1	74.80	11.70	11.60	0.30				98.40	铅锡青铜
		刃2	70.30	13.70	14.10	0.14				98.24	
		刃3	73.90	12.80	11.60	0.23				98.53	
		脊	74.00	12.20	11.90	0.27				98.37	
		平均成分	73.25	12.60	12.30	0.24				98.39	
B-11	戈 M1：93（巴蜀）	脊	87.90	2.50	8.30					98.70	铅锡青铜
		柄	87.00	1.70	9.50					98.20	
		刃	88.00	2.50	8.00	0.24				98.74	
		平均成分	87.63	2.23	8.60	0.08				98.55	
MT-8	戈 M1：111（巴蜀）	刃	82.51	9.53	7.01	0.18	0.49	0.27		99.99	铅锡青铜
MT-9	戈 M1：108（巴蜀）	刃	89.57	6.76	2.76	0.21	0.51	0.19		100.00	铅锡青铜
MT-16	戈 K2：15（巴蜀）	刃	83.76	6.39	9.08	0.1	0.5	0.18		100.01	铅锡青铜
B-12	矛 M1：165（巴蜀或中原）	刃	77.50	14.90	6.10	0.30				98.80	铅锡青铜
		柄	75.70	15.20	7.10	0.38				98.38	
		平均成分	76.60	15.05	6.60	0.34				98.59	
B-14	矛 K2：16（巴蜀或中原）	刃	75.40	10.30	12.68	0.17				98.55	铅锡青铜
		柄1	76.30	10.50	12.20	0.17				99.17	
		柄2	76.40	10.70	10.91					98.01	
		柄3	76.50	10.50	12.10	0.13				99.23	
		平均成分	76.15	10.50	11.97	0.12				98.74	
C8	矛 M1：114（巴蜀或中原）	矛身基体	78.5	20.3		1.2				100.00	高锡青铜
B-13	矛 M1：143（巴蜀或中原）	柄	77.60	14.30	7.26					99.16	铅锡青铜
		翼	83.00	7.50	7.77					98.27	
		刃	72.40	13.90	11.20	0.30				97.80	
		平均成分	77.67	11.90	8.74	0.10				98.41	
MT-10	矛 M1：143（巴蜀或中原）	刃部锈	88.09	8.23	3.08	0.13	0.45	0.01			
		刃部锈	91.77	4.9	2.69	0.12	0.51	0.01			
		平均成分	89.93	6.57	2.89	0.13	0.48	0.01		100.00	
B-15	剑 M1：4（巴蜀）	柄（黄亮）	78.40	17.90	1.04	1.30				98.64	锡青铜（表面镀锡）
		从（黄亮）	80.00	13.90	1.10	3.40				98.40	
		平均成分	79.20	15.90	1.07	2.35				98.52	
		柄（银亮）	73.70	22.60	0.68	1.10				98.08	
		脊（银亮）	73.30	22.00	0.53	1.90				97.73	
		平均成分	73.50	22.30	0.61	1.50				97.91	

续表

实验编号	文物名称、编号及文化风格	检测部位	Cu	Sn	Pb	Fe	Zn	Mn	As	合计	备注
B-16	剑K2:18（巴蜀）	柄1	75.90	14.00	8.40	0.13				98.43	铅锡青铜
		柄2	76.20	13.70	8.70					98.60	
		刃1	76.20	13.50	8.30	0.14				98.14	
		刃2	75.70	13.96	8.70	0.40				98.76	
		平均成分	76.00	13.79	8.53	0.17				98.48	
B-17	剑K1:18（巴蜀）	柄1	84.70	13.20	0.71	0.11				98.72	锡青铜
		柄2	78.10	19.30	1.00					98.40	
		脊	85.70	11.80	0.98	0.20				98.68	
		平均成分	82.83	14.77	0.90	0.10				98.60	
B-18	剑K1:10（当地式）	刃1	52.30	9.40	35.40	1.30				98.40	高铅锡青铜
		刃2	57.60	15.70	24.60	1.10				99.00	
		脊	62.30	12.50	23.30	0.50				98.60	
		平均成分	57.40	12.53	27.77	0.97				98.67	
B-19	剑K1:11（当地式）	脊	59.60	12.30	25.50	0.79				98.19	铅锡青铜
		刃	66.40	14.70	16.40	0.40				97.90	
		柄	64.50	14.70	18.40	0.60				98.20	
		格	65.10	13.40	18.50	1.50				98.50	
		平均成分	63.90	13.78	19.70	0.82				98.20	
B-20	剑M1:152（北方草原文化）	脊	75.10	17.00	6.25					98.35	铅锡青铜
		刃	75.30	16.30	6.50					98.10	
		柄1	71.30	18.00	8.40	0.25				97.95	
		柄2	75.50	15.50	7.70	0.19				98.89	
		平均成分	74.30	16.70	7.21	0.11				98.32	
B-21	剑M1:153（巴蜀）	从	74.70	17.60	6.13					98.43	高锡铅青铜
		脊	74.50	17.70	6.48					98.68	
		柄	74.80	18.00	5.20					98.00	
		平均成分	74.67	17.77	5.94					98.37	
MT-1	剑鞘M1:153（巴蜀）	中部碎片	87.47	8.49	3.27	0.22	0.46	0.08		99.99	铅锡青铜
B-22	戟（横）M1:139（当地式）	刃1	77.80	15.80	4.50	0.30				98.40	铅锡青铜
		刃2	75.50	17.20	5.00	0.30				98.00	
		脊	77.50	15.70	5.20	0.30				98.70	
		平均成分	76.93	16.23	4.90	0.30				98.37	
B-23	戟（竖）M1:135（当地式）	脊	74.50	12.80	11.00					98.30	铅锡青铜
		柄	76.50	13.20	9.30					99.00	
		刃	75.10	13.00	10.40					98.50	
		平均成分	75.37	13.00	10.23					98.60	

续表

实验编号	文物名称、编号及文化风格	检测部位	元素质量分数/%							备注
			Cu	Sn	Pb	Fe	Zn	Mn	As	合计	
B-24	鸟 M1：21（巴蜀）	身1	75.20	12.20	9.30	1.50				98.20	铅锡青铜
		身2	81.70	9.30	7.00	0.30				98.30	
		冠	81.20	9.80	7.70	0.40				99.10	
		平均成分	79.37	10.43	8.00	0.73				98.53	
B-25	牌饰 M1：65	乳钉	96.10	0.10	0.65				2.70	99.55	砷铜（图谱见图1）
		鸟	96.50		0.40	0.50			2.10	99.50	
		背	94.10			1.40			3.10	98.60	
		面	96.15			0.00			2.90	99.05	
		平均成分	95.71	0.03	0.26	0.48			2.70	99.18	
MT-15	圆牌 M1：142	残片	80.48	5.5	13.43	0.1	0.46	0.03		100.00	铅锡青铜
MT-6	盾饰 M1：136	边沿	85.71	9.83	3.71	0.08	0.46	0.11		99.90	铅锡青铜
MT-7	盾饰 M1：128	边沿	85.59	8.67	4.66	0.15	0.69	0.23		99.99	铅锡青铜
MT-5	护臂 M1：169	边沿	91.54	3.52	3.74	0.2	0.76	0.24		100.00	铅锡青铜
MT-14	护臂（0340）	残片	91.48	4.05	3.7	0.09	0.53	0.14		99.99	铅锡青铜
C4	杖首（00488）	残片	71.2	20.3	8.5					100.00	高锡铅青铜
C6	铜泡（03784）	残片	82.5	11.7	5.8					100.00	铅锡青铜
C7	璜（06063）	中部残片	73.1	17.9	9.0					100.00	铅锡青铜
MT-3	钲 K2：8	铣角	75.6	14.73	8.92	0.18	0.44	0.13		100.00	铅锡青铜
MT-13	钲 K2：9	残片	80.85	18.12	0.44	0.07	0.43	0.1		100.01	高锡青铜
MT-4	盏 K1：6（楚）	耳残断处	71.18	13.26	14.82	0.02	0.43	0.29		100.00	铅锡青铜
MT-11	盏 K2：1（楚）	口沿	68.96	11.02	19.25	0.12	0.47	0.19		100.01	铅锡青铜
MT-12		腹部锈样	63.5	14.86	21.02	0.08	0.37	0.17		100.00	
C1	盏 M1：71（楚）	腹部残片	66.5	22.0	11.5					100.00	高锡铅青铜
		口沿残片	65.4	22.3	12.3					100.00	
		平均成分	65.95	22.15	11.90					100.00	
MT-27	罍 K3：6（中原）	底沿1	73.55	13.65	12.07	0.1	0.46	0.16		100.00	铅锡青铜
		底沿2	75.48	13.84	10.01	0.09	0.45	0.12		99.99	
		颈部孔1	73.22	14.56	11.38	0.19	0.46	0.19		99.99	
		颈部孔2	74.8	14.02	10.4	0.18	0.44	0.16		100.00	
		平均成分	74.26	14.02	10.97	0.14	0.45	0.16		100.00	
MT-17	鼎 M1：67（楚）	底部范线	64.35	13.25	21.72	0.24	0.36	0.08		100.00	高铅锡青铜
		腹部范线	64.51	11.49	21.47	1.97	0.41	0.15		100.00	
		平均成分	64.43	12.37	21.60	1.11	0.39	0.12		100.00	
MT-20	鼎 K3：1（中原）	盖孔洞处	78.22	11.83	9.03	0.11	0.45	0.35		100.00	铅锡青铜
MT-22	甬钟 K1：4（楚）	钟身孔处	71.59	12.19	15.22	0.24	0.51	0.26		99.99	铅锡青铜
MT-26	甬钟 K2：3（楚）	残片	76.88	14.36	8.00	0.21	0.42	0.13		100.00	铅锡青铜

续表

实验编号	文物名称、编号及文化风格	检测部位	Cu	Sn	Pb	Fe	Zn	Mn	As	合计	备注
MT-23	纽钟 M1：124（南方越文化）	扉棱	85.13	8.38	5.56	0.17	0.52	0.23		100.01	铅锡青铜
MT-24	纽钟 M1：133（南方越文化）	口沿	77.38	13.58	7.67	0.57	0.49	0.31		99.99	铅锡青铜
MT-25	纽钟 M1：88（南方越文化）	扉棱	82.05	15.09	0.84	1.34	0.5	0.18		100.00	锡青铜

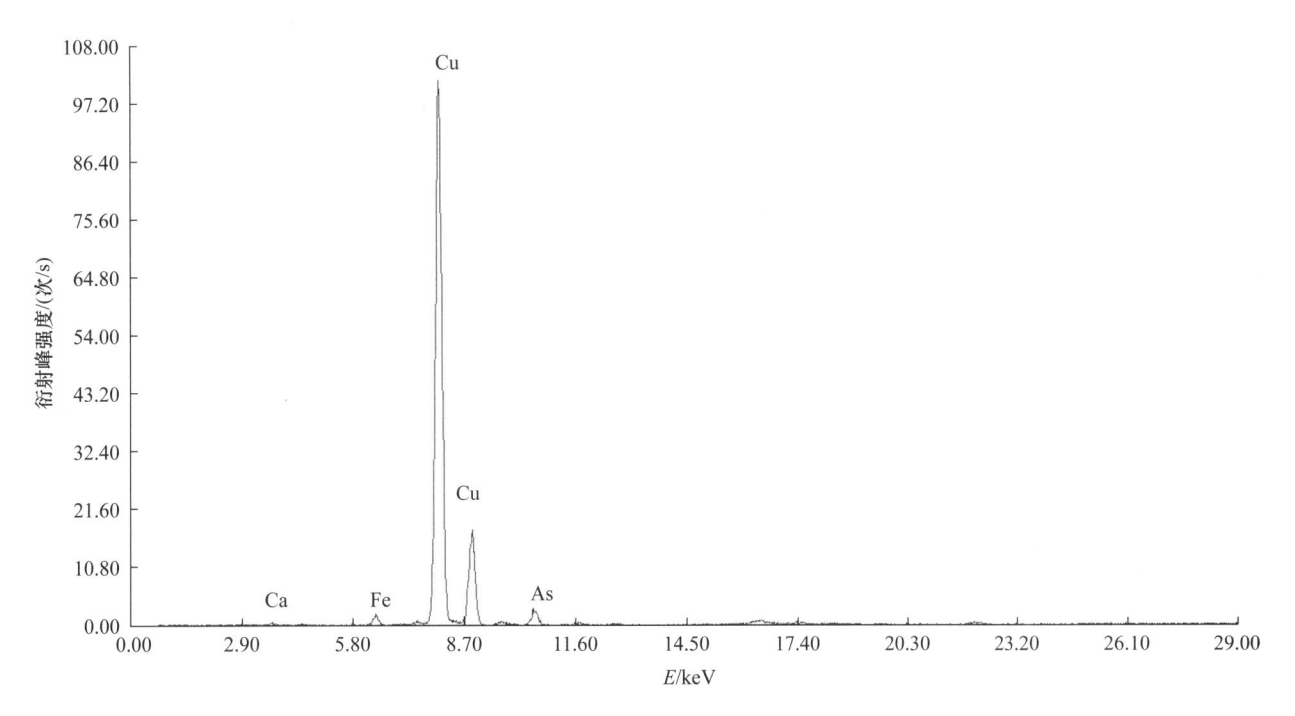

元素质量分数 /%

图1 牌饰（M1：65）成分XRF图谱（乳钉检测点）

3.2 范土成分

MT-18鼎（K3：1）内范土成分：SiO_2 57.41%、Al_2O_3 14%、Na_2O 8.82%、MgO 1.71%、K_2O 2.9%、CaO 4.75%、Fe_2O_3 7.99%、TiO_2 0.5%、SO_3 0.28%、MnO 0.12%、Cr_2O_3 0.12%、CuO 1.26%、PbO 0.1%、ZnO 0.03%。

MT-21甬钟（K1：4）内范土成分：SiO_2 55.63%、Al_2O_3 21.98%、Na_2O 1.88%、MgO 0.93%、K_2O 2.59%、CaO 1.39%、Fe_2O_3 9.78%、TiO_2 0.79%、SO_3 0.99%、MnO 0.08%、Cr_2O_3 0.12%、CuO 2.52%、PbO 1.21%、SnO_2 0.05%、ZnO 0.05%。

3.3 金相组织

金相组织见表2。

表2 茂县牟托一号墓出土青铜器的金相组织观察结果

样品名称及编号	试验编号	取样部位	金相组织	加工工艺
剑鞘M1:153	MT-1	背部边沿	腐蚀前可见较多小圆颗粒,有灰色夹杂,可见试样产生了晶间腐蚀,见图2;腐蚀后为α固溶体树枝晶偏析,亮白色多角形斑纹状物为(α+δ)共析体,呈岛屿状分布,见图3	铸造
戈M1:141	MT-2	阑	锈蚀严重,无法判断金相组织	
戈M1:111	MT-8	刃部	α固溶体沿加工方向变形,可见晶内滑移,可见灰色夹杂,可见纯铜颗粒,见图4、图5	冷加工
戈M1:108	MT-9	刃部	α固溶体沿加工方向变形,可见晶内滑移,可见灰色夹杂,边缘部分固溶体已加工成流线型,见图6;中心部分为固溶体等轴晶及孪晶晶粒,晶内有滑移,见图7	热锻+局部冷加工
戈K2:15	MT-16	刃部	腐蚀前可见较多孔洞及灰色夹杂沿着加工方向变形,见图8;腐蚀后可见α固溶体组织已加工成流线型分布,见图9	冷加工
矛M1:143	MT-10	刃部锈	锈蚀严重,已无法判断金相组织	
钲K2:8	MT-3	铣角部位	腐蚀前可见灰色夹杂,可见纯铜颗粒,可见在试样边缘已发生共析体优先腐蚀,见图10;腐蚀后为典型的α固溶体树枝晶偏析,亮白色多角形斑纹状物为(α+δ)共析体,已连成网状,数量较多,见图11	铸造
钲K2:9	MT-13	残片	基体腐蚀严重,可见(α+δ)共析体已全部发生优先腐蚀,可见纯铜颗粒,且在边缘部分可见纯铜带,金相组织为典型的α固溶体树枝晶偏析,见图12、图13	铸造
敦K1:6	MT-4	耳残断处	腐蚀前可见较多圆铅颗粒,见图14;腐蚀后为典型的α固溶体树枝晶偏析,亮白色多角形斑纹状物为(α+δ)共析体,已连成网状,数量众多,见图15	铸造
敦K1:9	MT-19	底部	腐蚀前可见较多中等大小圆铅颗粒,见图16;腐蚀后为典型的α固溶体树枝晶偏析,亮白色多角形斑纹状物为(α+δ)共析体,已连成网状,数量众多,见图17	铸造
敦K2:1	MT-11	口沿	腐蚀前可见众多圆铅颗粒,见图18;腐蚀后为α固溶体树枝晶偏析,可见(α+δ)共析体,见图19	铸造
敦K2:1	MT-12	腹部锈	腐蚀前可见众多圆铅颗粒,圆铅颗粒外围为一圈灰色夹杂,见图20;腐蚀后为α固溶体树枝晶偏析,可见众多(α+δ)共析体,见图21	铸造
护臂M1:169	MT-5	边沿	腐蚀前可见较多孔洞沿着加工方向变形,见图22;腐蚀后为α固溶体等轴晶及孪晶组织,仍可见较多加工孔洞,见图23	冷加工+热处理
护臂(0340)	MT-14	残片	腐蚀前可见较多孔洞沿着加工方向变形,见图24;腐蚀后为α固溶体等轴晶及孪晶组织,可见加工孔洞,见图25	冷加工+热处理
盾饰M1:136	MT-6	边沿基体	α固溶体沿加工方向变形,可见晶内滑移,可见灰色夹杂,见图26、图27	冷加工
盾饰M1:128	MT-7	边沿	腐蚀前可见较多孔洞沿着加工方向变形,见图28;腐蚀后为α固溶体等轴晶及孪晶组织,仍可见较多加工孔洞,见图29	冷加工+热处理
圆牌M1:142	MT-15	残片	锈蚀严重,已无法判断金相组织	

续表

样品名称及编号	试验编号	取样部位	金相组织	加工工艺
鼎 M1:67	MT-17	底部范线	腐蚀前可见众多圆铅颗粒,可见马蹄形铅颗粒,可见锈蚀空洞,见图30;腐蚀后为α固溶体树枝晶偏析,(α+δ)共析体呈岛屿状分布,数量较多,见图31	铸造
	MT-29	腹部范线	腐蚀前可见众多圆铅颗粒,可见纯铜颗粒,可见锈蚀空洞,见图32;腐蚀后为α固溶体树枝晶偏析,(α+δ)共析体呈岛屿状分布,数量较多,见图33	铸造
鼎 K3:1	MT-18	腹部孔洞处	腐蚀前可见众多圆铅颗粒,可见纯铜颗粒,见图34;腐蚀后为α固溶体树枝晶偏析,大量(α+δ)共析体呈岛屿状分布于表层,呈现出反偏析——"锡汗"现象,见图35	铸造
	MT-20	盖孔洞处	腐蚀前可见较多小铅颗粒,可见灰色夹杂,可见纯铜颗粒,见图36;腐蚀后为α固溶体树枝晶偏析,亮白色多角形斑纹状物为(α+δ)共析体,呈岛屿状分布,数量较多,见图37	铸造
甬钟 K1:4	MT-21	于部内边沿	腐蚀前可见较多圆铅颗粒,可见灰色夹杂,见图38;腐蚀后为α固溶体树枝晶偏析,亮白色多角形斑纹状物为(α+δ)共析体,呈岛屿状分布,数量较多,见图39	铸造
甬钟 K2:3	MT-26	残片	腐蚀前可见圆铅颗粒,见图40;腐蚀后为α固溶体树枝晶偏析,大量(α+δ)共析体已连成网状;表层已发生共析体优先腐蚀,显现为α固溶体等轴晶晶粒,不见共析体组织,见图41	铸造
镈钟 M1:124	MT-23	扉棱	腐蚀前可见灰色夹杂,见图42;腐蚀后为典型的α固溶体树枝晶偏析组织,不见共析体组织,见图43	铸造
镈钟 M1:133	MT-24	口沿部样	腐蚀前可见较多铅颗粒,可见灰色夹杂,见图44;腐蚀后为α固溶体树枝晶偏析,亮白色多角形斑纹状物为(α+δ)共析体,数量较多,已连成网状,见图45	铸造
镈钟 M1:88	MT-25	扉棱部	金相组织为α固溶体树枝晶偏析,亮白色多角形斑纹状物为(α+δ)共析体,数量众多,已连成网状,见图46;部分区域显现为α固溶体等轴晶晶粒,不见共析体组织,见图47	铸造
罍 K3:6	MT-27	底沿	腐蚀前可见较多铅颗粒,可见灰色夹杂,可见较多纯铜颗粒,见图48;腐蚀后为α固溶体树枝晶偏析,见图49	铸造
	MT-28	颈部孔洞处	腐蚀前可见圆铅颗粒,表层已发生共析体优先腐蚀,显现为α固溶体等轴晶晶粒,见图50;腐蚀后为α固溶体树枝晶偏析,大量(α+δ)共析体已连成网状,见图51	铸造

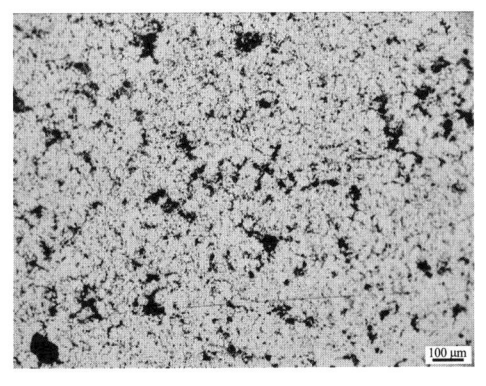

图2 MT-1腐蚀前金相组织

图3 MT-1腐蚀后金相组织

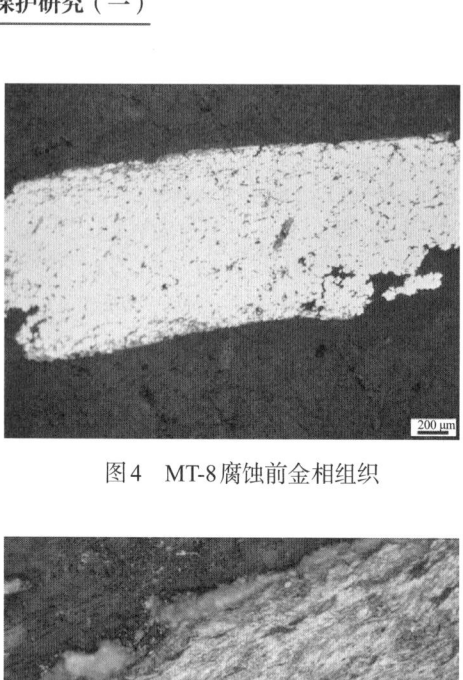

图4　MT-8腐蚀前金相组织

图5　MT-8腐蚀后金相组织

图6　MT-9腐蚀后金相组织

图7　MT-9腐蚀后金相组织

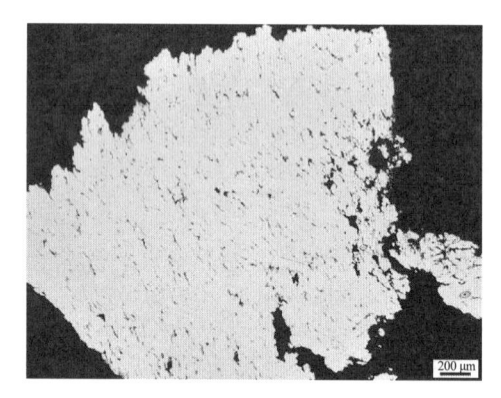

图8　MT-16腐蚀前金相组织

图9　MT-16腐蚀后金相组织

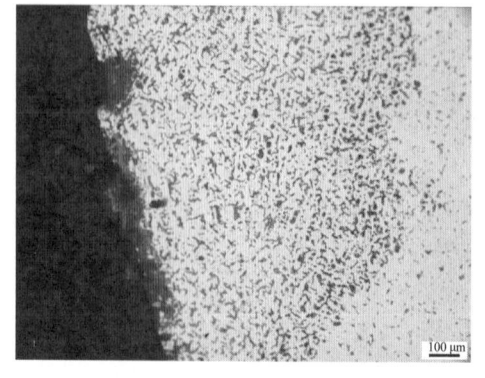

图10　MT-3腐蚀前金相组织

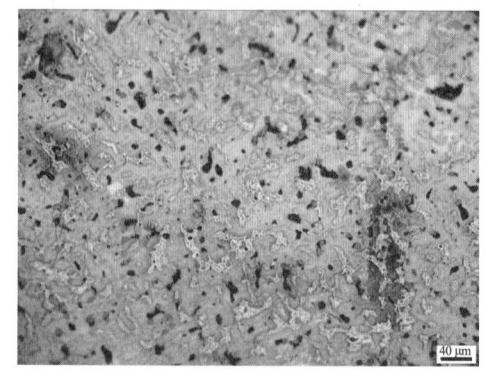

图11　MT-3腐蚀后金相组织

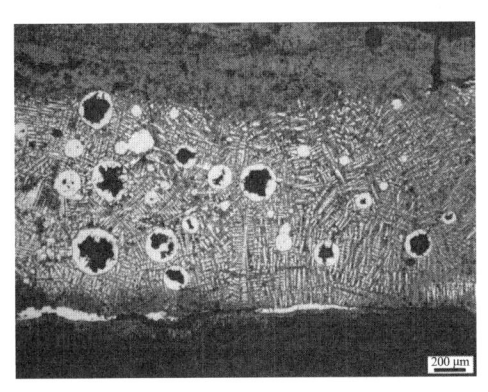

图12　MT-13腐蚀前金相组织 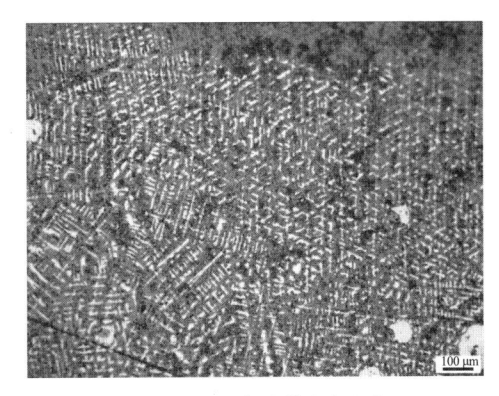　　图13　MT-13腐蚀前金相组织

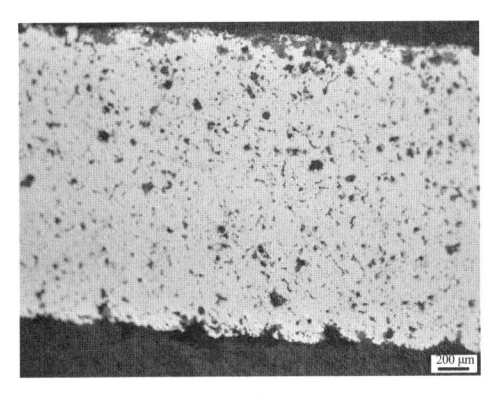

图14　MT-4腐蚀前金相组织 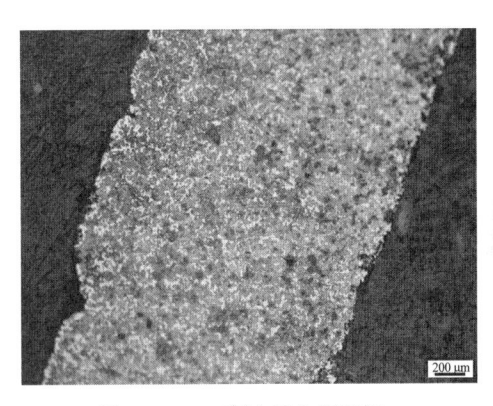　　图15　MT-4腐蚀后金相组织

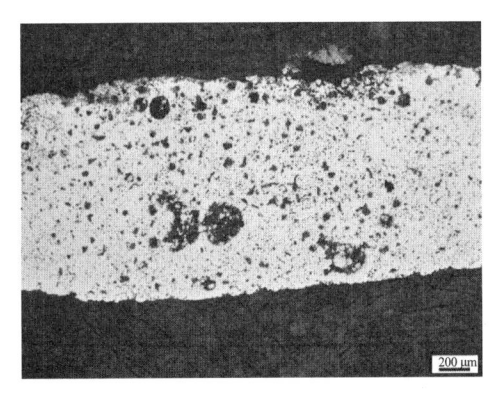

图16　MT-19腐蚀前金相组织 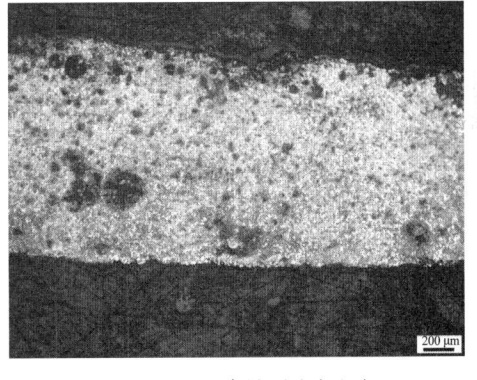　　图17　MT-19腐蚀后金相组织

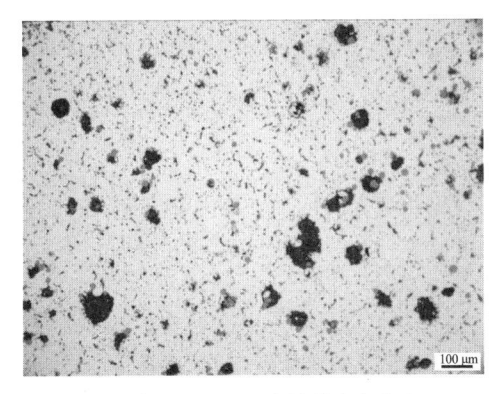

图18　MT-11腐蚀前金相组织 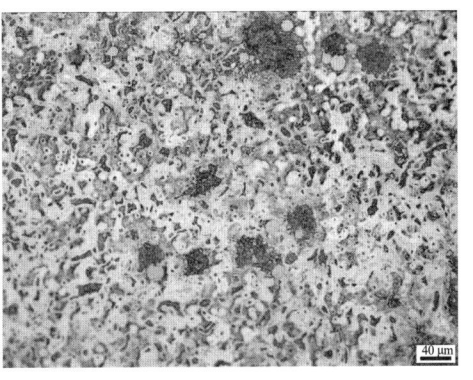　　图19　MT-11腐蚀后金相组织

图20 MT-12腐蚀前金相组织　　　　　图21 MT-12腐蚀后金相组织

图22 MT-5腐蚀前金相组织　　　　　图23 MT-5腐蚀后金相组织

图24 MT-14腐蚀前金相组织　　　　　图25 MT-14腐蚀后金相组织

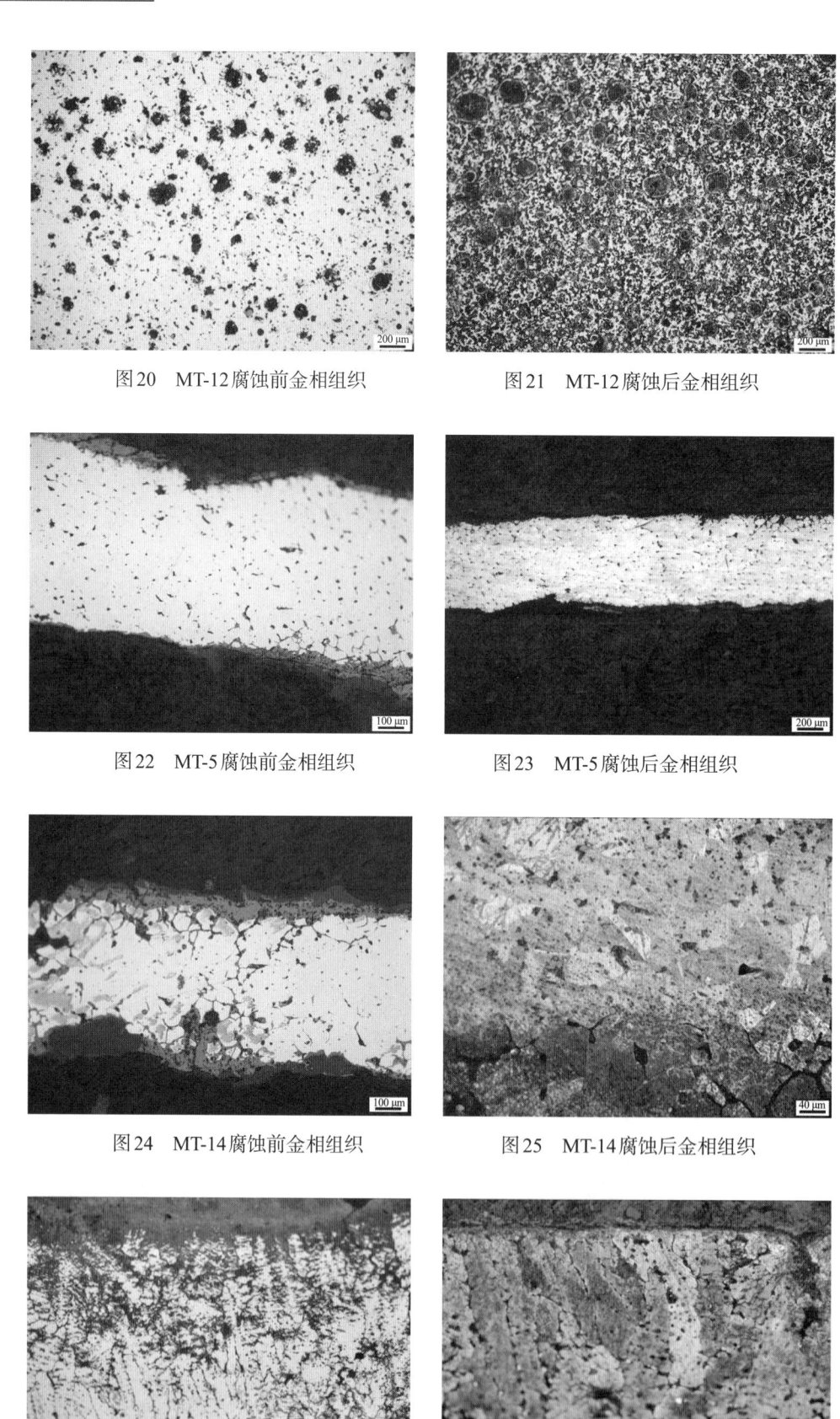

图26 MT-6腐蚀前金相组织　　　　　图27 MT-6腐蚀后金相组织

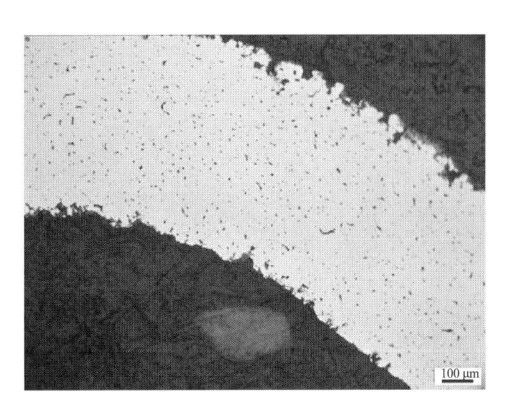

图28　MT-7腐蚀前金相组织 　　　　　图29　MT-7腐蚀后金相组织

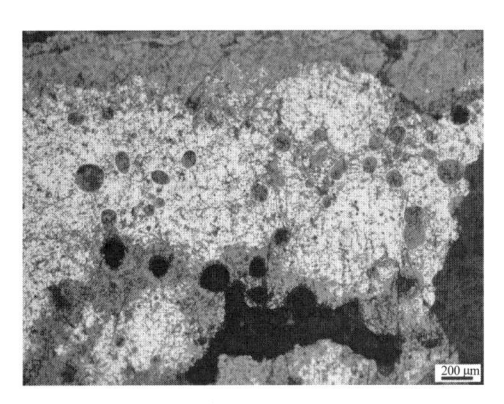

图30　MT-17腐蚀前金相组织 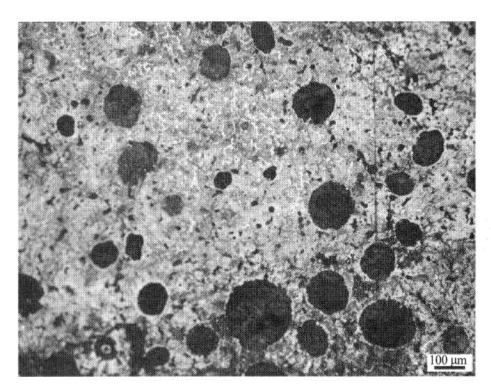　　　　图31　MT-17腐蚀后金相组织

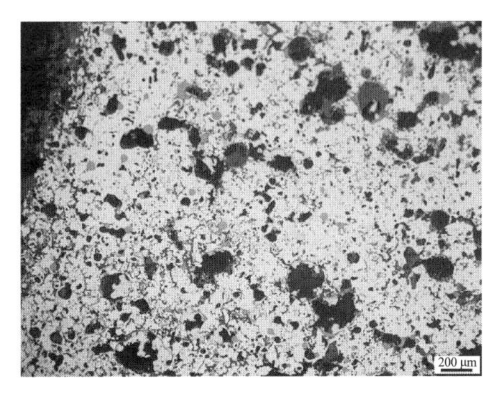

图32　MT-29腐蚀前金相组织 　　　　图33　MT-29腐蚀后金相组织

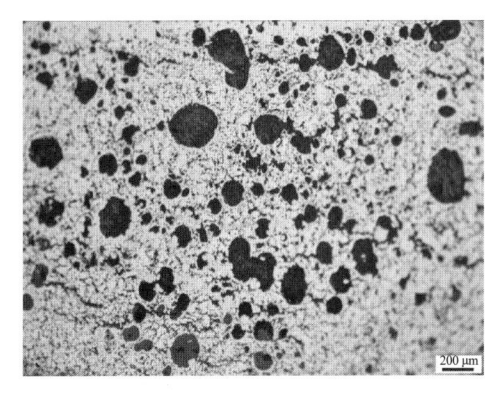

图34　MT-18腐蚀前金相组织 　　　　图35　MT-18腐蚀后金相组织

图36 MT-20腐蚀前金相组织　　图37 MT-20腐蚀后金相组织

图38 MT-22腐蚀前金相组织　　图39 MT-22腐蚀后金相组织

图40 MT-26腐蚀前金相组织　　图41 MT-26腐蚀后金相组织

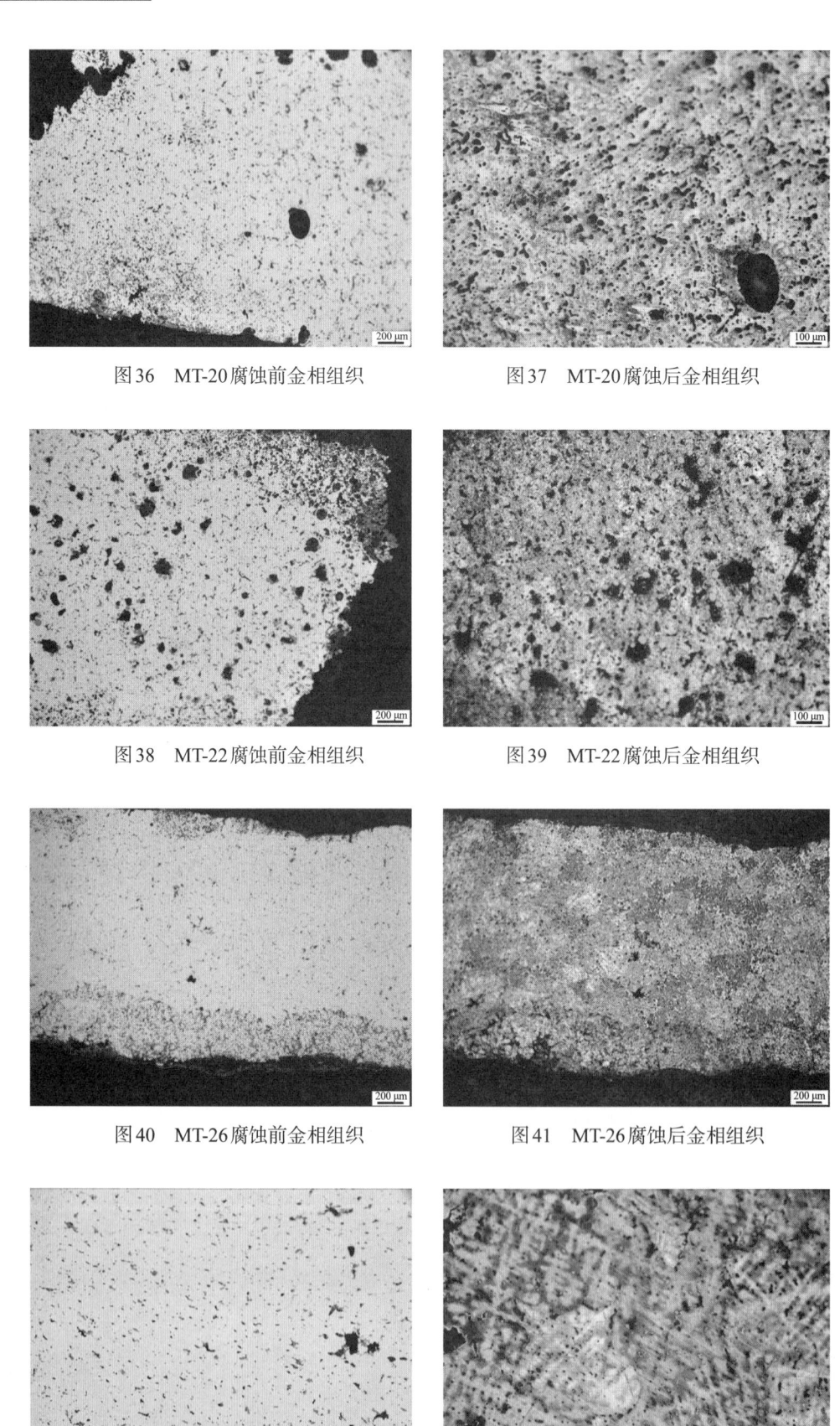

图42 MT-23腐蚀前金相组织　　图43 MT-23腐蚀后金相组织

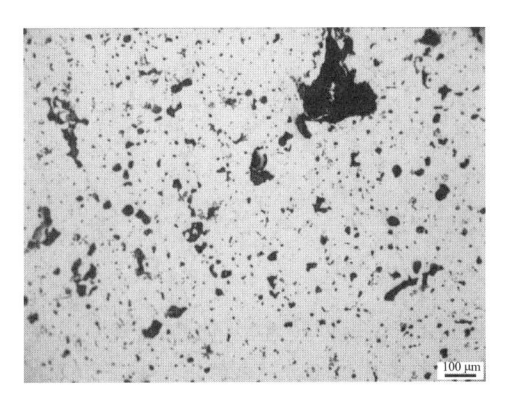

图44　MT-24腐蚀前金相组织 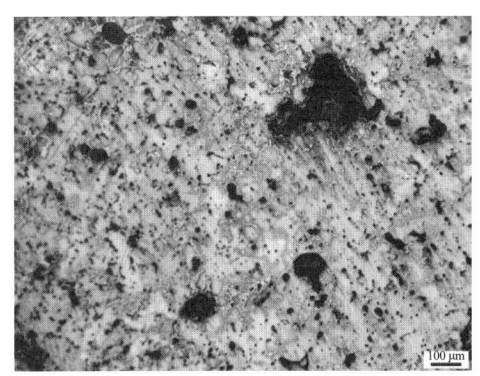　　　　　　图45　MT-24腐蚀后金相组织

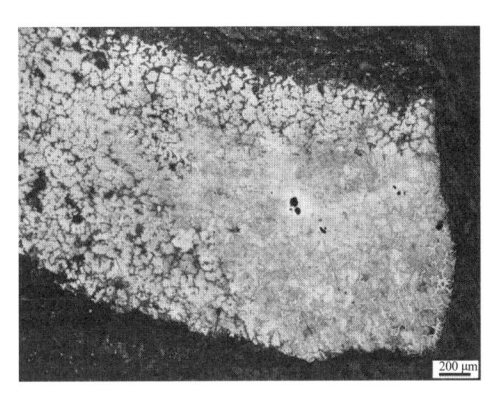

图46　MT-25腐蚀后金相组织 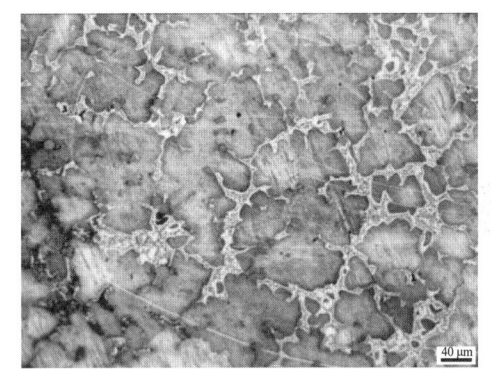　　　　　　图47　MT-25腐蚀后金相组织

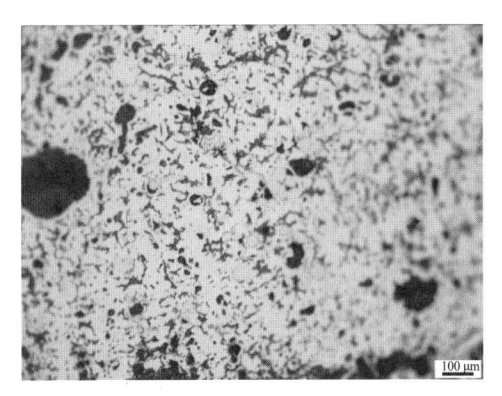

图48　MT-27腐蚀前金相组织 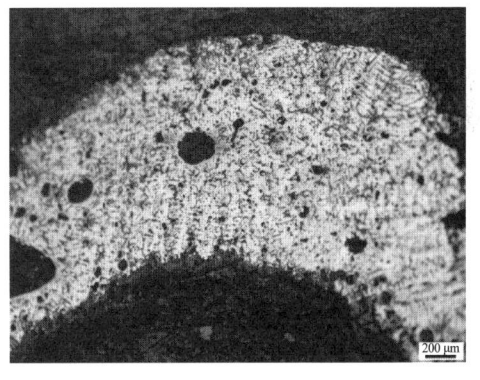　　　　　　图49　MT-27腐蚀后金相组织

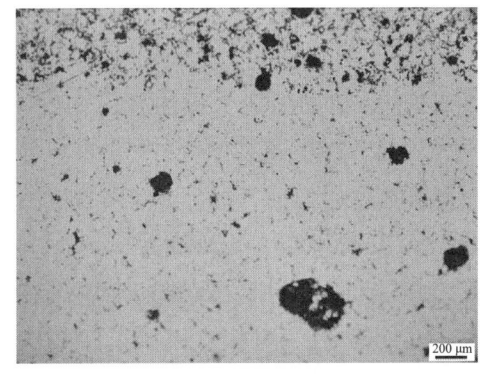

图50　MT-28腐蚀前金相组织 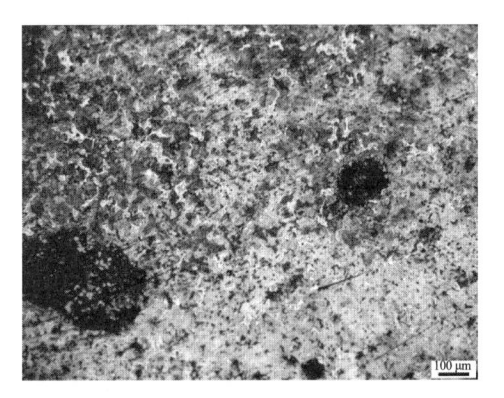　　　　　　图51　MT-28腐蚀后金相组织

4 分析结果及相关问题探讨

4.1 各类器物的成分情况

总体来说，此次分析的样品合金配比浮动较大，且不同器类合金技术明显有别。

特别是以戈为代表的兵器类合金变化较大，具体说来戈的合金配比中有的为红铜质，如戈M1：164，有的为高铅锡青铜，如戈K1：13、戈K1：12，有的则为锡铅青铜，如戈M1：129、戈M1：116、戈M1：108等，还有的为锡青铜，如戈K2：10、戈K1：15；矛的合金配比中除一件为锡青铜外，多为铅锡青铜；剑的风格不同，其合金配比差异较大，有高铅锡青铜，有高锡铅青铜，有铅锡青铜，还有锡青铜；戟的合金配比较为单一，均为铅锡青铜。

以盏为代表的容器类器物的合金配比相对较为集中，具体表现为中原类器物多为含锡高于铅含量的铅锡类三元合金，楚国类器物则多为铅含量远高于锡含量的高铅锡三元合金；钟类器物的合金配比相对来说较集中，均为中等铅锡含量的三元铅锡合金；以护臂、盾饰为代表的装饰类器物的合金配比较为单一，其均为含铜高，锡、铅较低的铅锡类三元合金。

4.2 范土

两件器物——鼎（K3：1）和甬钟（K1：4）的范土氧化物成分分析结果显示，主要成分是含有56%左右的SiO_2，另外还含有14%~22%的Al_2O_3和8%左右的Fe_2O_3，说明范土是比较耐高温的沙性土，沙性土材料用来制作铸芯和范，在高温和干燥条件下不易开裂，所浇铸出来的器物缺陷少，说明当时在制作这批器物时，用料具有较高的选择性。含铁较多的特点也符合四川岩土成分特性，因为在四川南部和西北地区随处可见含铁较重的红砂石和红色泥土，这或许说明了当时铸造器物是就地取材，在当地铸造而成。

4.3 砷铜的发现

在所检测的51件器物之中，发现仅有一件牌饰M1：65平均成分中含有2.70%的砷，为含砷量较低的砷铜二元合金。砷铜是中国古代铜合金的重要品种，早期砷铜主要出土于中国新疆哈密地区公元前2000~前200年遗址和青海、甘肃河西走廊的齐家文化、四坝文化遗址。中原地区龙山文化和二里头文化遗址有少量发现。商代汉中地区砷铜有所发现。春秋战国时期在云南有铜鼓和其他类型器物，是砷铜制成，近年在江苏等地也有发现。直至唐、宋时期还有砷铜器物出现。[2] 一定砷含量的砷铜，具有良好的机械性能，如固溶强化和加工硬化性能、优秀的延展性能，良好的热锻性能。这件动物纹牌饰的平面形状呈扇形，短柄，周缘装饰有一圈圆形小乳丁，顶部雕有八只相对而立禽鸟，中间以同心圆泡区隔分为三层，从上至下依次雕有鹿、虎、蛇。观察发现，虽然这件牌饰为一次性铸成，但是各雕饰部件镂空较多，衔接过渡处较细，整件牌饰厚度亦较薄，作为有柄器物，可能是插在其他器物上作为装饰或其他用途，要求其自身具有一定的强度和硬度，另外颜色上或许有要求，也因此加入一定量的砷，使其固溶强化，增强硬度，另外砷的加入，在含量低于10%以下，铜器颜色发黄，因此砷铜可以达到改变红铜质地较软，颜色偏红的特征。该件牌饰的主要构成图案元素为鹿、虎、蛇，这些图案形象是北方草原文化中常见的动物装饰题材，因此为北方草原文化风格，其形象在欧亚大陆草原随处可见。在川、滇西部也有此类动物形象的发现，研究表明，在滇亦有砷铜制品存在，因此，鉴于茂县处于西北甘青、陕南和川滇这种中间地理位置，因此这件砷铜牌饰，在砷铜技术的发展传播和器物交流路线上或能说明一点问题，但具体的传播方向有待更多的考古资料和研究去探明。

4.4 成分差异反映的一些问题

（1）矛M1∶143，刃部与刃部锈蚀物成分分析结果发现，没锈蚀的刃部铜含量比锈蚀物低，而铅、锡含量则比锈蚀物高，这充分说明了铜锡铅三元合金中，铅和锡比铜优先腐蚀，腐蚀后铅、锡流失，导致铜富集含量升高。

（2）剑M1∶4表面黄亮处和银亮处成分有差异，主要差异是银亮处锡含量（22.30%）明显高于黄亮处（15.90%），黄亮处代表了剑基体表面的颜色，而银亮处则反映了这件器物表面的装饰技术——镀锡工艺。这种装饰技术在巴蜀兵器上很常见，即虎斑纹，经过研究后认为虎斑纹是热镀锡及随后的退火工艺形成。[3]兵器风格和兵器制作装饰技术的相同性说明地处岷江上游的茂县牟托应与巴蜀文化的中心区域有密切的联系或渊源关系。

（3）对剑M1∶153的基体和剑鞘分析发现，基体具有较低的铜和较高的锡含量，为高锡铅青铜，而剑鞘具有较高的铜和较低的锡，为一般的铅锡青铜。兵器中锡含量高，可以使兵器坚韧锋利，而剑鞘适当要求具有一定韧性，因此加入少量的锡是符合使用要求的。因此从同一件器物的比较就可发现，牟托这批兵器，美观性和实用性兼备，制作考究。另外从侧面也说明墓主人的身份可能与战争关系紧密。

4.5 金相显微组织特点

金相显微分析显示，此次分析的钟、鼎、盏类礼乐器具均显示出固溶体树枝晶偏析及共析体组织，均为铸造成形；盾饰、护臂类装饰器物则显示出较多孔洞沿着加工方向变形、α固溶体等轴晶及孪晶组织，全部为冷加工成形，且多数进行了加热处理；以戈为代表的兵器显示出α固溶体组织已加工成流线型分布，表明其多在刃部进行了冷形变加工处理。

4.6 合金技术特点

青铜合金中的锡含量与器物性能密切相关，一般来说锡含量越高其硬度就越大。[4]我国古代工匠经过长期的摸索对青铜合金配比的认识达到了一个比较高的水平，其中《周礼·攻金之工·六齐》就记载有："金有六齐：六分其金而锡居一，谓之钟鼎之齐；五分其金而锡居一，谓之斧斤之齐；四分其金而锡居一，谓之戈戟之齐；三分其金而锡居一，谓之大刃之齐；五分其金而锡居二，谓之削杀矢之齐；金锡半，谓之鉴燧之齐。"这是全世界最早对合金规律的认识，它揭示了从钟鼎—斧斤—戈戟—大刃—削杀矢—鉴燧之器锡含量应逐渐增加的规律。这是因为大刃和削、杀、矢之类的兵器要求有较高的硬度，含锡量应比较高。斧、斤等工具和戈、戟等兵器需有一定韧性，所以含锡量应比大刃、削、杀、矢为低。鉴燧之齐含锡量最高，是因为铜镜需要磨出光亮的表面和银白色金属光泽，还需要有较好的铸造性能以保证花纹细致。

茂县牟托一号墓出土青铜器合金配比趋势表现为容器的锡含量低于剑等兵器的锡含量，这与上述记载是相符的。Cu-Sn合金中加入铅，可以提高熔液的耐磨性及流动性[5]，这样铸件的满型率比较高，容易铸成器物。在铸造一些纹饰比较精细的器物时，对熔液的流动性要求更高，这时铅的含量也相对要提高。研究表明，铅锡青铜合金的硬度随含锡量的增加和含铅量的减少而增加。[6]这批样品都含有一定数量的铅，并且兵器与工具的铅含量普遍低于容器的铅含量。这说明此批器物的制作工匠对铅的性能有了一定的认识，对铜锡合金的配比有了一定的经验。

戈类器物的含锡量相对来说均较低，铸态下，此种配比合金的抗拉强度，布氏硬度均不高。以上特点，似乎不符合戈的性能及使用需要，与"六齐"中要求的削杀矢配比更是相去甚远。然而，金相分析表明[7]，此类样品刃部均进行了冷变形加工处理。有关锡青铜加工性能的研究表明，含锡量10%的青铜在形变量不超过15%时，硬度值将提升1倍以上，且硬度值随含锡量及形变量的增加而增加。因此，这批戈类青铜合金样品，若其形变量在10%~20%之间，其布氏硬度值将高于260。由此可知，此批戈类器物既具有一定的塑性（较低的含锡量），又有较高的硬度值，较为刚强、锋利，符合器物的性能及使用需要，与六齐成分的配比原则也相符。反映出制作戈的工匠对含锡量与器物性能的关系，及冷变形加工对合金强度、硬度的影响等问题都有了明确的认识。

铅锡青铜器较难锻打成形，锻造这种合金，含铅量不宜过高，超过一定数值，其制品易被击碎。[8]金相分析指出，护臂等装饰类器物样品均为形变加工而成，这些样品的含铅量均比较低，都在5%以下，平均含铅量为3.95%。表明工匠们完全清楚含铅量与青铜合金加工性能的关系。

由上所述，茂县牟托一号墓出土青铜器的合金配比比较科学，此时对合金规律的认识有一定基础。这反映出战国中期晚段该地区的青铜合金技术比较高。

4.7 从成分看牟托与周边区域文化器物的关系

自商以来，三元合金（Cu-Sn-Pb）就是青铜器的主要类型。对殷商时期48件青铜鼎的分析数据表明，大多数器物的含铅量小于7%；对33件春秋晚期至战国时期青铜鼎的分析数据表明，器物的含铅量十分弥散而无章可循。[9]而楚地出土青铜容器中含铅量则呈现出较强的规律性。如盘龙城遗址出土26件商代青铜容器的含铅量最高达26.5%，平均为19%，含铅高的铜器数量明显多于二里岗等其他商代遗址。[10]当阳赵家湖楚墓出土春秋战国时期青铜容器的含铅量最高达28.17%，平均为22.95%[11]；山西太原赵卿春秋墓出土青铜容器的含铅量多在15%以下，平均为12.68%[12]；峡江地区战国时期青铜容器的含铅量则多在10%以下，含铅量在5%~8%区间数量占大多数[13]。由此看来，湖北地区从商代至春秋战国时期一直延续并发展着高铅合金工艺。可以说，高铅合金配比是楚国青铜容器的一大特色。[14]

茂县牟托一号墓出土青铜器的合金配比中，一个较为显著的特点是，鼎等具有楚式风格的青铜容器都具有很高的铅含量，而具有中原风格的青铜器，其铅含量则要低很多，多为铅锡合金。

34件春秋晚期至战国时期青铜剑合金成分的测试结果表明，大部分铜剑的含锡量在11%~23%之间。[9]江陵雨台山、当阳赵家湖等地出土楚国铜剑的分析数据表明存在较多低铅（无铅）高锡剑。[11, 15]峡江地区出土战国时期巴蜀式剑中含锡量则相对较低，多为11%左右。[13]各地所出铜剑中，以楚地所出者成分最佳，锡含量平均为18.90%，且波动较小，平均含铅量较低（2.45%）。[16]XRF分析数据指出，茂县牟托一号墓所出铜剑样品合金配比与楚国铜剑一致，多数非常接近江陵、当阳等地出土铜剑合金配比，表明它们使用了相同的合金工艺，而一些石棺葬文化墓地出土铜剑则有非常高的铅含量，明显与楚、中原等地出土铜剑合金配比相差较大，应是当地合金技术的反映。

以上分析表明茂县牟托一号墓出土青铜容器既继承了楚地的高铅合金配比，又有来自中原的合金技术；剑等青铜兵器，则多继承了楚地的高锡合金配比。揭示出其既有当地的合金技术特点，又有中原文化与楚文化在当地的混动、交融所带来的楚、中原合金技术。

结论

（1）通过对茂县牟托一号墓出土的青铜器中24件器物取样进行金相试验分析，对51件青铜器进行成分分析，结果表明：这批器物材质主要为铅锡青铜，其次是红铜、锡青铜、高铅锡青铜、高锡铅青铜，另外发现一件器物（牌饰M1∶65）为砷铜。礼器、乐器均为典型的青铜铸造组织。兵器和盾饰、护臂这些用于战争的器物多经过特殊的人为加工处理，加工方式有单独热锻和冷加工，或冷加工与热处理相结合。兵器制作精美，铸制水平较高，礼器、乐器铸制工艺较为粗糙。这批兵器具有较高的实用性，兵器多为巴蜀式兵器，部分兵器表面经过镀锡处理，装饰效果较强。因此，从兵器突出的实际实用性能及美观性上都反映墓主人身份可能与战争有关。

（2）此批青铜器合金配比中，礼器的含锡量比兵器低；至于含铅量，兵器要低于礼器，符合各种器物对机械性能的要求。此时工匠已认识到锡、铅对合金机械性能、铸造性能的影响，并加以应用。对强度、硬度要求较高的样品如剑等，合金配制中加入铅较低，而加入较高的锡；对需要进行锻打成形的样品，则严格采用低铅用量，适度控制锡含量；对器型复杂、纹饰繁缛的青铜礼器，则加入一定量的铅，以提高青铜熔液填充性能。同时，古代工匠将热处理、冷加工等加工工艺与合金配比结合起来，制成性能更为优良的兵器等器类。这表明，茂县牟托一号墓出土青铜器的合金配比科学，合金技术较高，此时对合金规律有了深刻的认识，青铜合金工艺技术业已相当精湛和娴熟。

（3）茂县牟托一号墓出土青铜容器既继承楚地的高铅合金配比，又有来自中原的合金技术；剑等青铜兵器，则多继承楚地的高锡合金配比。揭示出其既有当地的合金技术特点，又有中原文化与楚文化在当地的混动、交融所带来的楚、中原合金技术。

（4）砷铜的发现或能说明当地与西北或滇之间地域文化的交流和技术传播。

当然，鉴于文物的特殊性，本文在取样、分析方法上也存在一些误差，样本量亦并不全面，因此更科学准确的论断有待以后继进行研究。

参 考 文 献

[1] 茂县羌族博物馆，阿坝藏族羌族自治州文物管理所. 四川茂县牟托一号石棺墓及陪葬坑清理简报. 文物，1994（3）.
[2] 孙淑云，韩汝玢，李秀辉. 中国古代金属材料显微组织图谱·有色金属卷. 北京：科学出版社，2011.

[3] 姚智辉. 晚期巴蜀青铜器技术研究及兵器斑纹工艺探讨. 北京：科学出版社，2006：109.

[4] 胡德林. 金属学原理. 西安：西北工业大学出版社，1995.

[5] 陕西机械学院 黄积荣. 铸造合金金相图谱. 北京：机械工业出版社，1978.

[6] 张利洁，孙淑云，段玮璋，等. 北京琉璃河燕国墓地出土铜器的成分和金相研究. 文物，2005（6）.

[7] Ravich I G, Ryndina N V. Early copper-arsenic alloys and the problems of their use in the Bronze Age of the North Caucasus. Bulletin of Metals Museum, 1995(1): 1-8.

[8] Chase W T. 中国青铜技术研究回顾与展望. 黄龙译.文物保护与考古科学，1994（1）：16-19.

[9] 苏荣誉，华觉明，李克敏，等. 中国上古金属技术. 济南：山东科学技术出版社，1995：182-308.

[10] 孙淑云. 中国古代冶金技术专论. 北京：中国科学文化出版社，2003：157-159.

[11] 孙淑云. 当阳赵家湖楚墓金属器的鉴定//中国冶金史论文集. 北京：北京科技大学，1994：303-312.

[12] 孙淑云. 太原晋国赵卿墓青铜器的分析鉴定//中国冶金史论文集. 北京：北京科技大学，2002：178-185.

[13] 姚智辉，孙淑云，邹后曦，等. 峡江地区部分青铜器的成分与金相研究. 自然科学史研究，2005（2）：106-118.

[14] 罗武干. 古麋地出土青铜器初步研究. 中国科学技术大学，2008：53-70.

[15] 何堂坤，陈跃均. 江陵战国青铜器科学分析. 自然科学史研究，1999（2）：158-167.

[16] 何堂坤. 先秦合金技术的初步探讨. 自然科学史研究，1997（3）：273-286.

四 砖石质文物保护

永陵地宫石刻风化原因研究及治理初报*

肖 嶙 赵振镶

> **摘 要** 通过生物学手段对造成永陵地宫石刻风化的生物类群进行鉴别，采取了照度控制、湿度控制、有机污染源清理等手段进行治理，缓解了石质文物的风化。
>
> **关键词** 永陵 风化 自养生物 湿度控制

引言

永陵是五代时期前蜀国开国皇帝王建的陵墓，是我国20世纪首次科学考古发掘出的大型陵墓，也是迄今发掘出历史年代最早的古代陵墓和规模最大的地上陵。陵墓内地宫石棺床，棺床两侧的十二天将、石刻浮雕等均为五代石刻杰作。石质棺床四周"二十四伎乐"浮雕是唯一完整反映唐代及前蜀宫廷乐队组合的文化遗存。石床上王建真容石雕像是我国现存唯一的古代皇帝真容石雕像。永陵具有极高的历史价值和艺术价值，国务院于1961年将该陵列为我国首批重点文物保护单位。

陵墓地宫1942年进行考古发掘，后就地封存。1958年国家拨款对地宫券拱、石地板破损部分进行局部维修。当时已发现石顶拱渗漏水，石刻局部出现"白霜"。1979年成都市建立"王建墓文物保管所"，地宫对外开放。但渗漏现象犹存，石刻表面出现大量来历不明的"白霜"，风化毁损现象日趋严重。1989年国家拨款进行第一期抢救保护工程，解决了墓顶渗水隐患，明显改善了洞内湿度偏大的状况，对石刻的风化起到一定的缓解作用。由于风化原因不明，第二期保护工程未能进行，石刻风化仍在继续，且有日趋剧烈之势。为配合第二期保护工程的开展，从1998年5月起，成都文物考古研究所、成都市永陵博物馆及四川省文物考古研究所共同组织考古发掘、水文地质、大气环境及生命科学等方面的专家对地宫局部进行测试分析和综合性研究，初步认定地宫石刻风化原因是空气污染、冷凝水、易溶盐共同形成适宜低等生物生长繁殖的环境，低等生物的生长、死亡及生命活动中的各种产物都是造成石刻风化的主要原因，遂进行相应的工作，初步揭开地宫石质文物风化之谜[1-5]。

1 初步确定造成地宫石质文物风化的生物类群

1998年8月起，成都文物考古研究所、成都市永陵博物馆及四川大学生命科学学院有关人员，在

---

* 原文发表于《成都考古发现（1999）》，北京：科学出版社，2001年。

不损坏文物的前提下，对地宫局部进行了采样、分离培养及生物类群的鉴定工作，确定造成石质文物风化的主要生物类群。

实验按照生命科学实验操作程序进行。取少量标本置灭菌套碟和灭菌的试管斜面培养基上，而后按植物和微生物学实验方法分别观察，得出结果。

1.1 套碟标本

套碟标本经蒸馏水稀释，制成临时装片，显微镜观察。经观察发现有蓝藻、绿藻及真菌，然后将上述材料的装片用FDA固定，稀释爱氏苏精染色制片，用Olympus干涉差显微镜观察，选取典型材料，摄影、扩印成彩色照片。按显微镜观察及照片所显示的形态特征确认有以下生物类群（未作生理生化实验）。

蓝藻门（Cyanophyta）：色球藻属（*Chroococcus*）、微囊藻属（*Microcystis*）、颤藻属（*Oscillatoria*）、念珠藻属（*Nostoc*）、鱼腥藻属（*Anabeana*）等。

绿藻门（Chlorophyta）：小球藻属（*Chlorella*）、栅藻属（*Scenedesmus*）、刚毛藻属（*Cladophora*）、水绵属（*Spirogyra*）、鼓藻属（*Cosmarium*）、溪菜属（*Prasiola*）、丝藻属（*Ulothrix*）、双星藻属（*Zygnema*）等。

硅藻门（Bacillariophyta）：舟形藻属（*Navicula*）。

1.2 斜面培养基标本

将斜面培养基所取标本，接种到细菌、霉菌选择培养基上培养，待菌落形成后，显微摄影，扩印照片，结合形态观察鉴定得知如下结果。

根据菌落特征，认定有两种细菌。

根据菌丝特征，认定有两种霉菌。

根据菌丝体特征，认定有一种高等真菌。

细菌、霉菌及真菌均为异养生物，只要控制有机物的来源即断绝其生育繁殖的条件。生物治理重点应放在自养生物（各种藻类）上，针对自养生物生长需要光照、水分及其他养料（二氧化碳、无机盐）。改善光照条件，降低水分即可抑制其生长以致杀灭。因此提出改变地宫内光照亮度，降低空气中水分含量等治理措施来抑制其生长。

2 治理措施

根据上述分析，采用了改日光灯为白炽灯，用除湿机降低地宫内空气湿度的措施。

（1）将原安装的16支40 W日光灯改成低照度的白炽灯；

（2）加装2台抽湿机；

（3）定期清除鼠粪等有机污染源。

3 治理效果观察

（1）湿度控制，相对湿度降低并恒定。安装降湿机后，改变了地宫中空气湿度波动现象，由原来的相对湿度70%（冬季）～96%（夏季）恒定为（86±2）%。

（2）生物种类明显减少。2000年2月、3月、4月分别在1998年采集标本部位采集标本，置显微镜下观察发现生物种类减少。再将所取标本放于红砂石小样块上，放入模拟地宫高湿环境中培养，室内自然光照明，培养到5月，再置显微镜下观察、拍照，发现种类减少至5～6个属。

1998年实验，仅用蒸馏水稀释、收集了能游离的生物种类，而未注意观察纠集成团的结构。2000年经多次反复检验、验证，认定这种分布在地宫文物表面的壳状物，是一种地衣。根据其形态学特点应是粉衣目（Caliciales）粉衣科（Caliciaceae），是由子囊菌菌丝和绿藻门原球菌属（*Protococcus*）等组成。由于地衣不能分离培养，1998年未能观察到。地衣则可能是造成石质文物风化的最主要原因。

4 治理效果原理分析

从1999年10月到2000年5月，安装除湿机之后使空气相对湿度控制在（86±2）%，降低了照度，使生物种类减少，缓解了石质文物风化，初步分析有如下原因。

（1）恒定的空气相对湿度可以降低石质文物吸胀—收缩的反复循环过程所造成的破坏力，控制了物理风化。

（2）恒定的低湿条件不利于生物的生长繁殖。

（3）恒定的低湿条件加之清洁的环境使需富营养条件的蓝藻等减少。

5 待解决的问题

对永陵石质文物风化原因及治理对策的研究，前后不到2年，永陵从发现至今已逾50年，开放参观已有20年，数十年积累的问题造成石质文物风化因素是多方面的，研究风化原因及治理应综合性地考虑。

（1）地衣危害。地衣可以合成多种有机物，统称"地衣酸"是造成岩石分解的重要原因，已成定论，为何在永陵形成厚度2～3 mm的风化层，应当对地宫、棺床石材的物理性质及抗风化能力进行研究。

（2）湿度控制。现在将地宫中空气相对湿度控制到（86±2）%，仅低于夏季高湿环境的湿度，仍高于冬季，将湿度控制在什么水平需要研究。

（3）石质文物表面风化部分的修复。曾设想清除文物表面已形成土粒部分，而后加以修复。表面清除的厚度多少？清除后对原貌有何影响需进一步研究、论证。

参 考 文 献

[1] ［美］阿历索保罗 C J，明斯 C W. 真菌学概论. 余永年，宋大唐，译. 北京：中国农业出版社，1983.

[2] 周分良，邢来君. 真菌学. 北京：高等教育出版社，1986.

[3] 曾中懋. 王建墓棺床石雕风化原因的研究. 成都文物，1991（1）.

[4] 中国科学院青藏高原综合考察队. 西藏藻类. 北京：科学出版社，1992.

[5] 付华龙，陈昭麟. 藻类学教程. 成都：四川大学出版社，1993.

成都琉璃厂明墓出土石供桌彩绘的抢救加固[*]

肖 嶙 杨颖东 白玉龙

> **摘　要**　潮湿墓葬环境中出土的石刻彩绘，在出土后石刻干燥至稳定阶段，彩绘最容易掉粉、剥落。本文对成都琉璃厂明墓出土的一件石供桌彩绘文物进行抢救保护。对彩绘进行XRD分析，并通过色差检测、加固效果等试验工作，用筛选出的1%和10% B-72加固剂分别对彩绘和贴金层进行加固、修复，达到了较好的抢救保护效果。
>
> **关键词**　明代墓葬　石供桌　彩绘　抢救加固

引言

2006年5月中旬，在成都琉璃厂附近发现一座明代墓葬，该墓葬出土了瓷器、碑刻、铜器、彩绘石刻等一批珍贵文物，为研究明代历史提供了珍贵资料。在众多的出土文物当中，有一件保存完整的石刻彩绘供桌，为整石雕刻而成，并有彩绘装饰，有重要的研究价值。供桌的石质本体稳定性较好，但其表面的彩绘在出土后受环境的影响，脱落和褪色的速度很快。笔者针对彩绘的病变开展分析研究，并进行了抢救加固。

1　文物出土时的状况

该供桌为长方形，长103 cm，宽63.5 cm，高72 cm。桌面边缘有三处较小残缺；石桌为整石雕刻而成，材质为四川常见的细料红砂石，桌面平整。供桌通体彩饰，彩绘大部为红色，局部为绿色，部分花边采用了贴金装饰。贴金位于桌子侧面下边缘和雕花处，大部分在出土前已经剥落，残留贴金层也已经起翘，并开始剥落；出土时整个石桌被膏泥包裹，非常脏乱，大部分彩绘仍被泥土遮盖；在红色和绿色彩绘表面伴有较多的黑色生物斑迹。

因基建，该供桌在出土后即刻被考古人员搬回，露天放置。随后我们到考古现场，通过察看该件文物出土的墓葬环境得知，墓室积水，棺室残留一些陪葬品，棺室内空气难闻，发出臭味和霉味，墓门被黏土拥堵。

总体来看，该石桌出土前的存在环境非常潮湿，通过相关论文我们知道，这对彩绘颜料本身及涂

---

[*]　原文发表于《文物保护与科技考古》，西安：三秦出版社，2006年。

彩和贴金时所用胶料的保存都是非常不利的，往往会导致颜料变色，加速胶料降解和老化，最终导致彩绘脱落，画面破坏。因此在这样的环境中出土的彩绘文物，彩绘附着非常虚弱。恰恰在该墓葬发掘时，成都天气炎热干燥，中午气温达到30℃以上，湿度在30%左右，恰与墓室内相对稳定的高湿环境形成鲜明的对比。因此，该石供桌出土的最初阶段，将面临迅速失水干燥引起的彩绘掉粉和贴金层卷翘脱落等问题（其实有的病变已经开始发生），情况比较危急。所以，该石供桌的抢救保护，我们认为必须尽快解决以下几个方面的问题：①控制干燥速度；②泥土及霉斑的清理；③贴金层迅速回贴和加固；④彩绘颜料的及时加固。

2 彩绘的分析和保护研究工作

2.1 彩绘分析

为了清楚认识彩绘颜料及贴金成分，便于确定保护方案，我们在清理表面泥土的同时，对红色、白色和绿色彩绘，以及贴金部分取样，送川大分析测试中心进行了XRD分析和扫描电镜分析（图1～图4）。

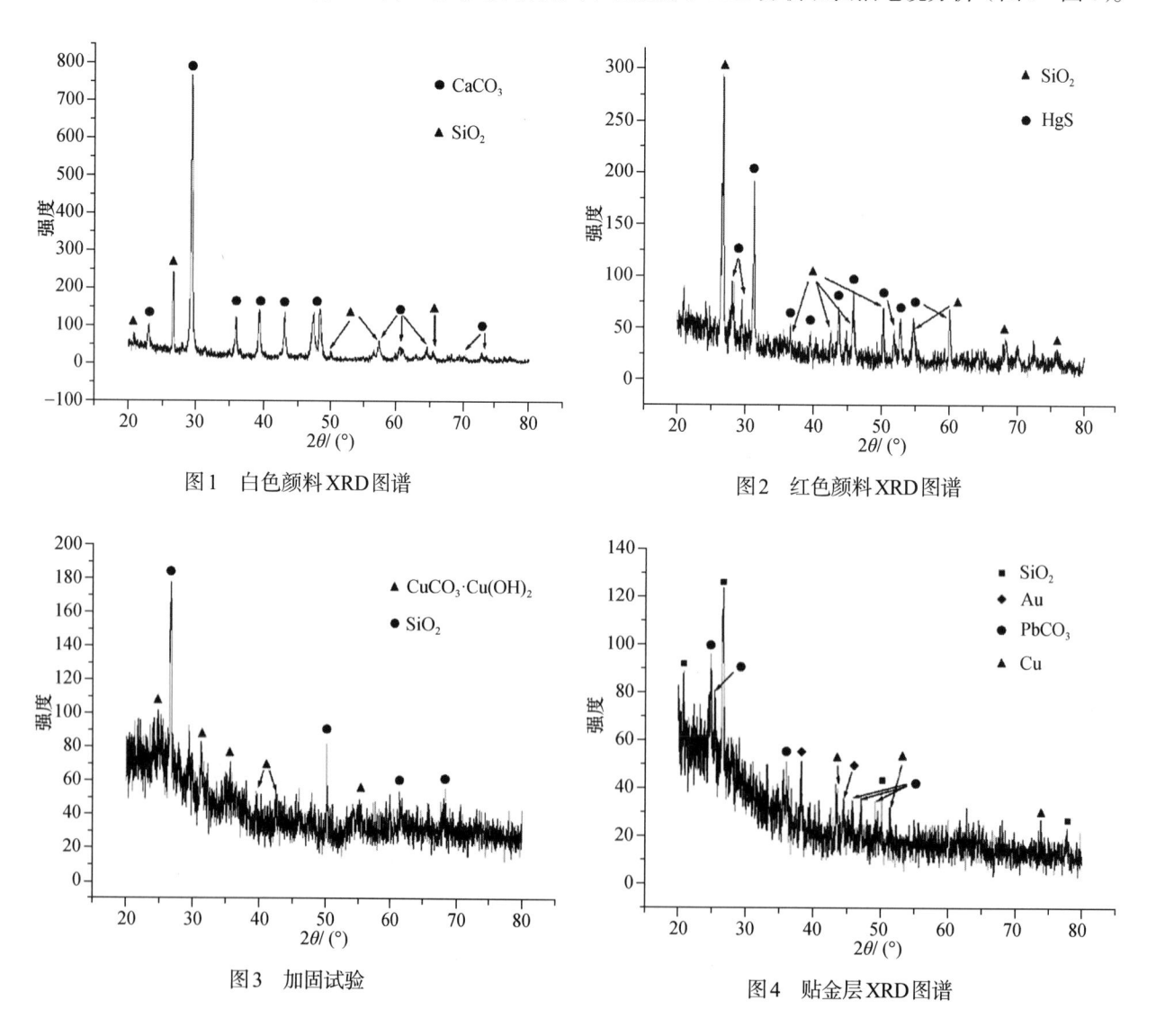

图1 白色颜料XRD图谱

图2 红色颜料XRD图谱

图3 加固试验

图4 贴金层XRD图谱

分析结果表明，红色颜料为朱砂，绿色颜料为石绿，白色为白垩，表面贴金为金和铜的混合物。

经过观察，供桌彩绘是用胶料调和颜料，直接涂刷于石基之上，绿色颜料下层为红色颜料（图5）。

因此，从整体来看，红色应为底色。另外，从显微镜可以看出，红色彩绘层较薄，颜料颗粒较细，绿色层相对较厚，颜料颗粒较粗。

2.2 彩绘保护研究

2.2.1 加固实验

在搞清楚了石刻彩绘的成分及彩绘层状况之后，进行了加固实验。

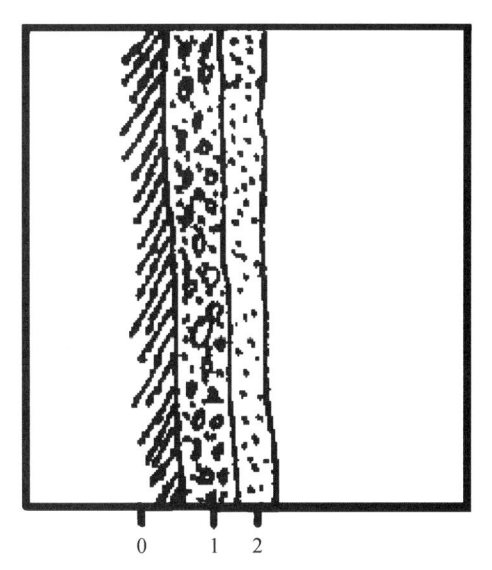

图5 彩绘层结构示意图
0. 红砂石支撑体
1. 红色彩绘层
2. 绿色彩绘层

彩绘加固剂，需要满足以下几方面的基本要求：首先是加固剂不与颜料成分发生化学反应，不会导致颜料变质；其次是加固效果，加固后的彩绘不能掉粉；再次是加固后颜料颜色无明显改变；最后还要考虑加固剂渗透深度及所用材料老化周期长短的问题。对于这样厚度非常薄的彩绘，对加固剂的渗透深度要求很容易达到。因此我们主要从加固效果和加固后颜料颜色改变情况进行试验研究。

根据国内外报道及有关文献得知，B-72、聚醋酸乙烯酯、聚乙烯醇缩丁醛等在彩绘保护方面效果良好。考虑到供桌彩绘层的结构特点和目前文物干湿状况，结合以往我们现场彩绘抢救加固的经验和本次初步试验结果，我们选用B-72丙酮溶液作为加固剂系统进行样块实验。颜色选红色和绿色两种，位置分别在桌腿和桌子边缘。加固剂的浓度直接决定着加固后画面的效果，特别是画面颜色效果，浓度大时画面太亮、颜色加深，浓度太小则影响加固效果。为了选择合适的加固剂浓度，我们配制了1%、2%、3%三种浓度的加固剂进行加固效果和色差实验（结果分别见表1～表3），试验中前两者喷涂三遍，后者喷涂两遍，每遍均匀喷湿画面即可（图6）。

2.2.2 色差检测

该实验测量了三种不同浓度的加固剂各自加固同一点颜料前后颜色的变化情况。

测量仪器为美国进口便携式色差仪，名称：ColoreyeXTH，该仪器采用"CIE1976L*a*b*均匀颜色空间"。参数设置：标准光源D65，观察度10°，探头孔径ϕ2 mm（图7）。色差计算公式$\Delta E=(\Delta L^2+\Delta a^2+\Delta b^2)^{\frac{1}{2}}$，$\Delta E$值的大小反映颜色变化程度，$\Delta E$值越大说明颜色改变越大，反之则说明颜色改变越小。结果见表1。

图6 加固试验　　　　　　　　　　　　　　　　图7 测量色差

表1　1%加固效果

颜料类型	检测点编号	ΔL	Δa	Δb	ΔE
红色	R-1	3.37	−0.48	0.61	3.46
红色	R-2	5.72	−2.67	−1.39	6.47
红色	R-3	2.98	−2.07	−1.77	4.04
绿色	G-1	3.95	−1.40	−1.06	4.32
绿色	G-2	−0.22	−1.70	−0.57	1.81
绿色	G-3	2.77	−0.25	−0.60	2.85

表2　2%加固效果

颜料类型	检测点编号	ΔL	Δa	Δb	ΔE
红色	R-1	5.11	−4.67	−1.13	7.01
红色	R-2	6.76	−0.20	0.01	6.76
红色	R-3	5.62	2.06	−0.56	6.01
绿色	G-1	3.51	5.11	−1.37	6.35
绿色	G-2	2.78	−0.20	−0.79	2.90
绿色	G-3	6.53	−3.00	−2.54	7.62

表3　3%加固效果

颜料类型	检测点编号	ΔL	Δa	Δb	ΔE
红色	R-1	6.65	−3.60	−2.98	8.13
红色	R-2	8.10	1.28	3.92	9.09
红色	R-3	4.75	2.19	2.38	5.75
绿色	G-1	8.39	0.80	−3.23	9.03
绿色	G-2	6.89	−0.70	−2.96	7.53
绿色	G-3	6.16	−3.16	−3.36	7.70

色差结果讨论：

（1）从以上数据 ΔE 值可以看出：三种不同浓度的加固剂系统对彩绘颜色都具有不同程度的改变，

但是加固剂浓度不同，加固前后彩绘颜色改变相差较大；

（2）使用1%浓度的加固剂系统改变彩绘颜色最小，ΔE值的范围为1.81～6.47，除去个别测量误差，大部分$\Delta E<5$[1]，基本感觉不到颜色的变化，完全满足彩绘加固的要求；

（3）使用2%浓度的加固剂，其ΔE值为2.90～7.627，除去误差，大部分ΔE值分布在6～7.7之间。从视觉上稍微能感觉到颜色变化，但如果该供桌彩绘经过整体加固后颜色变化情况一致，从视觉的角度也基本符合要求；

（4）使用3%浓度的加固剂，ΔE值大部分为7～9.1，颜色改变较大，从视觉上已经能明显感觉到加固前后的颜色区别，而且产生加固剂印痕。

根据以上讨论结果，单纯从颜色的角度，认为加固前后颜料颜色不发生改变的情形为理想状态，在实际情况中是不可能达到的。在该试验中，加固剂系统的浓度为1%时比较合适，2%时基本满足要求。

2.2.3　加固效果

经过三种浓度加固剂加固的彩绘附着情况都有不同程度的改善（用手指头轻擦已经不再掉粉）。其中，经过喷涂两遍3%B-72的彩绘附着最牢固，经过喷涂三遍1%和2%B-72的彩绘附着程度也有较好的提高，达到加固的要求。

结合色差结果，我们认为采用少量多次的原则比较稳妥，因此确定选择1%浓度，间隔喷涂三至五遍的方法进行。

3　保护过程

3.1　控制干燥速度

撑太阳伞，遮挡强烈光照和降雨，四周加塑料布围墙，用来遮挡较大风吹，必要时向周围空气喷水。

3.2　贴金层回贴

相对于彩绘来讲，目前贴金层是最容易掉落的。该供桌出土仅仅五天时间，几乎所有的贴金都发生起翘和卷曲，和石材本体附着情况极差，稍有风吹草动便有掉下来的危险。因此我们决定在清理泥土之前首先对贴金层进行加固，对已经起翘和剥离的贴金层进行回贴。具体做法是：精确配置质量百分比浓度为10%的B-72丙酮黏结液，用软质羊毛笔笔尖蘸取胶黏液润湿贴金层底层，过2 min，待胶液发黏时，迅速用竹签头部稍稍使力，使剥离的贴金与石质本体黏结，最后整体用细密丝绸包扎脱脂棉制成的拍塌压实压平。[2]由于胶黏液往往会浸到贴金层表面，胶液凝固之后在贴金层面上产生亮光，因此需要再次用少量丙酮对贴金表面进行亚光处理。

3.3 清理泥土及其他表面污染物

按照从桌面到桌腿，从上到下，先易后难的顺序进行。绿色彩绘比红色彩绘更容易掉粉，因此清理时应该区别对待。

泥土的清理，具体做法是：首先用软毛刷刷掉表面浮土，凹槽处浮土用吸耳球轻轻吹掉。对较坚硬的泥土，分别用3A（水：无水乙醇：丙酮＝1：1：1）和碳酸铵（80 g/L）润湿，然后用竹签剔除。在清理过程中，发现碳酸铵除了将泥土松动之外，底层彩绘层也变得酥松，不利于泥土剔除时掌控。3A润湿效果适中，易于操作，且对彩绘的溶解性也很小，因此选用3A作为泥土清除剂。最后整体用棉签蘸取3A溶液，滚擦除尘。

霉斑的清除，绿色彩绘表面霉斑和泥土主要用竹针机械剔除的方法，彩绘层内的菌斑应该保留，若全部剔除会影响到颜料，因此只去除表面霉斑。采用氯氨-T酒精溶液[3]和3A溶液来分别处理绿色彩绘表面霉菌和泥土，结果会使彩绘掉落，颜色变淡，所以在此只用机械法。红色彩绘表面的霉斑可以采用棉签蘸取氯氨-T酒精溶液滚擦的方法去除。

3.4 整体加固彩绘

采用雾化效果较好的喷壶进行喷涂，或采用小功率空气压缩机喷涂，使喷头与壁面保持约10 cm的距离，间隔15 min喷涂1次。红色彩绘喷涂3～4次，绿色喷涂4～5次。

经过全面细心地清理保护之后，原来许多被遮盖的彩绘显露出来，彩绘、贴金附着牢固。由于清掉了泥土和霉斑污染物，整个桌子变得非常干净整洁，彩绘贴金的色泽也显得鲜亮一些。

最后将保护处理完的桌子搬进室内妥善保存。

结论

经过短短的半个月左右时间，我们对该石供桌彩绘进行了科学分析，并认真实验，制定了简单有效、科学合理的保护方案，并加班加点实施，最终使这件脏乱不堪、彩绘贴金随时都有可能剥落的珍贵石供桌得到及时有效的处理，达到了抢救保护的目的。

参 考 文 献

[1] 马清林，苏伯民，胡之德，等. 中国文物分析鉴别与科学保护. 北京：科学出版社，2001.

[2] 李最雄. 丝绸之路石窟壁画彩塑保护. 北京：科学出版社，2005.

[3] 宋迪生，等. 文物与化学. 成都：四川教育出版社，1992.

安岳圆觉洞石刻区防风化加固保护研究*

杨 盛　韦 荃　Mathias Kocher　蒋 成　付成金

> **摘 要**　安岳圆觉洞石刻保护研究是中德两国科技合作计划支持项目。该处造像受风吹日晒、雨水冲刷以及苔藓等生物病害的破坏，风化严重。本文简述现场勘查取样的矿物成分化学分析结果以及各项性能测试结果，研究了圆觉洞石刻区的风化病害形成机理。同时，针对性地完成圆觉洞石刻区防风化加固材料筛选和现场实验，并采用抗钻强度测试等方法对材料的渗透深度和加固补强效果进行评估。
>
> **关键词**　安岳石窟　风化病害　防风化材料　抗钻强度测试仪　加固补强

引言

安岳县圆觉洞石刻区位于县城东面2 km之云居山上。这里巨石盘踞，山势奇拔，峭壁耸立，风景秀丽，在唐、前后蜀及宋代期间开凿摩崖石刻共100余龛窟，造像2000余躯[1]，为第六批全国重点文物保护单位。圆觉洞石刻区摩崖造像始凿于唐开元年间，历前蜀、后蜀、北宋，终于南宋绍兴，经400余年开凿而成，具有很高的历史价值。石刻区内崖壁上的石窟群，气势雄伟，线条流畅，刻镂精细，造型优美，艺术精湛。但由于长期处于露天环境，雨水冲刷、生物病害、风化营力等因素作用，石质文物表面出现严重的风化现象，需要研究如何进行科学的保护，尤其是防风化保护。

安岳石窟保护研究项目于2006年纳入中德两国科技合作计划，自2008年起，中德安岳石窟保护研究项目组完成整个石窟群地区的地质勘探测绘工作后，从圆觉洞石刻区采集了新鲜砂岩样本，供实验室分析测试和防风化加固材料筛选试验使用。

1　圆觉洞石刻区岩石特性

圆觉洞石刻区位于川中平缓褶皱带中部，龙女寺半环状构造与威远辐射状构造之间。其总体特征为构造简单，地层单一，岩性简单。根据中国地质大学文化遗产和岩土文物保护工程中心对圆觉洞石刻区岩石样本的X射线荧光分析，可以得知该地区岩石造岩矿物成分主要为SiO_2，其次为Al_2O_3。[2] 该类型岩石抗风化能力不强，这是由于岩石内部结构和物理性能所决定的。在做防风化加固材料筛选试

---

* 原文发表于《中国文物保护技术协会第七次学术年会论文集》，北京：科学出版社，2013年。

验前有必要了解清楚新鲜砂岩样本的矿物组分、内部结构和物理性能（图1）。

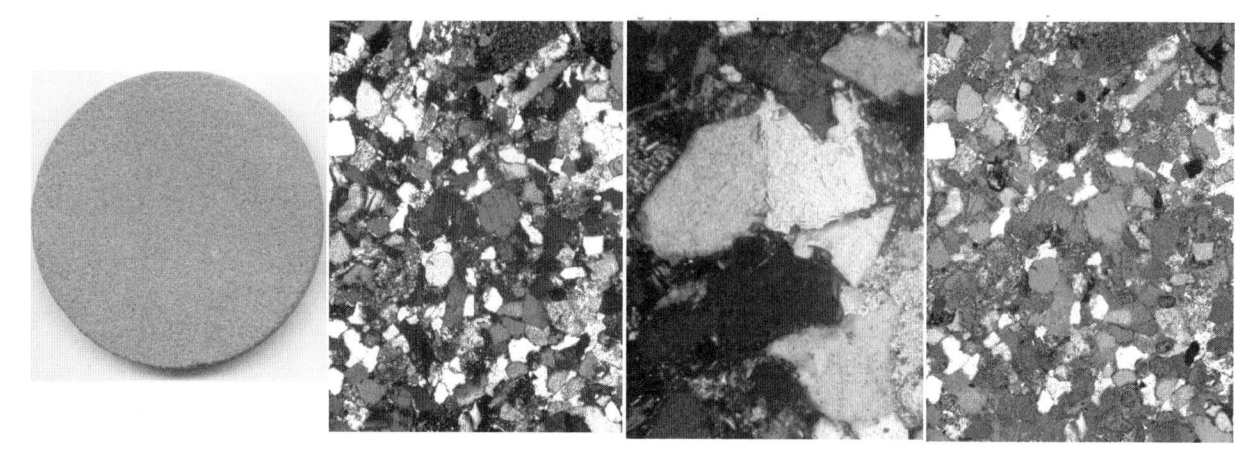

图1 新鲜安岳圆片形砂岩样本和显微镜薄片分析照片

1.1 岩相分析

显微镜薄片分析研究的结果综合如下：

颜色：均匀红色；结构：细粒砂状结构；质地：松散；纹理：未观察到；颗粒尺寸：主要尺寸为0.15～0.3 mm，最大尺寸达0.6 mm；颗粒形状：棱角状、次棱角状均匀分布；颗粒胶结形式：大多沿纵轴线式接触，罕见点接触；基质：细晶方解石和绢云母；孔隙：占总体积3%；矿物成分：碎屑石英含量70%～90%、黏土岩屑5%～14%，斜长石碎屑含量1%～4%、白云母2%～3%；类别：钙质与绢云母胶结岩屑质细粉砂岩。

1.2 性能测试

将采集的新鲜安岳砂岩样本制作成正方形岩样和圆片形岩样若干，首先利用体积法、水中称重法测得岩样真实密度2.67 g/cm³，毛体积密度为2.13 g/cm³，然后对岩样进行各项物理性能指标进行测试，包括吸湿性能指标、热学性能指标和力学性能指标。

试验方法如下：

岩石的吸湿性能指标，主要是指岩石孔隙度、吸水率、吸水膨胀率等。新鲜安岳砂岩样品的孔径分布和孔隙度由德国慕尼黑工业大学用压汞法测定。在新鲜安岳砂岩样品中，约70%的孔隙半径为1～10 μm，大约20%的孔隙半径小于0.1 μm，为细孔砂岩；吸水率的测定采用自由浸水法；饱和吸水率的测定采用真空抽气法；吸水膨胀率的测定采用自由浸水法，利用千分表测得。

岩石的热学性能指标，主要是指岩石的热膨胀率。热膨胀率的测定是将岩石加热到50℃，然后放在千分表下测量在X、Y和Z方向的长度变化，与其冷却状态下相比较后测得。

岩石的力学性能指标，主要是指岩石的杨氏模量、抗钻强度等。安岳新鲜砂岩样品的杨氏模量可以通过弯曲拉伸强度来测量确定，测试在Zwick公司的万能材料试验机Z010（10kN）上完成，初步的试验压力为10N，然后压力逐渐增大，测试机器步进速度为0.50 mm/min；抗钻强度的测定是由SINT公司的DRMS（drilling resistance measurements system，钻入阻力测定系统）抗钻强度测试仪来完成的，钻头使用的是直径5 mm的金刚石钻头，所使用的标定材料为均质的陶瓷材料。

各项性能指标测试结果见表1、表2。

表1 岩样吸湿性能测试结果

	孔隙率（体积分数）/%	吸水率（大气条件下质量分数）/%	吸水率（真空条件下质量分数）/%	吸水膨胀率（95%RF）垂直方向/（μm/m）	吸水膨胀率（95%RF）平行方向/（μm/m）	吸水膨胀率（水中）垂直方向/（μm/m）	吸水膨胀率（水中）平行方向/（μm/m）
新鲜安岳砂岩样本	20.14	6.46	9.57	448	391	2134	1375

表2 岩样热学性能和力学性能测试结果

	热膨胀率垂直方向/（μm/℃）	热膨胀率平行方向/（μm/℃）	杨氏模量/（kN/mm²）	弯拉强度/（kN/mm²）	弯拉强度/杨氏模量（比率）	抗钻强度平均值（垂直方向）/N	抗钻强度平均值（平行方向）/N
新鲜安岳砂岩样本	13	11	3.72	2.43	0.65	3.6	4.2

2 防风化保护材料筛选试验

岩石在风化过程中造成其内部粘接力的损失，是导致强度损失的原因。石质文物的防风化保护材料研究需要分析未风化的新鲜岩石和经过保护材料加固处理后的岩石的各项性能指标。比较处理前后的各项性能指标，确保处理后的岩石各个深度剖面的强度与新鲜岩石的强度匹配。同时综合考虑渗透性及表面色差等因素，以及防风化保护材料应该遵循最小干预性原则和可再处理原则，即在使用防风化保护材料对风化砂岩加固补强时不会引入与砂岩不容的有害物质，并且不影响以后其他更有效加固手段的引入。最后对筛选试验中使用的防风化保护材料进行综合评估，选择出最合适的防风化保护材料。

2.1 防风化保护材料

近年来，我国文物保护技术专家在风化砂岩防风化保护研究上采用各类防风化保护材料。其中，常用的无机材料有石灰水、氢氧化钡、碱土硅酸盐及氟硅酸盐等[3]，常用的有机材料有环氧树脂、丙烯酸树脂和有机硅树脂[4]，还采用纳米材料对石质文物进行保护[5]。

考虑到有机硅类材料在我国的砂岩保护方面已有十多年的使用经验，如：四川省文物考古研究院采用甲氧基硅烷为主剂的防风化材料对巴中南龛石窟进行了风化加固试验[6]；山东省博物馆采用REMMERS有机硅材料对山西纯阳宫石质文物进行了保护[7]；陕西省的红石峡题刻抢救性保护工程，选用REMMERS有机硅材料进行补强处理[8]；重庆大足北山136窟的五百罗汉也选用REMMERS有机硅材料进行了加固处理；同时综合考虑安岳圆觉洞石刻区岩石特性和四川地区气候条件，经过初步筛选，我们采用的是德国REMMERS公司生产有机硅类加固补强材料：KSE OH、KSE 100和KSE 300，来进行实验室内的防风化保护材料筛选试验。KSE OH、KSE 100和KSE 300属于硅氧烷类风化岩石加固保护材料，主要成分是正硅酸乙酯，其分子式为：CH₃CH₂OSi（OCH₂CH₃）₃，为无色透明液体，微溶于水，溶于乙醇、乙醚，适合于加固半多孔性，吸水性强，松散的矿物质，尤其是砂岩。试验中使用的三种材料的规格不同，其活性成分，密度和胶结物质，如表3所示。

表3　三种加固材料的产品规格及反应后的产物

	活性成分（质量分数）/%	催化反应	密度（20℃）/（g/cm³）	色泽	气味	固化沉积/（g/L）	反应产物	老化产物
KSE OH	75	中性	0.95	透明带黄	典型气味	300	气态乙醇	SiO₂
KSE 100	20	中性	0.79	透明带黄	典型气味	100	气态乙醇	SiO₂
KSE 300	99	中性	1.0	透明带黄	典型气味	300	气态乙醇	SiO₂

2.2　加固机理

正硅酸乙酯的加固机理是以有机态进入岩石孔隙，缓慢地与空气中的水蒸气及岩石中的毛细水反应，生成无机态、矿物状的SiO_2胶体沉积在岩石的孔隙中形成新的胶结物，从而对岩石起到加固作用。正硅酸乙酯凝固胶结的过程分为以下几步：

第一步，加固材料进入岩石后，溶剂逐渐蒸发，材料黏度轻微增加和水解，产生个别的Si-O-Si胶体。

第二步，溶剂大量蒸发，加固材料迅速固化沉积，同时黏度增加。

第三步，凝固胶结的产物，进一步水解，缩合和聚合反应继续出现，反应产物为气态乙醇。然后，反应产物挥发和固化沉积增多。缩合反应在岩石形成粘合力，使得风化砂岩产生强度。

第四步，固化沉积形成的最终产物是一种透明的胶结物，其化学式为$SiO_2 \times nH_2O$。

整个化学反应可用下列化学反应方程式来表示：

$$Si(OC_2H_5)_4 + 4H_2O \longrightarrow SiO_2 \times nH_2O + 4C_2H_5OH$$

这反应方程式可以示意分为连续两个阶段：

第一阶段，烷基团体水解反应，从硅醇基团分离出自由氧；

第二阶段，水分子从聚合产生的SiOH-HOSi结构的分离，产生SiO_2晶格结构。

这些反应是pH值和温度十分敏感，会影响凝固胶结反应的过程，岩石中的可溶盐分也会有影响。

2.3　加固处理试验

在实验室的加固处理试验中，加固的样品是14个岩石圆片样本（直径76 mm，厚8 mm）和2个立方体样本（50 mm×50 mm×50 mm）分别用初步筛选出的加固剂（KSE OH，KSE 100和KSE 300）进行加固处理。在处理过程中，实验室的相对湿度稳定在50%，室内温度稳定在24℃。处理前将加固的岩样干燥后称重，加固处理岩样时，将岩样与加固剂接触，利用毛细力吸收加固剂。岩样圆片每面接触加固剂3 min，岩样立方体每侧面接触加固剂1 min。加固处理完成后，将样品擦拭干净然后再称重。然后把样品放置在65%的相对湿度和20℃的环境中自然固化。加固材料完全固化时间约6个星期，完全固化后的样品再次称重。

2.4　性能测试

对加固后的岩样进行各项性能指标进行测试，包括吸湿性能指标、热学性能指标和力学性能指标。试验方法与新鲜安岳砂岩样品性能测试方法相同。各项性能指标测试结果见表4、表5。

表4　岩样吸湿性能测试结果

	真实密度 /(g/cm³)	毛体积密度 /(g/cm³)	孔隙率（体积分数）/%	吸水率（大气条件下质量分数）/%	吸水率（真空条件下质量分数）/%	吸水膨胀率（95%RF）/(μm/m)	吸水膨胀率（水中）/(μm/m)
新鲜安岳砂岩样本	2.67	2.13	20.14	6.46	9.57	470	2134
KSE OH 加固岩样	2.67	2.15	19.47	6.31	9.05	500	2350
KSE 100 加固岩样	2.66	2.13	19.90	6.42	9.34	580	2700
KSE 300 加固岩样	2.67	2.14	19.80	5.90	9.26	500	1920

表5　岩样热学性能和力学性能测试结果

	热膨胀率垂直方向/(μm/℃)	热膨胀率平行方向/(μm/℃)	杨氏模量/(kN/mm²)	弯拉强度/(kN/mm²)	弯拉强度/杨氏模量（比率）/%	抗钻强度平均值（垂直方向）/N	抗钻强度平均值（平行方向）/N
新鲜安岳砂岩样本	13	11	3.72	2.43	0.65	3.6	4.2
KSE OH 加固岩样	14.007	14.160	11.11	5.53	0.50	2.8	3.3
KSE 100 加固岩样	16.446	16.181	7.04	4.16	0.59	3.2	4.7
KSE 300 加固岩样	18.072	17.385	13.05	5.77	0.44	3.7	7.2

2.5　测试结果分析

三种防风化加固材料渗透性均很理想，加固处理后的岩样的外表颜色均无变化。KSE 100加固处理过的岩样在吸水膨胀率测试中较其他两种材料偏高，KSE 300加固处理过的岩样在热膨胀率测试中较其他两种材料偏高。KSE OH加固处理过的岩样在实验室内各项性能测试中无明显缺点。吸水膨胀率和热膨胀率是衡量加固材料环境适应性的重要指标，考虑到四川安岳地区气候属中部亚热带季风性湿润气候，吸水膨胀率和热膨胀率两项指标如果与当地新鲜砂岩不一致，有可能影响加固处理效果。

综合看来KSE OH的加固效果要优于其他两种防风化保护材料，可以选择作为现场试验的防风化保护材料。

3　防风化保护材料现场试验

现场试验是防风化保护材料对文物本体保护施工可行性论证的必要环节，可以检验实验室筛选出的防风化保护材料KSE OH对安岳当地环境的适应性，加固材料现场试验区域选择在安岳圆觉洞10号窟右侧崖壁（图2），2009年5月进行加固处理试验，2009年11月对现场试验区域进行加固效果评估。

2009年5月，现场试验加固材料主剂为KSE OH，标准浓度由1份加固剂和2份稀释剂配制而成。用药量为$1.75 l/m^2$，施工工艺为喷涂法。采取的施工步骤是先喷低浓度加固试剂，再喷标准浓度的加固

图2　防风化保护材料现场试验区R1、R2

试剂。每喷涂一次，待表面被吸收完成后，再进行下次喷涂，直至岩石表面吸收饱和为止。材料喷涂时，使用塑料薄膜将实验区外部分覆盖，防止对周围环境产生影响。

2009年11月对现场试验区域进行加固效果评估。传统的风化岩石加固处理效果采用划痕硬度、贯入硬度或回弹硬度来评价，这些方法在定量分析时具有一定的局限性。在欧洲DRMS抗钻强度测试仪通常被推荐为表征岩石硬度和评价风化岩石加固处理效果的标准工具。[9]安岳圆觉洞10号窟右侧崖壁现场试验加固效果检测设备为抗钻强度测试仪（图3）。通过在试验面上利用直径5 mm的钻头钻取小孔，测定岩石表面0～10 mm深度的钻入阻力（进尺速度：10 mm/min，旋转速度：600次/min），得到试验区域岩石的抗钻强度曲线。

图3　现场试验中使用的抗钻强度测试仪

加固前利用抗钻仪检测现场试验区域R1、R2，得到抗钻强度曲线（图4（a）、图5（a）），可以得到风化层的厚度，风化砂岩的抗钻强度等参数，加固后6个月再利用用抗钻仪检测现场试验区域R1、R2，得到抗钻强度曲线（图4（b）、图5（b）），可以得到加固剂渗透深度和加固后砂岩风化层的抗钻强度等参数。

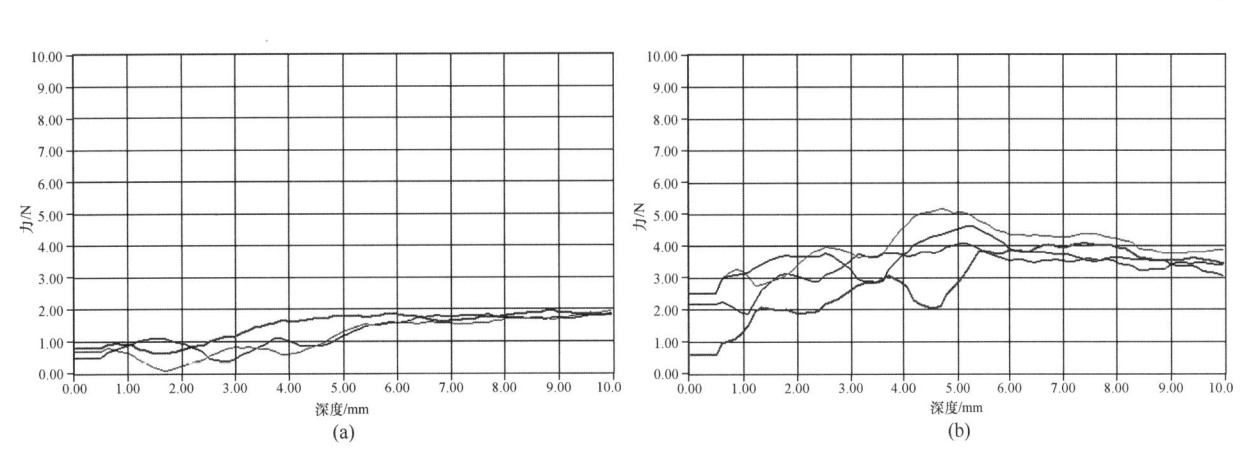

图4 试验区域R1加固前和加固后的抗钻强度
(a) 2009年5月9日；(b) 2009年11月4日

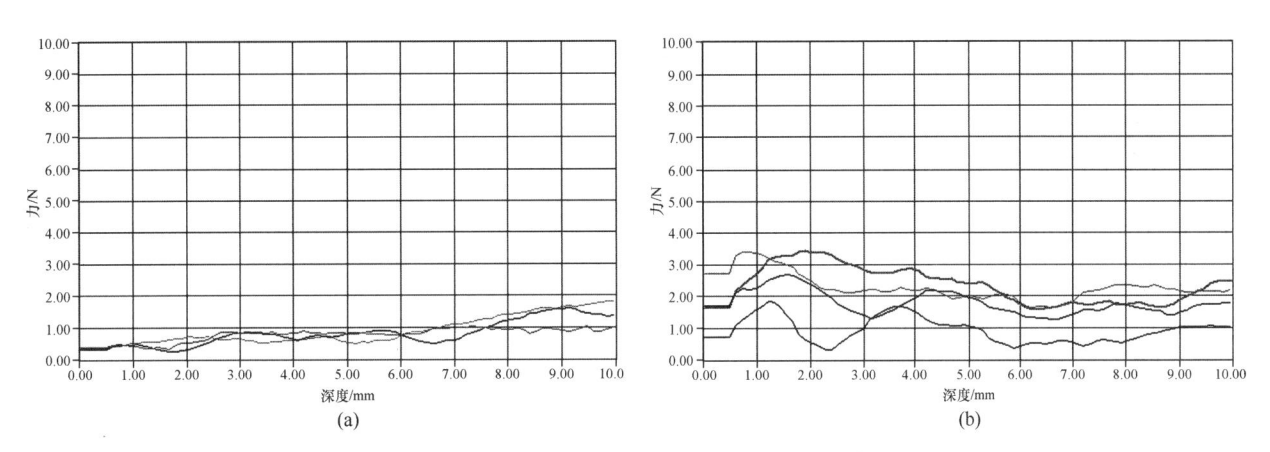

图5 试验区域R2加固前和加固后的抗钻强度
(a) 2009年5月9日；(b) 2009年11月4日

结论

研究表明，四川安岳圆觉洞石刻区岩石特性，新鲜岩石样本的孔隙率（占总体积的20%）是比较高的，因此可以称为多孔隙砂岩。在大气压力条件下，新鲜岩石样本6.5%的吸水率也很高。这种砂岩在四川地区湿润气候条件下十分容易风化，水分作用使得砂岩内部结构中的胶结成分水解，导致岩石表面出现粉化脱落现象。从四川乐山大佛石刻[10]、四川巴中南龛石窟[6]和四川其他摩崖造像[11]的保存状况来看，均存在类似的风化病害。

近些年，环境污染的加剧加速露天石质文物的风化速度。环境治理需耗费大量人力和资金，并非易事。如果对石质文物进行加固保护，提高石质文物自身的防风化能力，则是切实可行的保护露天石质文物的方法。[12]针对四川安岳圆觉洞石刻区砂岩风化状况，我们筛选出硅氧烷类防风化加固保护材料来进行加固补强处理。该种材料的反应对象是岩石中的毛细水和空气中的水分，生成的SiO_2胶体沉积在岩石的孔隙中形成新的胶结物。其优点是在加固反应中不引入与砂岩不容的物质，而且老化产物与安岳圆觉洞石刻区砂岩的主要成分相同，并且不会影响以后其他更有效的加固手段的引入，符合最小干预性原则和可再处理原则。

现场试验表明，利用防风化保护材料 KSE OH 加固补强处理的区域，前后色泽无变化，未见苔藓生物覆盖，加固处理后使用喷壶对试验区进行喷水检测，发现水雾在岩石表面形成水珠，说明加固处理后的砂岩表面有憎水性。在现场试验中，我们使用抗钻强度测试仪进行试验区域加固效果评估。与传统分析方法相比较，抗钻强度测试仪在加固处理后岩石强度提升的定量测定和加固材料渗透深度测定方面，结果十分精确。现场试验区 R1、R2 抗钻强度的测试结果表明：抗风化加固材料 KSE OH 反应完成后，风化层增加强度为风化砂岩原强度的 1.5 倍，为新鲜砂岩强度的 75%，渗透深度为 8～10 mm，达到给安岳圆觉洞 10 号窟右侧崖壁试验区域岩石风化层加固补强的效果。

致谢

安岳圆觉洞石刻区防风化加固保护研究工作得到成都文物考古研究所王毅所长、李明斌副所长和安岳县文物局的支持，安岳圆觉洞石刻区防风化加固保护现场试验得到德国巴伐利亚州文物保护局 Vojislav Tucic 先生的协助，在此一并致谢。

参 考 文 献

[1] 邓之金. 安岳圆觉洞"西方三圣"名称问题探讨. 四川文物，1991（6）：34.

[2] 方云. 四川安岳圆觉洞石刻区环境地质病害防治对策研究报告. 武汉：中国地质大学，2007：93.

[3] 韩冬梅，郭广生，石志敏，等. 化学加固材料在石质文物保护中的应用. 文物保护与考古科学，1999（2）.

[4] 王丽琴，党高潮，赵西晨，等. 加固材料在石质文物保护中应用的研究进展. 材料科学与工程学报，2004，22（5）：778-782.

[5] 柳振安，李化元，陆寿麟. 纳米材料在石质文物保护中的应用研究//云冈石窟研究院. 2005年云冈国际学术研讨会论文集. 北京：文物出版社，2006.

[6] 谢振斌. 巴中南龛石窟风化破坏原因及防风化加固保护. 四川文物，2005（3）：82-86.

[7] 张建华. 纯阳宫石质文物保护与修复. 文物世界，2006（2）：70-72，80.

[8] 周伟强，杨秋颖，于群力，等. 红石峡题刻保护及室外砂岩保护中若干问题的思考. 文博，2005（1）：86-89.

[9] Tiano P, Delgado Rodrigues J, De Witte E, et al. The conservation of monuments: a new method to evaluate consolidating treatments. Int. J. Restoration of Buildings and Monuments, 2002, 6: 133-150.

[10] 秦中，张捷，彭学艺，等. 四川乐山大佛风化的初步探讨. 地理研究，2005，24（6）：928-934.

[11] 韦荃，贺晓东，谢振斌，等. 四川摩崖造像岩石的工程物理特性. 文物保护与考古科学，2009（2）：48-52.

[12] 王丽琴，党高潮，梁国正. 露天石质文物的风化和加固保护探讨. 文物保护与考古科学，2004（4）：58-63.

断裂残缺石质文物的粘接与补全*

张晓彤　白玉龙　袁立霞　胡　铭

摘　要　经过中意合作文物保护修复培训班的培训，我们了解了当今国际先进的石质文物保护修复理念和技术，认识到石质文物的保护修复是一项多学科分工与协作的工作，需要全方位、多角度的分析与研究作为工作的基础。断裂和缺失是石质文物常见的两种病害，如何科学地修复具有这些病害的石质文物，正是此次培训的内容之一。本文以现代修复理论为指导，遵循真实、可逆、最小干预的原则，从分析石质文物断裂和缺失病害的原因及特征入手，研究粘接和补全的材料、工艺、方法，并用修复实例加以说明。

关键词　断裂　缺失　粘接　补全　胶粘剂　内聚力　润湿　检测　耐久性　真实性　兼容性　可逆性　美学　历史

引言

石质文物是传承古代文明的形象资料，与其他文物一样是人类智慧的纪念。可是遗留至今的石质文物却在自然营力和人类活动的影响下出现各种各样的病变，如断裂破碎和缺失（图1）。石质病害的

图1　圆明园断裂、缺失病害

---

* 原文发表于《文物保护与修复的问题（卷一）》，北京：科学出版社，2005年。

发生发展，损伤的是石材，破坏的是石材所承载的历史、艺术等种种信息。载体的损伤和破坏，将导致为数不多的古代文明的直接形象逐步消亡。

面对石质文物的病害，如何进行治理，如何挽留文物包含的信息，这不仅仅是"哪儿坏，修哪儿"的被动工作。石质文物的保护是包括病害研究、修复操作、环境分析与控制、档案建设、美学讨论等内容的系统工作，是由考古、艺术、物理、化学、生物、环境、地质等多学科分工与合作的过程。

本文研究的是石质文物断裂、缺失病害的修复问题。断裂和缺失是石质文物诸多病害形式中较为严重的两种，对石质文物的结构稳定性有直接的损伤，使历史的、艺术的直观形象支离破碎，造成几近致命的破坏。修复这两种病害的主要技术是粘接与补全，目的在于重建石质文物的结构稳定，使破碎或缺失的形象重归统一，有条件地恢复文物的可读性，以供人们更好地研究和欣赏。[1-5]对出现断裂或缺失病害的石质文物，是否进行粘接或补全的直接干预、干预应采取何种形式、要进行到什么程度，需要根据文物的实际情况以及相应的保护程序进行讨论和操作（图2）。

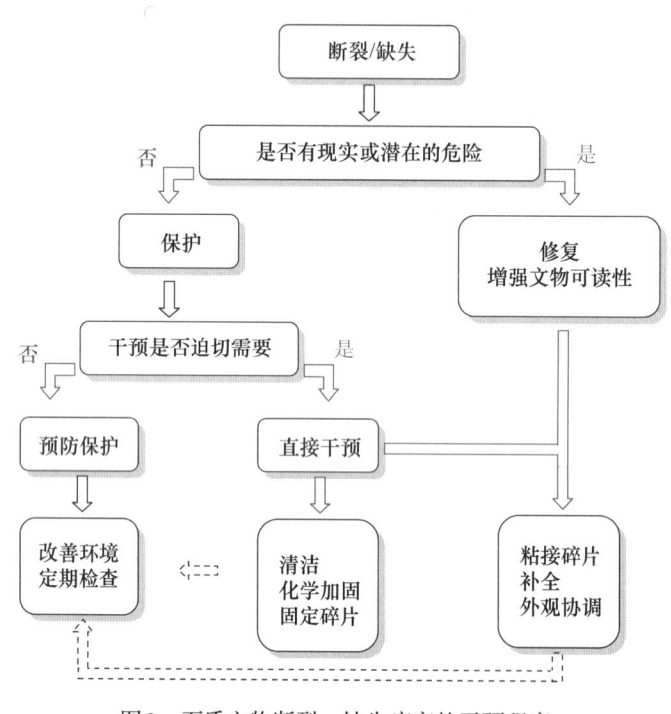

图2 石质文物断裂、缺失病害的干预程序

应当注意，粘接和补全是石质文物保护、修复的较后环节，应当在石质文物的其他病害被有效去除之后进行。在石材本体稳定之前，粘接和补全操作不宜操之过急。与其他病变的治理过程一样，粘接和补全操作必须遵循"调查—讨论—干预—监测—再讨论"这样的程序。

1 石质文物的粘接

修复断裂、破碎的石质文物的目的，就是设法使断裂重新接合，恢复整体结构的稳定性及完整性。要追求良好的粘接效果势必得建立在：明确石质文物粘接原则；了解石质文物材质现状；明确诊断断裂原因；明确查明粘接修复史；选定适合的粘接技术；选择适合的黏结剂以及精确的实际操作基础上。

同时应该考虑粘接是补全的基础，所有操作都必须为下一步的补全工作，留有可操作的空间。

1.1 石质文物粘接原则

对于断裂石质文物的粘接有几条原则需要遵循：①最小干预；②有效干预；③可逆性。也就是说，干预的手段要简单易行、精确可靠、可以再处理。

1.2 被粘接石质文物的现状

石质文物的制造材料取自于我们所赖以生存的地球本身，属于敏感性较弱的材料，具有一定的稳定性。了解石材本身的物理化学性质及其赋存环境，对于选择何种粘接方法具有至关重要的意义。

1.2.1 石质文物的物理化学性质

我们可以通过地质学家的帮助，对石质文物的石材类别进行鉴别和分析，获得相应的石材性能参数：

（1）矿物成分和化学特性：矿物组分、晶体结构、矿物构造、矿物硬度、胶结形式、胶结物成分、化学成分、pH值、易溶盐、有机质等。

（2）石材的基本物理性质：颗粒密度、岩石密度、干密度、饱水密度、天然密度、孔隙率、孔隙结构、孔径分布等。

（3）石材的水理性质：吸水率、饱和吸水率、饱水系数、软化系数、抗冻系数、耐候性、渗透系数等。

（4）石材的力学性质：抗压强度、抗拉强度、抗剪切强度、变形模量、热膨胀系数等。

（5）表面特征：粗糙程度、断裂面的啮合程度等。

（6）岩石特征：定名、粒度结构、构造等。

简单而言，我们至少要了解石质文物的岩性、主要矿物组成及其孔隙率等与选择黏结剂或其他粘接方法休戚相关的指标。比如大理石、灰岩与砂岩相比具有较小的孔隙率，吸湿程度较低，那么在胶粘剂的选取上就可以选取流变性能较好的，而砂岩在使用相同类型的黏结剂时就需要事先对粘接界面进行预处理，使之具有憎水性以提高粘接界面的抗水能力，提高粘接强度。

1.2.2 石质文物的赋存环境

借助气候学、气象学、环境科学的手段，对石质文物的赋存环境进行调查，分析影响病害的环境因素，为制定预防性保护措施提供依据，同时为粘接方式的选择提供指导。此项工作对于不可移动石质文物的保护尤其有意义。主要关注内容有：

（1）气候特征：地理位置与气候区域，气候因素的季节变化、日变化特征等。

（2）环境污染物：污染物的类型、浓度、来源、分布与危害。

（3）环境监测：小环境的连续变化，小环境与大环境的差异和交换等。

（4）水分运动：水在文物内外运动和破坏的形式及危害程度。

（5）地质环境：地层、产状、节理、层理及相关沉积环境等。

以上所有内容都会成为导致石质文物粘接强度衰减的外部因素，尤其是温差、水、可溶盐的影响是需要特别关注、并应事先予以预防的。

1.3 石质文物断裂原因

图3 构造层理断裂

许多材料都会因为各种原因而断裂，特别是脆性物体。破碎的文物由于各种原因，完整的比例不大，破碎部分，每块内部仍有内聚力，所以它们仍保持完整。但是把块体拼对在一起，仍然不能使它恢复完整，是因为内聚力的作用范围小于缝隙的宽度。另外，在显微镜下观察，可以发现断面很不规则，即使是玻璃的断面，仍很不规则。

石质文物的断裂原因大致包括：原生节理发育及石材本身的机械物理性能具有的断裂趋势，如沉积岩的断裂常常发生在构造层理面（图3）；应力蚀变破坏（包括人为破坏），如发生在青州石刻身上的毁佛运动，导致大量精美造像的断裂、缺失（图4）；生物、化学侵蚀，如处在岩溶发育地带的桂林石刻等（图5、图6）。

评价石质文物断裂原因、受力的类型、方向、大小以及石质结构的力学稳定性，是为了计算归位和固定所需要的力学依据。同时要了解断裂件的位置及用途，如支撑、连接或是覆盖，以便寻找准确的拼对关系。

在本次中意合作文物保护修复培训班的学习过程中，接触了一例需要粘接的石质文物——东魏造像碑，该碑的断裂原因值得探讨：

该碑所用石材为生物碎屑灰岩，原为整石开凿的浅浮雕长方形佛龛，断裂为三块，分别为：①70.5 cm×25 cm；②32 cm×22 cm；③38.5 cm×22 cm；龛底厚26 cm。造像碑中间有一坐姿主尊，高肉髻，着褒衣博带袈裟，结跏趺坐一仰莲基座上，两侧分别站有两弟子、两胁侍，脚踩莲茎。龛壁上方有乾闼婆和紧那罗，两侧有两力士。碑两侧均有阴刻汉字，碑背面有阴刻花纹。

对于该碑的断裂史没有任何记载。但据断裂形态判断，断裂原因可能为倾倒后断裂，现存状态是一大两小三块残件（图7），拼对关系明显，断裂处有部分缺失。从断裂的状态结合岩石的构造来看，该造像碑的断裂经历了两个过程：第一次断裂应该为纵向断裂，即断为1号和（2+3）号，做出此项判断的理由是岩石的层理方向与断裂方向一致，即最先遭受破坏

图4 人为破坏残缺

图5 生物侵蚀

图6 化学侵蚀

的是岩石本身的软弱结构,所以断裂面相对比较整齐。第二次断裂则为发生在原(2+3)号之上的横向断裂,垂直于层理面发生,故断裂线不规则,断裂后分为2号、3号两块残件,由于断裂的不规则性必然导致破碎程度提高,信息遗失程度提高,故2号、3号残件之间有一明显缺失。

1.4 粘接修复史调查

粘接修复历史的调查有助于我们了解石质文物保存历史过程中所使用的粘接技术、粘接材料,从而以具体的信息帮助我们了解当时的生产力发展水平及文化内涵、审美追求等。对于粘接技术的调查手段可以采取历史文献查询、直观判断等，隐蔽的修复痕迹可以借助X射线探测技术实现；对于粘接材料的调查可以通过X荧光、X衍射、化学分析等得以实现。

上述东魏造像碑保留了粘接修复痕迹，根据断裂原因的分析判断，粘接修复也经历了最少两次：

第一次修复发生在1号和（2+3）号之间，通过视觉观察可见在1号残件与3号残件上分别有一对直径约为45 mm、总深度约为100 mm的凿孔（图8、图9），人工凿痕清晰，孔内原残留有糟朽严重的圆柱状木楔（已提取，未做检测），可见当时对于断裂的修复是依靠木楔的连接来实现。根据这种较为粗笨的修复工艺来判断，前人凿孔修复应该出现在环氧树脂胶粘剂在我国大面积推广使用之前。且对于粘接的稳定需要连接应力的均匀分布没有明确的认识，故一对凿孔均位于造像碑中心偏下的位置。但这种连接固定方式具有一定的隐蔽性，从审美的角度来看是可圈可点的。

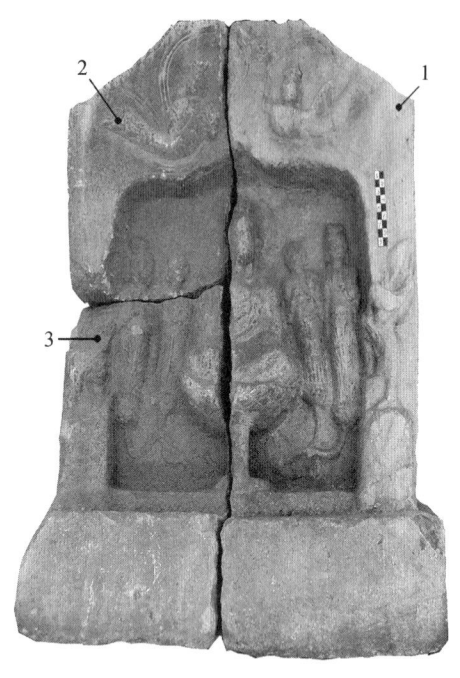

图7　东魏造像碑修复之前

第二次修复的发生极有可能是由于起连接作用的木楔干燥收缩断裂等各种原因引起，致使连接失败，从而导致（2+3）号断裂成为两块。在造像碑的清洗过程中发现了断裂面边缘有极少量老化的胶

图8　东魏造像碑3号残件　　图9　东魏造像碑1号残件

粘剂痕迹（未做化验），由此可以判断第二次修复所采用的黏结剂强度较低、具可逆性，可能由于保存不当，如室外存放遭受雨水淋滤等，致使胶粘剂开裂，故在此次修复工作开始之前，我们看到的是1号、2号、3号的分体状态。第二次修复时也可能重新利用过木楔，但仅是推测而已，此处不做深入探讨。

从两次修复所采用的材料与技术来看，修复历史距今最少应该有20～30年，从留有的修复痕迹来看此块造像碑在当时应该比较受重视，且当时的修复者都具有较高的审美追求。

1.5 石质文物的粘接技术

通常有两种固定断裂石材的方式：一是粘接。广义的粘接包括一般粘接、裂隙灌浆和表面加固。粘接技术的优点是应用条件选择范围宽，可不改变文物的现状与性质。从小件石雕艺术品到大型的石窟寺、建筑遗址，粘接方法都有广泛的应用。本文将重点讨论这种方法。二是借助辅助构件、利用机械作用力将分离的石质固定在一起的机械固定法。这种方法多用于被粘部分厚重的石材的修复，尤其是结构失稳的情形，例如在石窟寺、古建筑的保护中就使用了护壁、挡墙、喷锚、锚固等技术。土木工程在遗址保护中有不可替代的作用，但它解决不了石质文物裂隙的稳定问题。

1.5.1 粘接原理

主要内容有三方面：胶粘剂与被粘物体之间的作用、影响粘接的因素、粘接接头的破坏与老化。用胶粘剂粘合断裂的物体，是利用了胶粘剂的粘合力，粘合力有两部分：一是胶粘剂对被粘物体的黏附作用，二是胶粘剂本身的内聚力。对石质文物的修复不仅要求胶粘剂有好的粘接效果，胶粘剂对石材是否有副作用也是我们关心的问题。

1）粘接理论——胶粘剂与被粘物体之间的作用

（1）机械理论：胶粘剂渗入被粘物表面的空隙内，并排除其界面上吸附的空气，遂产生粘接作用。在粘接多孔被粘物时，机械嵌定是重要因素（图10）。

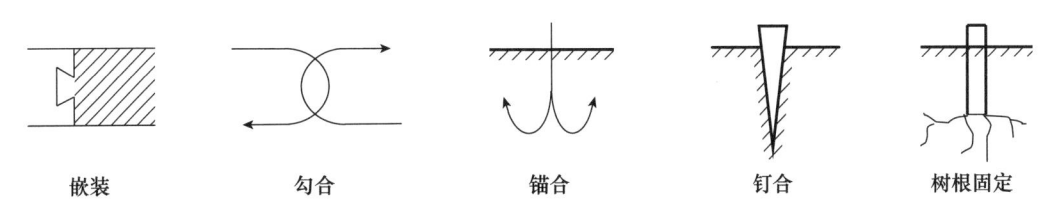

图10　胶粘剂在物体表面的各种机械固定模型
嵌装　　勾合　　锚合　　钉合　　树根固定

（2）吸附理论：粘接是由两材料间分子接触和界面力产生所引起的。粘接力的主要来源是分子间作用力，包括氢键力和范德华力。胶粘剂与被粘物连续接触，形成润湿，使胶粘剂的表面张力小于固体的临界表面张力，胶粘剂就会浸入固体表面的凹陷与空隙形成良好润湿。完全浸润是获得高强度接头的必要条件（图11）。如果浸润不完全，就会有许多气泡出现在界面中，在应力作用下气泡周围会

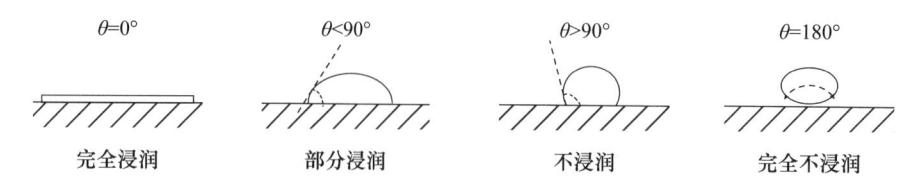

图 11 胶粘剂在物体表面的浸润

发生应力集中,致使强度大为下降。

(3)扩散理论:粘接是通过胶粘剂与被粘物界面上分子扩散产生的。当胶粘剂和被粘物都是具有能够运动的长链大分子聚合物时,扩散理论基本是适用的。

(4)静电理论:由于在胶粘剂与被粘物界面上形成双电层而产生了静电引力,即相互分离的阻力。当胶粘剂从被粘物上剥离时有明显的电荷存在,则是对该理论有力的证实。

(5)弱边界层理论:当粘接破坏被认为是界面破坏时,实际上往往是内聚破坏或弱边界层破坏。弱边界层来自胶粘剂、被粘物、环境,或三者之间任意组合。如果杂质集中在粘接界面附近,并与被粘物结合不牢,在胶粘剂和被粘物内部都可出现弱边界层。当发生破坏时,尽管多数发生在胶粘剂和被粘物界面,但实际上是弱边界层的破坏。

2)影响粘接的因素

影响粘接性能的因素有三方面:胶粘剂和被粘材料的化学性能、二者的物理性能、环境因素。

(1)化学因素:胶粘剂和被粘物体表面的极性;胶粘剂和被粘物体的分子量;pH值;溶剂和增塑剂;填料;胶粘剂聚合物的侧链、交联与结晶。

(2)物理因素:表面粗糙度;表面处理程度;渗透;迁移;压力;胶层厚度;负荷应力;内应力。

以胶层厚度为例:较厚的胶层易产生气泡、缺陷和早期断裂,并且厚胶层在界面区所造成的热应力也较大,易引起粘接破坏,应使胶层尽可能薄一些,以获得较高的粘接强度(图12)。

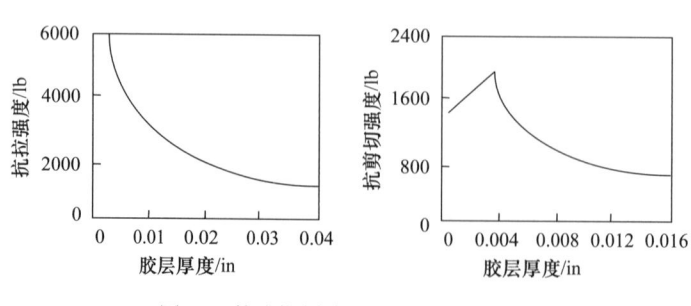

图 12 某胶粘剂胶层厚度与机械强度

1 lb=0.453592 kg, 1 in=2.54 cm

(3)环境因素:粘接后的石质文物,粘接接头必然承受外力的作用,还要经受存放环境的影响。尤其是古遗址现场的石质文物,温度、湿度、水分、盐分,以及各种化学介质、户外气候等环境因素比较恶劣,胶粘剂和粘接接头受到的影响远大于在馆藏石质文物上的情况。所以,分析环境因素对粘接的影响,做环境模拟老化试验,是粘接前必须开展的工作。

3）粘接的破坏与老化

粘接破坏发生在接头最薄弱的地方，破坏的形式有：

胶粘剂内聚破坏——破坏发生在胶粘剂层内；

黏附破坏——破坏发生在胶粘剂与被粘物界面上；

被粘材料内聚破坏——破坏发生在被粘材料内部；

混合破坏——胶粘剂的内聚破坏、黏附破坏与被粘材料破坏的混合。

胶粘剂内聚破坏是被修复文物理想的破坏形式。

1.5.2 其他固定技术

1）销钉

对于联结强度要求较高的失稳部位，使用销钉可以达到稳定条件。销钉的强度要能抵抗该部位的最大拉应力，并有抵抗一定外力的能力。不过销钉的形体不宜过大，以尽量减少在石质文物上开孔的尺寸。

销钉的结构尽量具有可逆性，如图13所示，使用可拆卸的铜制（或钢制）套筒和钢制销钉，配合胶粘剂来固定石块。另外销钉的热膨胀系数要与石材相近，以避免温差应力的破坏。在本次中意合作文物保护修复培训班所涉及的一件砂岩石佛立像的粘接就采用了这种方式。

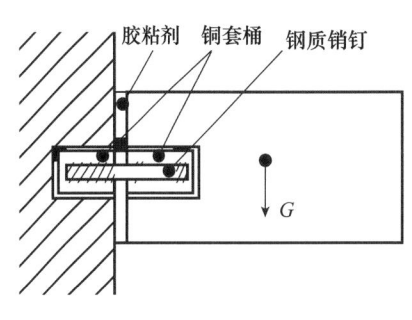

图13 销钉固定

2）支护

支护方式是通过机械支撑干预失稳块体，降低断裂处的剪应力和拉应力（图14、图15）。

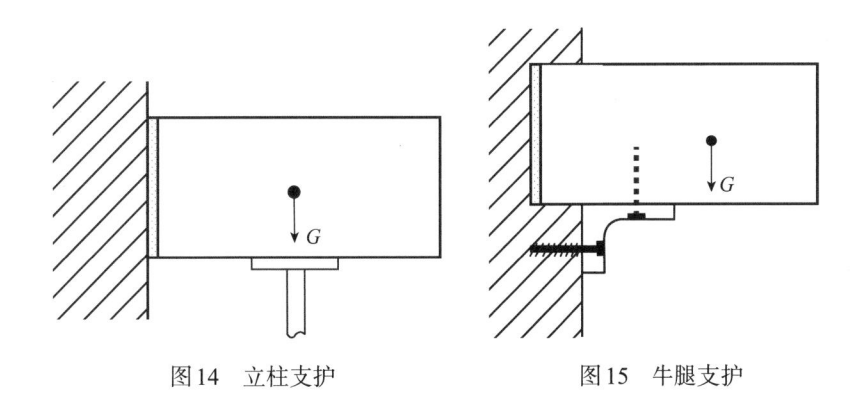

图14 立柱支护　　图15 牛腿支护

（1）支护使用机械结构的要求：

① 不发生蠕变和塑性变形，具有一定的弹性；

② 支护位置和面积能有效分散失稳块体的受力，不造成应力集中；

③ 尽量使用"无痛式"的支护方法，避免在石质上钻孔固定；
④ 支护机械尽量隐蔽，在外观上与石质文物相协调。

（2）支护常用的形式：
① 托：使用"牛腿"、锚杆悬臂梁等措施对危岩体抗剪支托。
② 捆：类似"圈梁"的办法，在块体四周加箍，将块体与母岩捆绑成一体。
③ 吊：采用隐蔽式钢筋等材料将危岩悬吊固定。
④ 挡：利用重力挡墙、抗剪墙等措施固定危岩体。

（3）支护常用的材料：
① 水泥、木材、钢材、砂石等土木工程常用材料，用于古遗址的支护修复。
② 玻璃钢、有机玻璃、塑料、树脂、铜、不锈钢等材料，用于石质文物局部支护。

3）锚固

我国在3~4世纪已经出现最早的锚固技术，在新疆克孜尔石窟西区第47号大像窟外侧壁上，发现多处锚孔，锚孔直径60~80 mm，孔内锚杆为木杆，锚孔内的灌浆材料为石灰，杆长不详，据考察主要是为了稳固佛像用的，这是现代锚固技术的祖先。

现代锚固技术是一种十分有效又经济的稳定岩体的手段，被世界许多行业所普遍采用。我国在石质文物的保护工作中也已经使用了30年。岩体锚杆可以提高岩体的强度和承载能力，将力传给处于完好状态的岩体，并能安全地承受岩体的拉剪应力，使危岩重新成为岩体安全区，并能有效防止岩体的变形和松动。锚固技术在麦积山石窟、大足石刻、榆林窟、彬县大佛窟等处的保护工程中都有成功的应用。

目前在文物保护工程中常用的锚杆类型有：砂浆灌注锚固法、聚酯树脂锚固法及预应力锚索锚固法。

1.6 石质文物胶粘剂的选择

对断裂石质文物进行粘接修复，要使用与石材性能相适应的胶粘剂，一般要求倾覆力＜粘接接头强度＜石材内聚力。石材性能好，可以选用强度高的胶粘剂，能够获得满意的粘接效果；石材的性能差，选用高强度胶粘剂会发生黏附破坏，选用低强度胶粘剂则无法达到良好的胶粘效果，此时就需要借助其他的方法来固定石材。那么该选用何种胶粘剂、该使用怎样的修复方法，需要对石质文物和胶粘剂进行测试和对比，用实验的方法来确定。

1.6.1 石质文物修复对胶粘剂的要求

1）胶粘的强度

粘接的强度包括两个部分，胶粘剂的内聚力和胶粘剂与被粘表面的结合力。胶粘的强度应该能够使破碎的部分结合在一起，并能经受搬运等力的作用。胶粘剂的强度太高容易在外力作用下导致新的断裂面形成。粘接强度的评价可以通过抵抗张力、剪切力等表示。

2）黏度

胶粘剂要有合适的黏度。低黏度的胶粘剂通常只用来做胶粘面的隔离剂。对于多孔的材料，黏度的选择更为重要。低黏度的胶粘剂会被吸进碎片内部，使断面残留的部分不易形成好的粘接。

碎片对胶粘剂的吸收引起如下问题：在断裂面两侧形成难看的阴影；在将来很难去除；由于吸收胶粘剂的部分和其他部分强度不同，因此，在外力的作用下，容易形成新的断裂面。

高黏度的胶粘剂的配置：可以调节溶剂；可以使用高分子量的树脂；使胶粘剂固化一段时间，再使用，如环氧树脂的使用。

3）颜色和透明度

一般情况下胶粘剂的颜色和透明度对于石质文物相对不重要。

4）与被粘材料的相容性

胶粘剂在使用过程中和胶接完成后的时段内不应该有很大的收缩。胶粘剂应该与被粘材料有相似的热膨胀系数，尤其是在冷热变换快的环境中。另外胶粘剂之间的相容性也应该注意。人们发现硝酸纤维素和环氧树脂混合会形成亮黄的色斑。

5）对环境的适应性和耐久性

选择的胶粘剂应该能够经受环境因素的影响，如温度、湿度、日照的作用，同时对霉菌的破坏有抵抗能力；胶粘剂的耐久性和应用环境有很大的关系，例如性能不稳定的硝酸纤维素胶粘剂在内部的使用是合适的；在高温的环境中，玻璃化转变温度低于环境温度时不宜使用。

6）可逆性

这一点对于文物修复至关重要。从理论上讲，我们希望有方法将胶粘剂从石材表面去除，实现粘接的可逆操作。常用的基本方法为溶解和溶胀。如目前我们常用10%～15%的Paraloid B-72作为石材粘接面的底胶，一方面改善粘接面的性能，另一方面作为胶粘剂与石材的隔离层，以便在需要的时候用丙酮等溶液使其溶解，解除粘接。

1.6.2 胶粘剂的使用工艺

（1）易操作性：是指在常温、常压下可以操作的性能，避免苛刻的操作条件。一些诸如高温、高压、隔氧、强酸碱等等操作条件会对文物带来损伤。苛刻的操作条件在环境恶劣的野外实现有难度，不仅成本高，控制不好还会影响粘接效果。

（2）无损伤：粘接操作应尽量少对石质造成干预，诸如打磨、钻孔、腐蚀、渗透等操作是不允许的。粘接使用的辅助材料（如各种添加剂）和辅助器械不能对石质文物产生污染和损伤。

（3）无污染性：粘接使用的化学材料对环境不能造成污染。尤其是粘接体量大的石材时，使用的化学产品的量相应较大，必须注意这一点。能造成环境污染的化学材料也往往对石质文物有影响。

1.6.3 粘接材料的比选

对于石质文物的粘接，并非越强越好，由于被粘接石质文物本身的材质、保存状态以及保存环境不尽相同，选择什么样的黏结剂，需要有科学依据。在施用黏结剂前，严格地讲都需要进行比选试验，包括实验室试验与现场试验（不可移动文物），具体的检测指标涉及岩石本身的物理、化学、力学性质。

1.6.4 石质文物保护常用胶粘剂

（1）传统胶粘剂：历史上曾使用过动物胶（如鱼鳔胶、猪血、兽皮胶、虫胶）、植物胶（如树胶、树脂）和矿物胶（如沥青、石蜡）等。这些材料对小型石质文物或者构件仅能起临时粘接作用，对体量较大的石质文物不能提供足够的强度和耐久性。

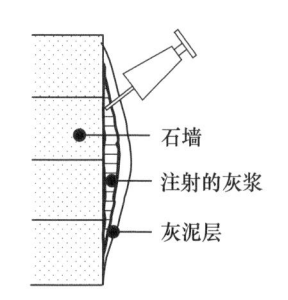

图16 注射灰浆修复法

（2）灰浆：一种传统的粘接材料，在国内外都有悠久的使用历史，至今仍在使用。石灰有空气接触型石灰和水硬石灰两种，由于不同的反应机理呈现不同的效果，尤其是后者因其收缩度小、不含可溶盐、强度适宜，非常适合文物修复使用。石灰可与胶粘剂、石粉、沙粒混合制成灰浆，用于石质表面细小裂隙和灰泥层的修复（图16）。

（3）环氧树脂：环氧树脂胶粘剂性能优良，20世纪50年代以来得到广泛应用。环氧树脂黏合剂的特点是：黏着力强、收缩率低、内聚力大、操作性能优良、低蠕变性和高韧性、稳定性高、易改性等。环氧树脂胶粘剂在石质文物保护中有广泛的应用。

（4）硝酸纤维素：具有可逆性，溶于丙酮。一般可用于粘接脆弱表面和博物馆内的石制品。

（5）丙烯酸酯类及共聚物：易溶解、透明而具有弹性、粘接性能良好、形状易于纠正，广泛用于石质文物的粘接修复。通常使用的是聚甲基丙烯酸甲酯，俗称有机玻璃、牙托粉，可溶解于三氯甲烷或丙酮、醋酸丁酯混合溶液，对小型石刻造像的粘接效果较为理想。

丙烯酸共聚物Paraloid B-72的性能优异，在石材的粘接、加固方面有良好的应用。

（6）聚醋酸乙烯酯：热塑性树脂，具有广泛黏合范围、能溶于很多溶剂，又易于水中乳化；稳定性好、耐候、耐热老化；粘接能力强，黏合强度高，能和填料、增塑剂等很好混合，可自由调节黏度，有良好的早期黏合强度。可用来粘接表面比较脆弱的石制品或博物馆内的石制品。可用聚醋酸乙烯酯乳液加进大理石粉或白色玻璃颗粒及适当颜料，制成面团，压进石制品裂缝内，干燥1~2天，待粘接好后，加以修整即可。

（7）印度尼西亚婆罗浮屠遗址保护中应用的胶粘剂见表1。

表1 印度尼西亚婆罗浮屠遗址保护中应用的胶粘剂

产品	生产厂家	功能	化学成分	抗压强度/(kg/cm²)	抗拉强度/(kg/cm²)	弹性/%	弹缩性/%	黏度(25℃)/(mPa·s)
Davis Fuller 614	[澳] Davis Fuller	粘接	环氧树脂	3500.00	106.02	13.77	54.44	9000.00
Akemi Normal	[德] Akemi	粘接	聚酯树脂	318.33	67.14	0.00	0.00	
Araldit AW 106	[瑞士] Ciba Geigy	粘接与灌注	环氧树脂	1067.15	60.93	25.18	49.28	25000.00
Paraloid B-72	Rohm & Hass	加固	丙烯酸共聚物	0.20				0.95
EP—IS	[瑞士] Ciba Geigy	粘接与加固	环氧树脂	1684.57	259.62	41.57	23.93	70.00

（8）灌浆材料：主要用于危岩体的加固、石刻裂隙的粘接。目前使用的灌浆粘接材料主要有环氧树脂、丙烯酸酯类及无机化学材料等，灌浆材料的物理力学性能要接近被加固石质，并且具有黏度低、可灌性好、室温固化、放热少、黏结性好、耐候、耐水、耐酸碱等性能。

1.7 石质文物粘接的实际操作

1.7.1 粘接时机的选择

发掘过程中，碎裂的石质文物最好在现场进行临时粘接或固定，到博物馆或研究室后再进行粘接。这样所占空间最小，便于运输，而且运输中不易出现破坏现象；不需要展览的文物不急于粘接；碎裂状态有利于对文物进行深入研究，应该在研究完成后再进行粘接。

1.7.2 事先了解胶粘剂性能

包括胶粘剂的黏度与形态：稀薄液体状、膏状、固体状；胶粘剂的制备和应用方法；胶粘剂的储存期；胶粘剂的适用期；使用胶粘必需的手段或设备；粘接过程的可变性；涂胶和粘接（叠合）之间允许的时间；胶层干燥的时间和温度；胶层的固化温度和使用温度；不同温度下粘接强度的变化率；特殊要求和预防措施，如气味、易燃性和毒性等。

1.7.3 石材的处理

（1）干燥与稳定：一般来讲，水分的存在对粘接是有害的。对于待粘接的石材，应该隔断水的补给，并给予一定的条件和时间，使石材的含水率达到适合粘接的程度。对于出土石质文物以及断裂不久的石质文物，应该尽量减缓干燥速度，缓慢释放石材内的应力，待石材充分稳定之后，再进行粘接。

（2）加固：如果石质文物本体内聚力不强，尤其是断裂面的表面强度较差，此时就需要对石材本身或断裂面进行加固处理，以增强其内聚力，使之能稳定承受粘接的强度。

1.7.4 胶结面的处理

（1）清理：清除断裂面的灰尘、油脂及其他附着物，避免形成"弱边界层"。

（2）预加固与粘接面底胶：如果石质文物的断裂面发生酥碱、粉化等病害，应该进行预加固处理，以提高粘接的强度。预加固使用的材料要求有一定的渗透能力和弹性，能有效改善粘接层面的内聚强度，并能与胶粘剂良好粘接。

除了预加固的要求外，石质文物的粘接还有"可再操作"的要求。由于石材的孔隙多，胶粘剂容易在粘接表面发生渗透，而现在常用的黏结剂对石材的黏附性好，又不容易溶解，如热固性树脂，粘接可逆性几乎没有。在石材待粘接面涂底胶处理是一个可以提供可逆操作的途径，例如在石材表面用10%～15%的Paraloid B-72涂刷一层，既能保护粘接面，提供良好的粘接条件，也可以在必要的时候用丙酮等溶剂溶解，使粘接脱离（图17）。

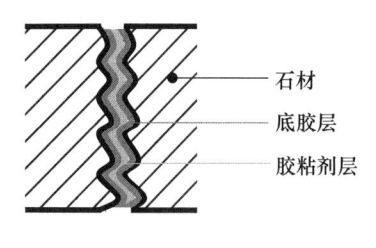

图17 可逆粘接示意图

底胶还有一个作用，就是保护粘接界面，防止石材中的毛细水对粘接界面胶粘剂胶层的破坏。对于放置于古遗址的石质文物，底胶有助于防止水分对粘接的破坏，保护粘接接头。

（3）使用偶联剂：用偶联剂处理石材表面，可以促进胶粘剂和石材的结合，有助于提高粘接强度。偶联剂的使用也可以提高粘接面的耐水性。目前常用有机硅氧烷偶联剂，是否需要使用要根据石材和胶粘剂的性能讨论确定。

1.7.5 涂胶

（1）涂布的方式与要求：据石材的情况和选用胶粘剂的形态，可以使用喷涂、刷涂或辊涂的方式。

涂布须使胶粘剂充分润湿石材表面，并均匀分布，充分填充石材粘接面的孔洞，不能产生气泡；涂布范围要略小于石材断裂面，以防止胶粘剂渗漏到粘接头外围，对石材造成污染（图18）；涂布的速度要控制在胶粘剂的允许时间内。速度过快容易造成涂布不良，过慢则胶粘剂开始固化，影响最终的粘接效果。

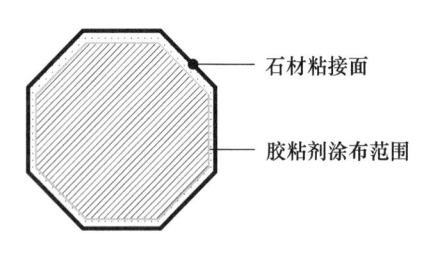

图18 涂胶示意图

（2）涂胶厚度：胶层内部的缺陷随胶层的增厚呈指数关系增加，使胶层内聚强度下降，厚的胶层热应力较大，将导致内聚强度损失。而胶层太薄则容易造成缺胶，致使胶接强度下降。一般来讲，对于石材需紧密粘接的部位，胶层厚度最好控制在0.03～0.15 mm；对于石材无需紧密粘接的部位，要选择隙性黏合剂，并通过添加填料来控制胶层的力学性能，或借助机械构件来进行粘接（图19）。

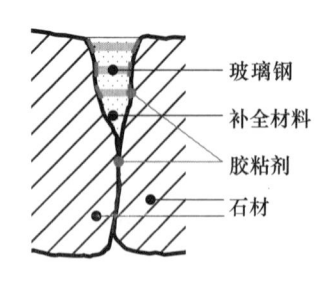

图19 宽缝隙

1.7.6 搭接与固化

（1）搭接：使用低黏度胶粘剂，应放置一段时间使之略为固化，适当增加黏度后再搭接，防止胶粘剂在压力下流淌和渗透。使用高黏度的胶粘剂，在涂布完成后即可进行搭接。搭接等待期间和搭接时，应注意防止灰尘、水分的污染，降低粘接强度。

需紧密粘接的时候，从一端压向另一端，适当施加压力，将粘接面内的空气赶出，使断裂面充分啮合。对于无须紧密粘接部位，搭接的时候不仅要保证充分接触，还要注意调整粘接件至最佳位置。对于多块粘接的情况，预先应该进行拼对，准确掌握各部位的位置。粘接的时候可以分段搭接，也可以同时搭接，但必须保证位置的精确性。

搭接固定后注意及时清除粘接接头边缘的余胶。

（2）施压和固定：搭接之后对粘接接头施加一定的压力，使胶粘剂充满石材粘接面上的坑洞，甚至流入深孔中，减少粘接缺陷。使用黏度低的胶粘剂不要施加高压，以防止胶粘剂渗透到石材内或粘接缝隙外，使粘接面缺胶。

使用一些方法如沙箱包埋、绑扎、机械固定等，对粘接件的位置进行固定，直至胶粘剂固化。固定装置与施压设备相结合，要求简便有效，对石质文物不产生损伤。

（3）固化条件的控制：有些胶粘剂有特定的固化温度，在其固化时间之内，必须保证其固化温度并使之稳定。石质文物粘接使用的胶粘剂基本都在常温下固化，固化过程中也应该保持温度的稳定，防止温差过大产生应力。

对于古遗址石质文物的粘接修复，应该在气温稳定的季节操作。冬季不适合粘接操作的进行。

1.7.7 后期处理

（1）检查粘接接头：清理边缘的余胶和杂质，要边粘边做。黏结剂固化后，可使用声波检测技术仔细检查粘接接头，对于粘接不足和粘接失败的情况及时进行处理。随后再卸除压力，解除固定装置。拆除工作可逐步进行，小心操作，以防粘接失败的石质构件松动、跌落和损伤。

（2）外观协调：粘接后的石质文物，粘接接头边缘在外观应保持缝隙的外观形态，尤其是非紧密的粘接部位。若"缝隙"较大，也可以设法淡化"缝隙"的视觉影响，使经过粘接的石质文物在视觉上协调。这种处理同时也可作为粘接接头防水、防空气污染物的封闭措施。处理技术主要是用与石材兼容的灰浆、锤灰等材料勾缝填补。

（3）防水处理：在对室外石质文物进行粘接后，为防止环境中水分对粘接接头的破坏，应对接头边缘进行防水封闭。主要方法有：遮蔽疏导、使用防水材料"勾缝"。

1.7.8 粘接方案的确定

在明确了粘接原理、确定了粘接方法、掌握了适合石质文物粘接的胶粘剂性能之后，就要按照操作要求进行实践。石质文物从失稳破碎，到拼对、粘接、稳定，是需要经历一个严谨而完整的思考过程的，即使是再简单的操作都必须事先进行修复方案的制定，以便使粘接实施过程具有明确的科学依据，保证粘接效果的良好。

本次东魏造像碑的修复在完成清洗工作之后，最初决定直接用环氧树脂进行粘接，后与PASSERI老师、MICHELI教授共同讨论后，决定利用原有的凿孔，放置不锈钢柱，与环氧树脂共同使用来实现粘接。具体做法为：

（1）加工所需的不锈钢柱，直径为15 mm，长度为90 mm，为了加强粘接力，在不锈钢柱表面车了几道斜纹，以增加粘接面积。

（2）将10%的Paraloid B-72涂于各断裂面表面，目的是用来加固原断裂面存在的结构脆弱部分，使接头的内聚力增大，保证粘接强度。

（3）将15%的Paraloid B-72涂于各断裂面表面，包括凿孔内部，目的是依照可逆性原则形成环氧树脂与石材之间的隔离层，以便再次修复时可以无损拆解。Paraloid B-72可以用香蕉水或者丙酮来溶解，通常加固时使用挥发性较小的香蕉水作为溶剂，做隔离层时选用挥发快的丙酮作为溶剂，故本次采用丙酮溶剂。

（4）将EUROSTAC EP-IN2501液态环氧树脂与INDARENTE K-2502慢速固化剂按照25%的比例混合，加入适量硅粉调匀（注：固化剂最后加），成为无法流动的黏稠状。将混合黏结剂放入1号凿孔内并插入不锈钢柱，用黏结剂均匀涂刷断裂面（对应面只涂刷一侧即可），然后将3号、2号残件与1号残件按照断裂吻合线进行合拢，约24 h后完成固化。

整个粘接过程考虑了影响粘接的相关因素，并注意了涂胶方法与厚度等，保证粘接稳定，为下一步的勾缝补全创造了扎实的条件。

2 石质文物的补全

文物包含其制作时的理念、审美、工艺，具有历史的、美学的、科学的多重价值，经过历史沧桑演变至今，承载着不可逆转的时空性。文物的这种性质和我们现在对它的理解共同构筑成一个完整的历史审美空间。一旦这些信息的载体发生缺失，相关的历史信息就不再完整，对文物的可读性就会产生影响。如何恢复缺失文物的信息和可读性，这就涉及补全的问题。

补全是针对石质文物缺失病害的修复技术，不过无论怎样的修复补全都无法跨越时空回到它最初的原始状态。作为修复手段，补全不要求完整地恢复历史，而是根据各方面的历史美学资料，尽量与它原始状态靠拢协调。作为一个历史演变的标记，补全与文物整体的历史性并不冲突。

2.1 补全修复的目的与原则

（1）目的：通过对缺失部位的补全，重建石质文物的结构稳定性，以及外观形象的连续性和完整性，恢复文物原状和可读性，保留和延续文物的历史、艺术、科技等信息。

（2）尊重历史原状与保持现状：补全修复要在充分调查历史资料的基础上进行。在形式上不能有超出原状的立意和创新。补全操作不应改变文物现存原始部分的状态。

（3）可辨识与最小干预：恢复缺失信息的补全操作，要在有限的程度和依据确凿的前提下进行。

补全的材料及形式要接近文物，外观上协调，但有所差别，避免造成"历史的赝品"。

另外，补全的手段不能对文物带来损害，对文物现存部分的影响要控制到最小。

（4）耐久与可逆：补全修复使用的材料要求具有相当的惰性，在使用环境中能保持较久的时间。补全修复不能对以后的操作制造障碍，应便于去除和重新处理。

2.2 补全修复的依据

2.2.1 真实与准确的历史资料

修复的最主要证据是历史资料，但不是所有的历史资料都可作为修复的依据。从文物制造的年代至近代，在相当长的时间里，档案、测绘、摄影等学科和技术是落后的，在现代文物保护技术形成之前，关于文物的原状鲜有翔实记载。实际上，绝大多数文物没有任何的附属资料，哪怕是只言片语。

有些文物古迹有一些设计和维修的资料，包括文字和图纸的档案。由于历史的局限，这些资料的准确程度不高，有些甚至是错误的。比如，前人在修复文物时，往往因为对文物保护的认知程度较低而造成对文物不合适的处理和记录。我们在查阅文献资料的时候，必须进行仔细的分析和充分的讨论，去伪存真，以获得准确的信息。如果能找到直接的照片和准确的测绘资料，那么补全修复就能有可靠的依据。

2.2.2 美学平衡的讨论

补全的修复操作，最终要使缺失的文物在外观形式上趋于完整统一和协调，也就是说补全的部分与文物原始部分在美学上达到平衡。对于没有历史资料的石质文物的补全操作，这一点更显重要。历史的美学和美学的历史，是修复师必须考虑的问题，也是补全的依据之一。

对于一件具体的文物，外观的复杂性决定了修复的难度。比如说一通石碑，碑身规则，碑首较复杂，如果碑身侧面缺失了一块，很容易就能确定缺失部位的形状；若碑首缺失一半，可根据对称原则补全另一半；若碑首全部缺失，补全难度就较大，这时需要进行讨论，有完整的资料就可以直接进行补全，有与之相关的碑则可以借鉴参考，如果没有其他资料则无法进行补全。在中华世纪坛举办的意大利伊特鲁里亚文物展览上，一尊雪花石女性雕像的小臂与手处有3~4 cm的断裂缺失，经补全后衔接完整。这种补全的范围小，需连接的部位结构明确，即使没有完整的历史资料，也可从艺术的角度推理、判断出准确的形象和位置。而维纳斯石雕像缺失双臂（图20），没有历史资料，又由于手臂和手的关节很多，在空间里可以有无数个位置和造型，所以无法进行补全，断臂的维纳斯给人们留下了一个有无穷想象的永恒空间。

图20 断臂维纳斯

修复师在对石质文物进行补全时，如何确定补全部分的形状和位置，如何与原始部分的外观协调，需要有艺术的眼光和手法。补全修复的美学平衡水平，是衡量修复质量的标志之一。

2.2.3 补全的具体要求

补全不是一个简单的技术问题，更多反映的是修复者能否以客观真实的态度面对文物、对文物怀着怎样的人文情感的问题。文物是无法再生的，修复者必须尊重历史，处理的时候不能以个人的审美情趣横加干涉，要将古代的信息原封不动地传达给未来。对于残缺的文物而言，修复者必须面对的问题：

1）补还是不补

缺失对文物结构稳定性和可读性影响不大：不建议补全。

缺失造成结构失稳：通过支护等机械方式能够进行稳定性处理，但单纯的支护无法协调外观。这种情况可以进行补全，补全在力学上满足文物的稳定性要求，在细节上适当处理可以淡化视觉反差，以协调文物整体形象，强调完整感。

缺失造成可读性降低：缺失部分对文物整体造成了较为强烈的视觉冲击，可以考虑补全。

有利于残余部分良好保存的情况：在一些古建遗址和石窟寺中，缺失引起周边块体失稳，可能会发生更多的断裂和损伤，这种情况下需要进行修补。

2）依据什么补

缺失部分的真实状态，如果没有足够的史料来证实，或者从艺术角度也无法确定，根据臆想的补全是违背真实性原则的做法，是错误的。补全应建立在有翔实的文字、图纸、照片等资料的基础上，最好有同时期同类型的实物遗存作参考，要综合考虑文物的历史、美学和科技特性。

3）补到什么程度

这是一个需要强调的问题。如前所述，我们不能单纯为了美学的需求，将残缺的文物修得天衣无缝，更不能为了满足商业的需求而刻意追求形象的完美。补全的部分要与原始的部分协调，但应该具有可辨识的差别。现代修复理论对补全的普遍认识是：远看差不多，近看有区别。

对补全部位的外观协调有一定的限度，要靠近原始状态但不能以假乱真，不能制造历史的赝品。要达到这个程度，需要修复者拥有科学家的思维、史学家的心灵、艺术家的眼睛、工艺师的双手来实现。

2.3 补全的材料

石质文物的补全材料，要求能够满足石质文物的稳定条件，并且具有相对的稳定性和耐久性，对原始材料无损害。补全的破坏应该发生在补全材料中，以此来保护原始材料（图21）。补全的材料应具有可逆性，或有可逆的方式来再处理。

（1）原石材：性能与原始部分一致，但使用时与原始部分的接触面难以加工，无法直接啮合，必须借助其他软材料来填充缝隙和分散压力。对于缺失部位较大的地方，用石材补全重量较大，需要较强的固定方式。

（2）砖：配合灰浆用于古建筑、古遗址的修复和补全。适用于缺失体量大的石质文物的补全。

（3）石膏：使用前为粉末状，可用水调和成糊状，直接进行修补。糊状石膏有一定的操作时间，使用方便，凝固后与石材表面接触良好，有一定的啮合强度，固化后的强度较好。石膏的缺点是：凝固过程放热，与石材的兼容性不是很好，孔隙率和密度与石材相差大，透气性透水性差，放在室内相对稳定，若放在室外它的耐老化性差，易与石材脱裂。石膏可做暂时性的补配材料。

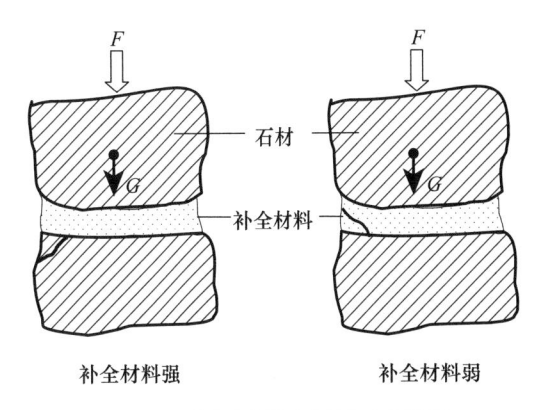

图21 不同强度补全材料对比效果

（4）修复灰浆：灰浆是常用的传统补全材料。粉状石灰用水调和后成为有可塑性的灰浆，操作性强，凝固过程中放热低，凝固后与石材附着良好，强度适宜，透气性透水性好，与石材兼容性好，耐久性良好。灰浆中可调入不同的大理石粉调节颜色，也可以添加其他的纤维、有机或无机的材料来改善使用性能。

（5）锤灰：一种传统的表面装饰、修补材料。附着性好，透气性强。

主要成分：石灰/细炭灰/麻筋＝1/3/0.2。加入矿物颜料着色。

制作方法：先将白灰、细炭灰用筛孔2～3 mm的细箩过筛，麻筋扯细后用细竹条抽打成细毛丝，按比例拌匀后，加水到手感湿润、黏稠、无炭灰颗粒感觉为合格。然后放入水中浸泡，以供随时使用。锤打的工艺可增加其黏附性。此材料在乐山大佛的维修工程中表现良好。

（6）环氧树脂胶泥：组成及配方见表2。

表2 环氧树脂胶泥配方

材料名称	材料作用	重量比/%
#6101环氧树脂	黏结剂	100
苯二甲酸二丁酯	增塑剂（增韧剂）	50
乙二胺（或二乙烯三胺）	固化剂I（交联剂）	8～10、10～12
炭、石墨、硅石、石英粉、岩石粉、铝粉等	填料、增加强度、降低成本	400
矿物颜料	调整胶泥颜色	适量

适用期与完全固化期见表3。

表3 环氧树脂胶泥固化时间

温度/℃	试用期/min	完全固化时间/d	温度/℃	试用期/min	完全固化时间/d
16	120	6	32	20	2
21	40	4			

环氧树脂胶泥的特点：对盐的水溶液及非氧化性酸有突出的稳定性，能抗各种溶剂的作用。耐碱性远远超过酚醛胶泥与聚酯胶泥。在90～95℃时不耐酮类。氧化性酸都能破坏环氧树脂胶泥。使用时

可以填平石材表面裂纹、空隙，凝固时几乎不收缩，黏结性能良好。

使用时可以直接修补缺失部位，也可预先灌注成型。

（7）玻璃钢：环氧树脂加玻璃纤维，调和颜料以协调外观。使用时先根据补全的部位制作模具，然后用环氧树脂灌注成型，固化后即可使用。

（8）ATK面团配方见表4。

表4　ATK面团配方

材料名称	用量
聚醋酸乙烯酯或聚丁酸乙烯酯/g	800
丙酮/mL	1260
乙醇/mL	540
醋酸戊酯/mL	370
搅拌均匀，密闭放置24 h	
二甲苯	928
水	680
黄麻∶干瓷土＝2∶1	

注：揉捏至不粘手，即可使用。

或者用醋酸乙烯酯乳液加大理石粉或白色玻璃小颗粒，加颜料调制成胶泥。

特点：ATK面团是一种塑性面团，软时如面团，修补时方便自如，随时可中断工作。对石质文物无损害，修复后强度比石膏高，不怕水浸，可以着色。

（9）水泥：与天然石材和灰浆相比，固化过程中放热，固化后热膨胀系数较大，强度较高，含有可溶盐，与石材兼容性差。一般不用做石质文物补全材料。

（10）补全材料的应用实例：云冈18窟的大佛原有的鼻子已经毁坏，后人给加上一个木头鼻子，形象不佳，70年代换了一个水泥鼻子，可以说同样是不恰当的补全。因为补全除了要考虑真实性、审美要求，同样需要考虑补全材料的兼容性。水泥的应用显然是错误的，没有原来完整大佛的形象资料，通过类比风格推测臆造的补全也是错误的。

要去除不合理的添加物也应慎重。莫高窟内有些唐代泥塑的头部是清末给加上的，形象不佳，破坏了原有唐代彩塑的风韵，但毕竟这是一段历史的记载，所以至今仍然保存。但某省北朝（公元550年）大石佛，外表于明代（1470年）彩塑，但泥塑已部分脱落，结果被重塑，既未采用原有材料也未使用原有工艺，完全背离了文物保护的原则，造成了保护性破坏。所以对于修复不能操之过急、急功近利，要有完备的程序、严谨的计划才可以动手实施。

传统工艺与材料有很多值得我们借鉴的地方，乐山大佛的头部、肩部的表面装饰涂层，就是使用了传统的锤灰材料。经过近年的科学检测，证明此种材料附着性好、透气性强，至今仍是一种较好的表面装饰、修补材料。

2.4　补全的外观协调技术

一般来讲，最终采取的补全是讨论的结果，在空间形式上是唯一的。如果外观细节的证据不足，可以使用一些简单技术来弱化外观。例如在中华世纪坛意大利伊特鲁里亚文物展览上，一尊石雕像颈部缺失，致使头与身体分离。由于颈部缺失较多，头部的高度和扭向无法确定，所以使用简单的圆饼状补全材料来连接头和身体，没有恢复颈部的细节。这样也就没有确定头部的具体空间位置，而留给观众评价和想象的空间。不过我们认为这个例子中颈部补全的部分较厚，致使头部的位置显得略高，扭向也不是很合适，而且颈部补全部分的色泽与石材相差较大，致使视觉上有稍微的错位感，这与修复师的审美角度有关。如果补全的部分再略为低调和协调一些，效果会更好。

补全部分的外观协调方法：

（1）颜色：补全的表面颜色使用与石材表面接近的颜色。具体来讲，使用与石材颜色同一色调或邻近色调的颜色，但在亮度和饱和度上都稍微降低，使得补全的部分略显暗淡，但总体上与原石材协调。

（2）光泽：补全的部分的光泽不能比原始部分明亮，以免喧宾夺主。光泽与材料表面的平整程度、致密程度有关。

（3）表面质感：即表面的平整程度、粗糙程度、光洁程度等。补全部分的这些特征要与石材接近，不能形成大的反差。

（4）表面起伏：根据邻近原始部分的表面起伏塑形，使整体的表面纹饰连续。补全部分的表面纹饰避免生硬和过分细腻，能达到整体较为流畅即可。

（5）表面层次：补全的部分的表面可以略低于原始的表面，或者与原始表面持平，但不能突出来。相对来讲，表面看起来凹陷的补全修复具有可辨识性，更能够突出残存部分的原真性。

2.5 补全的固定技术

很多补全材料有一定的粘接性能，有些甚至很好。利用这种性能对石质文物直接进行补全，完成后补全的部分就与石材粘接在一起。比如用修复灰浆补全石材就不需要其他固定技术。

如果用树脂来补全，也可以利用其粘接性能直接固定。有时适用翻模灌注成型的方法预制树脂补全部位，此时可以用其他胶粘剂进行粘接，也可用机械的方法进行固定，如销钉。

粘接固定时，要预先对石材的接触面进行处理，如用 Paraloid B-72 的丙酮溶液（10%～15%）涂底胶，进行隔离保护处理，使粘接具有可逆性。

实际应用一：本次修复的东魏造像碑的补全，充分尊重了补全原则：将石灰粉与大理石粉按照 1:2 的比例混合，色调调整按照可识别性原则并结合审美要求进行，预先作了样块。根据样块颜色，略作调整后对粘接后无法严密的表面缝隙进行填充补全。

补全表面均略低于原造像碑表面，且补全不涉及中间菩萨缺失的面部，不涉及造像碑表面的雕刻花纹（图22）。

图22　东魏造像碑补全效果

最终采用3%的Paraloid B-72完成了造像碑的封护，在提高石质文物抵御病害的能力的同时，使补全部分的强度得以提高。

实际应用二：学习过程中修复了另一尊缺失底座的砂岩佛立像。考虑到陈列展示的需要，首先采用了硅胶翻模，使浇铸成型的环氧树脂底座一面与造像底部凹凸相对，充分啮合，另一面保持水平，便于放置。为了体现可识别原则，环氧树脂底座面积略小于造像底面积，厚度约25 mm。与此同时加工了一块同种色调、不同材质的花岗岩基座，在造像底面、花岗岩基座表面涂刷15%Paraloid B-72的丙酮溶液，与夹在中间的环氧树脂底座形成可逆隔离层。

用粘接东魏造像碑的环氧树脂，对立像、树脂底座、花岗岩基座进行粘接，恢复了立像的结构稳定性和外观协调性，对于缺失的头部未做任何干预。

3 石质文物修复之后的维护与保养

维护与保养是最基本和最重要的文物保护手段，维护保养的目标是文物，介入和干预的对象是文物的保存环境。特别是在特殊保护和修复干预后，维护保养能使文物在最佳条件下良好维持其完整性和功能性。

对于石质文物的维护，主要考虑两个方面的影响：自然因素和人为因素。具体内容有气候的影响、地质构造的影响、阳光辐射的影响、空气污染物的危害、微生物的破坏、参观人群的影响等。粘接和补全使用的材料与石材相接近，那些对石材有危害的环境因素，对粘接和补全材料也有相似的作用。对修复效果的维护，也就是对石质文物的保养。

保护和修复后的石质文物，有的仍处于其原来所在的开放环境之中，如石窟寺、古建筑、古遗址等。我们必须采取积极措施对其进行监控和维护，及时发现问题及时采取措施，把对影响文物的危害因素控制到最低程度。具体内容如下。

3.1 环境监测

包括温、湿度的长期、连续监测，紫外线、空气污染物的测量，降雨和风的监测，以及地震、洪水等环境灾害的宏观监测等。

测量数据填入记录卡片。

3.2 对文物表面状态的检查和收集资料

（1）灰尘、鸟粪、其他沉积物等；
（2）盐性结晶与盐性粉化；
（3）存在微生物和有害植物；
（4）湿度，包括小环境空气湿度、石材含水率等（通过非破坏性测量）；
（5）连续性的断裂缝；
（6）表面剥落形态力、区域及面积。

3.3 可能进行的干预

（1）清洗干预（除尘，使用喷雾、水洗等）；
（2）进行杀虫、微生物灭活、植物杀死处理等；
（3）对损伤、断裂情况进行修整。

结论和建议

通过以上论述与分析可见，石质文物的粘接与补全是断裂、缺失文物修复过程中不可缺少的两个步骤，是需要不同学科之间相互配合、紧密联系才能完成的，是技术、理念、审美的有机结合。对粘接与补全的效果，无法在短时间内做出评价，因为这涉及黏结剂、补全材料的耐老化性，以及它们与石质文物本体之间的材料兼容性问题。黏结与补全的技术工艺、后期保存方法与环境控制都会对最终的效果产生影响。

我们面对的是不同石质、不同年代、不同功能、不同制作工艺、有着不同病害特征、有着不同修复经历、存放于不同环境之中的石质文物，所以我们不可能按照一成不变的思维方式去寻找一种或几种固定的材料与方法，来解决纷繁复杂的断裂、缺失问题。但是无论如何文物是不可再生的，我们所有的解决措施都必须以此为前提，必须把文物的安全放在第一位，唯此才有可能实现文物修复的目的，才能将承载大量历史、科技、艺术信息的文物良好地保存下去。当然，并非所有的难题我们今天都能够解决，在我们无法解决的时候可以把部分问题留下来，不要因强行实现而造成保护性的破坏。我们可以通过与不同学科之间的配合，推动新技术、新材料的研究与发展；同时在发展的过程中或许会发现残缺文物原来遗失的信息。

总之，文物修复是一个以客观事实为基础的科学实践过程，是普遍性与特殊性交织存在的过程，它必将通过感性认识上升到理性认识阶段，实现修复工作的科学化、规范化、标准化。

值得思考的问题

（1）科学检测与修复师的工作经验如何进行完美结合？
（2）现代科技怎样使传统材料与传统工艺得到改善与发展？
（3）是否可以建立一个抢救性保护修复的规范体系？

参 考 文 献

[1] 黄克忠. 石质文物的化学保护方法//中国文物研究所. 文物科技研究（第一辑）. 北京：科学出版社，2004.
[2] 张剑波. 现代技术在印度尼西亚文物古迹保存修复中的应用. 文物保护与考古科学，1992（2）.
[3] 黄克忠. 中国石窟保护方法评述. 文物保护与考古科学，1997（1）.
[4] 曾中懋. 化学材料在石刻造像维修保护中的选择和应用. 四川文物，1986（S1）.
[5] 王蕙贞. 文物保护材料学. 西安：西北大学出版社，1995.

三维激光扫描技术在安岳圆觉洞10号龛保护中的应用*

杨 盛　吴育华　Felix Horn　付成金

摘 要　安岳石窟保护研究项目是中德两国科技合作计划支持项目，圆觉洞石刻区的10号龛是安岳石窟最精美的龛窟之一。本文介绍三维激光扫描技术在圆觉洞10号龛的应用流程，主要包括三维数据采集、纹理信息采集。通过数据处理加工，获得照片般逼真纹理的仿真三维石窟模型。该模型可以用于圆觉洞10号龛保护性窟檐的设计等工作。

关键词　安岳石窟　三维激光扫描技术　纹理信息　仿真三维石窟模型

引言

安岳县圆觉洞，位于县城东面2 km之云居山上。这里巨石盘踞，山势奇拔，峭壁耸立，风景秀丽，在唐、前后蜀及宋代期间开凿摩崖石刻共100余龛窟，造像2000余躯[1]，为第六批全国重点文物保护单位。

圆觉洞10号龛为释迦佛窟：北宋，面北，长方形平顶，高6.40 m，宽4 m，深3 m。主像释迦佛，微右侧身而立，左、右足各踏仰莲座，二莲座相连在一起，像高6 m。佛头螺髻，眉间有白毫相，双目俯视，身着双领下垂大衣，内着僧祇支，左手施与愿印，右手施说法印，椭圆形火焰纹背光、圆形火焰纹头光直达窟顶中央，头光两旁饰散花。左、右壁顶各刻一飞天。左壁底刻两尊供养人像，头毁，均着圆领长衣，腰系带。两像上方壁刻一则妆修题文，检索圆觉洞资料，历史上曾有两次妆修活动：一是前蜀天汉永平，一是北宋绍圣四年。[2]

安岳石窟保护研究项目于2006年纳入中德两国科技合作计划。自2008年起，中德安岳石窟保护研究项目组利用三维激光扫描技术和数码摄影技术，完成安岳石窟圆觉洞10号龛的三维扫描和建模工作，将其三维信息资料保留下来。并为圆觉洞10号龛保护性窟檐的设计提供三维模型基础数据。三维激光扫描的范围包括：圆觉洞10号龛外立面，圆觉洞10号龛中主像释迦佛，以及龛壁上各种装饰、飞天和供养人像。

---

* 原文发表于《中国文物科学研究》，2012年第2期。

1 三维激光扫描设备

在安岳圆觉洞10号龛的三维数据采集工作中，整体三维数据采集工作使用到的三维激光扫描设备为：RIEGL Laser Measurement Systems公司的LMS-Z 420i三维激光扫描仪（表1）。该设备为一般精度、中程距离、脉冲式三维激光扫描设备。

表1　LMS-Z 420i三维激光扫描仪性能参数

工作范围	2～1000 m
测角精度	0.002°
平均采集速度	8000点/秒
平均测距精度	±5 mm
平均采样点距	4 mm
水平扫描广角	0°～360°
垂直扫描广角	0°～80°

该设备虽然扫描精度较低（图1），但是扫描范围大，数据采集快速和测量准确度高，曾用于为建筑物测量、野外地形测绘，考古绘图等。此外，将数码相机尼康D100（610万像素）安放在三维激光扫描仪的上方，记录测量目标的数字影像，在经过软件处理后，可以将数字影像中的纹理信息映射到测量目标三维网格模型上。[3]

图1　低精度的LMS-Z 420i三维激光扫描仪

为了获取复杂的几何细节和装饰，在安岳圆觉洞10号龛的局部细节三维数据采集工作中，使用到的三维激光扫描设备为：QT-Sculptor PT-M 1280三维激光扫描仪（图2）。该设备为超高精度、超短程、三角测量模式的三维激光扫描设备。工作距离0.5～4 m，最大测量精度可达0.1 mm，输出图像分辨率为1024 Pixel×768 Pixel。该设备配合附带的数据处理软件的计算机以及采集纹理数据的高速摄像机，构成超高精度三维扫描系统，可即时采集并输出高仿真三维模型。该三维模型采集系统适用于表面细节复杂的雕塑、造型精致的建筑体、纤小的文物藏品。

2 三维数据采集

对圆觉洞10号龛的三维数据采集工作细分为以下几个步骤：

第一步，使用LMS-Z 420i三维激光扫描仪等采集10号龛内龛外整体几何形状和详细信息；

第二步，使用QT-Sculptor PT-M 1280等构成的超高精度三维扫描系统完成龛内的高精度三维扫描；

第三步，使用数码相机尼康D-100（610万像素）采集圆觉洞10号龛纹理信息（图3）。

图2　高精度的QT-Sculptor PT-M 1280三维激光扫描仪

图3　圆觉洞10号龛的三维数据采集工作情况

由于需要三维激光扫描的10号龛具有一定的高度和深度，安放在地面上的三维激光扫描设备不易扫描到龛壁内侧，尤其在造像头部和肩膀后面隐蔽的地方，在三维扫描仪旋转时也难以察觉。根据10号龛垂直陡峭的特点，我们做了一些扫描前的准备工作，例如把三维激光扫描设备安放在可逐层升高且安全稳定的移动脚手架上，工作人员也可在移动脚手架上进行高清晰数码图像的拍摄，从而保证了三维数据采集的完整。

2.1 整体三维数据采集

使用LMS-Z 420i三维激光扫描仪从多个位置对10号龛进行三维扫描。首先，将三维扫描仪安放在距10号龛20～30 m的距离的位置，对其龛内龛外的整体进行扫描。其次，对龛内情况进行局部三维扫描。最后，在移动脚手架上完成对造像头部和肩膀后面隐蔽的地方的三维数据采集（表2）。

10号龛的高清晰摄影工作，在三维扫描完成后，由安放在三维激光扫描仪的上方的数码相机即刻对扫描范围进行拍摄，以提高数据的准确性，并确保最佳数据采集序列，使得拍摄的照片与扫描仪扫描的场景方向和位置保持一致。

表2　圆觉洞10号龛整体三维数据采集参数

石龛内图像分辨率范围/mm	2～5
石龛外图像分辨率范围/mm	5～10
点云密度/cm^{-2}	10
平均精度/mm	5

2.2 局部高精度三维数据获取

10号龛中的释迦佛造像的整体几何测量、详细的几何形状和面积，以及龛壁装饰，特别是其背部和侧面龛壁装饰，需要用到超高精度三维扫描系统。为避免白天由于日光在造像背部产生的阴影干扰，我们选择在夜晚利用结构光光源系统照明，对造像背部和部分侧面龛壁装饰进行超高精度三维扫描。

10号龛内部高度为6.40 m，深度为3 m，移动脚手架的能够到达的位置有限，这为超高精度三维扫描带来了一定的难度。为实现最大限度的超高精度三维扫描，我们在龛外的移动脚手架上操作QT-Sculptor PT-M 1280三维激光扫描仪，最大可能地接近需要扫描的区域，在这个数据采集系统工作距离内，完成了大部分区域的超高精度三维数据采集（图4）。

图4　超高精度扫描系统QT-Sculptor PT-M 1280进行扫描处理

2.3 现场纹理数据采集

创建照片般逼真纹理的仿真三维石窟模型，需要对石窟表面的纹理信息进行仔细摄影记录。纹理图像采集使用数码相机尼康D-100（610万像素）。佛像头部内侧的部分区域，日光下进行的摄影工作不能完全覆盖到，所以现场纹理图像的采集的前提条件是照明条件需在没有直接的太阳光下进行。我们采用理想的、均匀的人工光源和相机的闪光灯来完成对圆觉洞10号龛的龛壁和佛像的拍摄工作。现场为建立三维彩色仿真模型拍摄的纹理数码相片的总数量约600张（表3）。

表3 圆觉洞10号龛现场纹理采集参数

拍摄距离/m	3.3~4.1或0.9~1.4
拍摄面积	1.5 m×1.5 m或0.5 m×0.5 m
输出图像分辨率/mm	1
平均测量精度/mm	0.5
拍摄（删减后）/张	380

3 内业图像处理工作

3.1 工作流程

内业图像处理的基本工作流程是对三维扫描外业采集的测量数据和图像进行后期的处理与加工。为获得照片般逼真纹理的仿真三维石窟模型，内业处理的工作流程更为复杂费时，远远超过了三维扫描现场测量的时间。主要工作包括数据预处理（点云拼接、降噪除冗、数据分割、滤波、点云优化等）、三维形态建模（三角网模型）、纹理贴图（修饰、材质映射）及其他图件制作（正摄影像图、二维平面图）。内业图像处理后最终得到可视化的彩色仿真三维石窟模型[4]，如图5所示。

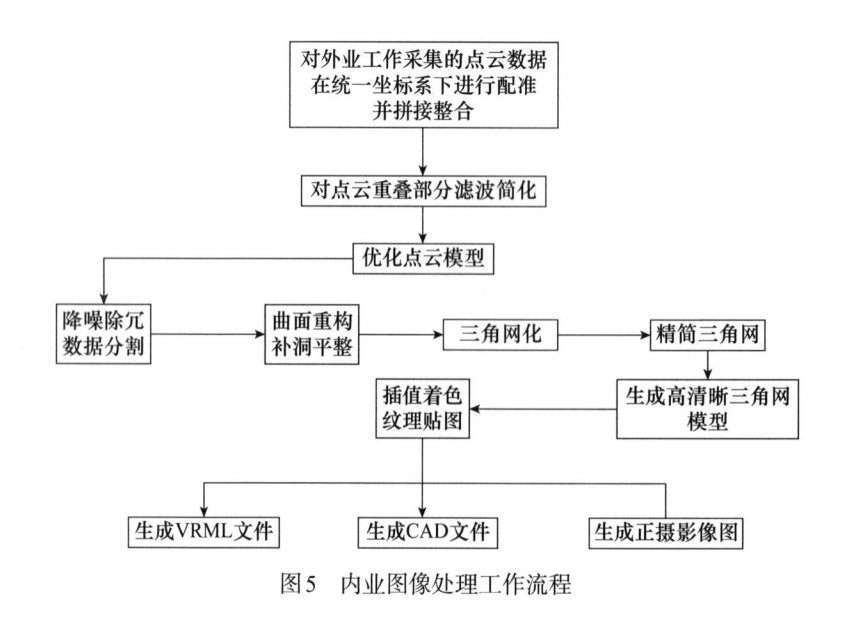

图5 内业图像处理工作流程

3.2 三维形态建模

10号龛内的造像和龛壁上几何细节复杂的装饰的扫描是由超高精度的QT-Sculptor PT-M 1280来完成，其数据由配套软件完成建模处理，再经过进一步的数据配准转换处理与LMS-Z 420i三维激光扫描仪采集的全局三维数据在统一坐标系下相整合。

由于两台扫描仪在不同角度对造像进行扫描，所以得到的点云数据经过软件自动配准后存在大量的数据重叠。如果不处理会给后期构造三角网模型带来影响，所以必须人工对重复的点云数据进行除冗补洞、精简优化，保证这些区域在三角网模型保持原有特征。考虑到各个扫描对象之间存在最佳分辨率的不同，同时考虑到处理数据的计算机性能限制，点云数据整合拼接优化及计算三角网模型过程中，重点对存在点云数据重叠的释迦佛头部区域、右手背后区域、肩部区域以及左右两侧龛壁装饰等部位进行优化除冗。点云数据经过整合拼接后可以消除两台扫描仪产生的数据重叠，再经过优化处理后，就得到10号龛的高清晰三角网模型，三维数据文件为STL格式，从而完成10号龛的三维形态建模（表4~表6）。

表4　圆觉洞10号龛扫描数据记录

低精度扫描次数	60
超高精度扫描次数	378
点云总数	约2500万
低精度扫描平均精度/mm	5.6
超高精度扫描平均精度/mm	0.6~1
最佳整合优化的精度/mm	4.0

表5　10号龛扫描数据的优化除冗

优化除冗后三角网模型的分辨率	
主像背后龛壁	1~5 mm
龛外立面岩壁	5~10 mm
优化除冗后三角网格减少数量	
主像背后龛壁	2万个多边形
龛外立面岩壁	约2万个多边形

表6　三维模型的多边形数量

10号龛模型	精度1：100%/个	精度2：50%/个
整体模型	400万	200万
各子模型多边形数量		
释迦佛与背后区域	200万	100万
龛壁左侧	356000	180000
龛壁右侧	375000	193000
龛内底部	183000	98000
龛内顶部	141000	74000
龛外岩壁	120万	600000

3.3 材质贴图

完成10号龛的三维形态建模后，我们需要在STL格式的三角网模型上进行材质贴图，即纹理映射和渲染工作（图6）。其原理是通过QT-Sculptor PT-M 1280配备的处理软件将现场纹理采集拍摄的数码相片映射到三角网模型上，并对三维模型不同部分在映射过程产生的失真变形数字图像进行校正修复，比如释迦佛头部，右手和肩膀区域在插值着色过程中已经不符合原来的颜色，需通过人工返工的方法对这些区域进行修正。用于映射的数码相片需根据不同位置的光线条件匹配不同色彩，从而实现统一的纹理质量。最后创建出具有照片般逼真的纹理质感效果的仿真三维石窟模型（图7）。

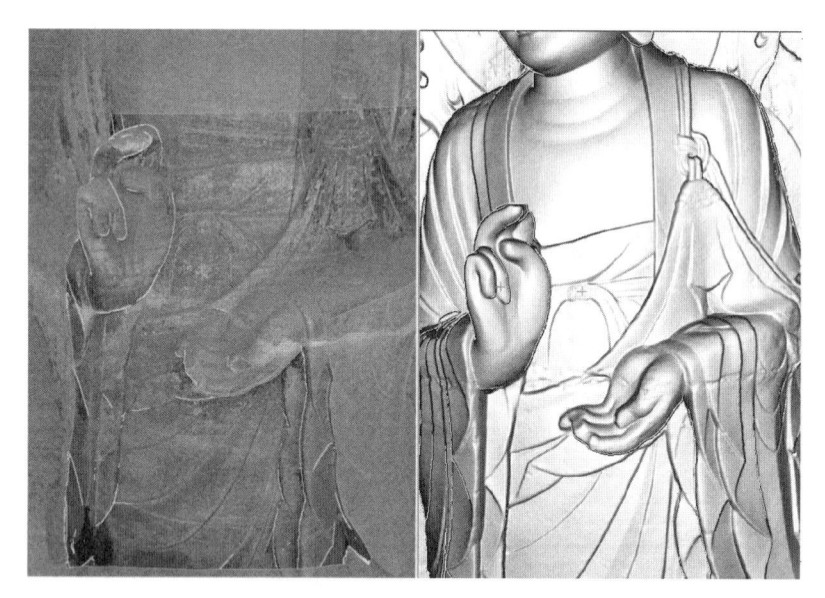

图6　圆觉洞10号龛造像法衣的纹理贴图

（a）点云模型　　　　　　　　（b）三角网模型　　　　　　　　（c）仿真模型

图7　建立圆觉洞10号龛仿真三维石窟模型过程

结论

（1）安岳圆觉洞10号龛的外业数据扫描工作是由低精度的LMS-Z 420i三维激光扫描仪和超高精度QT-Sculptor PT-M 1280三维激光扫描仪共同来完成的。两台扫描仪的扫描范围是允许重叠的。利用三维扫描数据首先可以获得的点云数据模型，再经过整合拼接、除冗优化后可以得到STL格式的三角网模型。通过软件处理将现场纹理采集中拍摄的高清晰数码图像映射到测量目标的三维网模型上，最终建立整体可视化的仿真三维石窟模型。

（2）创建出的仿真三维石窟模型在VRML标准格式下适合提供给观众观看，并且可以在文物三维信息存档和建筑设计工作中使用。

（3）创建完成的仿真三维石窟模型，我们使用Aspect3D软件，将可视化的三维石窟模型与后台的数据库相结合，对模型上任何一点相关的几何数据都可以快速、直观、准确地查看，并可以利用Aspect3D软件对可视化的三维石窟模型打包成可执行文件，用于博物馆动画展示。[5]

（4）从创建完成纹理逼真的三维石窟模型可以快速、方便地获得正摄影像图。在Aspect3D软件中选择正摄影像层，并选择最高打印分辨率（300dpi），计算后得到不同位置的正摄影像图，保存为BMP、PDF等格式后，可以在AutoCAD绘图软件中打开以进行进一步工作。

致谢

安岳圆觉洞10号龛的现场三维数据采集工作得到成都文物考古研究所王毅所长、李明斌副所长和安岳县文物局的支持，安岳圆觉洞10号龛仿真三维石窟模型的后期纹理贴图由中德安岳石窟保护项目课题组委托德国ArcTron公司完成，在此一并致谢。

参 考 文 献

[1]　邓之金. 安岳圆觉洞"西方三圣"名称问题探讨. 四川文物，1991（6）：34.

[2]　付成金. 再识安岳圆觉洞摩崖造像. 四川文物，1991（6）：38.

[3]　臧克. 基于Riegl三维激光扫描仪扫描数据的初步研究. 首都师范大学学报（自然科学版），2007（1）：77-82.

[4]　吴育华，王金华，侯妙乐，等. 三维激光扫描技术在岩土文物保护中的应用. 文物保护与考古科学，2011（4）：104-110.

[5]　ArcTron 3D GmbH. ArcTron 3D: Expertive in Three Dimensions. http://www.arctron.de.2015-09-10.

洛阳龙门双窑窟开凿技术初探*

白玉龙　胡　铭

> **摘　要**　关于龙门双窑窟开凿技术的文献记载和研究成果为数不多，仅依靠双窑现存的雕凿痕迹无法准确解释雕凿工艺。本文从传统的建筑技术入手，借鉴传统石作的技术工艺，结合双窑的雕凿痕迹，对双窑的开凿技术进行推导和诠释。笔者希望对石窟寺开凿技术的研究提供一定的借鉴和参考。
>
> **关键词**　开窟造像　石料加工工具　石作　手法　做法　石活

引言

洛阳龙门石窟中的双窑窟是一组中型洞窟，位于龙门西山中段，约开创于大唐龙朔至乾封年间，是龙门石窟咸亨以前的唐窟中规模较大的。[1] 从双窑的空间尺度来看，前廊较为宽阔，其后壁下宽6.53 m，而北窑与南窑进深分别为6.9 m和7.3 m，高度均在3 m以上，开凿的工程量可谓巨大。从造型艺术来看，双窑南窑在前室开千佛，后室造弥勒及二弟子、二菩萨五尊大像，北窑则造三世佛题材11尊大像，穹隆顶正中雕莲花及飞天，造像规模宏大、布局谨严，雕刻技法可谓精湛，艺术形态可谓优美。以上诸多特征都彰显出功德主身份地位的显赫（图1）。

图1　洛阳龙门双窑

---

*　原文发表于《文物保护与修复的问题（卷二）》，北京：文物出版社，2009年。

如此规模的双窑窟是如何开凿出来的，这正是本文探索的内容。双窑窟开创的时代距离今天已很遥远，当时使用的工具和雕凿工艺已难以寻觅和考究，而存世的文献和现今的研究之中，又相对缺乏这方面的内容，因此研究双窟的开凿技术有一定的难度。不过笔者认为，石窟寺是依山开凿的佛教寺院，是一种建筑形式，石窟寺的开凿技术应该与石构建筑技术、石材加工技术相关。从传统建筑技术和石材加工技术之中寻找和推导石窟寺的开凿方法，应是一条可行之路。

此外，2004年9月至11月笔者有幸参与双窟的保护和修复项目。在前期调查和修复过程中，一些痕迹引起笔者的注意，如前廊窟檐底面的凿痕和窟檐上的方孔、南窟内顶部的凿痕和地面的小坑等。笔者认为，这些施工时遗留下来的痕迹，是开窟造像活动的历史见证，隐含着丰富的信息，可作为研究石窟开凿技术的重要依据。

根据上述情况，本文拟从中国传统的建筑和石作技术入手，对比双窟的雕凿痕迹，尝试对龙门双窑窟的开凿技术进行推测和研究，希望能挖掘一些当时的技术，使我们更具体地了解古代的石窟寺开凿技术。

1 石窟工程

石窟寺作为一种依山开凿的佛教建筑，是随着佛教的传播进入中国的。现存最早的佛教石窟寺在新疆。南北朝以后，随着佛教的传播，中国各地石窟寺营造逐渐兴盛，石窟寺的形制和题材随着佛教的发展不断丰富和变化。宋元后石窟寺的营造走向衰落。

营造石窟寺，需要依山开凿、开窟凿洞。这种建筑技术，其实并不特殊，相当于中国古代石构建筑中的洞窟工程。我国的洞窟工程早在西汉就已出现，如河北满城一号、二号墓，规模很宏大。此外，在一二世纪，四川在山崖上开凿崖墓的风气很盛，不乏规模巨大、制作精良者。开石凿窟的技术，在古代中国就很发达。不仅如此，在工程技术方面，如测量、定位、计划、预算，以至施工、验收、维修利废等，在隋唐之际业已成熟，并且有专职的社会部门与匠人。现可查阅的《思治论》《鲁班营造正式》《营造法式》《考工记》《九章算术》等古代文献里，都有相关的描述。

龙门石窟自北魏太和十八年（公元494年）开始营造，至双窟开凿的大唐显庆、龙朔年间（公元660~661年），已历经160多年。到唐代，龙门的石窟寺营造达到了鼎盛时期。应该说，在双窟开凿的时代，成熟建筑技术和佛教法例相结合，已经形成完备成熟的石窟寺的营造技术。

从双窑窟的具体情况来看，规划统一，气度严谨，在开创之时应当是应用了专业的石窟工程。那么，开凿这么一处石窟，如何规划开窟和造像，使用什么工具，采用什么技术，遵循什么程序，问题颇为具体。以下，笔者将从工具、技术、工程操作等方面进行分析研究。

2 石窟营造的具体工具和技术

石窟寺是在山石上开凿而成，开窟造像所应用的技术应与石作技术密切相关。石材作为一种质地坚硬，坚固耐用的材料，是人们最早接触和使用的建筑材料之一。在《礼记·曲礼》有记载："天子之六工，曰：土工、金工、木工、石工、兽工、草工。"这说明，石工是六工之一，颇受重视。不过，在硬度较强的金属工具产生以前，大量较精确地开采石材是不可能的。从历史上的记载和现有实物来看，石材开采迅速发展时期应该在秦汉以后，这与冶铁技术有密切的关系。工具的进步，促使石材加工技术得以发展。在双窑营造的唐代，应当已臻成熟。

笔者翻阅了一些关于传统石作技术、工艺的资料。以下列举一些传统的石材加工工具，以及传统的石作技术和工艺。

2.1 石料加工的传统工具

2.1.1 工具类型[2]

錾子、扁子、刀子、锤子、斧子、剁斧、哈子、刹子等见图2。图3为西方传统石料加工工具，使用性能上与我国传统工具相类似。这里仅做对比。

其他用具如尺子、弯尺、墨斗、平尺、画签、线坠等，还有大锤、磨头等。

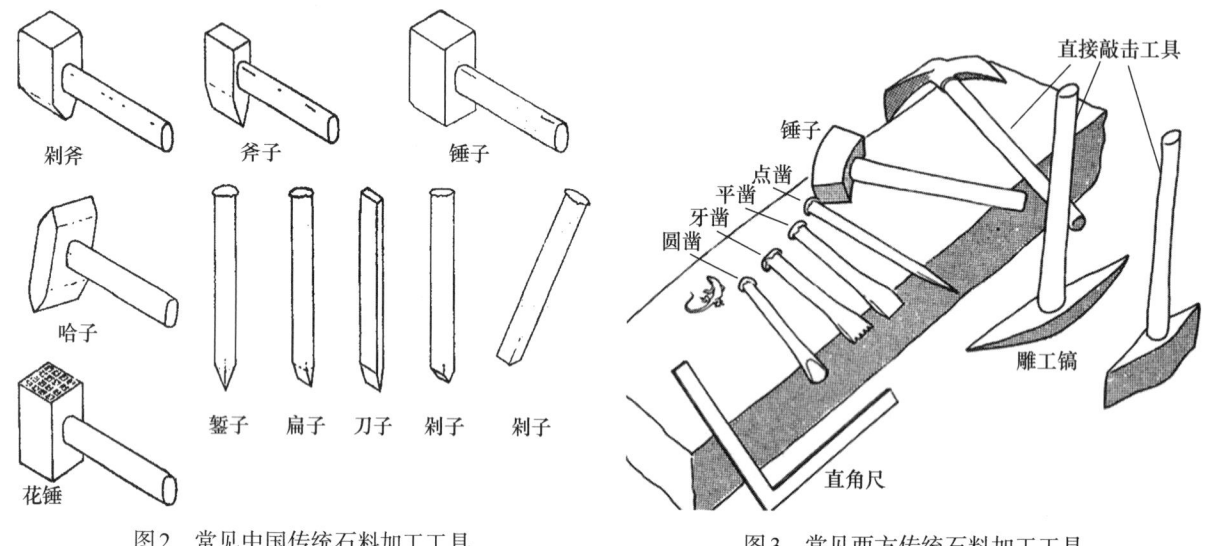

图2 常见中国传统石料加工工具

图3 常见西方传统石料加工工具

2.1.2 工具用途

不同的工具用法不同，比如楔子用来劈开石料，錾子用来打荒和打糙，斧子用于表面精细加工等。磨头用软沙石或油石制作，用于石料磨光。尺子、画签等工具用于定位、测量和画样等工序。

2.2 石料加工的传统方法

2.2.1 石料开采

对石料的开采，古人很早就能运用基本的物理方法，有火烧法、火药爆破法和其他的机械开凿方法。

1）火烧法

火烧法主要是利用高温和气流作用于岩石中的矿物，引起长石、石英、云母等矿物膨胀，从而降低岩石强度，使之易于开采。甚至可以使用"先火烧，后激水"的方法加速岩石的破坏。此方法应用甚早，可上述至战国时期。[3] 经高温火烧过的岩石酥脆易碎，不可加工，所以此方法多用于开山修路等工程项目，在石料开采中也只是辅助技术，在石窟寺开凿中的应用大概很少。龙门双窑这样的空间尺寸，应不用此法。

2）火药爆破法

中国的黑色火药在隋末唐初被发明，在宋代有应用于开采石料的实例。[3] 此法在成熟以后适用于开采大块石料。双窑开凿的年代是唐代前期，黑火药在工程中的应用是否成熟尚未可知，双窑在开凿时未必有此法。

3）机械开凿方法

使用机械工具，利用石材的种类、特征及缺陷（裂隙、隐残、文理不顺、石瑕、石铁等）开石凿窟，古人在很早就掌握了这些方法，并上升到了一定的理论高度，如图4所示，利用花岗岩岩石不同材性的结构断面开采石材，有事半功倍的效果。龙门双窑的石材是石灰岩，石灰岩与花岗岩不同，但也有其特定的解理、缺陷和材性。双窑所处的山体岩石有很多发育的结构裂隙，石材中有很多"红线""黑线"等特征，这些都影响着石材的物理机械性能。利用这些石材缺陷，可以较为容易地开凿石料。

传统的石料开采方法有很多，如"劈""截""凿"等。"劈"就是利用大锤和楔子将石料劈开（图5）。当然，"劈"需要根据具体情况，选择楔窝的排列方向、密度和数量，掌握合适的打击力度与次序，才能安全地开采石料，不产生意外破坏。古人有时会采取其他工具开采石料，如先打出楔窝，然后打入木质楔子，浸水使之膨胀，使岩石扩张自然分裂。"截""凿"等操作则是利用大锤、剁斧、錾子等截断石料或"打荒"（去除多余石料）（图6）。

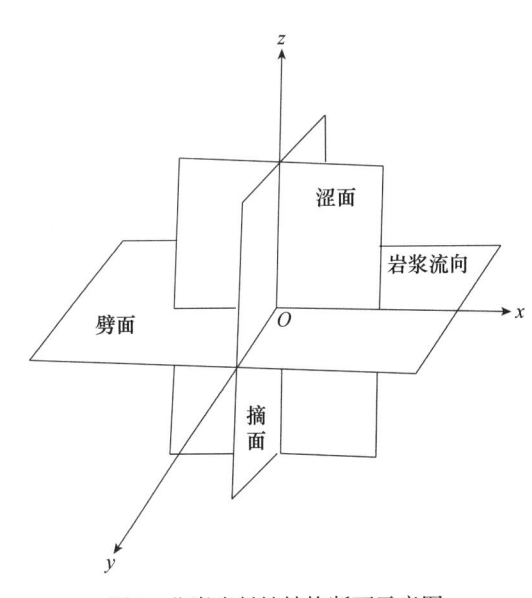

图4　花岗岩材性结构断面示意图

2.2.2　石料加工手法

传统石材加工手法主要有"扁光""打道""刺点""剁斧""砸花锤""锯""磨光"等。[2] 这些手法主要是找平和精加工。东汉时已使用"磨光"手法来加工建筑石材。

双窑开窟造像使用的工具和技术，应是这些基本工具和技法的应用。笔者认为，双窑窟在营造当时，使用机械法开凿和加工的可能性最大。

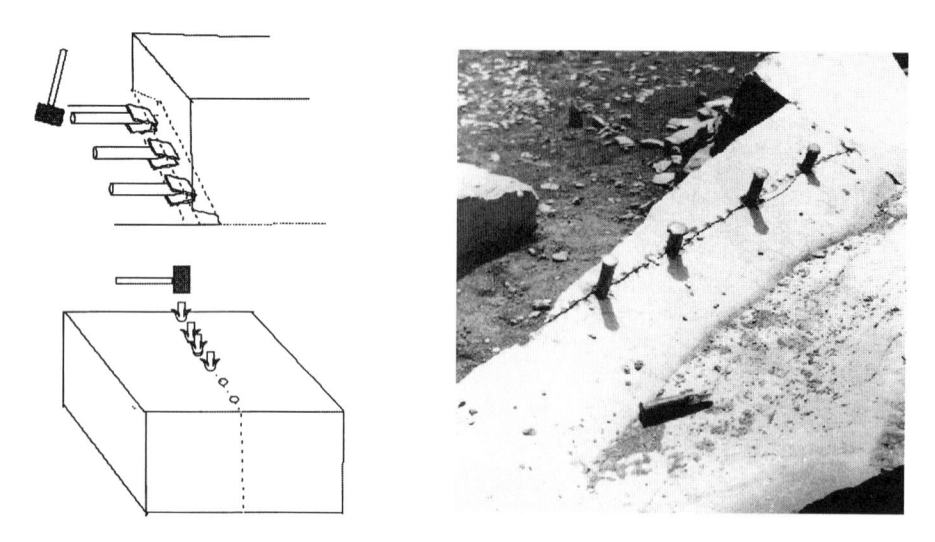

图5　石材开采方法——劈

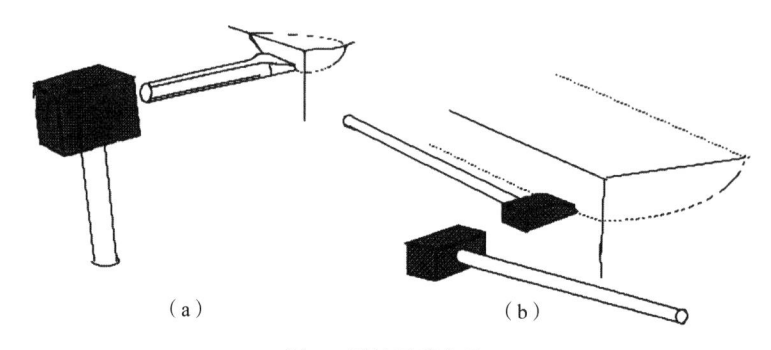

图6　石材开采方法
（a）凿；（b）截

2.3　石料表面做法

石窟内不同部位对石料表面的加工要求是不同的。顶部如果是素面（如双窑南窑），就可以粗糙一些；造像表面就要求光滑细腻，不能有凿斫痕迹。不同的表面效果需要应用不同的工具和做法。

通常以某种手法为最后一道工序，就叫某种做法，如最后磨光的，就叫磨光做法。[4]

2.3.1　几种常见做法

（1）打道：根据一寸之内打道的多少，分为"一寸三"、"一寸五"、"一寸七"、"一寸九"和"十一道"。按此方法可划分为糙道做法、细道做法（也称刷道）。

（2）扁光：用扁子加工石材表面，使之光整。

（3）砸花锤：进一步将石面砸平。多用于铺墁地面。

（4）剁斧：用剁斧加工石材表面，使之平整。一般在砸花锤后进行，是比较讲究的石活。

（5）磨光：一般只用于某些极讲究的做法。如造像。

2.3.2 做细和做糙

（1）做细：将石料加工至平整、准确，外观细致、美观。

（2）做糙：表面较粗糙，规格基本准确。外观平整，风格粗犷。

2.4 石料加工的一般程序[5]

石料加工的基本程序是：确定荒料—打荒—打大底—装线抄平—坎口、齐边—刺点或打道—打扎线（图7）—打小面—截头—砸花锤—剁斧—刷细道或磨光。

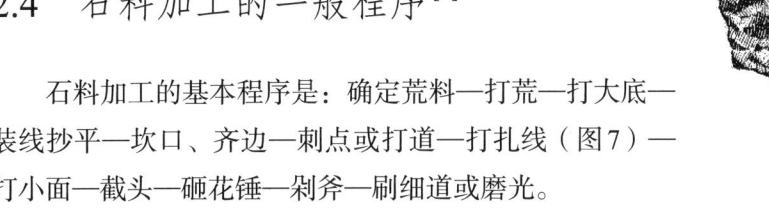

图7 打扎线

宋《营造法式》中石作制度记述有六道工序，即打剥、粗搏、细漉、褊棱、斫砟、磨礲。由粗至细的加工过程中，加工手法的次序和种类可根据实际情况进行调整，某些工序需要反复进行。

以上为文献中记载的石材加工工具及加工手法、表面做法等内容。双窑窟的营造可能使用了其中多种工具和技术，当然也许还有文献中没有记载的工具和技术。不过笔者相信，成熟的石作工具及技术工艺的应用，是石窟工程顺利进行的基础。

3 石窟工程的要素

开窟造像工程中加工石料，与建筑或装饰石料的加工相似，都需要从找荒、打荒开始，直至精加工。从技术角度来讲，加工手法、程序应相雷同。两者的不同之处在于开窟造像是开采岩石后造就一定空间，再对既定空间内的岩石表面进行加工；而后者则是对开采出来的石材进行加工。

另外，石窟寺的开凿与当时的政治、宗教活动密切相关，一般规模较大，工期很长，往往是一项较大的工程，不同于一般的建筑施工或工艺品制造。在工程的设计、管理和施工及验收方面，开窟造像具有独特的地方。

3.1 功德主与工官

我国各个时期石窟镌造的经营形式，大体上可分为官营、僧营、社营和户营四种。双窑窟的规模在龙门咸亨以前的唐窟中仅次于潜溪寺，比纪王李慎生母太妃韦氏所开的敬善寺的规模大，比魏王李泰为亡母长孙皇后所开的宾阳南窟正壁一铺主像的工程量还大。[1]这说明双窑的功德主地位显赫，不是普通的仕宦和香客居士。双窑窟的经营形式很有可能为官营。另外，造型艺术方面的研究表明，双窑造像本于《法华经》，可能与天台宗有某种关系。[1]作为统治阶层的高层，双窑的功德主可以决定双窑开凿的规模、位置以及其他特征。双窑的开窟造像与其功德主的政治、宗教活动相关。

石窟工程里还有一个重要环节，那就是工官。从传说中尧舜时代的"宗工"到《周礼》中的"冬官"，从秦代的"将作少府"到西汉以降的"将作大匠"，直到隋唐的将作监，历朝历代的生产技术和管理权都集中在这些工官手里。双窑窟若是官营开凿，就应该有工官的参与，工官负责开凿工程的设计规划、预算、施工和验收等工作，可以是工程的主持人。也有技术精湛的匠人（称梓人或都料匠）主持石窟工程的，这种情形多见于户营石窟工程。

3.2 前期工作

3.2.1 选址、设计规划、预算

石窟寺的选址，是基于宗教、政治、自然地理甚至中国本土风水学的认识上开展的，带有浓厚的宗教和时代特征。

双窑这么大规模的石窟寺，其选址、设计规划和预算应由工官或参与设计和施工的"梓人"（都料匠）负责。工程设计者根据当时代可收集到的资料进行设计，提出设计图、比例图甚至模型。如《魏书·李兴业传》记述有东魏迁都邺城的"具造新图"；《隋书·宇文恺传》记述了宇文恺的《明堂议表》，其中提到了按比例绘制有标准尺度的建筑图，另有《明堂图议》二卷，并提到宇文恺制作了木样。[6]双窑的设计应当有一套完善、严格的程序。至于造像的尺寸形象，当与当时的佛教法例相关。

匠师或工程主持人还有一个重要的责任，就是提出材料、人工的预算。[7]在宋代的《营造法式》中，对各工种的材料使用，就有科学、严密的统计作为定额基础。

3.2.2 施工准备

施工准备包括材料的储存运输、人员的调集、道路和场地的平整等。施工准备要对整个工程的用工进行预算和安排，更重要的是对材料进行计算、选择、运输和储存。早在《左传》中就有对施工准备的描述，《营造法式》中也有相应的记述。

3.3 施工阶段

将已确定的设计方案加以实施，实现预期目标，是施工的全过程。在这个过程中，需要工程主持人的统筹和各工种及材料的配合。

3.3.1 梓人与工匠

隋唐时候，有专业的工匠，大部分为独立手工业者，其中有一部分隶属官府。工匠中技艺较高者常作为民间修缮工作的主持人，称"都料匠"，也可受雇于官府。唐柳宗元的《梓人传》中就有相关描述。[8]如石窟寺这一类工程，对施工的技术要求极高，往往需要集中最优秀的匠人和梓人。

3.3.2 定位、测量与计算

定位包括定向、定平、定垂直；测量包括距离、高度、面积、体积等。磁针定位法、天体定位法，以及水平仪、垂线等工具在古代中国的应用历史非常久远，在隋唐到宋时已很成熟。同时期的测绘技术也很发达。

定位与测算是工程进行过程中的重要一环，它决定着设计方案实现的精确程度，也就是说关系着工程的质量。

3.3.3 开窟造像

一切准备就绪，可以按部就班地施工。古代的工程施工基本依靠匠人和工人的体力劳动，龙门双窑这么大的工程，需要若干年才能完工，其间不知集中了多少劳动人民的智慧和汗水。

3.4 施工检验与校正

古人对夯土、大木构、瓦作、地面阶沿等工程有专门质量检验方法，《梦溪笔谈》《九章算术》《营造法式》中都有记载。石窟寺施工检验的方法不甚清楚，可能在测绘角度和宗教美学角度有相应标准。

3.5 维修与利废

中国古代对建筑物的维护有专门的要求（可参见《营造法式》）。石窟寺与木构建筑不同，耐久性相对较好，但由于石窟寺是重要的宗教场所和官方的礼仪场所，受到的重视程度自然非同一般，应有一定的维护制度。

4 石窟工程的技术流程

古代中国在工程设计和工程施工方面有成熟的技术方法，这在文献之中有很多记述。开凿石窟寺同样是工程项目，而且是当时的重大工程，其施工量大、质量要求高，非普通工程可比，对石窟寺的工程管理亦非一般，但是历史文献中关于石窟寺营造技术的记述并不多。应用其他工程管理的方法可以解释石窟寺营造的一些相关问题，但无法诠释所有的技术细节。

本文对双窑石质表面的雕琢痕迹进行了观察和研究，同时参照了传统的石材加工技术，尝试着对石窟寺开凿的技术流程进行分析，具体内容如下。

4.1 定位与测绘

按照规划方案进行开凿，首先需要确定洞窟的空间位置。空间位置的确定包括定向、确定水平面、垂线，以及确定空间角。早在汉代的《九章算术》和三国的《海岛算经》中，就已经有测绘方面的计算方法。在双窑开凿时，应该有成熟的测绘技术。设置基准点，运用一些几何法则，就可以精确地确定洞窟的空间位置。

测绘的工具，主要有垂线、平尺、弯尺等。测量水平的水准工具不甚确切，现已知最早的水准工具是唐肃宗乾元二年（公元759年）李筌著《神机制敌太白阴经》中所描绘的"水平"，不过在《周礼·考工记》《庄子》《尚书大传》中都有关于"定平用水"的描述，甚至提到了标杆。龙门双窑开凿时代应该具有测定水准的相应工具。

4.2 凿石开窟

4.2.1 开凿方法

上文已经提到，双窑窟的开凿应使用楔子、錾子、扁子、锤子等工具和"劈""凿"等手法，不用火烧法。机械法开凿石窟，可以利用石质原有的缺陷（裂隙、隐残、石瑕等），提升开凿效率。相对来讲，机械法开凿石窟费工费时，但能保证不影响石材的性能。

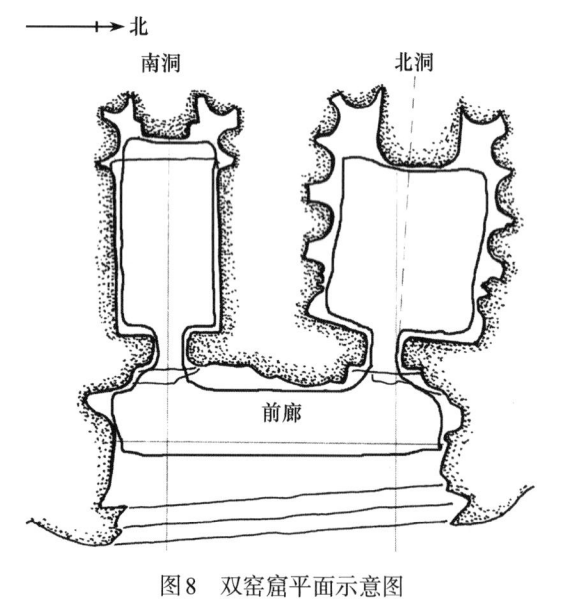

4.2.2 开洞

开凿双窑各洞室，最先开凿的空间小于设计空间。开凿时空间位置的确定，由预先设置的基准点来控制。

从双窑北窑的菩萨造像来看，洞外侧的两尊比靠洞内侧的两尊更为成功和优美，似乎暗示着北窑大像的雕凿是依照先内后外的次序进行的。[9]这也就是说，洞窟空间是一次开凿形成的。

如图8所示，红色区域应该为开洞形成的空间，此区域小于设计空间，留有充分的加工余地。在此空间的基础上，再进行其他工序的操作。

南窑的造像风格略晚于北窑，那么南窑的开凿也许晚于北窑。不管开洞早晚，南窑的开凿程序与北窑应该是一致的。

图8 双窑窟平面示意图

4.2.3 打荒

在开出来的空间内，使用大锤、凿子、錾子、扁子等工具，慢慢修整空间的各个壁面。使用抄平放线的方法，初步找平各壁面，为进一步加工打好基础。

4.3 平面加工

（1）南窟前室两壁、东壁、洞顶部可使用打扎线或大面装线抄平的方法，将平面加工出来。南窟的顶部为素面，可以简化操作工序，如抄平后即可进行扁光和打糙道。经过这两道工序，南窟顶部基本可达到平整。现今可以看到的南窟顶部没有明显的打细道的痕迹。

（2）南窟的南北两壁面的千佛，是在平面上做"凿活"，即"减地"做出浮雕，那么墙壁平面的加工是第一步的工作。南窟南北两壁平面的加工需要抄平，然后打道、扁光，可能找平后还进行了砸花锤等工序。

（3）双窟前廊窟檐底部的加工方法较为简单，使用做糙的做法，即在大面抄平后打糙道找平。相比较而言，北窟和南窟两洞的甬道顶部加工就较为精细，使用扁光和打道处理（图9、图10）。

图9　北窟甬道顶部及窟檐底部

图10　南窟地面的加工痕迹

（4）前廊、南窟和北窟内大像周围的素面，加工的平整程度更高，估计在打荒抄平之后使用扁光和刷细道，可能还使用砸花锤、剁斧等手法。在这些表面可以看到明显的刷细道痕迹，在小龛中也有（图11、图12）。

图11 前廊素面上的刷细道痕迹

图12 南窟后壁素面上的凿痕

4.4 凿活

双窟南窟南北两壁的千佛是典型的"凿活"，即在加工好的平面上挖龛造像。千佛的雕凿有以下一些程序：

（1）画：先在较厚的纸上打稿子（起谱子），然后用针沿着花纹在纸上扎孔（扎谱子），再把纸贴在石面上，用棉花团等物蘸红土粉在针眼位置不断拍打（拍谱子），这样花纹就留在石面上。可用笔将花纹描绘清楚（过谱子），用錾子沿线条"穿"一遍，就可以进行下一步的雕刻了。也可以直接在石材平面上绘制图案。

（2）打糙：根据"穿"出的图案把锥形雕凿出来。

（3）见细：在打糙的基础上用笔将图案的某些局部画出来，如佛像的面部。用錾子或扁子雕刻图案细部，雕刻完毕之后，用扁子扁光修净。也许手艺高超的工匠，可以直接加工细部，不需要细节底稿。

双窟晚期小龛的开凿，使用的技术流程应与此相同。

4.5 圆身

双窑的佛像、菩萨、弟子、力士等大像，是双窑窟最重要的石雕，都是圆身或半圆身作法的例子。圆身作法包括以下过程：

（1）出坯子：根据设计要求将石料多余的部分除去。

（2）凿荒：按照比例关系，在坯料上弹画出造像的大致轮廓，然后将多余的石料凿去。

（3）打糙：凿出造像的基本轮廓。

（4）掏挖空当：掏挖造像肢体、服饰上的空当。

（5）打细：在造像上勾画出全部细节并雕凿清楚，然后用扁子、剁斧、磨头等工具进行扁光、剁斧和磨光等处理。

顺便提一句，关于造像轮廓的确定，当时应有一套方法。把平面的图纸形象转换成立体的雕像，轮廓的控制需要一定的技术。在荒料上分面画投影图还是雕凿时用等距仪或比例规控制，还需要深入调查研究。

4.6 平整地面

为防止雕凿过程中破坏地面，对地面的加工在全部工程的最后进行。地面的处理相对较为简单，一般在打荒之后放线抄平，然后扁光、打道。双窑窟的地面因为历史上使用的缘故，磨损严重，但在靠近墙边处还可以看到一些打道的痕迹（图10）。

4.7 关于加工的顺序

洞窟内的表面雕凿顺序应当是自上而下，目的是避免工具或石块下落碰撞破坏下方的石刻。

5 双窑窟开凿痕迹的若干分析

双窑窟内留下了很多开凿的痕迹，为石窟寺雕凿工艺的研究提供了丰富的资料。除了以上的一些内容外，还有另外一些信息值得注意，陈述如下。

5.1 前廊窟檐的雕凿形式

（1）前廊窟檐从前廊后壁顶部向前延伸0.5～0.6 m，前部略低。这样有利于檐外雨水的排泄，不至于流淌至后壁。

（2）前廊窟檐与后壁顶部为"漫圆相交"，这是当时开窟的艺术形式。从技术角度来讲，"漫圆相交"可分散转折之处的应力，对窟檐的稳定起到一定作用。不过由于前廊窟檐较薄，加上窟檐到后壁顶部的转折还是较为"生硬"，在窟檐与后壁相交处还是出现一条裂隙（图13）。

图13 窟檐到后壁转折处的裂隙

（3）前廊窟檐底部为平面，凿有斜向平行的凹痕。从技术角度来讲仅仅是找平、做糙，但从装饰角度看则显得疏朗粗犷。窟檐底部的平整度与前廊后壁相比去之甚远，不过窟檐底部相对来讲比较隐蔽，不影响前廊的整体视觉效果。

（4）窟檐上有方形洞眼和横向凹槽，说明原来应有木椽和横枋，也就是说双窟原来曾有木结构的前檐。

5.2 双窟造像的缺失处

5.2.1 南窟南壁缺失处

南窟南壁有一处面积较大的缺失（图14）。缺失的位置在一条裂隙周边。缺失周围的小龛有些顺着墙面向内凹进，也就是说这些小龛的平面低于周围其他小龛。另有一些小龛没能完整雕凿出来。

从这些现象来看，这处缺失应在开凿小龛之前或开凿小龛时形成。在开凿洞室、加工南壁墙面的时候，可能因为这条裂隙周围的石质有缺陷而发生剥落，那么开凿小龛时就无法在这里造像了。

图14 南窟南壁缺失处

5.2.2 裂隙周围其他缺失处

双窟洞内可见很多构造裂隙。如南窟后壁南侧有一处较深的裂隙，裂隙内填充有灰泥材料，估计工匠在开凿时就进行了填充修补，以协调外观。有些地方则由于石材本身的原因或雕凿的影响，在开凿时发生破碎和剥落，形成凹坑，在调查时我们发现这些坑内填充有灰浆类物质，当为修补之用。

5.2.3 大像的缺失

双窟内一些大像在开凿之后受多种原因，肢体发生缺失。后人曾做修补，在缺失处的断面凿出孔洞，然后用木骨泥塑的方法补全。南窟佛像缺失严重，佛像右手和右膝补全时泥塑或灰浆附着不稳，工匠就在断面打糙道处理，除找平断裂面之外，还能增加补全物与佛像的结合。

5.3 地面的特征

（1）北窟和南窟的地面都是内高外低，其中北窟的地面倾角为2°30′，南窟的地面倾角为2°，甚至南窑的顶部也是内高外低。洞内地面甬道口处比外廊地面高出6 cm，这样做的目的当是便于排泄洞窟内的渗水和积水。

（2）洞内地面由于使用的影响，磨损较严重，尤其是在门口处很光滑。地面靠近两壁处约60 cm的范围内可见加工痕迹，有间距2 cm的平行斜向条纹，说明开凿时使用打道手法作找平和防滑处理。

（3）北窑、南窑地面的西端、大佛像前都有方形凹坑，估计原是狮子座的位置。[10]这样看来洞内原有的狮子座为单独加工的圆雕构件，可移动。

（4）北窑和南窑的地面都有灰浆修补痕迹，前人的修补对地面的防磨损、利水及外观协调都有一定意义。

5.4　妆銮痕迹

修复过程中，在佛像表面发现一些颜料残迹。这些残迹有几种类型，一种是颜料直接涂布在石材表面，有些则在石材表面先涂布白垩再涂绘颜料，还有个别处发现多层颜料。这说明双窑窟曾进行过妆銮。在古代，有对石窟寺进行妆銮和维修的做法。不过由于残迹遗留太少，无法准确判断妆銮的时间和形式。

结论

借对龙门双窑窟进行全面保护修复的机会，笔者有幸近距离全面、仔细地观摩这些精美的石窟艺术。从前期调查到修复操作，笔者观察到很多雕凿的痕迹，并发现一些被掩盖的痕迹和前人修复痕迹。

这些残留在石刻表面的雕凿痕迹不禁让人联想到开凿的工具和雕凿技术，但仅仅依靠这些雕凿痕迹不能准确解释开凿工艺。双窑窟规模宏大，在龙门石窟中占有重要地位，但关于开凿技术的文献记载甚少，相关研究也不多。调查双窑窟开凿的工艺，困难不小。

不过，双窑窟是石窟寺，其营造加工方法应与石材加工方法相近。笔者认为，从建筑工程和石材加工的角度来认识和研究双窑窟的开凿技术工艺，应具有一定的可行性。经查阅相关资料，笔者从传统建筑技术和石材加工技术方面得到一些启示，尝试着对双窑窟开创时的雕凿工具和开凿工艺进行研究和推测，遂有本文。

本文仅就双窑的特征解释双窑的开凿技术，所陈述的内容不足以解释其他洞窟或其他石窟寺的开凿技术工艺。

由于水平有限，研究的结论一定存在很多纰漏和错误，请专家、学者和同行不吝赐教，感谢之至。

致谢

本文在撰写过程中得到龙门石窟研究所、中国文物研究所的大力支持，并得到意大利Micheli教授、Vakalis教授、中国文物研究所詹长法教授以及中意合作文物保护修复培训班诸多同行的指导和帮助，笔者在此表示衷心的感谢！

参 考 文 献

[1] 龙门文物保管所. 洛阳龙门双窑. 考古学报, 1988（1）: 129.

[2] 刘大可. 中国古建筑瓦石营法. 北京: 中国建筑工业出版社, 1993: 266-271.

[3] 中国科学院自然科学史研究所. 中国古代建筑技术史. 北京: 科学出版社, 1985: 423.

[4] 刘大可. 中国古建筑瓦石营法. 北京: 中国建筑工业出版社, 1993: 268-269.

[5] 刘大可. 中国古建筑瓦石营法. 北京: 中国建筑工业出版社, 1993: 269-271.

[6] 中国科学院自然科学史研究所. 中国古代建筑技术史. 北京: 科学出版社, 1985: 886-889.

[7] 中国科学院自然科学史研究所. 中国古代建筑技术史. 北京: 科学出版社, 1985: 889-890.

[8] 中国科学院自然科学史研究所. 中国古代建筑技术史. 北京: 科学出版社, 1985: 884-885.

[9] 龙门文物保管所. 洛阳龙门双窑. 考古学报, 1988（1）: 126.

[10] 龙门文物保管所. 洛阳龙门双窑. 考古学报, 1988（1）: 127.

五 考古发掘现场保护

古墓中的有害物质及其防护措施*

肖 嶙

> **摘 要** 本文初论古墓中较常见的侵害考古人员健康的有害物质，并提出相应的防护措施。
> **关键词** 有害物质 人体 侵害 防护

古墓发掘是田野考古发掘的一个十分重要的方面。从现今的大量发掘报告来看，对古墓发掘的论述大多仅限于墓葬的形制、出土器物、年代的判定以及其历史价值上，而对古墓中有害物质的论述、研究仍然是一个空白。当我们取得一个又一个重大考古发现的辉煌时，往往忽略田野考古特别是古墓发掘中有害物质对发掘主体——考古人员身体的侵害。本文试图从零星的材料中披沙拣金，略述论之。

1 古墓中的有害物质

上至新石器时代，下迄明清，古墓葬千千万万，形形色色。古墓中的有害物质一般分为五种。

1.1 有毒气体

古墓长期埋于地底，环境各异，有可能产生瘴气以及大量的一氧化碳。这些有害气体对人体都十分有害，严重者甚至导致生命危险。譬如，一氧化碳进入血液，与血红蛋白结合成牢固的碳氧血红蛋白，使血红蛋白失去携氧能力，同时又与还原型细胞色素氧化酶的二价铁结合，直接抑制组织细胞利用氧的能力，表现为窒息症状。长期接触低浓度一氧化碳，可造成慢性中毒，以神经衰弱综合征多见。

1.2 金属毒物及霉菌

众所周知，古墓之中一般来说以陶瓷器皿及金属器物较为多见。随葬品金属中铅、汞、锰以蒸气和粉尘的形态进入人体，均可导致中毒。慢性铅中毒可导致人体神经系统、消化系统、血液系统及肾脏的损害。出现头痛、肌肉关节酸痛、全身无力、睡眠障碍、食欲不振等，另外还会出现口内有金属味、便秘和腹绞痛甚至造成贫血。汞又称水银，银白色液态金属，不溶于水，能溶于脂肪。汞在常温

---

* 原文发表于《四川文物》，1998年第5期。

下即蒸发，20℃时汞蒸气饱和浓度可达国家卫生标准的1000倍以上，温度越高，蒸发量越大。汞蒸气很容易被不光滑的墓壁、地面、工具及衣服所吸附。慢性汞中毒初期表现为神经衰弱症状，进一步发展则出现易兴奋、震颤和口腔炎等典型症状。急性汞中毒最初有头痛、头昏、乏力、失眠、多梦、低或中等度发热等神经系统及全身症状；明显的口腔炎及胃肠道症状，表现为口内金属味、牙龈红肿、酸痛、糜烂、出血、牙根松动、流涎，以及食欲不振、恶心、腹痛、腹泻、水样便或大便带血等。部分中毒者可发病1～3天后出现汞毒性皮炎，表现为红色斑疹、丘疹，以躯干及四肢为多；少数严重病人可发生间质性肺炎，并可能有蛋白尿及肝大。汞中毒肾炎一般在中毒后4～10天发生，严重者1～2天即可出现，尿中有蛋白，管型和血尿，严重坏死性肾病可少尿或无尿，因急性肾功能衰竭而致死。锰尘进入人体导致中毒，表现为记忆力减退、嗜睡、有时四肢麻木、疼痛或肌肉痉挛等。另外，古墓中霉菌等有害物质可导致皮肤病及人体功能器官的损害。

1.3 古墓中墓主体本身所携带的病菌及有害物质

以马王堆汉墓主人为例，通过医学解剖证明，她在世时曾患过许多疾病，她有动脉硬化症，肺部有结核病留下的钙化病灶，腹中有血吸虫、蛲虫和鞭虫等三种寄生虫的卵。[1]一般而言，墓主所携的有害物质及病菌因年代久远可能失却其功能，但对大量的明清墓葬而言，这种有害物质和病菌则是可以传染人体的。据报章记载，前年甘肃省某县不慎挖掘一霍乱患者的晚清古墓而引发了数十人传染霍乱而死的惨剧。如果不是当地防疫部门的措施及时得当，后果不堪设想。

1.4 湿气对人体健康的损害

古墓中的潮湿不利于身体健康，使其成为感冒、呼吸道炎症、风湿病、精神病、结核病等恶化的诱因。潮湿还影响人的精神和情绪。当相对湿度太低，空气过于干燥时，可引起皮炎，口鼻、气管黏膜干裂与出血，易产生感染与炎症，潮湿环境对肾脏病、慢性腰腿痛都有不良影响。

1.5 墓主安葬时为了避免后世盗墓者而安放的不确定毒物与墓葬机关

这更是防不胜防，给发掘者带来伤害。上述所言古墓中的有害物质，有些考古报告中曾明确谈及，长沙马王堆一号汉墓古尸中就有大量的铅、汞、砷等毒物，其含量超过正常人数十倍到数百倍。[2]

2 古墓发掘中防止有害物质的几项措施

在墓葬考古发掘中要尽可能地避免有害物质对人体的侵害，做到有备无患。要注意以下几个问题，采取以下几项措施。

（1）搞好个人防护，提高预防中毒意识。良好的个人防护在一定条件下也能起重要作用，对古墓金属毒物的预防、防尘口罩、防毒面具、工作服、手套等具有重要意义。此外，条件许可，在古墓发掘地最好设置有淋浴间、冲洗设备、更衣间等，便于有害物质的清除。

（2）当墓室开门之后，要注意墓内的空气流通，发掘人员穿上必要的防护服和面罩，方可入室。必要时，可做生物活体实验，再进墓室。

（3）定期进行健康体检。因为尽管作了上述的防护措施，有害物质的侵害要完全避免目前是不可能的。因此，除了定期的常规身体检查之外，还必须定期对考古队员进行专项的检查，以早期发现铅、汞、锰等金属中毒。因为我国现今已有铅、汞、锰等金属中毒的诊断标准及处理原则。此外还可使用药物和传统方法进行防护，如中草药、绿豆汤等。

（4）对要发掘的古墓特别是明清墓葬要有一个粗略的了解。从现有遗存和文献中尽可能多地了解墓主是谁、死因、墓的形制、墓主的社会关系等，以便完善发掘前的安全防护措施，以避免有害物质对人体不必要的伤害。同时注意对晚期墓葬出土文物的防护处理，如玉器、金器、青铜器等的消毒处理，避免资料整理、收藏过程中的再次污染。

参 考 文 献

[1] 夏鼐. 考古与科技史. 考古，1977（2）.

[2] 湖南医学院. 长沙马王堆一号汉墓古尸研究. 北京：文物出版社，1980.

成都市琉璃乡明蜀定王次妃墓内空气质量及汞的测试防护*

肖 嶙

> **摘 要** 国内首次采用红外气体分析器及等离子体发射光谱仪等对考古墓葬中空气样品和土壤样品进行研究分析。明确指出，考古发掘墓葬内存在的有害物质对考古人员可能造成健康危害，并提出相应的防护措施。
>
> **关键词** 明蜀定王次妃墓 空气质量 汞 硫黄粉

引言

1998年12月，在成都市锦江区琉璃乡潘家沟十二组三环路建设施工中，发现一处大型明代砖结构墓葬。1999年1月23日，成都市文物考古工作队进入现场进行抢救性的勘探及发掘准备工作。同时，技术人员对古墓中空气质量及金属毒物汞的测试和防护工作亦同步进行。

1999年3月5日，成都市文物考古工作队正式开始明蜀定王次妃墓的发掘。开启墓门前，笔者同四川省环境监测站大气室工作人员一道，从地宫券顶的原盗洞处放入探管分别采取前、中、后室的空气样品，测试的墓内空气质量如表1所示。

表1 成都市琉璃乡潘家沟明蜀定王次妃墓空气质量测试结果 （单位：mg/m³）

墓室 \ 项目 测试结果	O_2[①]	CO	H_2S	Hg蒸气
前室	19.8	12.5	0.034	$3.2×10^{-3}$
中室	19.8	12.5	0.062	未检出[③]
后室	19.8	12.5	0.086	$1.62×10^{-3}$
标准限值[④] 车间空气	19.8[②]	30	10	0.01
标准限值[④] 居住区	19.8[②]	9.00	0.01	$3.0×10^{-4}$

注：①O_2的浓度单位为"%"；②为成都地区正常空气中氧气的含量（mol/mol）；③Hg的检出限为$5.0×10^{-5}$ mg/m³；④《工业企业设计卫生标准》TJ 36—79。

---

* 原文发表于《四川文物》，1999年第6期。

监测结果表明，由于该墓数次被盗，其所留下的盗洞使墓内空气与大气长期相通，故氧气与墓室外大气中含量一致，CO、H₂S和Hg蒸气也未超过《工业企业设计卫生标准》（TJ 36—79）车间空气中有害物质的最高允许浓度。但是CO和H₂S普遍超过居民居住区大气中有害物质最高允许浓度，前室和后室中，Hg蒸气也超过最高允许浓度。

众所周知，CO、H₂S及Hg蒸气对人体危害甚大。要言之，第一类是一氧化碳（CO）气体。一氧化碳进入血液，与血红蛋白结合成牢固的碳氧血红蛋白，使血红蛋白失去携氧能力，同时又与还原型细胞色素氧化酶的二价铁结合，直接抑制组织细胞利用氧的能力，表现为窒息症状。长期接触低浓度一氧化碳，可造成慢性中毒，以神经衰弱综合征多见。第二类是硫化氢（H₂S）气体。吸入微量硫化氢气体，即发生头痛和晕眩。硫化氢虽有毒，但因具有特殊的似腐蛋的臭味而容易被人察觉。第三类是汞（Hg）。汞在常温下即蒸发成汞蒸气，汞中毒表现为有头痛、头昏、乏力、失眠、多梦、低或中等度发热等神经系统及全身症状，明显的口腔炎及胃肠道症状，严重会因急性肾功能衰竭而致死。由此可见，在不做任何防范而进入这类空气质量受严重污染且相对封闭的墓室进行发掘时，考古人员的身体健康会受到严重的损害。因此，配合这次抢救性发掘，依据以前研究成果，我们在开启墓门前，做好了充分的准备工作。现场准备好防毒面具、手套、胶靴、工作服及用于防止汞蒸气进一步扩散的硫黄粉。使用硫黄粉，是因为呈液态的汞与粉状硫在室温下就能反应成硫汞齐，硫汞齐不会被人吸收，从而防止汞中毒。

开启墓门的当天，我们进入古墓采集了墓室前、中、后室堆积的淤泥及空气样，随后又于3月8日测试了墓室中汞蒸气含量，3月26日采集了后室土壤样品。经省环境监测站及四川大学分析测试中心测试，结果如表2、表3所示：

表2　墓室内汞蒸气测试结果　　　　　　　　　　　　　　　　单位：mg/m³

墓室	Hg	
	1999年3月5日测试	1999年3月8日测试
前室	3.2×10^{-3}	1.4×10^{-4}
中室	未检出	未检出
后室	1.62×10^{-3}	5.3×10^{-5}

注：Hg的检出限为5.0×10^{-5} mg/m³。

表3　墓室内土壤中汞含量测试结果　　　　　　　　　　　　　单位：10^{-6}

墓室	Hg	
	1999年3月5日测试	1999年3月26日测试
前室	163	
中室	831	
后室	5580	145

注：《环境质量与污染物排放国家标准汇编》土壤环境质量标准值（二级）汞标准限值：Hg低于50×10^{-6}。

从表2、表3分析可以看出：

其一，墓室内确有汞污染源存在，且土壤中汞含量远远大于空气中汞含量，这说明呈液态的汞因盗墓者搅动等诸多原因，它已与土壤混在一起，只有少许变成蒸气散发在空气中。由于墓内中室券顶上有盗洞，且敞开的时间过久，故空气中未检测出汞含量。

其二，墓门开启后，墓室内空气对流，并采用墓内大面积施撒硫黄粉等方法，对降低汞毒十分有效。

综之，此次发掘工作为我们对古墓有害物质的研究获得第一手资料。我们使用先进的QGS红外气体分析器及等离子体发射光谱仪等。今后的分析测试在条件许可的情况下还可进一步展开，如对古墓中的霉菌及有害病菌的测试与分析亦可渐次展开，从而保证考古人员安全，为有效开展发掘工作提出更多、更有益的防护措施。

考古遗址现场中多种有机材料的保护问题*

孙 杰 郭金龙 付永海 刘乃涛

> **摘 要** 考古发掘现场有机材料的保护，一直以来都是文物保护的难点，本文就这一问题进行详细论述。考古发掘现场有机文物材料特殊的理化特性和成分，采取适合的临时保护、包装运输到室内清理方法，做好各个环节过程中的保湿、防止外力损伤、减缓已有病变的恶化、防止因环境突变产生新的病变。这是考古发掘现场文物保护尤其是有机材料类文物的保护的重点。对考古遗址博物馆中原址保存的有机文物，地面降水、地下渗水、毛细水、凝结水等对这类文物的保护有许多不利的影响。怎样将这些不同形式的水的侵蚀降低到最低，是解决这一问题的关键。对地面环境中的水，可以采用搭建临时的或永久的保护性建筑。总之，对有机文物的保护需要对相关的基础理论、基础工作和实用性课题进行充分的研究和探讨，需要进行多学科协作，才能更好地保护好这些珍贵的艺术瑰宝。
>
> **关键词** 考古发掘 有机材料 现场保护 包装 运输

引言

有机材料由于其自身的特性决定它极易受到腐蚀侵害，在经历千百年的埋藏之后，已发生很大的变化。由于有机材料的自身性状使它比无机物更容易变形、分解和劣化，所以大多数有机质遗物在历史的长河中已化为乌有。因考古工作发现得以幸存下来的有机质遗物就更显珍贵和难得，也要求我们尽最大可能将它提取出来，留存下去。考古遗址现场中出土的有机材料大致分为漆木竹器、纺织品、骨角器、纸张、皮革以及树脂，此外还有一些植物的种子或果实等。

文物保存的好坏既取决于材料的质地，更取决于它所经历的环境，环境因素影响着文物的寿命。[1] 埋葬的器物在一段时间加速病变之后，达到相对稳定，因为在地下，没有有害光线的照射，微观环境中的相对湿度和温度的变化也十分缓慢。环境因素趋于稳定，腐蚀病变过程也会逐渐趋于缓慢稳定。众所周知，湖南马王堆汉墓出土的丝织品文物之所以保存得如此完好，其主要原因之一是深埋，长期密闭封存，使文物处于相对稳定平衡状态。[2] 西北干燥地区出土的文物能长期保存，是由于干燥的气候使有机质文物迅速脱水，同样处于一个相对稳定的环境中。实践证明，创造良好的保存环境有利于文物保护，在文物考古发掘现场、库房收藏、陈列展览、鉴赏研究、保护修复等各个环节，都要维持

---

* 原文发表于《文物保护与修复的问题（卷一）》，北京：科学出版社，2005年。
中意发展合作计划文化遗产培训项目资助。

相对稳定的环境条件。文物处于适宜环境中阻止或延缓其损坏过程，是文物保护的首要任务。发掘使文物处于一个急剧变化的过程中，这是文物病变因素再次活跃的开始，也是新的病变产生的开始。这一阶段的保护工作得当与否，将决定后期保护工作的内容和工作难度。

对有机材料而言，考古发掘现场及时、正确的保护是十分重要的。明定陵出土的2000余件珍贵文物，包括成匹的丝织品和成箱的衣物，是明代纺织技术和织造工艺的精华，许多被定为国家一级文物。然而，由于缺乏有效的保护手段，面临很多问题。[1] 20世纪70年代发掘的长沙马王堆汉墓，以出土保存完好的女尸、纺织品、帛书、竹简和漆器著称于世。其中数量巨大、种类众多的纺织品和竹简帛书的学术价值极高，这些珍贵文物多属国家一级品，然而出土后就迅速氧化变色、变质、变形。目前这些文物均遭到不同程度的损坏，造成不可估量、无法挽回的损失。80年代发掘的四川三星堆一号、二号祭祀坑，由于缺乏保护技术，考古出土象牙损毁严重（图1）。90年代发现的长沙走马楼简牍，是三国时期吴国长沙郡的档案，其价值被认为可以和当年敦煌文书的发现相提并论，这批近10万枚简牍能否得到有效保护，决定了这些材料能否被学术界永久利用。新中国成立以来，我国已出土数十万件简牍，由于缺乏有效的保护方法，其中的绝大多只能临时浸泡在溶液中，浸泡时间最长的已达30余年。因为有机材料的易损性要求我们在考古遗址现场采取必要的措施进行保护。

图1　广汉三星堆遗址象牙出土现场

1　考古遗址现场保护有机质材料文物保护的过程

1.1　资料收集

在进行考古发掘之前，首先要对被发掘对象的历史资料进行详细了解，了解被发掘对象的历史沿革、用途变迁等，同时对被发掘对象周边的地理环境资料进行详细的勘查，了解必要的地质环境、水文资料、气候条件、动植物资源等。上述的每一种资料都是制订考古发掘现场文物保护计划的重要依据。

1.2　保护计划

首先成立一个由多学科专家组成的工作小组，就考古发掘中可能出现的各方面的问题设计一套科学的计划，对可能出现的问题提出预防的措施。在发掘工作开始之前，应对考古发掘对象进行详细的背景资料调查，了解发掘对象的类型、性质等，判断可能的出土文物种类、材质、数量，以准备好相应的措施和足够的保护材料。

1.3 采样

在发掘过程中，要随时进行采样，包括埋藏环境样品，如土样、水样、空气样品（尤其是存放文物的密闭环境中的空气样品）等；文物样品、腐蚀产物样品等。发掘现场的第一手样品资料，是今后进行保护、科技考古研究的最直接、最有力的依据。

在进行采样工作时，需要对有机质材料文物进行原状记录工作，做好保护记录工作（图2）。

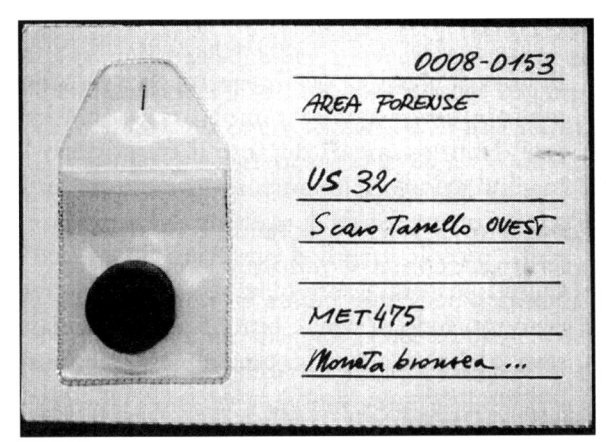

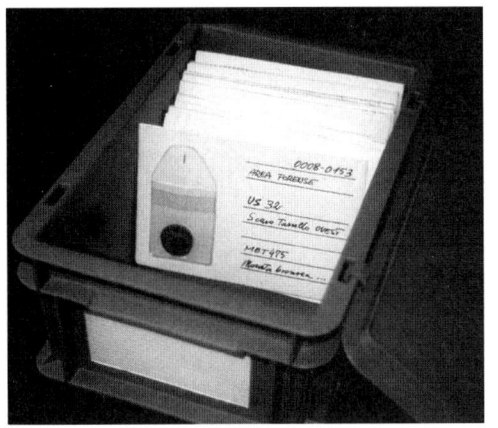

图2　出土文物保护记录（Angelini教授供图）

1.4 临时保护

做好现场发掘的临时保护，控制环境，防止日光曝晒、降水侵蚀等；由于出土的有机材料文物有许多遗迹可能会在揭取和保护过程中被破坏，因此，必须尽可能在现场工作过程中弄清楚文物的位置、形态等，在揭取之前进行必要的临时保护，对于十分脆弱的文物可先进行临时加固，以提高其本体强度；已经断裂的，必要时，可在现场进行简单的粘接，注意要使用可逆、强度低的材料，整个发掘过程中注意保持温湿度、防止日光直射。

1.5 揭取

必要的时候，可对脆弱文物进行整体揭取，运回实验室后进行微型发掘。考古发掘是一个损伤性过程，从本质上说也是一个破坏性过程。出土是一个十分危险的时刻，这和出土物品自身的性质无关，脆弱的出土物被置于急剧变化的环境中，甚至可能完全破坏，这是由于在长时期内使文物保存的平衡状态，其基本因素被中断并产生了急剧的变化，导致病变过程也急剧加速。

在发掘过程中，应尽可能防止温度和湿度的变化，如原物干燥，就保持干燥，原物潮湿就保持潮湿。因而在考古发掘过程中，出于保护的需要，应在文物出土一开始就决定好什么应该做，什么不应该做。

在考古发掘现场，首先应该尽可能避免日光的直射，日光中的紫外线会加剧现场所有艺术品的病变，因此在考古发掘现场搭建保护棚是十分必要的。保护棚可以是完全将发掘现场覆盖的，例如北京房山金陵遗址、老山汉墓遗址，保护棚也可以是局部的（图3）。

图3 局部的保护棚

1.6 包装

出土之后的阶段，重要的是对文物正确包装。正确的包装，可以避免文物出土后因日光直接照射、迅速失水和机械破坏加剧已有的病变，甚至造成新的损伤。一般使用不与文物发生反应的惰性材料（比如聚乙烯），与文物直接接触时，使用柔软、密封性好的材料，进行多层包裹，减缓文物微环境的变化，防止意外的机械损伤，正确粘贴文物标签，使用可堆放的坚硬容器，配备盖子，防止文物同减震材料碰撞。

1.7 运输

考古遗址现场中揭取的有机材料要运回室内处理，运输是一大关键。为确保有机质材料能够安全运回室内，为此要事先判明情况，采取有效的保护措施，选取最佳运输路线和车速，以免已经揭取到的有机质材料文物半途而废。吊装、起运、安放，每个环节都要认真仔细。

2 考古发掘现场漆木竹器的保护

2.1 漆木竹器腐朽的原因

木材的主要成分是纤维素、半纤维素和木质素。研究证明，纤维素在缺氧环境下被强烈降解，其中水解和酶催化过程起着重要的作用。与现代木材相比，古代木材含有较少的纤维素和相对较高的木质素及灰分。受考古现场潮湿环境和适宜温度的影响，漆木器极易滋生各种霉菌和其他微生物（图4）。微生物能将细胞壁侵蚀成洞，加速漆木竹器材料的降解和变色。

图4 漆木器滋生霉菌和其他微生物

由于长期受地下水（含酸、碱、盐等）及其他有害物质的侵蚀，使构成漆木竹器的纤维素、木质素等遭到破坏。[3]有些墓室由于地下水的升降，使墓室中文物长期处于时干时湿状态，引起文物干缩、变形、开裂。由于地质条件不同，影响地下文物保存的地质因素很多。如土壤的性质、地下水的酸碱性等。一般认为，水的pH值近于中性对漆木竹器的保存是有利的。漆木竹器长期埋在地下墓室中，基本上处在一个比较稳定的环境中。出土之后，整个环境包括温度、湿度、气体的成分、光线等都发生了变化，而且这种变化往往都是突然发生的。这种突变，对出土的漆木竹器影响很大，如出土的饱水的漆木竹器在空气中放置 30～60 min 之后，竹简即会收缩起翘、漆器表面漆膜会发生细小的起皱现象，有些出土彩绘木俑，在阳光的照射下，十几分钟之内，其表面彩绘就会发生明显的变化，因此，现场保护是整个保护中不可缺少的环节。

2.2 漆木竹器的现场保护

2.2.1 清理与揭取

在发掘清理之前应当采集必要的环境样品，对漆木竹器的清理与揭取要根据不同的情况采取不同的揭取清理方法。一般的做法是：①对一些质地保存较好的文物可直接取出，放到事先准备好的托板上。②对一些保存较差的或器物体积较大的，可采用托取法进行处理。托取法是先用大小合适的托板将器物小心平稳地移到托板上固定好，然后连同托板将器物取出。③对一些特大件文物，可先借助水的浮力进行安全包装，待其他文物取完后，进行提取（图5）。④对一些质地保存较好、器物较大、胎质较薄的器物，如竹席，可用卷曲的方法进行揭取。具体操作是：首先在竹席的表面盖一层细布，防止在卷曲时竹席相互间摩擦而受损害，还必须做一个卷筒作为竹席的载体，载体的要求：表面应较软，对文物不会有损伤，但又要有一定的机械强度，卷竹席的载体直径不能小于十厘米，因竹席质地已腐朽，折叠强度很小，有的基本趋于零；如果载体太细，竹席在卷曲时就会折断。一切准备工作做好后，可将竹席从一端开始卷上卷筒，边卷边对一些粘连处进行剥离，直到将竹席全部卷到载体上为止。竹席卷好后，应在表面包一层潮湿的脱脂棉，在外面包一层聚乙烯塑料薄膜进行密封，注意保持竹席的湿度，以防干裂。⑤对一些较长的漆木竹器的清理，如兵器杆、木棒、竹竿等，可采用托取法，先将器物在大小合适的托板上固定好，再同托板一并取出，在墓内用托板不方便的，可等其他文物清理完后，再进行托取。⑥对一些相互叠压较为复杂的现象，无法在现场弄清关系的，可先将四周的文物清理干净，然后用铲取的方法，将整块运回到室内，进行清理。[4]

图5 漆木器的提取

西北干燥地区考古发掘现场漆木竹器的现场清理揭取与潮湿环境下有所不同，这种环境下保存下来的漆木竹器强度要比在潮湿环境中出土的同种材质好。揭取可以用托板法直接托取。野外的发掘清理工作只是文物保护的第一步，紧接着就是包装运输工作。

2.2.2 漆木竹器的包装及运输

将墓葬中取出的漆木竹器如何安全运回室内，也是室外发掘清理工作的关键步骤，它包括两个重要环节，第一个环节是包装，第二个环节是运输。

1）包装

包装应具有物理保护和化学保护的功能。就物理保护而言，我们应该选用防震材料包裹器物（图6），以免受碰撞。至于化学方面，则是使用不会释放酸气不受微生物侵害的非污染性的惰性材料，达到化学保护的目的。聚乙烯（polyethylene）是一种非常有用的化学保护材料，不管是聚乙烯口袋，还是盒子，密封后都能防止潮气及污染物侵入。通常是将器物装入聚乙烯口袋，然后放到一个硬质的容器里边。包装中要避免使用一切易吸收其他物质、引起化学反应的材料，如报纸、印染织物、卫生纸及所有金属材料制成品。

图6 国外采用的制成品的包装

对所提取的文物应该标上登记号，先在标记部位抹上一层可逆材料，通常是Paraloid B-72（丙烯酸树脂溶液），然后写上登记号，最后再覆上一层Paraloid B-72。另外，文物上面都应具备一张紧急抢救的技术卡片，在卡片上详细地填写器物来源，发掘期间所做的一切操作处理、分析、取样等情况，在显眼的地方标上用以识别器物保存状况的标记，如易碎、在特殊环境条件下保存等。

对表面带有彩绘的漆木器为防止彩绘脱落，可先选用水溶性胶粘剂，进行预加固，然后注意保湿包裹。

从墓葬中取出的漆木竹器应放到饱水的聚乙烯泡沫上。泡沫的大小以能将整个器物包好为宜，包好后用细绳捆扎固定，捆扎的松紧程度以不损伤器物为原则，然后再用聚乙烯塑料薄膜包裹密封，塑料薄膜的大小应能将整个器物及泡沫包裹好为宜。在包装时还应根据器物的大小，质地的好坏，胎质的厚薄，器物的长短，器物上有无粉彩等具体情况进行特殊包装。具体做法是：①根据器物的大小进行包装：对一些体积较大的器物包装，应根据器物的情况做专门包装箱，包装箱下部的防震材料要放厚一些；对一些小型器物包装可用较薄的泡沫包装。②根据器物的质地包装：质地好的可用饱水泡沫直接包装，然后置于运输箱中；对那些质地保存较差的漆木器，需加放托板，才能包装。③对粉彩漆器则要进行局部包装：首先将有粉彩的部位用丝棉纸包好，以防粉彩被磨损，然后再用上述方法进行整体包装，将上述包好的漆木竹器置于有防震材料的运输盒中固定好即可运输。在摆放时，漆木竹器不要叠压，以防止上层文物压坏下层文物。漆木竹器外包装要做到：其一可以防震；其二能保持漆木竹器的湿度，以防漆木竹器在运输过程中脱水变形；其三，要有较强的机械强度，避免在运输中对文物造成不必要的损失。④在冬季发掘时，还要采取一些防冻措施。北方更要注意这一点，因为水从液体变为固体时体积会增大，如果器物内部的水结冰会将器物胎质冻裂，漆器更为严重，会将漆皮冻裂、脱落，所以要注意防冻。⑤干燥地区的一些漆木竹器及竹简应注意保持存放小环境的温湿度与埋藏环境接近，防止温湿度的剧烈变化而引起文物的损坏。

2）运输

凡运输文物的工具都应采取一些必要的防震措施。在运输漆木器时更要注意防震，现在的防震材料很多，有条件的可将运输工具底部垫一层较厚的泡沫，然后在泡沫上垫一层海绵，运输工具的四周也应隔一层泡沫。没有条件的可铺一层较厚的稻草或麦草等，只要具备防震功能的材料均可使用。将包装好的漆木器置于事先准备好的防震层上，放好后，还必须用海绵将器物与器物进行固定，避免在运输过程中造成碰撞而使漆木器遭到不必要的损坏。另外，在运输途中车的速度不宜太快，力求平稳，尽量减少不必要的损失。

2.3 漆木竹器的室内清洗

漆木竹器室内的清理、清洗工作，相对于野外发掘清理，条件较好，更有利于对文物的保护。漆木竹器的室内清洗是指将室外运回的漆木竹器进行初步的保护处理。清洗古墓葬中的漆器，要根据具体情况而定，室外清理分清水墓和淤泥墓两类，而室内的清洗除了上述两种外，对粉彩漆器的清理也要重视。在清洗中，清水墓的漆木竹器清洗要比淤泥墓的容易些，而粉彩漆木器的清洗就困难些。

将室外运回到室内的漆木竹器在清洗前小心地去掉包装，观察器物的保存情况，根据具体情况决定是浸泡清洗，还是蘸水清洗，对一些能浸泡清洗的漆木竹器可放进盛有清水的容器中，用较软的排笔轻轻地将器物表面的污垢清洗干净，如有难于清洗的污垢，可配制清洗剂进行清洗。清洗剂应具备：其一对文物无损坏，其二能将污垢清洗干净，一般都是用弱酸性或弱碱性混合清洗剂进行清洗。对一些不能直接浸泡到水中清洗的漆木器，应采取局部蘸水清洗的方法将表面清洗干净。漆木器清洗干净后，有条件的最好是及时脱水。若用蒸馏水进行浸泡，应使用密封性较好的容器，存放环境应低温、避光，脱水前应一直在此环境下保存。

粉彩漆器的清洗要较上述漆器的清洗困难些，对一些易脱落的粉彩漆器在清洗前必须对粉彩部位进行固定保护，如果清洗粉彩漆器像清洗一般漆器那样，将会导致粉彩的脱落，有些粉彩漆器一看就可确定，而有些粉彩漆器只能在清洗过程中发现，所以，在清洗表面有淤泥的漆器时宜采用蘸洗法，以防清洗时使漆器的粉彩脱落，对那些有脱落迹象的粉彩，先对粉彩进行加固处理，然后再用软毛笔进行蘸洗。所用的加固材料必须是：①对漆层和粉彩无损坏；②对胎质无腐蚀作用；③能对粉彩起加固保护作用；④最好是可逆的，在清洗后可将其处理下来。

2.4 漆木竹器脱水前的保护

漆木竹器从出土到脱水前经常受到主观或客观因素的影响，有时甚至是二者共同影响。影响古代漆木器的客观因素主要是：不适宜的温度湿度、有害细菌的侵害、紫外线的照射、空气中有害气体的侵蚀等。这些都会对古代饱水漆木竹器造成损害，由于技术上、经济上的原因，这些不利因素在目前的保护条件下，是不可能绝对避免的，只能做到尽量减少；主观因素主要是指照相、录像、拍电影、绘图、参观、研究等等。一是强光照射的影响，在照相、录像、拍电影电视、绘图、参观、研究方面都会有强光对漆木竹器产生破坏。二是因各种原因经常搬动对漆木竹器造成不同程度的损害，但又不可能不进行这些工作。只能尽最大努力采取措施对漆木竹器进行保护，将这一阶段对漆木竹器的损害减少到最低程度。

保护饱水漆木器的保存条件：未经脱水饱水漆木器的保护方法，主要是采取泡水保存，这是必要的，但不是最好的，长期浸泡对饱水漆木器有一定的损害。古墓中的饱水漆木器出土之后长期浸泡在水中，不光会使有些粉彩漆木器的粉彩脱落，还会使漆木器的胎质变软，有些严重的已泡腐泡溶。最后是好的泡坏，完整的泡成残缺的，大块的泡成小块的，小块的泡没了。如湖南长沙马王堆西汉墓中出土的漆木器，刚出土时同新的一样，当时轰动一时，经30年的浸泡，现状已不容乐观。因此，对饱水漆木器出土后泡水保存只是权宜之计，并非良策，实践证实，古墓中的饱水漆木器出土后及时进行脱水处理，是对饱水漆木器采取的较好保护方法。因为，此时饱水漆木器的胎骨质地尚处于该漆木器保存的最佳状态。但是，由于考古人员要进行绘图、照相、整理资料等，加上数量过多，人员和经费的不足等多种因素，使得大批的饱水漆木器出土后不能及时进行脱水处理，所以，从古墓中出土的饱水漆木器出土后进行泡水保护还是可行的。在此期间，要采取有效措施，尽量减少损失。根据长期对饱水漆木器保护的经验对不同水质、不同容器、不同温度实验对比的结果分析，出土的饱水漆木器长期浸泡，水质、容器、温度等是影响饱水漆木器的主要因素。

2.5 饱水漆木竹器的脱水定型

这一部分是后期实验室保护工作的重点。饱水漆木竹器的脱水定型是文物保护中开展较早的一项研究工作。从20世纪50年代至今，已有许多方法。根据其作用原理，这些方法通常可分为两大类：

第一类是用能够抵抗崩溃的固体材料去代替饱水漆木竹器中的水。在这类型中，最常用到的是聚乙二醇（PEG）法、乙二醛法、醇-醚树脂连浸法、蔗糖法等。

第二类是除去水。应用安全且较为广泛有自然干燥法、冷冻干燥法[5-8]、真空热干燥法等。通常情况下是两种或多种方法联合应用。

3 纺织品的保护

3.1 纺织品的结构

纺织品是纤维经加工织造而成的，古代纺织品的所用的纤维从理化属性及外形上可分为两大类，即植物纤维和动物纤维。

植物纤维的主要成分是纤维素，通常称为天然纤维素纤维。根据纤维素在植物上的生长位置不同又可分为种子纤维，如棉、木棉纤维；韧皮纤维，如苎麻、大麻、亚麻；叶纤维和果实纤维。

棉纤维是一根扁带形中空的管状物体，其横截面为不规则的腰圆形，外层是细胞壁，称为初生层，中间成形层，称为次生层，其形状随成熟度的不同而不同。棉纤维的长度比宽度大1250倍，由于纤维细长，交缠力好，强度大，便于加工，是古代纺织品重要原料。各种韧皮纤维的单纤维都是植物单细胞，纤维细长，两端封闭，胞腔胞壁厚薄、长短视品种和成熟度而异。[9-10]

动物纤维的主要组成物质是蛋白质，通常又称为天然蛋白质纤维，可分为毛纤维（如羊毛）和丝纤维（如棉）两类（图7）。由于化学结构与物理特性的不同，动、植物纤维对保护方法、保存环境的要求也有所不同。

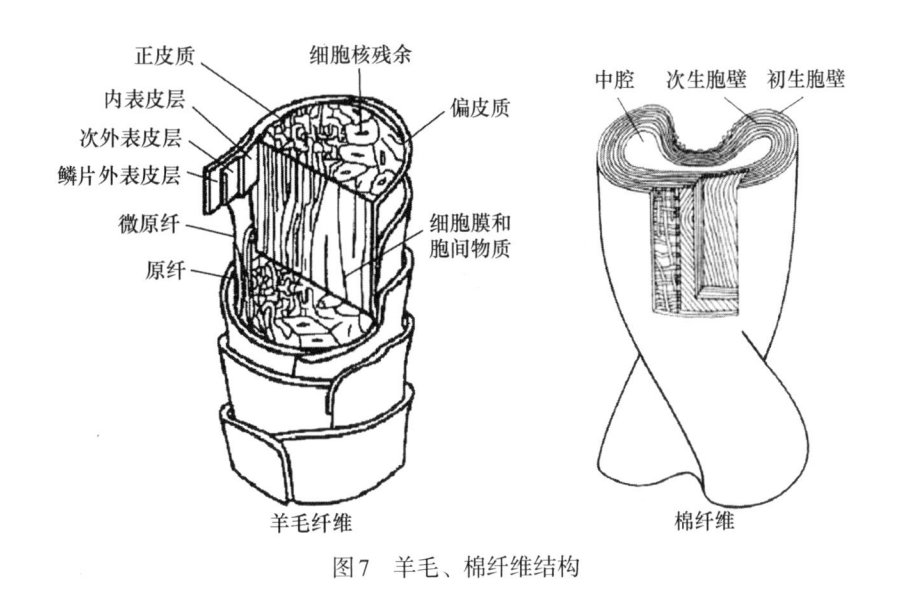

图7 羊毛、棉纤维结构

3.2 纺织品的揭取

考古现场处理是出土纺织品保护的第一步，也是整个保护工作的基础。对考古发掘现场的纺织品的揭取是一项很有难度的工作。移动易碎和裂为碎片的艺术品是一项要求修复师具有专门技术知识和手艺水平的操作。

西北干燥地区古代纺织品是干燥埋藏，干燥出土。这些长期埋藏在干燥条件下的织物，一般都保存比较完好，也易于提取。例如在新疆沙漠地带的尼雅、楼兰、阿斯塔那等地所发现的汉唐丝绸，这些遗物的质地、颜色保存大都比较好，纤维还具有相当好的强度，颜色也鲜艳。在提取过程中注意过于脆弱的纺织品不可以卷叠，防止纤维断裂，建议放入干燥剂以保持其原有的干燥环境，注意避光保存。

高湿地区，如中国的湖南、湖北，出土的战国和西汉的纺织品，属于保存在完全密闭的潮湿状态条件下的织物，情况比较复杂。在当时，丝绸文物应当是以干燥状态入土的，随着时间的增加、岁月的推移，缓慢吸水，以至于丝质分解削弱，含水量可高达300%～500%。出土时，只是看上去"完好"，实际上已如一堆散沙，稍有不慎，顷刻之间就会化作泥浆。要取出如此脆弱的丝绸，直到干燥和稳定下来，并保持它们的结构、外观不变，恢复一定的强度，其困难可想而知。出土时漂浮在水中的织物，一般可用纱网托捞提取（图8），放室内避光，缓慢干燥。在马王堆一号汉墓中，随葬的麻织物保存完好，强度高。但随葬的丝绸无论在酸性或中性水中也都能"完好"得以保存，不过，这一"完好"的状态只是表面上的完整如新，色泽鲜丽、光泽悦目，实际上纤维的化学结构和物理性能早已受到破坏和削弱，触手成泥，经不起扰动。在脱水干燥之后，其抗张强度虽略有改善，耐折强度却几乎为零。

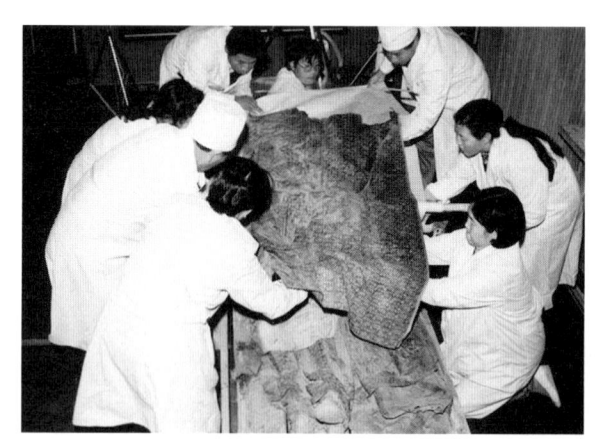

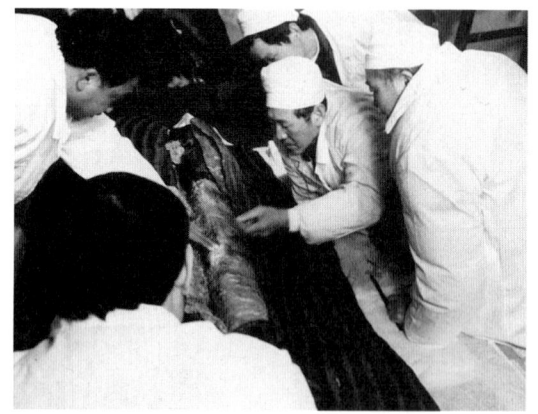

图8　微型发掘——纺织品的提取

对饱含水分的成件、成卷、成堆、成叠的织物亦用此法，自上而下，由表及里，逐渐将其展开理平。用这个方法，甚至原来包袱上的打结也能将它解开。对粘附于棺椁上的薄质纱罗，可用湿强度好的纸张，薄薄地、均匀地刷上糨糊，贴在织物上。略干后，分幅切割成块，编号，揭取下来。再用揭裱字画的方法去纸后，装裱保存。对平放在棺上的帛画，因质地酥脆，则可用细竹棍卷薄绵纸自一端底下向另一端缓缓展放，使帛画下面全都衬上薄绵纸。接着在纸下再衬塑料薄膜，将帛画托入预先做好的匣中，安全运回室内，随后装裱。

3.3　纺织品的清洗

3.3.1　纺织品清洗的原则

清洗工作是一项比较复杂而细致的工作，要求操作者具有高度的责任心和谨慎的工作作风，还要遵循下面基本原则：

1）检测先行

清洗前必须了解织物的纤维成分、织物上所施加的染料及颜料的种类，检测织物上污染物的种类及特性。

2）越少越好

选择化学药品进行清洗时，要遵循越少越好的原则，能用清水洗净的，最好就不加化学药品；能用少量洗涤剂解决的，最好不要多加；能用中性物质的，就不用其他酸碱性强的。选择化学药剂时应注意对人危害较轻，对织物的纤维强度和色彩有较少副作用。

3）局部试验

纺织品的清洗与污斑的性质有直接的关系，也与织物纤维、保存状况等有密切的关系，应根据不同情况，采用不同的清洗方法。清洗前要先进行局部实验，在取得经验基础上再进行大面积清洗，如贸然行事，就难免损坏织物。如清洗有色的织物，应在织物不明显的部位做点滴试验，以判断溶剂对它的作用、颜色的牢固程度等。常用的方法是将滤纸放在织物的下面，在有颜色部位滴一滴相应溶剂，大约一分钟后，看看是否掉色以及掉色的程度如何，如在滤纸上有颜色的痕迹，即表明此溶剂会使织物掉色。当遇到掉色情况时，可用适当固色剂来固定颜色。

3.3.2　纺织品的清洗

1）纺织品的表面清洗

指利用物理方法将吸附在纺织品表面或内部的松散污染物（如灰尘、沙土等）去除。

2）纺织品的湿法清洗

用水来清除纺织品上的污物和杂质称为湿法清洗。只要纺织品及施加的颜料和染料等经得起水洗，一般都会采用湿法清洗，这是最经济也是最常用的方法。

水洗有两种方法：一是用持续水流冲洗织物表面，二是将整件织物浸泡在水中。一般认为，前者更能有效清除织物表面的污染物，事实上，两种方法是互相结合的。

3）脆弱织物的清洗工艺

对于脆弱织物不能用水漂洗时，可用水蒸气流来清除灰尘和污泥，其方法是：把织物放在滤纸或者白布上，这样当通以蒸汽流时，污泥会很快地被吸收到放在下面的滤纸或白布上。另外也可以把织物放在脱脂棉薄片上，上面再用脱脂棉薄片盖上。然后用以蒸汽流来回流动，这样污泥尘土就会被上下垫片吸收[11]，是一种效果较好的方法（图9）。

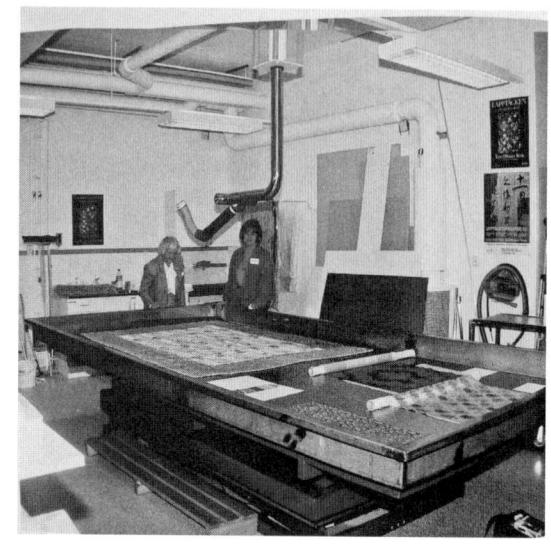

图9 纺织品的清洗

4）纺织品的干法清洗

有些织物上污斑，既不能溶于水，又在水溶液中不安全，在这种情况下可以使用有机溶剂来处理。常用的干洗溶剂有：乙醇、丙酮、乙醚、苯、汽油、三氯乙烯等。

3.4 纺织品的消毒

纺织品消毒的主要目的是杀死微生物和害虫。

纺织品的消毒灭菌包括物理方法和化学方法两种，在具体应用过程中，要充分考虑到纺织品的材质要求，从中选择对纺织品文物安全的方法。

物理方法是指应用物理学的基本原理，在不影响文物制成材料的原则下，抑制和杀灭微生物和害虫。如高温、低温、干燥、绝氧、红外线、微波、紫外线、高能射线等技术的应用，但由于高温、微波、红外线、紫外线等一些方法对纺织品有不同程度的影响，因此，采用较多的是低温、绝氧等较为安全的方法，这对杀虫来说特别有效。

纺织品消毒的化学杀菌药物主要：有机化合物、卤族元素及用于防霉杀菌的有机化合物一般是碳氢化合物及其衍生物。化学消毒的防霉灭菌药物使用方式有喷洒、涂布、熏蒸三种。

对古代纺织品的保护，仍处于探索阶段。如对纺织品的消毒，一般多用环氧乙烷、硫酰氟和溴甲烷等进行熏蒸杀毒，而这一操作过程在杀灭微生物的同时也会对纺织品造成一定的影响。条件好的机构已采用专门的固定设施进行消毒，有的则用较为简易的、可移动的设施进行消毒。在纺织品的清洗方面，文物保护者们对于某些专门的污渍，如血渍、盐碱类污渍等已作了较深入的研究，找到了若干种利用超声波、弱氧化剂、混合溶剂等清洗的方法。但不论是哪种方法，使用的材料都是人工合成的，其中有些化学成分对纺织品的保存是不利的，例如洗涤剂中的酸性物质会对织物纤维造成一定的损伤，而碱性的物质则会对动物蛋白质造成破坏，因此，许多研究人员都注意寻找天然洗涤剂进行替代。

4 骨角质材料的保护

骨器在考古发掘中属于比较常见的物品，而利用兽角、牙制作器物也并不少见，如大汶口文化的獐牙和鹿角制品等，但对于发掘和清理的环节而言比较特殊的是象牙及其制品，此外人以及各种动物的骨骼的提取也具有和骨（牙）制品相同的性质。

骨头作为一种生物材料属于非均质物质，随其物理构造的不同而具有不同的性质。骨质制品容易受到埋藏环境的温湿变化的影响，而在酸的侵蚀和水的长期溶解下，骨头就更易毁坏。所以在南方的酸性土壤环境下，很难发现保存完好的骨质制品。考古实践中最常见到骨质制品的损坏，主要有破裂、腐蚀、糟朽、粉化等现象，另外地下水渗透时骨制品的矿化也容易使骨制品因各部位膨胀系数的差别而形成崩坏。在田野工作中经常可以看到骨器或者骨头仍保留着原来的基本形状，但却已无法起提取出来。这时除了可以采取连周围的土一起提取的方法外，也可以采用一些化学制剂进行加固，取回室内后再清理修复，但加固的药液一定是可逆的，否则最好不用。

在商周时期一些重要的遗存当中，往往发现有象牙或象牙制品，例如在三星堆和金沙都发现有大量的象牙堆积，而在中原的商周大墓中也经常会有象牙制品出土。从基本工作方法而言象牙的清理和骨头基本相似，象牙失水后会粉化成为一堆粉末，因而在考古发掘现场对象牙器的处理，应该和处理饱水状态下的其他有机材料一样，发现后及时揭取，并用带有保湿措施的箱子尽快将象牙制品运回实验室存放，运输过程中注意防震。但对于象牙的容器，由于属于一种空腔的器皿，所以保存状况会更差，大都已被压成碎片，或一层层剥裂，因此对于它们的清理就需要采取一些特别的措施。

对于象牙器的修复，仍然使用传统的修复方法。以妇好墓出土的三件象牙杯的修复为例，修复时采用类似于陶瓷制品的修复方法，先用三甲树脂对残片进行渗透加固，待干燥后，再进行拼对、粘接，黏结剂仍选用三甲树脂。[12] 三甲树脂用于修复存在许多问题，尤其是用于有机材料的修复粘接。可逆性差，虽然在理论上三甲树脂可以再溶解去除，但在实际使用过程中，大多修复中使用的三甲树脂都很难去除干净，而且，由于其强度往往比有机材料本身的强度高，很容易引起新的开裂。三甲树脂易引起被修复器物的变色，而对于象牙制品，其表面的象牙色是一种艺术美的表现，一旦变化，就无法恢复。修复后的象牙杯见图10。

图10 修复后的象牙杯

5 皮革制品的保护

考古发掘出土的皮革制品比较少见，除了皮甲胄和皮囊外，一般只是一些物品的附件和装饰。发掘出土的皮革其物理性状已发生极大的改变，而影响皮革毁坏的原因除去长时间的埋藏以外，皮革本身的化学性质和结构，制革的工艺和技术等也都决定着皮革制品的保存状态。

同其他有机质遗物一样，皮革制品得以存留于世的条件也无外乎一个稳定的环境（干燥或湿润），所以发掘中一旦有皮革制品出土，应当尽快提取后置入密封避光的环境中，或者用合适的材料将它们封护起来。因为大多数皮革制品在改变了长期的保存条件后，就会迅速地褪色、变形、皲裂和变质等。此外如果是湿润环境下出土的皮革制品还容易产生霉变等结果。

随县擂鼓墩一号墓出土皮甲的清理和复原是我国田野考古工作中对体量较大的皮革制品保护处理比较成功的一例，为今后同类遗物的清理和保护提供了参照。[13]

6 纸张制品的保护

纸质文物是由纸、书写的墨水、印刷的油墨、绘画的颜料以及黏合剂等材料构成。这些材料的质量是关系着纸质文物能否长期保存的内在因素（图11）。纸是纸质文物主要构成材料。纸的种类可以分为手工纸和机械纸。手工纸有麻纸、皮纸、藤纸、竹纸、棉纸、宣纸、毛边纸、连史纸等。19世纪末，机器纸逐渐代替了手工纸。

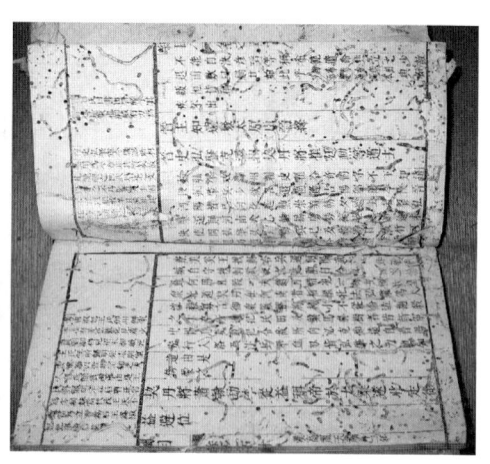

图11 损坏严重的纸质文物

植物纤维是造纸的主要原料，而织物纤维的种类很多，即韧皮纤维、茎纤维。植物纤维从其化学组成来看主要是纤维素、半纤维素、木质素三大成分，另外还含有少量单宁、果胶、树脂、脂肪、蜡、色素及灰分等次要成分。

纤维素的化学性质与半纤维和木质素的性质相比还是很稳定的，纸张中纤维素的成分越高，分子量越大，纸张的强度和耐久性就越高。我国的古代的手工纸由于纤维素纯、纤维长，所以保存的时间长。

木质素和半纤维素也是组成纸张的主要成分。半纤维素在纸浆中的适量存在，有助于提高纸张的机械强度，一般在纸浆中约占11%，半纤维素具有和纤维素相类似的性质。而木质素的结构具有芳香族化合物的一些特性，不溶于水，在常温下不易溶于稀酸和稀碱，但易氧化。

6.1 引起纸张破坏的因素

6.1.1 光

纤维素是α纤维素的简称，是碳、氢、氧的化合物，它是由许多个D-葡萄糖基连接而成，葡萄糖基之间，相互以β-葡萄糖苷键，分子式为$(C_6H_{10}O_5)_n$，式中的n为葡萄糖基数目，称为聚合度。n的数目为几百甚至几千以上，聚合度的大小跟纤维的强度有直接关系，分子链越长纤维的机械性能越强。由于纤维素分子含有羟基，所以在空气中能吸收水分，但不溶于水，这是由于有大量氢键存在的缘故。纤维素在常温下是很稳定的，随着温度的升高，其抗张强度也相应地降低。在高温光照和氧存在的条件下，会发生氧化反应。纤维素端点的葡萄糖为半缩醛形式，它与氧化剂反应，使纤维素降解，形成易碎的氧化纤维素。具体过程如下：

6.1.2 温度和湿度

纸张含适量的水分，会使其本身柔软，具有韧性，干热会使纸中的水分过度蒸发，导致纤维内部结构破坏，使纸张变硬变脆，易于断裂。另外，由于水分、光线、氧气、酶及酸碱等因素的同时存在，温度偏高对纸张的老化变质起加速作用。老化试验发现，在100℃下烘烤3天的纸张，相当于在正常储藏室内保存了25年。若温度太低，纸张同样会发脆。但从化学反应速度考虑，温度愈低，老化速度愈慢，越有利于纸质物品的保存。

潮湿的环境会使纸张变潮而发生水解，同时还会使耐水性差的字迹洇化褪色，模糊不清。潮湿的环境还有利于有害微生物的生长繁殖。图书、档案中微生物生长繁殖的最佳湿度一般为70%以上，当空气潮湿时，霉菌生长很快，其分泌物中的有机酸也会促使纸张变质。另外，纸张变潮，会加速其他有害物质对纸质的破坏。例如弥漫在大气中的酸性气体CO_2、NO_2、SO_2等极易被潮湿纸张中的水分所吸收，生长腐蚀性更强的无机酸，这又加速了纸张的损坏。纸张中的辅料，如明矾，更易水解生成硫酸，也会缩短纸张的寿命。同时水的存在还会引起纸张微生物的滋生。

6.1.3 酸

纤维素在酸的介质中能水解成葡萄糖。在古代手工纸生产过程中，往往会带入一些酸性物质，例如，在蒸煮过程中使用的蒸煮液，含有一定的酸性，产生木质素磺酸的酸性也会残留在纸浆中等。在长期埋藏，纸张也会吸收地下水中的一些酸性离子。这些都是引起纸质文物在埋藏中腐蚀损坏的原因。

6.1.4 微生物的危害

纸张、糨糊、胶水、装订线等都是霉菌滋生的天然场所和营养库。霉菌对纤维素的分解起着重要的作用，它吸收了纤维素中的营养成分，分泌出一种酶，加速了纤维素的水解破坏作用，同时还分泌出有机酸，增加纸张的酸性。

6.1.5 机械损伤

灰尘、发掘现场的泥浆、发掘工具等都会对纸张造成不可逆转的机械损伤。

6.2 考古发掘现场的纸质文物保护

考古现场出土的有机质的保护问题是十分棘手的，纸质文物的保护比其他有机材料的保护要求更高。在考古发掘现场的纸张，由于在地下埋藏时间长，本身已经降解、破坏严重，加之地下土壤中微生物的孢子附着，出土后伴随环境的改变，纸张失水、长霉，失水后的纸张最终只会灰飞烟灭，不复存在，侥幸保留下来的也是面目全非，无法辨认。因此在考古发掘现场对纸张进行第一时间的抢救保护是十分关键的。

在潮湿地区，考古发掘现场的纸质文物的揭取保护，与纺织品的现场揭取、保护方法类似，关键问题在于现场出土文物的保湿。纸质文物的工作要求更加细致小心。对于难以在现场直接清理的可以进行整体揭取，保湿运回实验室，进行微型发掘整理。

对于干燥地区出土的纸质文物，由于其出土时含水量已极低，纸张仅保留形状，在揭取过程中，应该保留其原形不变，放入备好的容器中，容器加盖，内放干燥剂，保持纸质文物存放环境与出土环境相似。

6.3 纸质文物的后期保护与存放

运回实验室的纸质文物首先要进行清洗、去酸、加固、修复等操作，然后放入经特殊处理、环境调节的库房中存放。

6.3.1 纸质文物的清洗

用蒸馏水清洗除去纸质文物上的泥斑，清洗之前做"点滴试验"，检查是否褪色，如果有褪色，就应进行色彩加固，水洗过程中注意水温，以室温为宜。只要颜料等经得起水洗，一般都会采用湿法清洗，这是最经济也是最常用的方法。

对于脆弱不能用水漂洗时，可用水蒸气流来清除灰尘和污泥，其方法是：把纸张放在滤纸上或者放在白布上，这样当通以蒸汽流时，污泥会很快地被吸收到放在下面的滤纸或白布上。另外也可以把纸张放在脱脂棉薄片上，上面再用脱脂棉薄片盖上。然后使蒸汽流来回流动，这样污泥尘土就会被上下垫片所吸收，是一种效果较好的方法。

有些纸张上的污斑，既不能溶于水，又在水溶液中不安全，在这种情况下可以用有机溶剂来处理。常用的干洗溶剂有：乙醇、丙酮、乙醚、苯、汽油、三氯乙烯等。

6.3.2 纸质文物的去酸

湿法去酸，用0.15%～0.2%的氢氧化钙水溶液，浸渍15 min左右，使其酸性被碱中和，取出纸张用水稍清洗后，置于0.25%碳酸氢钙溶液中15 min左右，以中和过量的氢氧化钙，使其生成碳酸钙沉淀，并深入纸张纤维，成为填料，保留在纸的内部。

湿法去酸对水溶性字迹材料极为不利，而且在处理过程中，反复浸渍，挤压水分，容易使纸张变形起皱纹，易碎裂。

干法去酸，可以克服湿法去酸的缺点。采用有机溶剂的去酸溶液来处理纸质文物，以浸渍和喷洒的方法并用。

6.3.3 纸质文物的加固、修复

纸质文物通常是采用传统托裱工艺，以及丝网膜保护法。也有使用喷涂胶粘剂的方法进行加固，其原理也是形成一层保护薄膜，增加纸张强度。

7 考古遗址博物馆中原址保存的有机材料的保存与管理

考古发掘现场原址保存的有机材料与存放在博物馆内有机材料的保护问题有所不同。前者没有与造成侵害的环境脱离，原来环境中的有害因素仍然对材料产生影响。一般在原址保存的有机质材料主要是木质文物，有的遗址还有其他一些有机材料。而后者处于一个相对独立的环境中，保护处理上则相对简单一些。

无论是哪种有机材料，也不管它是保存在遗址现场，还是被保存在博物馆的展厅或库房内，控制其存放的环境是保存的重点。

7.1 考古发掘现场原址保存的有机材料的保护应注意的问题

7.1.1 控制水对有机材料的影响

对有机材料而言，影响最大的因素就是水，遗址现场应解决这一问题。水的来源主要有降水、地下水、毛细水和空气中的水分。对于考古遗址博物馆而言，对大气降水的防护工作一般都得到了解决，

有的遗址博物馆还建有规格不同的展室或保护棚顶。

地下水是影响原址保存有机材料的主要因素。原址保存的文物绝大部分是直接与土壤接触的，而且这些遗址往往是埋藏较深，地下水的活动明显。地下水存在使许多病害的发生成为可能，例如，微生物的滋生、毛细水的上升、可溶盐的运动等。因而，对地下水的治理，是解决现场保护的关键问题，也是难点所在。

7.1.2 温湿度的控制

对已建成博物馆的考古遗址而言，温湿度的控制工作相对要简单一些。有一些遗址博物馆处于一个相对封闭的环境中，且展室内安装了空气调节装置，进行日常温湿度监测记录，在环境条件不适宜时，可开启调节系统，进行调节。

7.1.3 注意防腐防霉

有机质材料极易受到微生物的侵蚀，尤其是在考古发掘现场保存的木材，大气以及土壤中的微生物可以在其上滋生繁衍，对文物造成破坏。在现场应该对有机材料定期进行防腐防霉处理。

7.1.4 做好日常维护

原址保存的有机材料，日常维护是十分重要的。良好的日常维护，可以避免有害因素的累积，及时发现病害，并妥善加以处理。考古现场保存的有机材料的日常维护工作包含以下几个方面。

（1）温湿度的控制与监测。这是一项基本工作，需长期进行。适宜的温湿度是许多生物病害发生的基本条件，因此应保持温湿度始终处于适合文物保存的最佳状态。

（2）净化空气。注意过滤空气中的有害气体，以及灰尘、悬浮颗粒物等。

（3）保持文物表面清洁。

（4）注意现场用电、用水的安全。

（5）注意防盗。

7.2 结合遗址博物馆谈考古发掘现场原址保存的有机材料的保护

大葆台西汉墓位于北京市丰台区丰葆路，1982年在一号墓遗址上建立了大葆台西汉墓博物馆，1983年博物馆正式对外开放（图12）。

一号墓墓室复原陈列有墓道及内部的随葬车马以及墓室"黄肠题凑"和木质类有机文物。墓室部分在建墓时就已经做了很好防水、防潮措施。整个墓室"积石积炭，以环其外"，墓顶首先用巨大的圆木和方木摆好水平盖顶，再在顶盖上铺两层木炭夹一层白膏泥，墓底也是用这种方法做成。白膏泥的主要成分是蒙脱石、石英、长石颗粒，是理想的防渗黏土。

经考古发掘之后，为了更好地保护遗址，减少自然因素，尤其是地下水等对遗址的影响，大葆台

图12 大葆台西汉墓

西汉墓博物馆在设计之初，对遗址的保护问题有一定的考虑，采取了一系列的保护措施，尤其是针对墓道部分的保护措施：①在墓道加设相对密封的铝合金柜和有机玻璃罩；②对墓道地面做防潮处理；③监测温湿度，设置电子温湿度记录仪；④为避免参观者对展厅的温湿影响，展厅内安装的电子空调系统，起到降温、除湿的作用。

整个墓室展厅内降尘非常严重。墓道虽然加盖了有机玻璃罩，但是并没有达到密封要求，在通向墓室的一端有两个大的开口，这样的做法会导致墓道内有降尘，内部湿气不易挥发造成墓道内湿度不均匀和局部湿度偏高。根据现场观察，在接近墓室的地方（墓道玻璃罩有开口的一边）温湿度计显示的温湿度较墓道另一端高，这种环境不利于文物保存，同时会造成有机玻璃表面模糊，影响参观。

墓道车马遗迹地面多处裂隙发育，造成车及马骨架的断裂，在相近部位的墙壁及展厅地面上也有多处裂隙。对于这些裂隙有简单的监测，但不包括对裂隙位移及沉降的监测。而后面几项内容对于遗址内陈列的有机质文物的保存影响是非常大的。例如木质、骨质文物表面可见灰尘及沉积物（白色、黑色）结壳，局部出现断裂。

对大葆台西汉墓出土有机质材料文物的保存现状有以下几点思考。

首先是展厅的建筑，墙壁及地面都有不同程度的裂隙发育，说明建筑的地基存在一定的问题，而建筑的墙壁距离遗址、文物很近，那么我们是否应该考虑它的地基存在的问题会对遗址造成不利的影响，继而也将影响遗址内陈列的有机质材料文物。墓室地面的处理，现为仿木状纹理的混凝土结构，这样在两层木炭夹一层白膏泥的墓底直接铺设混凝土对有机质材料文物有盐类侵蚀的影响。大葆台西汉墓遗址博物馆对地下水的治理则是采取帷幕灌浆的办法。这种做法在一定程度上起到了对地下水的隔离，减缓了对文物的损坏，但给现场保护带来了一些新的问题，如地面、墙体的开裂等。

在大葆台西汉墓博物馆，在展览现场，一些保存在玻璃展柜内的木材，有一部分因为展柜的密封差，里面的灰尘十分明显；而另外一些，由于玻璃展柜透气性差，造成展柜内的温湿度适宜微生物的生长，保存在里面的木材，表面有明显的微生物生长的痕迹。

金中都水关遗址位于北京市宣武区右安门外的玉林小区内（图13）。1993年在水关遗址上建立辽金城垣遗址博物馆，进行原址保护。

金中都水关遗址残存基础部分，是一处木石结构的建筑，使用了大量的木、石、铁以及沙石等材

图13 金中都水关遗址

料，使用柏木制作木桩、衬石枋、木"银锭"、大木架等。在水关南部出水的河道口，有一排东西向的石板和木桩。两排木桩相互交错埋在沙层下，木桩之间夹着一排未经加工的自然石板，石板与木桩之间用沙石夯实。

推断这是一组防止水关河底沙石流失，起固定基础作用的设施。

遗址内的木桩一半埋在土中，一半直接暴露在空气中，衬石枋以及所有的石质构件也都直接与地面接触，在未采取任何处理措施的情况下，这种环境极不利于文物的保存，尤其是有机材料。

金中都水关遗址距凉水河约50 m，遗址处于博物馆的地下室，水对这些文物的危害是十分明显的，博物馆建筑虽避免了大气降水对文物的危害，但无法解决地下水对遗址内文物的破坏。

根据调查，保存在现场的木质文物经过了一系列的脱水、防腐防霉保护处理，现在，所有的木桩，都用塑料薄膜包裹，然后恢复原状保存，但这种方法对于有机材料的保存，可能会有一些不利的方面。由于塑料膜透气性差，木材内部的水分蒸发后难以分散，会在塑料膜以及木材表面凝结，凝结水在低温下可能对木材造成冻损，常温下会为微生物滋生提供条件。

老山汉墓（图14）位于北京市石景山区，情况与金中都水关遗址相似，也是一处在地下埋藏较深的遗址，老山汉墓为一座大型西汉王墓，出土文物包括彩绘陶器、金银器以及大量的彩绘漆木器等。

图14 老山汉墓

发掘之前，采取了适当的保护措施，在考古发掘现场搭建了保护棚，避免阳光直射以及大气降水对考古现场的破坏。考古发掘现场的有机材料的揭取以及现场保护工作，主要借鉴长沙马王堆汉墓的经验，为后期的保护作了充分的准备工作。

老山汉墓目前的保护棚属于临时性建筑，四周完全开放，根本无法对其内部的环境进行有效的监测和控制。根据教学实习时对其保护棚内部及外部的环境温湿度监测结果，棚内的温湿度与外部的变化是一致的，而且，其相对湿度在30%左右，这样的环境是极不利于木质文物的保护的。

结论

对于有机质文物保护而言重要的是，所有的病变过程都取决于环境与文物之间的这种不稳定性，或者说取决于文物材料孔隙率、吸湿性不同及与环境交换水的速度。有机材料与无机材料的最大不同就在于对水和环境突变的敏感程度。尤其是考古发掘使地下已经达到平衡的环境重新与外界相通，原来存在的有害因素也随之重新活跃。出土的有机材料在现场提取及保护中都应使有机材料尽量处在与原来埋藏环境相接近的环境中，尤其是对饱水的有机材料，这一点尤为重要。

在贯彻文物科技工作"保护为主、抢救第一、合理利用、加强管理"的总方针下，有机质文物的科技保护工作要注意到自身的特点，加强统筹规划，制定合乎自身发展的战略。由于有机质文物的特殊性，加之科研基础薄弱，必须注重基础工作、基础理论、实用性课题和发展性课题的研究，利用多学科、多领域技术的结合，进行系统科学的发掘、保护、保存。

参 考 文 献

[1] 奚三彩. 文物保护技术与材料. 台南：台南艺术学院，1999.

[2] 中国纺织品鉴定保护中心. 纺织品鉴定保护概论. 北京：文物出版社，2002.

[3] 宋迪生. 文物与化学. 成都：四川教育出版社，1992.

[4] 后德俊，李琳. 湖北地区战国秦汉墓出土文物的现场保护. 江汉考古，1997（2）：79-93.

[5] Ambrose W. Applications of freeze-drying to archaeological wood. Advances in Chemistry Series, 1990, 225: 235-261.

[6] Chris Caple, Coil Murray. Studies in Conservation, 1994, 39: 28.

[7] Christensen B B. The conservation of waterlogged wood in the National Museum of Denmark. National Museum of Denmark, Conference on Stone and Wooden Objecets. New York, 1970.

[8] Grattan D W, Clarke W. Conservation of marine archaeological objects. Conservation of waterlogged wood in London. Butterworth & Co. Ltd., 1987.

[9] Becker M A, Magoshi, Yoshiko. Chemical and Physical Properties of Old Silk Fabrics. Studies in Conservation, 1997, 42(1).

[10] Timar-Balazsy A. Chemical Principles of Textile Conservation. Butterworth-Heinemann, 1998.

[11] Rice, James W. Solutions and Other Mixtures for Cleaning and Conservation of Textiles and Related Artifacts. Textiles Museum Journal, 1973, 3(4).

[12] 刘文兰. 妇好墓出土象牙杯的现场保护和修复. 考古, 1989（3）: 274-275, 289, 273.

[13] 湖北省博物馆, 随县博物馆, 中国社会科学院考古研究所技术室. 湖北随县擂鼓墩一号墓皮甲胄的清理和复原. 考古, 1979（6）: 542-553, 583-588.

考古发掘现场的保护棚*

孙 杰　刘乃涛　郭金龙　付永海

> **摘 要**　考古发掘现场的文物保护是文物保护工作的第一步，也是关键的环节。无论是在发掘阶段还是在发掘后的保存展示阶段，保护棚可以为控制考古发掘现场的环境提供不同程度的帮助。文章通过国内外的不同遗址的不同形式、材质的大棚案例，介绍了意大利在文化遗产保护领域的优秀的技术理论及方法，为国内考古发掘遗址现场保护提供更为广阔的视野和经验。
>
> **关键词**　考古发掘现场　保护棚

引言

考古发掘现场的文物保护是文物保护工作的第一步，它的作用效果会对日后的修复、保护工作产生直接、最重要的影响。考古发掘现场的文物保护对考古遗址的现场保护十分重要。

在考古发掘现场，为了防止风沙、粉尘、昆虫等有害物的侵蚀和破坏，防止温湿度的剧烈变化等自然环境因素对考古遗址现场保存的文物的不利影响，有必要在遗址现场搭建保护棚，以更好地保护珍贵的人类文化遗产。

在国内，由于发掘工期等诸多因素的限制，绝大多数考古遗址在考古发掘阶段都没有保护棚，而在发掘结束后，会根据对象不同的保护、利用目的，或回填，或向公众开放，建立临时的或永久的保护棚，对遗址的保存、保护是十分重要的。同世界上一些考古现场发掘工作比较到位的国家相比，我国还有一定的差距，临时保护棚只能起到临时保护的作用，可以防止阳光、降水等对遗址的直接侵蚀；永久性的保护建筑，则可以为遗址和文物的保护提供更加优越的条件。

因此，将国外先进的考古现场发掘保护经验和技术与国内实际情况相结合，加强国内考古人员现场保护性发掘意识，使大量的珍贵文物在出土发掘过程中得到良好的保护，为考古研究提供充足的信息资料，是目前国内考古界亟待解决的问题。

---

* 原文发表于《文物保护与修复的问题（卷二）》，北京：文物出版社，2009年。

1 国内外保护棚在考古现场中的应用

1.1 国外考古现场保护棚的应用

目前，国际上文物保护工作较强的国家意大利在考古发掘现场的保护方面，尤其是搭建保护棚这方面尤为突出（图1～图4）（中意发展合作计划文化遗产培训项目·意云授课老师供图）。

图1 国外考古现场保护棚示例1

图2 国外考古现场保护棚示例2

图3 国外考古现场保护棚示例3

图4 国外考古现场保护棚示例4

首先，他们会根据考古现场的具体情况如地理位置、光照、降水、温度等情况，在发掘前期，制定搭建保护棚的方案，严格按照科学合理的保护方法，选取质量较好、容易获得且廉价的产品用于保护棚的搭建。同时，材料的选择与保护棚内外支撑结构和稳定性、空气的流通、排水、防火、防震等相关问题有着紧密的联系。

保护人员会根据所要发掘现场的具体状况（面积、土质情况、天气变化等），设计保护棚的大小以及选择适当的建筑材料（包括支撑、保温、防水、防火、防震抗压等材料）进行使用，以防止一些不可预见因素对考古发掘工作造成的意外影响，避免对出土文物造成伤害。

其次，保护棚的安装和拆卸要简便，不宜烦琐，要便于发掘过程中进行拓方，内部尽量减少安装较多的支撑构件，以便为考古发掘工作留有充足的空间，从而保证多学科现场发掘保护工作的顺利进行。

对于保护棚内部环境也要有一定的要求，鉴于考古发掘过程中出土文物材质的多样性，特别是有机材料类文物由于先前的埋藏环境与出土后的环境有着极大的差异，破坏了其先前保存环境的平衡状态，对温湿度和有害光线的敏感性又极为强烈，很容易受到影响，因环境突变产生新的病变，从而进一步加快了文物损坏的速度。所以，将保护棚内的环境控制在一定的范围内，对于出土文物的发掘工作具有很大的帮助。然而，控制内部环境的方法和手段是多种多样的，根据保护棚和考古发掘现场的实际状况，采用相应的办法对保护棚内部环境加以控制。

因此，维持一个相对稳定的考古现场发掘的环境条件（图5），阻止或延缓文物的损坏过程，是文物保护的首要任务。

1.2 国内考古现场保护棚的应用

根据国内考古遗址现场的保护棚的情况，我们可以大致把国内的考古遗址分成以下三种情况：

图5　洛阳实习现场温湿度的监测

1.2.1　没有任何保护棚的考古遗址

这类情况主要是正在进行考古发掘的遗址现场。目前国内的很多考古遗址，包括墓葬、遗址等，在发掘的初期阶段是没有保护大棚的。在下面的几个考古发掘现场的实例中，可以很直观地看到这一问题的存在（图6～图8）。

1.2.2　建有临时性保护棚的考古遗址

这种情况主要是在考古遗址发掘结束后，没有修建永久性建筑结构之前。

考古发掘现场的临时性保护棚，可以在一定程度上起到调节现场温湿度、防止日光、降水、风沙等自然因素对遗址的直接破坏。

通常在这一阶段，临时保护棚的形状、材质、结构、建筑方法等，往往是多种多样，五花八门。最常见有以下几种情况。

图6　国内考古现场无保护棚示例1

1）金属-玻璃钢结构临时保护棚

这是临时保护棚中比较好的一种（图9）。主体框架结构为钢架，或用脚手架用钢管材料搭建主体结构，棚顶用石棉瓦等覆盖，四周开放，石棉瓦不透明采光差。这种类型的保护棚，可根据考古发掘工作的需要，向四周扩展。这种类型的保护棚，也是目前国内临时保护棚中最常见、最容易搭建的，价格便宜。

图7　国内考古现场无保护棚示例2

图8　国内考古现场无保护棚示例3

2）金属-帆布结构临时保护棚

这种保护棚的局限性很大，不能随考古发掘面积的扩大向四周延伸。以北京大房山金陵遗址的临时保护棚为例（图9），保护棚的框架结构是钢结构，棚顶的覆盖材料是帆布，将整个遗址覆盖，完全封闭。

3）纯钢结构临时保护棚

这种临时性保护棚成本高，在国内很少使用，以北京老山汉墓遗址的临时保护棚为例，有一定的灵活性，可根据实际情况需要，搭建多个连续的拱棚，向四周扩展。

图9　国内考古现场保护棚示例1

同样的例子还有红山文化的典型代表之一，辽宁的牛河梁遗址现场的临时保护棚。与老山汉墓（图10）的保护棚所不同的是，牛河梁遗址的保护棚（图11）四周是开放的。

图10　国内考古现场保护棚示例2

4）水泥-苇帘子-塑料薄膜结构临时保护棚

洛阳南市遗址考古发掘现场的临时保护棚。

洛阳南市遗址是2004年8~11月，为配合中意合作文物保护修复培训班的实习，由中国社会科学院考古研究所洛阳隋唐遗址考古工作队发掘的隋唐南市遗址，发掘现场共有两个探方。

T1探方的临时保护棚，是用当地农村种植大棚蔬菜所用的温室大棚的材料和制作方法搭建而成的。

图11 国内考古现场保护棚示例3

框架结构用水泥预制的拱梁搭建而成，棚顶内部覆盖苇帘子，外面的防水层是塑料薄膜。保护棚跨度为8 m，内部没有支撑柱，覆盖面积640 m²，长度可以根据发掘情况的需要，向前延伸，但不能向两侧延伸（图12）。

图12 洛阳南市遗址考古发掘现场T1临时保护棚及排水结构

T2探方的临时保护棚与T1略有不同，棚顶的覆盖材料是相同的，所不同的是保护棚的框架结构，T2临时保护棚的框架结构是用脚手架用钢管材料搭建成的。T2探方的临时保护棚覆盖面积600余平方米，保护棚内有7根支撑柱，直接立在遗址面上（图13）。

框架

棚顶内部覆盖材料

棚顶外部覆盖材料

入口

T2保护棚横截面示意图

图13　洛阳南市T2探方临时保护棚

洛阳南市考古发掘现场的两个临时性保护棚的最大优点就是结构简单、易搭建、搭建速度快、灵活性好、采光好、造价低，所使用的材料轻便，可以根据考古发掘现场的需要，快速安装、拆卸，甚至向四周扩展。

在看到这种简易大棚的优点的同时，我们还要看到它所存在的缺陷。

首先，所使用的轻便材料的强度小，决定了它不能承受很大的重量，因此，要建大跨度的临时保护棚，就需要在遗址内增加支撑柱，会对遗址造成一定的影响。

其次，选用塑料薄膜作为大棚顶部的覆盖材料，透气性差，遗址内的湿气挥发不出来，在塑料膜上凝结，严重时会造成棚内"降雨"。

5）竹、木结构临时保护棚

棚的框架结构用竹、木搭成，顶部覆盖材料有多种，可以用木板、石棉瓦，也可以用塑料布简单覆盖。

除了上面所能列出的几种类型的临时保护棚，在国内还有许多其他结构类型的考古遗址临时保护棚，由于财力等因素的限制，许多考古发掘现场的临时保护棚条件十分简陋，所能起到的对遗址的保护作用也是十分有限的。

1999年建简易大棚，遮挡从葬坑发掘现场与"汉阳陵考古陈列馆"，同时向中外游客开放。由于坑上只有简易大棚遮挡，不能有效防止风沙、粉尘、昆虫等有害物的侵蚀和破坏（图14）。

图14 汉阳陵遗址从葬坑发掘现场临时保护棚

由于国内还没有对考古发掘现场的临时保护大棚的专门研究，我们所能查到的资料也十分有限，在实际工作中还有许多遗址现场都有临时保护棚，但其具体的材质、规格、建造方法都缺乏相关资料。

1.2.3 建有永久性建筑结构的遗址博物馆

这是许多考古遗址最终的保护形式，也是目前国内最多的（图15、图16）。根据我们的调查，考古发掘现场的临时性保护大棚，在国内的应用还不是很普及。没有任何保护性建筑的考古发掘现场极不利于考古遗址及遗址内文物的保护，所以对国内的文物工作而言，应该重视和提倡在考古发掘现场建立文物保护大棚，降低阳光、风沙、降水等自然因素对遗址及文物的直接破坏。

2 展望

在此次中意合作文物保护修复培训期间，作为考古现场文物保护修复专业的学员，我们深入了解

图15　永久性保护建筑示例——秦始皇陵兵马俑一号坑保护大厅

图16　永久性保护建筑示例——北京大葆台西汉墓遗址博物馆

了意大利科学的文物保护修复理念，掌握了现场保护技术的理论和方法，通过比较，我们看到了目前国内考古现场保护修复领域的不足和缺陷。加强和提高我国考古现场保护的意识，增进国际文物保护领域的交流与合作，使我国珍贵的文化遗产得到有效的保护，是此次培训后我们共同的愿望。

六 其他

略述环境与文物保护*

肖 嶙

> **摘 要** 本文略论环境污染对文物造成的危害，提出通过控制及改善环境问题来使文物免受侵害的几点初步设想。
>
> **关键词** 环境 文物保护 腐蚀 酸雨

引言

环境之于生命、环境之于发展都是息息相关的。在我们这个东方文明古国，从金碧辉煌的故宫到雄伟壮丽的万里长城，从气势雄伟的秦始皇兵马俑到绚丽斑斓的敦煌莫高窟……在祖国纵横万里的辽阔疆土上，在上下几千年的历史进程中，我们中华民族智慧勤劳的祖先，给我们留下了十分丰富而又珍贵的文物。随着岁月的流逝、环境的改变，一些珍贵的文物如壁画、古楼廊阁、青铜器在剥落、在浸蚀与锈蚀。因此，文物保护必须重视其周围的内、外部环境，把环境因素作为文物保护的重要一环来加以研究与重视。

1 略述环境污染造成文物腐蚀的成因

当我们把视野伸展开，环境的好坏深刻地影响到文物保护及文物本身。从埃及沙漠中矗立的狮身人面像到意大利的比萨斜塔，从希腊雅典的巴特农神庙到饱经沧桑的吴哥窟，从敦煌石窟到马王堆的织物，环境向人类宝贵的文化遗产挑战。保护环境，就是保护我们人类自己，这不仅仅是生命的呐喊，也是文明的呼唤。让我们转过头来，看看我们身处的环境吧！

在我们人类居住的地球上，周围环绕着一层厚厚的大气层（空气）。大气圈厚约1000 km，它的主要成分是氮、氧、二氧化碳以及氩、氖等惰性气体，同时还含有水蒸气。这些气体绝大多数分布在离地面50 km以下的空中，是维持生命所必不可少的要素。大气圈不仅为地球上的生物提供呼吸所需的物质，而且还能防止外层空间的宇宙线、紫外线和陨石等对地球生物的伤害。大气圈的存在，使地球成为太阳系的若干星球中唯一具有高等生物的星球。我们人类在这个星球上繁衍生息了几百万年。但是，随着近代工业的发展和城市人口的迅速增长，大量有害物质被排入大气环境中，造成越来越严重

---

* 原文发表于《四川文物》，1999年第3期。

的大气环境污染。据联合国环境署的统计，全世界每年排入大气中的有害气体有10亿t以上，这种趋势日益严重。由于环境的污染，到1988年，已有1200多种动物在地球上绝种，每年都有成千上万的人被恶劣环境夺去了生命。[1]于是，我们不得不经常提出环境问题，森林的砍伐、水土流失、日趋严重的沙漠化问题、物种灭绝、淡水资源的枯竭、工业污染的加剧、酸雨成灾、人口剧增、资源的问题、粮食危机，等等。同时，我们也不可忽视污染的大气环境不仅对人类和生物，同样对各种文物也带来严重的损害。

大气中有害气体对文物影响、空气中尘埃对文物的损害、酸雨对文物的侵蚀成为文保工作者日益关注的课题。如果说，文物损坏的原因就内因而言，是其自身的化学、物理特性及其结构的变化，那么，大气环境因素则是文物损坏的外因，这是毋庸置疑的。千百年来，人类的活动及工业生产的发展使大自然环境质量发生了剧烈的变化。许多文物——稀世珍宝都程度不同地受到损害，如遗址、石窟、石碑的风化侵蚀；古建筑材料的腐朽；彩绘、壁画鲜艳的色泽的蜕变和脱落；出土的纸质品及纺织品的糟朽灰化；金属器皿的锈蚀；各种陶器的粉化；等等。

让我们再一次将眼光投向已有两千多年历史的雅典古城堡，这些几乎全用洁白大理石建成的古城，如著名的巴特农神庙、埃雷赫修庙以及其他一些古建筑，由于环境的问题，如今巴特农神庙周围那些轮廓分明、晶莹美丽的大理石柱已惨遭腐蚀，表面凝结一层厚达一厘米多的石膏层，全然失去了原来的光彩，神庙上端那些以古希腊神话为题材的精美绝伦的大理石浮雕和花纹图案被酸雨溶蚀得斑斑驳驳，面目全非；亭亭玉立于埃雷赫修庙正面的六位用大理石雕就的少女神像，也被浑浊空气折磨得面容憔悴、污头垢面，失去了当初艳丽清秀的面容。又如我国重庆市江边山崖上的元代石刻佛像，历尽沧桑，如今颜面无存，佛头变成了一块石疙瘩。许多著名的古建筑，如故宫、天坛的大理石栏杆，卢沟桥上的石狮子等，近几十年因污染而遭到腐蚀比以往数百年还要严重。[2]

大气中的有害气体如氮、硫氧化物、二氧化碳、氯化氢等在潮湿的空气中，极易在纸张、纺织品上变成无机酸，电离后产生危害很大的氢离子。大气中的氧、氯化氢、硫化氢、氯气也是青铜器的天敌。它们一旦与青铜器接触，生成腐蚀产物，如靛蓝色的硫化铜、蓝绿色的碱式碳酸铜或孔雀绿，使青铜器很快遭到破坏。[3]大气中有害气体亦会导致铁器生锈，对其他金属类文物亦有腐蚀作用。甚至陶器在污染严重的潮湿状况下，也会造成脆弱、酥松等损害。大气污染对壁画等的侵蚀是不言而喻的，据敦煌研究院等单位对莫高窟壁画颜料变色的原因探讨表明，变色的原因除光照外，乃是大气中有害成分的腐蚀。

许多置身荒郊野外的文物，如乐山大佛、洛阳龙门石窟以及历代很多有价值的石碑、石坊、牌楼等由于雨水的冲刷、风吹日晒、大气中有害物质的腐蚀及尘封，风化剥蚀严重，字迹模糊不清，有的甚至表面粉化，图案花纹全部脱落，以至断裂破损。在陕西乾陵，由女皇武则天撰文、中宗李显楷书的述圣纪碑，原来的线刻兽纹、填以金屑的字画早已荡然无存，面目全非。在乾陵的朱雀门前两侧，立有当年参加唐高宗李治葬礼的各国首领特使的61尊雕刻石人像，他们的服饰各异，背面刻有国名和官职称谓，这些本是我国盛唐时期与各国友好往来的唐代石刻艺术的实物资料，遗憾的是经过了一千多年的风雨沧桑，至今已残缺不齐，背刻字迹几乎辨认不清。

环境对文物的影响不特上述，被人们视为"空中死神"的酸雨，对文物的危害不可小视。目前，酸雨已成为世界性的环境问题。自20世纪以来，全世界酸雨污染范围的日益扩大，从欧洲到美国、加拿大，从日本到印度、东南亚，酸雨的魔爪，已从工业发达国家扩展到发展中国家。我国的酸雨日趋加重，大部分城市出现酸雨。酸雨最严重的地区在西南，四川省的酸雨呈现酸度高、范围大、时间长、频率高等特点。[4]据有关资料，重庆的酸雨pH达3.1[5]，由于酸雨的影响，嘉陵江大桥每年都要防锈。

酸雨不仅危害水生生态、土壤生态、森林资源，影响人体健康，而且也严重地损害古建筑和文物古迹。除了上述古希腊的古城堡之外，埃及的狮身人面像、法国的中世纪教堂、英国的历史人物雕塑、印度的泰姬陵、意大利威尼斯的古建、罗马城的古迹特拉扬石柱等等，无一不经受了大气的严重污染。在我们四川，除了前述之乐山大佛外，安岳石刻、大足石刻及一些古塔碑铭等，也程度不同地受到了大气环境的侵蚀。

在四川成都市内抚琴台的五代前蜀皇帝王建的陵墓中，最珍贵的文物，当数石刻艺术精品。在众多的石刻中，首推墓室石棺壶门之上那一组"二十四乐伎"，是目前古代文物资料以及古建筑、石窟寺、壁画、历代绘画中所见乐器种类最多的画面之一。这些石刻均以紫红色长石石英砂岩为材料。由于时间的久远，石刻的表面便开始产生一种白色物质，被人们泛称为"白霜"。在夏季，在棺床下方四周，还普遍滋长着一层绿黄色的藻类植物。这些"白霜"及藻类植物的产生极大地腐蚀着石刻文物的质地，使风化现象日趋严重，而造成"白霜"及藻类植物产生的原因经分析研究后，除了生物以及化学方面的原因外，还与空气中的污染以及墓内湿度的影响分不开。近年来，因成都大气中酸雨明显呈酸性（pH小于5.6），空气中粉尘污染的严重，城区降尘12.05 t/（km^2·月），四川地区气候的潮湿，墓内湿度长年高达85%～100%，墓室对外公开展出后进出参观人数的增多，都极大地加快了石刻表层风化的严重性。

除此之外，环境对文物的常规保护来说亦显得尤为重要。对我们这一文明古国来说，地面上和地底下的文物，种类繁多，包括：有机质地文物，如纺织物、漆器、木器、竹器、皮制品等；无机质地文物，如石器、陶器、瓷器、金属文物等；复合材料类文物，如壁画、泥塑等。[5]除了上述环境污染对文物的影响之外，出土文物的环境平衡对文物保护来说十分重要。我们知道，出土的文物它所面临的环境（如光照、湿度、温度等）与它本身所处的年代大为不同。如果我们没有合理而科学的保存方法，没有它适宜的收藏环境，就会使文物损坏，甚至面临灭顶之灾。

2　浅析文物的预防性保护

显而易见，为了最大限度地延长文物的寿命，保护人类的文明遗产，首先是保护环境、改善环境，同时，继承和发展文物保护这门科学。

首先，要控制大气污染、减少大气中废气、烟尘、二氧化硫、氮氧化物、氟化物的产生，加强自然生态的保护，使地表文物有一个较好的存在环境。

其次，加强文物的技术保护，为出土文物提供一个良好的环境。

就石窟保护而言，我们知道，我国的石窟大都依山而凿，其所在地的地质、地理和气候条件直接影响到石窟保存。风沙、多组裂隙的发育、丰富的地下水活动等因素，常常会破坏岩层和建筑物的整体性，大大降低岩石的力学强度，造成大佛前倾，雕刻品崩落，或者石窟顶板、明窗、前壁画的大面积崩塌等危险迹象，著名的敦煌石窟、云冈石窟、龙门石窟等就曾出现过这类情况。[5] 1998年夏季四川乐山大佛就因受雨水的大面积冲刷，造成部分塌落现象。

针对此类情况，采用高分子化学材料（主要是环氧树脂）灌浆和金属锚杆锚固相结合的方法修补石窟寺岩裂隙和石雕艺术品裂隙，可以得到很好的效果。目前，文保技术工作者亦在探索如何防止岩石表面风化，从而达到保护石窟寺的目的。

大家知道，引起壁画破损和产生病变的原因甚多，而尤以湿度温度的影响为最。保护壁画的方法主要有两种：一种是就地保护，也就是说，应当采取措施，消除不利于壁画保存的环境因素；另一种是搬迁，使之达到有利保存的环境。以嘉峪关魏晋壁画墓五号墓搬迁甘肃省博物馆为例，该壁画墓有壁画67幅，由于其地处戈壁滩，气候干燥，昼夜温差大，墓门一经打开，湿度很难保持，干湿反复循环，画面容易反碱，出现白色斑点。如果封闭墓门，则因湿度过大，霉菌又易生长，时间一长，黑绿色的霉菌滋生，污染画面，而搬迁后，由于在通风、采光、湿度、温度上保持了适宜的环境条件，20多年后，该壁画墓仍然保存十分完好。[6]

对馆藏文物的保护，环境因素十分重要。因为对馆藏文物而言，首要的损害来自腐朽性细菌。因此，博物馆保持干燥适宜的环境是十分重要的。

对于大多数文物来说，比较适宜的温度范围是15～20℃，相对湿度为55%～65%，每天温差不超过2～5℃，相对湿度的变化则不应超过3%～5%。在这种条件下就能限制，甚至完全抑制细菌的发展。目前世界上较大型的博物馆都设置有自动控制温度和湿度的调节器，以保证稳定的适宜气候条件（环境）。

为使环境变得不适于细菌的生成和发展，还需对文物注入必要的消毒剂。

对于不同类别的珍贵文物还要根据它们的特性采用不同的保护处理。例如，利用化学药剂杀死文物上的霉、菌、虫，对金属器物用化学试剂氧化还原，机械方法去锈和防锈，等等。[5]

另外，对馆藏文物而言，适宜的光照环境亦不能忽视。消除光辐射、紫外线等对文物的影响，尽可能采取人造光源照明。

总之，环境之于文物保护，犹空气之于生命、阳光之于树木。保护环境，就是保护我们人类自己，因为环境是我们人类赖以生存和发展的基础之一。文物保护离不开良好的自然大环境，亦需要其适宜保存的小环境。

参 考 文 献

[1] 宋迪生，等. 文物与化学. 成都：四川教育出版社，1992.

[2] 韩国刚. 环境发出的黄牌警告——救救中国. 北京：求实出版社，1989.

[3] 程德润，等. 环境对青铜文物锈蚀的影响. 环境科学，1995，15（2）.

[4] 刘源. 四川省大气污染概况及特点. 重庆环境保护，1986（2）.

[5] 康忠. 化学及其对若干学科的渗透. 成都：四川大学出版社，1992.

[6] 薛俊彦. 嘉峪关魏晋壁画墓五号墓的搬迁与半地下复原研究. 文物保护与考古科学，1997（1）.

皮影博物馆的照明设计建议[*]

闫琰 周询

摘要 皮影是我国重要的文化遗产。近年来，国内一些博物馆及个人收藏了大量的皮影。但是在许多民营博物馆和少数公立博物馆，在照明设计时并没有充分考虑皮影的保护问题，导致其长期暴露在强光环境下，使这些优秀的民间艺术瑰宝面临被损毁的危险。如何进行正确的照明设计，是这些博物馆需要慎重考虑的问题。本文通过对中国国家标准化管理委员会发布的《博物馆照明设计规范》的解读，并经过实验论证，对照明设计所遇到问题提出了建议。

关键词 照明 博物馆 照度 色温 显色性

引言

皮影又称"灯影戏"或者"影戏"，是中国最古老的戏剧形式之一，是在我国传统文化土壤中诞生的一种综合性民俗艺术，是我国民间工艺美术与戏曲巧妙结合而成的独特艺术品种，是中华民族艺术殿堂里不可或缺的一颗精巧的明珠，是我们民族文化遗产的重要组成部分。它在世界艺术史上享有很高的荣誉，被誉为"电影的先驱"。

鉴于皮影对于见证和传承历史的重要意义，不少博物馆及个人逐渐意识到收藏和保护皮影文物的重要性。目前，除公立博物馆外，民营博物馆也渐成展览皮影文物的主力军。由于收藏皮影来自不同的地区，其造型、制作工艺、选材均有差异，皮影的保存状况差别较大。进入博物馆后，展览和保存的方式和环境都不尽相同，使得部分皮影文物出现一些病变，对其长久保存提出严峻考验。皮影文物的制作工艺研究和保护技术研究是紧密相连的，而目前这两方面的研究都还不尽完善。对于皮影这类文化遗产的真实载体，用传统手段单一地进行文化遗产发掘，或者仅仅对文物进行技术处理，都已经不能满足文化遗产保护的发展需要。如何进行展陈环境的布置和有效地保护皮影文物，是这些博物馆需要慎重考虑的问题。民营博物馆在我国的规模刚刚起步，资金并不雄厚，在资金有限的情况下，通过进行有效的设计，既能达到较好的展览效果，又能对皮影文物进行最大程度的保护。

---

[*] 原文发表于《今日中国论坛》，2012年第12期。

1 光照对皮影文物的影响

皮影文物属于染色皮革制品，通常由一种或多种材质组合而成，主体一般是皮革，除此之外还包括彩绘、金属、竹木材质、纸质、塑料、纺织品等。外界环境因素的单一作用或协同作用，都会对皮影文物长期保存和陈列产生不容忽视的影响。其中，光照就是最主要的影响因素之一。

光是一种能量，对博物馆内包括皮质文物在内的所有有机化合物均是相当危险的。光引起的化学反应，会削弱文物材质本身的强度，还会使其上附着的染料、颜料色泽发生变化，最终使物质整体遭到破坏。光能量与波长成反比，波长越短则能量越高。在强度同等的条件下，光对物质的损害程度依次为：紫外光＞紫光＞蓝光＞黄光。资料表明，波长小于358 nm的紫外线能使有机物分子的线性饱和键断裂，而波长小于486 nm的可见光就已经可以破坏C—C单键。已经形成的共识是，紫外光对文物保存危害非常大，因此文物保护中首先要考虑过滤、去除有害的紫外光，但在皮影展示和保存环境中存在的光源中，紫外光的所占比例很小，在日光中约5%，日光灯中约1%，钨丝灯中约0.1%，可见其总能量远远小于可见光，因此除考虑紫外光的危害以外，还要避免其他波段光的影响。照明用光源中红外线在长时间对藏品进行照射后，可以使藏品表面温度上升，使藏品加速老化。因此，灯光和天然光中的紫外辐射和红外辐射都应严格限制。从一般展柜的灯光设置上可以看出，无紫外灯的使用已被认可，但在照度上往往只考虑陈列效果，突出展品，而忽视照度对展品的影响。可见光对文物的影响至今虽未形成共识，但控制照度和照明时间的理念已越来越受到重视。

照度是用来测定光的亮度的照明值，它的单位是勒克斯（lx）。对文物进行照明，国家对灯光照度是有限制的。表1列出了国外研究成果中对各类藏品的理论照明值。

表1 博物馆照明推荐亮度[1]

藏品类别	ICOM（1977）①	IESNA（1987）②	IES（1999）③
对光非常敏感的藏品④	50 lx 越小越好 色温约2900 K	50 lx	50 lx 日照8 h，年300 d计累积照度 120000 lx
对光比较敏感的藏品⑤	150～180 lx 色温约4000 K	75 lx 日照8 h，年300 d计累积照度 180000 lx·h	150 lx 日照8 h，年300 d计累积照度 360000 lx
对光不敏感的藏品⑥	没有特别的限定，但完全没有必要使用300 lx以上的照明	没有特别的限定但要充分考虑照明带来的热辐射	500 lx

注：① ICOM：International Council of Museums，Paris（国际博物馆学会）。
② IESNA：Illuminating Engineering Society North American（北美照明学会）。
③ IES：Illuminating Engineering Society，London（照明学会）。
④ 染织品、服装、水彩画、日本画、素描、手写本、邮票、印刷品、壁纸、染色皮革制品、自然标本。
⑤ 油画、西洋壁画、皮革品、骨角、象牙、木制品、漆器。
⑥ 金属、玻璃、陶瓷品、宝石、珐琅等。

2009年5月由国家质量监督检验检疫总局和国家标准化管理委员会发布的《博物馆照明设计规范》（简称《规范》）也参照表1中的藏品分类方式对其照度和年曝光量做了限制。对光特别敏感、较敏感以及不敏感的藏品，其照度标准最高阈值分别为50 lx、150 lx、300 lx，前两者的年曝光量最高阈值分别为50000 lx·h/a、360000 lx·h/a，而对于对光不敏感的藏品年曝光量则无明确限制。同时，为了保证观赏效果，环境照度一般应为藏品照度的1/3左右。

2 皮影文物照明设计

采光照明是观赏、研究博物馆藏品的基本要求。根据《规范》中对博物馆照明设计原则、照明数量和质量标准等规定，结合皮影的实际情况，我们将皮影文物的光照参数进行分析和阐释，并通过一些简单的实验，对照明设计所需要注意的问题提出一些建议。

2.1 照度及照度均匀度

按照《规范》的要求，皮影这一对光特别敏感的展品，其展品面的照度标准应小于50 lx，年累计照度应小于50000 lx·h。在展厅里，三种必需的光源分别是用于安装维修的环境光源、用于展品照明的陈列光源和用于安全保卫的夜间光源。也就是说，这三种光源到达展品面的照度均不能大于50 lx。

有很多博物馆在展厅设计中尝试引入自然光。使用自然光会使展厅明亮，同时也能节约能源，因此如何合理地应用自然光也是需要我们考虑的问题。一般认为，采用自然采光需要在展厅的设计上使用紫外线过滤材料，但这些材料存在的老化问题对于过滤效果的影响目前仍无确切的量化依据。因此，在没有展品的长廊、大厅或楼道内可引入自然光。波士顿美术馆西厅采光方案是一个采用自然光的成功案例，它采用了综合处理的设备，既能够节约能源，又能达到良好的照明效果（图1）。

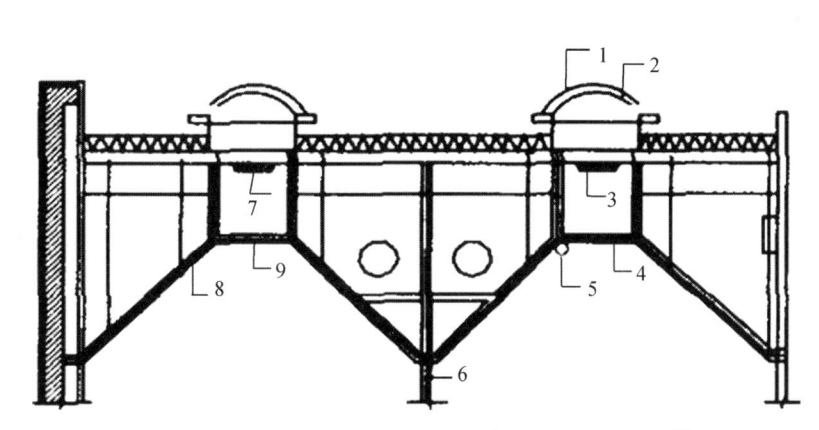

图1 波士顿美术馆西厅采光和设备综合处理示意图[2]
1.防紫有机玻璃；2.乳白色玻璃；3.荧光灯；4.有机玻璃；5.灯；6.隔离；7.通风管道；8.散光格片；9.烟感器

自然光可引入博物馆的照明，但在文物展陈与保存的空间内须隔绝自然光的照射。自然光是最大的紫外线辐射来源，考虑到皮影类文物是对光特别敏感的展品，所以从保护文物的角度来看应尽量控制自然光的介入，另外从人类视觉适应水平的能力和文物的照度值要求角度考虑，也应尽量降低环境光的强度。由于自然光照度值在一天内变化较大，特别是午间，在有玻璃隔绝的室内照度值将达到1000 lx以上，会对皮影文物造成巨大的伤害，因此在皮影文物展厅，一定要杜绝自然光的介入。在对陈列展柜的光源安装完毕后，需要对各展柜进行全面的照度测量。

采光照明是观赏、研究博物馆藏品的基本要求,但为了减少光线对皮影文物的有害作用,应尽可能把光照时间降低到不超过正常观看所必需的最低限度,并尽量减少光照时间。在我们实际调查当中,不少博物馆的照度是达不到文物保护要求的。大部分博物馆采用灯箱式陈列进行皮影的展示,其照度大都超过了1000 lx。

我们用常见的灯箱式陈列的装置,选择两种比较典型的皮影(样品),设计了如下实验:以两种深浅不同的皮影(图2)作为研究对象,测试照度对其展览效果的影响。环境照度为0,光源仅灯箱内光源。调节灯箱内光源以改变照度,得出测试数据,见表2。

表2 不同照度对皮影展览效果的影响

皮影类型	平均照度/lx	照度均匀度	透过展品后照度/lx	视觉效果
皮影一	1186.6	0.78	601	清晰,背景刺眼,展品略刺眼
皮影二	1186.6	0.78	140	清晰,背景刺眼,展品清晰
皮影一	665.8	0.83	257	清晰
皮影二	665.8	0.83	25	清晰
皮影一	248.4	0.81	152	清晰
皮影二	248.4	0.81	14	展品上绘画已较难辨识
皮影一	106.4	0.79	44	清晰
皮影二	106.4	0.79	3	展品上绘画无法辨识
皮影一	43.5	0.80	14	展品上绘画较难辨识
皮影二	43.5	0.80	2	展品上绘画无法辨识

注:平均照度为灯箱上5个不同点位测得照度的算术平均值。照度均匀度=最小照度值/平均照度值,即$U_0=E_{min}/E_{av}$。

上述实验中,"皮影一"代表的皮影类型为:较薄的皮影、较新的皮影、染色浅的皮影、镂空多的皮影,如驴皮皮影、唐山皮影、成都小皮影等。"皮影二"代表的皮影类型为:较陈旧的皮影、较厚的皮影、染色深的皮影、镂空少的皮影,如河南大皮影、云南皮影等。

皮影一　　　　　　　　皮影二　　　　　　　　灯箱外观

图2 照度实验中选取的皮影样本与灯箱外观

按照《规范》相关要求，皮影的照度均匀度不应小于0.8，对于高度大于1.4 m的平面展品，照度均匀度不应小于0.4。实际上，如果对照明光源进行合理的布局，照度均匀度达到0.8是比较容易的。

从文物保护的角度考虑，光的照度应该尽可能低，而从陈列的角度考虑则是为了让观众能够清晰地欣赏到文物。这是两个非常矛盾的问题。从我们的实验中可以看出，展品面照度为44 lx时，仍然能够清晰地辨识皮影上的绘画，但是如果用灯箱从背面投光，那么皮影背面照度就要达到100 lx以上。这已经超过了皮影文物的照度要求。在权衡照明跟文物保护的关系的前提下，如"皮影一"这种类型的皮影，可以在照度值40~80 lx条件下布展。但是"皮影二"这种类型的皮影，最好采用正面投光的方式（即装裱式展陈）进行布展，控制照度在50 lx左右，这样才能保证较好的观赏效果。

此外，一套成熟的照明系统必须充分考虑光线的对比强度。光照强度改变时，人眼需要一定的适应时间。首先应考虑参观者的视知觉差异照度比：可引起注意的照度比为1.5∶1、清晰的照度比为3∶1、强烈的照度比为10∶1。[3]其次考虑照度值的要求50 lx以下，因此展陈空间的环境照度值应控制在16 lx以下。这样才能在低照度下实现满意的展陈效果。设计时应在入口与展厅之间设置过渡区域，使光源由外向内逐渐减弱，这样可以缓和观众对光线改变而产生的不适感。也可以在展厅中设置具有红外感应的调光系统，也就是当观众走到距展柜一定距离时，光线会自动加强，最高展品面照度可达50 lx；当观众离开时，光线会自动变暗，在不影响轮廓辨别和安全的前提下，控制光照度在10 lx以下更佳。这样既可以保证观众对皮影欣赏的要求，又可以保证皮影免遭过度光照的影响。

2.2 显色指数

光源的显色指数（R_a）可用与色温相似的标准光源比较法来测量，一般R_a值越大，灯的颜色还原性越好。通常认为R_a值大于90的光源较为理想，而R_a值小于80的光源就不适用于博物馆照明。一般正规的光源厂商都会标注显色指数，应尽量选择显色指数高于90的光源（表3）。

表3 显色指数与应用对比表

显色指数（R_a）	等级	显色性	应用场所
90~100	1A	优良	需要色彩精确对比的场所
80~89	1B		需要色彩正确判断的场所
60~79	2	普通	需要中等显色性的场所
40~59	3		对显色性的要求较低，色差较小的场所
20~39	4	较差	对显色性无具体要求的场所

2.3 色温

《规范》中对文物陈列室的色温规定是<3300 K，这是有一定的原因的。从展览陈列的角度来说，观众更喜欢与自然光色接近的照明，这样会更加舒适。人类在漫长的进化过程中，由于对太阳物理特征的适应，形成了人的视觉器官的特殊结构，以适应光线的变化。太阳的辐射光是连续光谱，在日出前、日落后色温较低，为2000~4500 K，中午及阴天色温较高，为5000~7000 K。暖色光（即低色温

光）接近日暮黄昏的色温，能在室内创造亲切、轻松的气氛。[4]我们在实践中也发现，低照度情况下低色温的光最为舒适，因此应尽量选择低色温的光源。

2.4 色温与显色性、发光效率等相关的问题

由表4所列的常见光源来看，镝灯、高频气体放电灯等光源虽然显色指数和发光效率都很高，但是很少有低色温的光源，所以不能选择这些类型的光源。白炽灯发光效率很低，能量浪费较大，发热量大；高压钠灯的发光效率高、色温低，但显色指数不高，这两类光源也不推荐。许多厂商都推出了色温为2700 K的节能型三基色荧光灯，如果能协调好照度和均匀度的关系，确实是皮影展陈设计中较为经济且实用的光源。卤钨灯可作为装裱式展陈的光源使用，搭配相应的滤镜以及轨道式灯具和隔栅式灯具，可以达到非常好的照明效果。

表4 常见光源的色温、显色指数和发光效率

光源	色温/K	显色指数（R_a）	发光效率（η）/（lm/W）
白炽灯	2400~2800	97~99	10~13
卤钨灯	2700~3200	97~99	24~28
日光色荧光灯	5500~6500	65~75	40~50
三基色荧光灯	2400~3200	85~95	85
氙灯	6000~6500	94	30~40
镝灯	5500~6000	75~85	70~80
高压钠灯	2100	21~23	90~120
高频气体放电灯	4300~5600	>94	>80

2.5 照明设计建议

在对展陈品进行照明设计时，考虑到光色能突出立体感的效果，可以采用通过不同色温的光源对皮影进行照明设计，强化立体造型。间接照明使用色温4000 K左右的荧光灯，直接照明采用色温3000 K以下的卤钨灯，进一步强化光流效果。近年来，也有一些厂商推出高显色性低色温的LED光源，可以在具体考察其参数之后，选择适当的LED光源进行照明。

参 考 文 献

[1] 刘舜强. 关于博物馆环境的讨论. 文物保护与考古科学，2006，18（1）：60-63.

[2] 宋岭，张少伟. 博物馆的展示空间及光环境. 华北水利水电学院学报，2005，26（3）.

[3] Christopher Cuttle. Light for Art's Sake: Lighting for Artworks and Museum Displays. Butterworth-Heinemann, 2007.

[4] 陈静勇. 室内设计中光源的色温与显色性应用研究. 北京建筑工程学院学报，1999，15（1）.

有机硅材料用于金沙遗址出土象牙器的封存保护

成都文物考古研究所

摘 要 2001年发现的成都金沙遗址发掘出土的古象牙，保存状态差，极易失水风化，造成不可挽回的损坏，其保护工作难度大，时间紧迫。通过研究人员技术攻关，使用一种施工工艺简便、安全可逆、耐老化的新型分子材料，用于考古发掘出土古象牙的封存保护，可以有效解决考古发掘现场古象牙的揭取、临时保护、保存、展示等一系列问题，为进一步研究古象牙的渗透加固保护技术积累经验，争取时间。

关键词 金沙遗址 古象牙 临时保护 有机硅

2001年，成都市金沙遗址发掘出土大批珍贵文物，同时在遗址祭祀区内发现大量象牙、鹿角、獠牙等骨角质文物的堆积（图1）。古象牙还没有变成化石，而腐蚀令其质地相当脆弱，出土后不加保护，很快就会风化成粉末（图2）。对这种结构致密且含水率较高的象牙保护，国内外还未见成功报道，因此保护任务十分紧迫。

图1 金沙遗址象牙出土现场　　图2 象牙出土时质地相当脆弱

金沙遗址出土古象牙属成年亚洲象象牙，其残存的主要化学成分为羟—碳酸—磷灰石，内芯部分还含有微量有机物，外壳没有，出土古象牙十分脆弱，内含水率可高达100%以上，结构致密，而此前对于古象牙的加固试验，还没有一个比较成熟的方法结论。

从2001年开始，专家组对骨角质和象牙的化学加固方法进行研究。前期试验结果显示，采用传统

---

* 原文发表于《中国文化遗产》，2004年第3期。

化学加固材料三甲树脂（有机玻璃）等对鹿角、獠牙的保护效果明显，但对于象牙及象牙器的渗透加固都不很理想。因此专家试图研究筛选与象牙具有良好兼容性、易渗透、加固后能增加象牙强度、稳定、不影响象牙外观的古象牙加固材料，目前已有一种加固剂投入试验。

与此同时，在考古发掘现场，象牙数量多、失水快、风化严重。为解决古象牙的保护技术问题争取时间，就需要对古象牙进行临时的保护保存，使象牙在一段时间内保存在与原埋藏环境接近的环境中，保持合适的湿度和含水率。专家研制开发出一种新型高分子材料，将古象牙灌封保存，可以大大减缓古象牙的失水速度，而且材料具有良好的耐紫外老化能力，有弹性，透明，老化后不变色，易与象牙剥离。这种有机硅材料施工工艺简便，不需要难度很高的特殊设备，适合现场施工（图3、图4），是一种良好的封闭剂。目前已成功揭取保护了象牙27根、象牙器38件，另外，还将封护试验进一步扩大到考古现场其他出土文物的揭取保护，也取得了很好的效果。

图3　对象牙进行临时封存保护　　　　　　　　图4　出土现场封护象牙

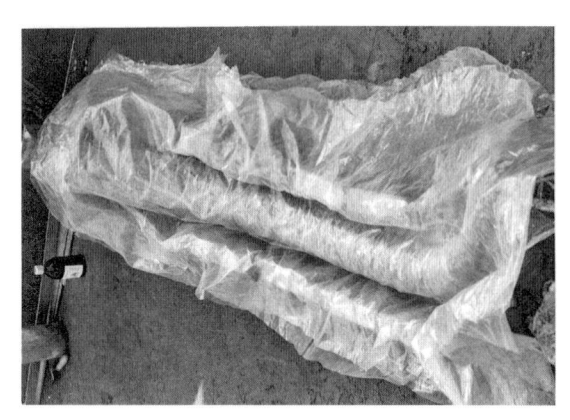

通过反复试验研究，目前已基本解决了考古发掘现场的古象牙的揭取、临时保护、保存等一系列问题，为进一步研究古象牙的渗透加固保护积累了宝贵的经验，争取了时间。在此基础上，专家将就脆弱象牙的渗透加固、防霉、永久性保存、展览等后续问题作进一步研究，最终解决考古发掘现场出土古象牙的保护难题。

扫描电子显微镜用于文物研究[*]

肖 嶙 杨军昌

> **摘 要** 带能谱的扫描电子显微镜已经被广泛应用于文物的研究中，尤其是尺寸大小与扫描电镜样品腔空间相匹配的文物或标本，很适合用这种方法开展珍贵文物的检测与分析。本文选择了3个实例来具体说明扫描电子显微镜分析方法在珍贵文物研究中的具体应用。
> **关键词** 无损分析 扫描电镜 能谱分析 金器

　　文物是历史和文化的产物，由不同的材质构成，表面都会留有加工痕迹。由于人类对自然认识的水平和技术和条件所限，所以，不同时代都有自己的材料特征和工艺特点。比如，商周时期青铜器主要是铜锡、铜铅和铜铅锡合金（考古出土的也有纯铜制品，但大多为锻打成型的小件器物），其制作技术主要是铸造成型，表面纹饰和铭文多为铸造而成；这一时期的金器，多为饰件，而且大多为天然金锻打成型，而其表面纹饰为刻划等。文物艺术品的鉴定过程，实际上是对其"真实性""原始性"判定的过程，而对于一件器物材质和加工痕迹的认识，是其中的一个重要环节，有时候还会起到决定性作用，例如，一件形似商周的青铜器，如果检测到其青铜还有大量的锌（如20%、30%），那可能是仿制品。

　　扫描电子显微镜，简称扫描电镜，英文缩写SEM，是一种大型分析仪器，在发明的起初主要是用于观察样品的表面形貌，后来，随着技术的进步，扫描电镜配有能量色散X射线分析（EDX）能谱仪，可以在观察器物或样品表面图像和形貌的同时，对其所观察的微区进行元素分析，以确定材质种类或物质属性。

　　用配有能谱仪的扫描电镜可以分析样品，也可以对小件器物进行无损分析。对于能够取样分析的文物艺术品，任何材质在喷金或喷碳后都可以对其形貌进行观察，也可以对一些特殊元素进行分析检测。对于不能取样的器物，则只能对导电的金属器物进行无损分析，但只能是小件器物，如钱币，以及铜镜、铜器、铅器、锡器、金银器等。有一种型号的配有能谱仪的扫描电镜，样品腔可以容纳最大尺寸约为26 cm×10 cm的器物，对其进行无损分析（图1）。也有的型号的扫描电镜样品腔比较大，能够检测尺寸更大的器物，从而确定其材质和观察表面的加工痕迹，为技术史研究、为文物艺术品鉴定提供技术数据。

---

[*] 原文发表于《收藏》，2004年第8期。

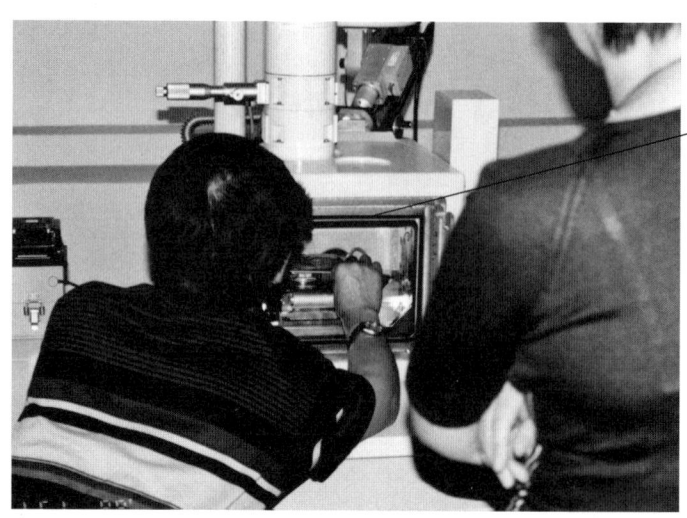

图1 扫描电镜的样品腔体

图2 待检测的宋代金壶盖被放置在样品台上

实例1 宋代"金扁壶" 金质扁壶为成都文物考古研究所的征集品。壶带盖通高约20 cm，腹部最大尺寸约13 cm×5 cm，其盖带榫头高约8 cm（图2）。图3是在扫描电镜中观察到的盖上端局部装饰花纹的图像，显示出清晰的装饰图案及其技术加工痕迹。此判断纹饰为錾刻形成，其"标准"工具至少4种。同时用配置的能谱仪对其表面进行合金成分检测，表明含79.8%的Au-Ag合金，含19.9%的银（Ag），余为铜（铜为杂质）。起初，人们对这件征集品的材质有怀疑，但无损检测的结果证明其确为"金质"，为其真伪鉴别提供了科学数据。

实例2 金沙遗址出土金质器物 成都金沙遗址位于成都市西郊的金沙村、黄忠村一带，距成都市中心约5 km。已出土不同材质珍贵文物3000余件，包括金器、铜器、玉器、石器等，尤以金器、玉器、石器最具特色。其中出土金器40余件，如金人面像（图4）、金四鸟绕日饰（图5）等。在对这批出土金器进行科学分析和研究时，考虑到其完整性及珍贵的考古学研究价值，决定不取样分析，而采取无损检测的方法。

在分析之前，首先对器物表面的浮土进行清理，然后把器物放进样品腔中观察和分析。图6就是在扫描电镜中观察到的金人面像外表面和内侧表面的形貌特征：外表面在器物成型后，进行了抛光处理，而内表面则未实施抛光处理。统计表明，在观察分析的10件金器中大部分在加工成型后，表面未实施抛光处理，仅有2件器物在成形后表面形成了抛光处理。对在金沙金器表面观察的同时，选择比较理想的部位，进行合金成分检测，其中金人面像含金94.0%，银5.4%，余为铜；金四鸟绕日饰含金94.2%，银5.1%，余为铜。

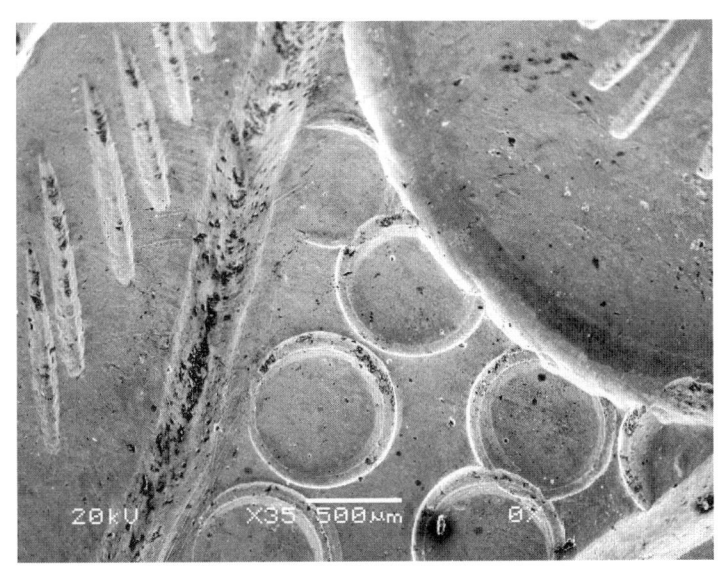

图3 宋代金壶盖的背散射电子图像：可清楚看到壶盖表面纹饰的技术特征

图4 金人面像（2001CQJC：465）
（高约3.7 cm，宽约4.9 cm，重5 g）

图5 金四鸟绕日饰（2001CQJC：477）
（外径约12.5 cm，重20 g）

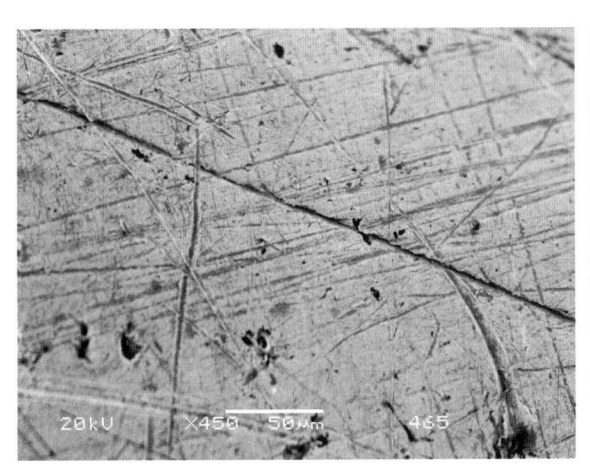

图6 金人画像外表面的抛光痕迹（左）和粗糙的内表面（右）

实例3　布币与刀币　某博物馆有旧藏钱币50余枚，要求进行无损检测分析，目的是明确其材质种类。这批钱币，最大的尺寸长不超过10 cm，所以，选择一般配有能谱仪的扫描电镜就可以满足无损分析的要求。能谱分析结果表明，其中的20余枚钱币为黄铜制品，显然这20余枚钱币是仿品。黄铜是铜-锌合金，黄铜合金由于冶炼工艺要求比较高，出现较晚，据考证中国传统炼锌技术大约始于明万历年间。所以，该馆所藏的黄铜刀币、布币应是后世的仿制品。

新型材料复制金沙遗址博物馆考古剖面研究[*]

周双林　白玉龙

> **摘　要**　建设考古遗址博物馆时，为了达到良好的效果，需要复制土体剖面。经过多种检验，证明采用非水分散体材料与泥土形成的混合材料可作考古遗址剖面的复制材料。采用这种材料复制金沙遗址的部分剖面，经过颜色对比、喷淋试验等，说明复制效果良好，并对复制中的问题进行讨论，提出改进方法。
>
> **关键词**　非水分散体材料　复制　遗址剖面

引言

在考古遗址的展示中，经常遇到对一些部位的修补或复制，如一些在发掘中因各种原因去掉的部分，为了展示的目的需要恢复，或者是遗址长期展示受到破坏后需要恢复，都需要采用复制的技术，如殷墟的墓葬遗址等，以达到良好的展示效果。

在四川成都金沙遗址的陈列展示中，也遇到同样的问题。金沙遗址祭祀坑的东部侧壁是一个高近4 m的陡壁，在修建博物馆时被拆除，换成混凝土墙，表面用水泥做装饰。由于水泥是现代材料，与遗址坑内沉积土的颜色和质感差别很大，影响展示效果，因此需要进行修饰，复制出具有土质感的剖面。为了解决这个问题曾尝试使用泥浆复制，结果开裂严重，内部的铁丝锈蚀显出锈色，效果很差（图1）。为了解决这个问题，我们使用一些新材料进行实验研究，并最终解决这个问题。

图1　采用泥浆复制的剖面开裂情况

---

[*] 原文发表于《文物保护研究新论（三）》，北京：文物出版社，2012年。

1 试验材料和方法

复制泥土质的剖面，只有使用泥土材料才能达到最佳的仿真效果，而使用什么材料将泥土粘接在水泥的底材上，是解决问题的关键。采用水调制泥浆是常用的方法，但是会导致开裂，补救的办法是对裂缝进行多次的修补，也有使用清漆混合泥土进行复制的，结果是颜色加深严重。

为了解决这个问题，本次工作使用了一种新的材料31J进行试验，这种材料是丙烯酸树脂的非水分散体材料，这种材料加固土具有不变色的特点。为了试验材料的可用性，选择水、聚氨酯和乳液等作为对比材料。

试验中使用的水为自来水；乳液材料为BC-4431丙烯酸树脂乳液，使用时稀释10倍；聚氨酯材料使用普通的聚氨酯清漆，稀释10倍；非水分散体材料使用31J材料，固体含量为2%。

修复材料的作用是复制剖面，要求是不收缩开裂、与底材结合好、不改变颜色。为了判断所选材料是否符合要求，设计了收缩试验及与底材结合试验等，并制备了样品，在样品固化后进行老化实验及其相关评估工作。

1.1 收缩检验样品制备

将取自北京昌平的次生黄土粉碎、干燥，然后分别称取200 g的干土，添加水、乳液、聚氨酯溶液和31J加固材料，调配均匀，倒入塑料盒中，然后使自然干燥，检验收缩开裂情况。

1.2 与底材结合样品制备

将取自北京昌平的次生黄土粉碎、干燥，然后分别称取200 g的干土，添加水、乳液、聚氨酯溶液和31J加固材料，调配均匀，为了避免收缩，尽量少使用液体材料。将平整的水泥地面清洗干净，准备一个圆形无底模具，贴近水泥地面，将调好的材料倒入模具中压实，使自然挥发溶剂材料固化。为检验效果，在每个样块中插入一小竹签。

2 效果检验

2.1 土混合材料收缩检验

土混合材料在液体材料挥发完毕后，检验收缩开裂情况，发现水、乳液调配的混合材料干燥后出现大的开裂；使用聚氨酯材料调配的混合材料有小的裂纹；而采用31J材料调配的混合材料在干燥后不出现开裂，说明采用31J制作的混合材料具有好的抗收缩能力（图2）。乳液和聚氨酯调配的材料还有较大的颜色变化。

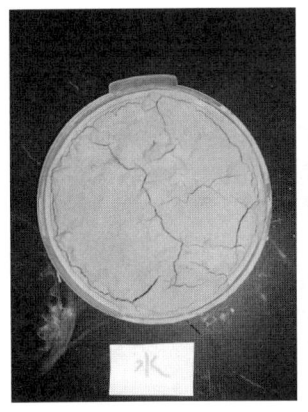

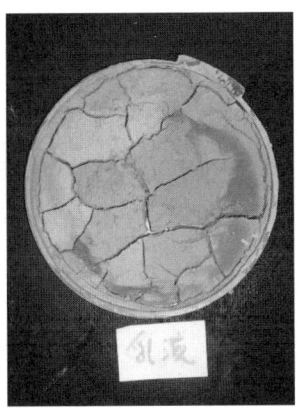

图2 几种材料调制的复制材料的收缩状况

2.2 与底材结合性能检验

土混合复制材料在液体材料挥发完毕并固化后，检验与底材结合情况。

检验的方法是拉动预埋的竹签，观察干燥混合复制材料的反应。经过检验发现水、乳液调出的混合材料在拉动竹签时被整体拉起，说明与水泥底材的结合很微弱。使用聚氨酯材料调配的混合材料在拉动竹签时被破坏，出现局部破裂。采用31J材料调配的混合材料拉动时，竹签被拉断，而混合复制材料仍稳定，不脱离底材，说明它与水泥底材的结合最好。

另外采用工具将混合材料从底材上剥离时，发现聚氨酯材料的样块很容易剥离，而采用非水分散体调制的样块在剥离过程中被破坏，底材上仍附着很多的样块残余（图3、图4）。

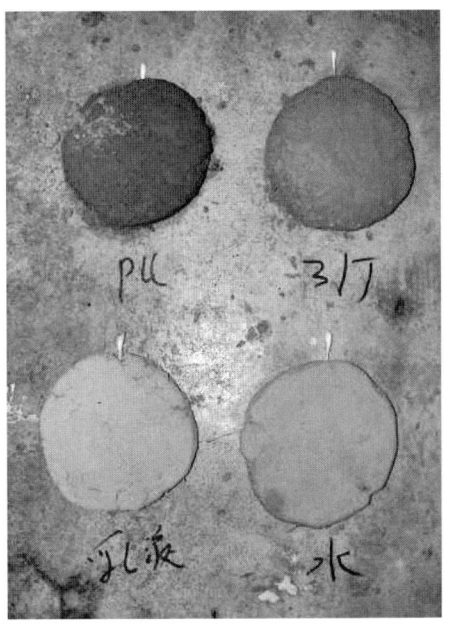

图3 混合体与底材结合试验

图4 混合体与底材剥离状况

2.3 颜色变化

以上2个试验的混合体，在干燥后观察颜色变化，聚氨酯材料的颜色与空白样品有很大差别，明显发暗，31J材料配制的材料有轻微差别，而乳液配制的混合体没有颜色变化。

结论：采用31J材料与干土混合形成的复制材料具有不收缩，与水泥底材结合好，颜色变化小的特点，适合做复制材料。

3 实施

在以上试验的基础上，在金沙现场进行了施工。

3.1 水泥底材处理

金沙的东壁原为水泥制作的墙体，表面粗糙。复制前将水泥底材的表面清理干净，然后挂钢丝网起支撑作用，使用的为不锈钢装饰网，采用钉枪固定。

3.2 材料准备

3.2.1 土的准备

复制的土剖面应该与附近的探方壁颜色、材质接近，因此选用金沙遗址发掘坑清理出来的土。在初步实验中发现土含水时容易导致出现裂纹，因此使用的土采用100~150℃的温度烘干。

3.2.2　31J的准备

31J非水分散体材料在实验室制备，然后在现场进行稀释，稀释的固体含量为2%，然后使用。

3.2.3　材料调配

将干土和31J材料混合，材料的配比原则是31J材料尽量少用，以调制的复制材料具有一定塑性，可贴到水泥墙上为准。

3.3　小试

首先进行初步实验，复制材料使用普通的装修工具施工，和普通的粉墙操作一样，经过实验发现几个问题：31J用量大，容易收缩，土含水容易开裂（图5），使用丁酮喷洒水泥底材，提高结合力，甚至可以不用挂网，也可完成操作。在发现这些问题并改进后，复制材料可以很容易施工到水泥墙面，而且不开裂、结合好。

图5　材料初试时的开裂收缩状况

3.4　施工

复制材料使用普通的装修工具施工，对挂网部分，用泥托托住材料，然后用工具将材料压到墙体上，由于材料有流动性操作很容易，问题是钢网与墙的空隙大时，钢网容易弹起将材料顶掉，因此钢网必须牢固固定，距离墙体要近。后来发现不使用钢网，将材料铺施的厚度降低仍有好的效果，就不再使用钢网，因此在150 m²施工面积中，一半挂网，一半不挂网。由于溶剂挥发快，因此材料施工完成后很快固化（图6）。

图6　材料的施工状况

3.5　效果检验

在施工完成后进行检验，检验的指标有：颜色、强度等指标。

3.5.1　颜色测量

试验仪器：COLOREYE XTH手持式测色仪；设定值：光源D65，标准CIELAB。

试验方法：调零后以金沙遗址的原生土作标样，测试原生土，再测量复制的土墙，对比数值。试验数据见表1。

表1　复制墙体与遗址的颜色对比

对象		原生土高处	原生土低处	复制土墙
数据1	L	172.1	170.4	169.3
	a	185.6	188.1	188.4
	b	−164	−165	−164
数据2	L	174.5	168.4	167
	a	182.5	189.9	190.8
	b	−163	−166	−166
数据3	L	165.7	168.3	166.3
	a	192.8	189.4	191.8
	b	−169	−164	−167

续表

对象		原生土高处	原生土低处	复制土墙
数据4	L	175.2	169.9	169.5
	a	186.5	188.3	188.0
	b	−164	−164	−164
数据5	L	172.3	167.9	168.0
	a	186.4	188.4	189.5
	b	−163	−163	−166
数据6	L	170.1	169.4	166.8
	a	188.2	188.8	190.6
	b	−164	−165	−166
数据7	L	169.7	169.5	167.4
	a	189.1	187.4	190.0
	b	−165	−162	−165
数据8	L	169.0	166.6	167.5
	a	189.0	192.1	190.5
	b	−165	−169	−166
数据9	L	162.9	172.7	165.2
	a	195.9	185.9	189.2
	b	−170	−165	−164
数据10	L	168.8	172.1	166.0
	a	189.0	186.5	191.0
	b	−165	−163	−165
平均值	L	170.03	169.52	167.3
	a	188.5	188.39	189.98
	b	−165.2	−164.6	−165.3

试验结论：复制的土墙和原生的遗址土颜色很接近。从外观看土墙明度与原生土相比略暗一些，色品上土墙比原生土略红（图7）。

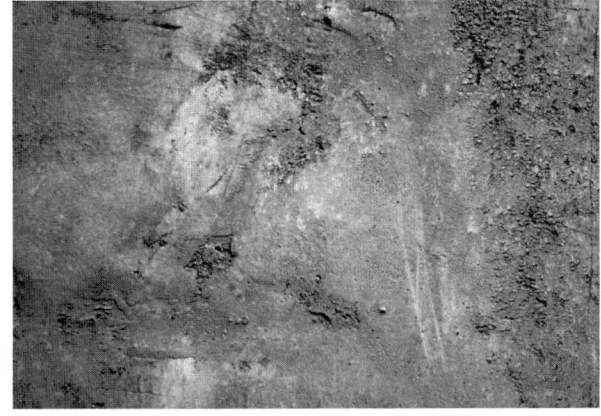

图7　施工完成后的情况

3.5.2 强度检验

强度的检验采用喷淋试验进行。这是土体处理后强度检验的常用方法。

试验方法：用普通喷壶加水，压力调整到最大，喷射试验点。喷射距离：70 cm，喷射时间100 s。然后观察土体前后变化，以及水流在土体表面状态，结果见图8。

图8 喷淋试验完成后的状况

试验结论：被喷射的土体表面没有任何变化，没有冲刷痕迹，没有掉粉现象。水流在土体表面浸润性差，呈水珠状附着，流淌处无浸润现象，说明复制的土剖面强度很高，耐水性好。

3.5.3 其他

在复制完成后不断观察，发现复制的剖面没有开裂现象，敲击检验没有发现空鼓现象。

结论

采用非水分散体材料31J可以很好地复制考古遗址的剖面，为在考古遗址中复制遗址剖面提供了一种新的方法。复制的墙体经过检验，说明颜色与遗址接近，感官效果好，有较好的强度。经过2年的展示，复制的墙体状况良好，没有出现问题。

在金沙遗址剖面的复制中，对土进行烘干的过程中土出现颜色改变，由青变红的现象。这可能是土中含有铁元素导致的，烘烤中温度过高，导致元素价态变化。在以后的复制中，一定要注意土的烘干操作，可采取降低温度的措施，也可在光线下晒干。

在复制中由于时间紧迫，没有对剖面地层的分层情况进行模拟复制。如果采用不同地层的土分别制作复制材料，完全可以达到逼真的效果。